신탁법 연구 2

Research on the TRUST LAW 2

임채웅 저

박영사

머 리 말

2009년에 신탁법연구 제 1 권을 펴낸 뒤 집필한 신탁관련 글들을 묶어 신탁법연구 제 2 권을 펴낸다. 글을 펴낼 때 늘 느끼는 바와 같이, 이번에도 과연 강호제현들께서 어떠한 평가를 내리실까 걱정이 앞선다.

이번 책을 펴내면서 밝혀둘 사실이 있다. 2011. 6. 29. 신탁법 전면개정안이 국회를 통과함으로써 우리나라 신탁법체계에 큰 변화가 찾아왔다. 이 책에 실린 글들은 모두 그 개정 이전에 집필된 것이므로, 개정내용을 제대로 담지는 못하고 있다. 저자로서 개정내용에 관해 어떻게 하여야 할 것인지 고심하지 않을 수 없었으나, 결국은 아래와 같은 이유로 원고를 고치지 않고 적절한 곳에 필요한 사항을 부기해 두는 것으로 그치기로 하였다. 그 이유는 다음과 같다.

첫째, 편집교정작업이 거의 끝날 무렵에 법이 개정되어 다시 작업을 시작하는 것은 현실적으로 불가능하였다.

둘째, 법학에 관한 글의 가치는 출판 당시의 현행법을 반영하는 점에서 찾을 수도 있으나, 그 글이 집필된 당시의 고유한 것도 있다고 생각되기 때문이었다. 만일 법이 개정되었다고 하여 그 점을 섣불리 반영하다보면, 글의 시점(時點)이 분산되어 오히려 정확성을 해칠 우려가 없지 않다는 것이 저자의 생각이다. 개정법에 대한 검토는 마땅히 다른 글을 통하여 이루어지는 것이 온당하다고 보았다.

셋째, 저자도 이번 신탁법 개정을 직·간접적인 여러 경로로 관찰하여 왔으나, 이번 개정에 의하여 종래의 신탁법리가 근본적으로 바뀌는 것은 아니라는 것이 저자의 소견이다. 즉, 저자는 이 책에 실린 법리와 주장은 개정법 아래에서도 그대로 적용될 수 있는 것들이라고 판단하고 있다. 물론 이번 개정에 의하여 신설되는 내용도 상당히 있고 기존의 제도와 관련하여 세부적인 내용이 바뀐 것들 역시 적지 않으나, 신탁법리의 큰 줄거리는 변한 것이 없다는 것이 저자의 판단이며, 그 점이 앞으로의 검토과제이기도 하다.

이번 발간작업에 관해서도 많은 이들의 도움을 얻었다. 이수진 판사님, 장정태 판사님, 김현 변호사님(법무법인 광장), 최승준 판사님 및 한지형 판사님께서 교정작업에 힘을 보태주셨으며, 김신유 판사님은 색인작업을 기꺼이 맡아주셨다. 신용무, 최미영 판사님께서는 판례를 찾는 데 큰 도움을 주셨다. 이러한 젊고 훌륭한 실무가들이 이 책 발간에 도움을 준 것은 저자에게는 커다란 영광이 아닐 수 없다. 나아가 박영사 안종만 회장님과 실무자들의 도움이 컸던 점에 관해서는 새삼 적을 필요도 없을 것이다.

저자가 공부에 임하는 자세, 신탁에 대한 생각은 제 1 권을 발간할 때와 다름이 없으나, 개인적으로는 많은 변화가 있었다. 가장 큰 변화는 2011. 2월 말에 법관직을 그만두고 변호사로 변신한 일이다. 앞으로 변호사로 일하면서도 계속하여 신탁법리에 관심을 두고 공부하여 가고자 하며, 법관으로 일할 때와는 다른 각도에서 신탁법리를 새롭게 검토해볼 기회가 되지 않을까 기대하고 있다. 앞으로도 변함없이 독자 여러분들께서 큰 성원 해주실 것을 부탁드리면서 머리말을 맺는다.

2011. 9. 20. 역삼동 사무실에서 著者 **임채웅**

총 목 차

제 1 편 신탁법률관계의 형성

제 2 편 신탁의 실행

제 3 편 신탁과 민사집행

제 4 편 신탁적용의 확장

세부목차

제 1 편 신탁법률관계의 형성

[1] 신탁선언의 연구

[2] 담보권신탁 연구

[3] 유언신탁 및 유언대용신탁의 연구

[4] 신탁과 등기의 연구

제 2 편 신탁의 실행

[5] 신탁수익자의 서류열람청구권에 관한 연구
(평석대상 결정 : 대법원 2008. 9. 25.자 2006마459 결정)

[6] 신탁법상 수탁자의 자조매각권 및 비용상환청구권에 관한 연구

(대상판결 : 대법원 2009. 1. 30. 선고 2006다62461 판결)

[7] 수탁자의 변경과 신수탁자의 책임제한에 관한 연구
(대상판결 : 대법원 2010. 2. 25. 선고 2009다83797 판결)

제 3 편 신탁과 민사집행

[8] 신탁재산에 대한 민사집행의 연구

[9] 신탁수익권에 관한 민사집행의 연구

[10] 신탁재산에 대한 가처분에 관한 연구
(대상결정 : 대법원 2008. 10. 27.자 2007마380 결정)

제 4 편　신탁적용의 확장

[11] 환경보호수단으로서의 신탁에 관한 연구
— 공공신탁, 공익신탁 및 국민신탁을 중심으로 —

[12] 유럽신탁법원칙에 관한 연구

제 1 편

신탁법률관계의 형성

[1] 신탁선언의 연구

Ⅰ. 들어가는 말

일반적으로 신탁이란, 위탁자가 수탁자에게 재산(권)[1]을 이전하고, 수탁자는 수익자를 위하여 그 재산을 관리·처분하는 것을 말한다. 이러한 신탁관계는 법에 의하여 생길 수도 있고, 당사자의 의사에 의하여 성립할 수도 있다. 우리나라의 현행 신탁법상 당사자의 의사에 터잡은 신탁의 성립은 계약에 의한 것과 유언에 의한 것이 있다.

그런데 신탁의 발상지라 할 수 있는 영미권에서는 종래 위탁자가 수탁자를 겸하는 신탁이 가능하였고, 일본의 신신탁법이 그러한 제도를 도입하였다. 이러한 영향으로 현재 우리나라에서도 활발히 논의되고 있는 신탁법 개정논의 중에는 위와 같은 신탁을 도입하자는 주장이 펼쳐지고 있다.

위탁자가 수탁자를 겸하는 신탁을 설정하는 행위를 '신탁선언'(declaration of trust)이라 하고, 신탁선언에 의하여 생기는 신탁을 '자기신탁'이라 한다. 신탁선언에 의하여 발생하는 자기신탁에는 여러 가지 면에서 특별한 점이 있다.

1) 우리나라의 현행 신탁법 제 1 조 및 일본의 구신탁법 제 1 조는 '재산권의 이전 기타의 처분'을 통해 신탁이 설정되는 것으로 규정하였으나, 일본 신신탁법 제 3 조는 양도 등의 대상을 '재산권'이 아닌 '재산'으로 규정하였다. 한편, 현재 국내의 신탁법 개정안도 이 점은 마찬가지이다. 즉, 법무부의 개정안(이하 이를 '법무부안'이라고 한다) 제 2 조는 '특정의 재산(영업이나 지적재산권의 일부를 포함한다)을 이전하거나 담보권의 설정 그 밖의 처분을 하고…'라고 하고 있고, 대법원의 개정안{이하 이를 '대법원안'이라 한다. 이에 관한 문헌으로, 법원행정처 신탁제도연구반, 신탁법 개정을 위한 입법자료(2009) 참고} 제 1 조 제 2 항 제 1 호는 '신탁행위로 이전, 담보권 설정 및 그 밖의 방법으로 처분(수탁자 또는 제 3 자에 대한 신탁재산지정권의 수권을 포함한다) 받은 신탁재산을…'이라고 하고 있다. 이와 같이 종래 신탁설정의 대상을 '재산권'이라고 하였던 것을 '재산'으로 고치고자 하는 것이 현재의 경향이며 올바른 방향이라 생각된다.

계약신탁과 유언신탁은 성립과정에 차이가 있으나, 성립된 후에는 동일한 신탁이다. 물론 유언신탁의 경우 유언이라는 점에서 발생하는 어쩔 수 없는 차이가 있기는 하나, 신탁의 면에서는 차이가 없다고 할 수 있다.[2] 이에 반하여 자기신탁은 성립과정에서뿐 아니라, 성립 후에도 다른 신탁과 다른 점이 있을 수 있다.

이 글은 이와 같이 우리나라에의 도입이 논의되고 있는 신탁선언제도에 관한 주요 외국의 법제를 살펴보고, 그 도입 필요성과 문제점 등에 관해 살펴보는 것을 목적으로 한다.

Ⅱ. 영국과 미국의 신탁선언

1. 영 국

신탁제도의 발상지라고 할 수 있는 영국의 현행 신탁제도를 규율하는 대표적인 법률은 '1925년 재산법'(the Law of Property Act 1925, LPA)이다.

동법 제53조(Instrument required to be in writing) (1)(b)는 신탁선언에 대하여 다음과 같이 규정하고 있다.

「토지와 채권에 관한 신탁선언은 명시적으로 이루어져야 하며, 그러한 신탁을 선언할 수 있는 사람이 서명한 문서나 그의 유언에 의하여 입증되어야 한다.」[3]

위 규정은 신탁선언 전반에 대한 규정이라기보다는 신탁선언시 갖추어야 할 요건에 대한 것이라 할 수 있다.[4]

신탁선언의 입증이 문서 등에 의하여 이루어져야 하는 것이지, 신탁선언

2) 유언신탁에 관한 일반적인 검토로는, 임채웅, "遺言信託 및 遺言代用信託의 硏究," 대한변호사협회, 人權과 正義 397號(2009. 9.), 124면 이하 참고.

3) 원문 : s. 53(1)(b), "A declaration of trust respecting any land or any interest therein must be manifested and proved by some writing signed by some person who is able to declare such trust or by his will."

4) 만일 신탁설정이 유언에 의하는 경우, '1837년 유언법'(the Wills Act 1837) 제 9 조가 적용된다.

자체가 문서로 이루어져야 하는 것은 아니므로, 전보로 의사표시를 하거나 제3자에게 편지를 보낸 경우에도 해당된다. 증거가 되는 서면에의 서명은 대리인에 의하여 이루어질 수 없다.5)

2. 미 국

주지하다시피 미국은 연방국가로서 우리에 비해 법제가 매우 복잡하다. 게다가 신탁법은 州法으로 되어 있어 더욱 그러하다. 따라서 모든 州의 법을 검토하기는 어렵다. 신탁에 관해서는 통일적인 법률제정을 위한 노력으로 이루어진 제2차 신탁법 리스테이트먼트6)가 있고, 2000년에 성립한 통일신탁법전(Uniform Trust Code, UTC)이 있다. UTC는 2008년 3월 현재 미국의 20개 주가 채택하였고, 3개 주가 입법에 반영하였다. 이와 같이 UTC 자체는 법이 아니고, 미국의 모든 주가 채택하고 있는 것은 아니지만, 현 단계에서는 미국의 현행 신탁법이라고 할 만하다.7) 미국의 제2차 리스테이트먼트와 UTC는 신탁선언에 관해 다음과 같은 규정을 두고 있다.

* 제2차 리스테이트먼트

[신탁설정 방법]

제10조

신탁설정의 주요한 방법은 다음과 같다.

(a) 재산소유자가 다른 사람을 위하여 신탁의 형식으로 그의 재산을 보유하겠다고 하는 선언 또는 다른 사람이 그와 같이 선언한 것을 취득하는 방법.

---

5) Curzon, L.B., Law of Trusts, 2nd ed., MACDONALD AND EVANS(1980), 33면.

6) Restatement of the Law Second, Trusts. ‘Restatement’에 대한 적절한 번역용어를 찾기 어려워, ‘리스테이트먼트’라고 한다. 제1차 신탁법 리스테이트먼트는 1935년에 성립되었는데, 1959년에 하바드대 교수인 Austin W. Scott가 보고자로서 작성한 제2차 신탁법 리스테이트먼트가 성립되어 미국신탁법에 많은 영향을 주었다. 한편 제3차 신탁법 리스테이트먼트가 1990년에 성립되었으나, 수탁자의 의무에 관한 내용만 담고 있다. 제2차 리스테이트먼트는 성립된 후 이미 상당한 시간이 경과하였으나, 미국신탁법에 관한 한 아직도 중요한 논의대상이다.

7) UTC에 대한 日文 해설서로, 大塚正民/樋口範雄編著, 現代アメリカ信託法{有信堂(2002)} 참고. 이 日書의 韓譯本으로, 大塚正民/樋口範雄 편저, 명순구/오영걸 역, 현대미국신탁법{세창출판사(2005)}이 있다.

(b) 재산소유자(또는 재산에 대한 관리자를 지정할 수 있는 권한을 갖는 자)가 계약 또는 유언에 의하여 그 재산을 다른 사람에게 양도하고, 그로 하여금 신탁의 형식으로 보유하게 하는 방법.
(c) 다른 사람에게 금원을 지급하거나 재산권을 양도하는 취지의 계약을 체결하거나, 체결된 계약지위를 인수하고, 그 다른 사람은 제 3 자를 위하여 신탁형식으로 그 금원이나 재산을 보유하는 방법.[8)]

* UTC
제401조 신탁설정방법
신탁은 다음과 같은 방법에 의하여 설정된다 :
(1) 위탁자의 생존중 수탁자가 되는 다른 사람에게 재산을 양도하거나, 유언 또는 위탁자 사망시 효력이 발생하는 다른 방법으로 처분하는 방법.
(2) 재산소유자가 스스로 동일한 재산을 수탁자의 지위에서 보유하겠다고 선언하는 방법.
(3) 수탁자 지정권을 행사하는 방법.[9)]

UTC 제407조는 신탁은 신탁증서에 의하여 증명될 필요는 없다고 하고 있다. 따라서 원칙적으로 신탁선언도 구술로 이루어질 수 있다. 그러나 동조는 구술에 의하여 설정된 신탁(oral trust)은 명백하고 설득력있는 증거(clear and

---

8) 원문 : METHODS OF TRUST CREATION
§10. The principal methods of trust creation are-
(a) A declaration by a property owner that he holds the property in trust for another, or procuring such a declaration by another;
(b) A transfer by the owner of property(or the holder of a power of appointment over the property) of that property, by deed or will, to another to hold in trust;
(c) Making, or procuring to be made, a contract to pay money or deliver property to another which the payee or transferee is to hold in trust for a third person.

9) 원문 : SECTION 401. METHODS OF CREATING TRUST.
Trust may be created by :
(1) transfer of property to another person as trustee during the settlor's lifetime or by will or other disposition taking effect upon the settlor's death;
(2) declaration by the owner of property that the owner holds identifiable property as trustee; or
(3) exercise of a power of appointment in favor of a trustee.

convincing evidence)에 의하여 증명되어야 한다고 하고 있다. 이러한 입장은 영국법의 그것과 궤를 같이 한다.

그러나 사기방지법(the Statute of Frauds)이 적용되는 지역에서는 동법이 적용되는 범위 내에서는 실질적으로 신탁설정에 관해 서면에 의할 것이 요구되게 된다. 일부 지역에서는 신탁선언에 의한 신탁설정에 대해서는 사기방지법이 적용되지 않기도 한다.[10)]

3. 유럽신탁법 기본원칙(Principles of European Trust Law)

위 원칙은 유럽의 주요 신탁법학자들의 연구·검토를 거친 끝에 1999. 1. 15. 채택된 것인데, 위 원칙 제2조는 신탁선언에 의한 신탁설정을 인정하고 있다.

> 제2조 신탁의 설정
>
> 신탁을 설정함에는 원칙적으로 어떤 자(위탁자)가 생전 또는 사망시에 독립된 신탁재산을 창설할 의도를 갖고, 자산을 수탁자에게 이전하여야 한다. 다만, 위탁자는 소유하는 특정의 자산에 대하여 스스로 수탁자가 되는 취지의 선언을 하여 신탁을 설정할 수 있다.[11)12)]

4. 소 결 론

위 각 법령들을 보면 영미권에서는 신탁선언이 일반적으로 인정되고 있음을 알 수 있다.

우리나라와 크게 다른 법제도를 채택하고 있는 국가의 법제도를 논의함

---

10) Mennell, L. Robert/Burr, Sherril L., Wills and Trusts, 3rd ed., THOMSON WEST(2007), 204면.

11) 원문 : Article II Creation of the trust

The general rule is that in order to creat a trust a person called the "settlor" in his lifetime or on death must, with the intention of creating a segregated trust fund, transfer assets to the trustee. However, it may also be possible for a settlor to create a trust by making it clear that he is to be trustee of particular assets of his.

12) 이 원칙의 설정에 미국측에서는 참가하지 아니하였다. 이 원칙은 순수한 강학상의 원칙을 넘어서 향후 통일적인 유럽신탁법의 제정을 겨냥하여 마련된 것으로 그 의의가 매우 크다. 이에 대한 상세한 검토는 추후의 연구과제로 미룬다. 이 원칙에 대한 日文 참고문헌으로, 新井誠編, 欧州信託法の基本原理{有斐閣(2003)}가 있다.

에 있어 법조문을 비교하는 것만으로는 부족하다. 그 나라의 실체법, 절차법과 판례 및 문화적인 차이까지 정확히 이해하여야 비로소 엄밀한 비교가 가능해진다. 이 글은 당장에 닥친 문제가 된 신탁선언의 도입문제를 논의하고자 하는 것이므로, 영미권의 사정에 관해서는 신탁선언이 영미권에서 일반적으로 넓게 인정되고 있는 점에 대한 확인까지만으로 그치고, 그 이상의 자세한 검토는 추후의 과제로 미룬다.

Ⅲ. 일본 신신탁법

1. 조 문

일본의 신신탁법은 구신탁법과 달리 신탁선언에 관하여 아래와 같은 내용의 규정을 두었다.[13)]

* 일본 신신탁법

제 3 조(신탁의 방법)

신탁은 다음에 든 방법에 의한다.

1. (생략, 계약신탁)
2. (생략, 유언신탁)
3. 특정한 자가 일정한 목적에 따라 자기가 가지고 있는 일정한 재산의 관리 또는 처분 그리고 그 외 당해 목적의 달성을 위해 필요한 행위를 스스로 하는 취지의 의사표시를 공정증서와 그 외 서면 또는 전자적 기록(전자적 방식, 자기적 방식과 그 외 지각을 통해서는 인식할 수 없는 방식으로 작성된 기록으로서, 전자계산기에 의한 정보처리용으로 제공된 것으로 법무성령에서 정한 것을 말한다. 이하 동일하다)으로 당해 목적, 당해 재산의 특정에 필요한 사항과 그 외 법무성령에서 정한 사항을 기재하거나 기록한 것에 의한 방법.

13) 일본 신신탁법의 번역은, 최수정, 일본신신탁법, 진원사(2007)의 해당 부분에 의존하였다. 이하 같다.

제 4 조(신탁효력의 발생)

(3) 전 조 제 3 호에 든 방법에 의해 설정된 신탁은 다음 각 호에 든 구분에 따라, 당해 각 호에서 정하는 바에 따라 효력을 발생한다.

1. 공정증서 또는 공증인의 인증을 받은 서면 또는 전자적 기록(이하 본 호 그리고 다음 호에서 「공정증서 등」이라 총칭한다)에 의해 설정된 경우 : 당해 공정증서 등의 작성
2. 공정증서 등 이외의 서면 또는 전자적 기록에 의해 설정된 경우 : 수익자로 지정된 제 3 자(당해 제 3 자가 2인 이상인 경우에는 그중 1인)에 대해 확정일이 있는 증서에 의하여 당해 신탁이 설정된 취지 및 그 내용의 통지

(4) 전 3항의 규정에도 불구하고 신탁은 신탁행위에 정지조건 또는 시기가 붙은 때에는 당해 정지조건의 성취 또는 당해 시기의 도래에 의해 그 효력이 발생한다.

제23조(신탁재산에 속한 재산에 대한 강제집행 등의 제한 등)

(2) 제 3 조 제 3 호에 든 방법에 의해 신탁이 이루어진 경우, 위탁자가 그 채권자를 해함을 알고 당해 신탁을 한 때는 전 항의 규정에도 불구하고 신탁재산책임부담채무에 관한 채권을 갖는 채권자 외에 당해 위탁자(수탁자임에 한한다)에 대한 채권으로 신탁 전에 발생한 것을 갖는 자는, 신탁재산에 속한 재산에 대해 강제집행, 가압류, 가처분 또는 담보권의 실행 또는 경매 또는 국세체납처분을 할 수 있다. 단 수익자가 현존하는 경우 그 수익자의 전부 또는 일부가 수익자로 지정을 받은 것을 안 때 또는 수익권을 양수한 때에 채권자를 해함을 알지 못한 때는 그러하지 아니하다.

(3) 제11조 제 7 항 및 제 8 항의 규정은 전 항의 규정 적용시에 준용한다.

제11조(사해신탁의 취소 등)

(7) 수익자의 지정 또는 수익권의 양도에 대해서는 제 1 항 본문, 제 4 항 본문 또는 제 5 항 전단 규정의 적용을 부당하게 면하기 위한 목적으로, 채권자를 해함을 알지 못한 자(이하 본 항에서 「선의자」라 한다)를 무상(무상과 동일한 유상을 포함한다. 이하 본 항에서 동일하다)으로 수익자로 지정하거나 선의자에게 무상으로 수익권을 양도해서는 안 된다.

(8) 전 항의 규정에 위반되는 수익자의 지정 또는 수익권의 양도에 의해 수익자로 된 자에게 제 1 항 단서 및 제 4 항 단서(제 5 항 후단에서 준용되는 경우를 포함한다)의 규정은 적용하지 아니한다.

한편, 일본 신신탁법에 따른 신탁선언에 관한 규정은, 신신탁법 부칙 제 2 항에 따라, 신신탁법 시행일부터 기산하여 1년을 경과하는 날까지는 적용하지 않는다. 종전에 없던 새로운 설정방법을 인정함에 따른 충격을 완화하려는 규정이라 볼 수 있는데, 이러한 경과규정의 설치는 우리의 개정논의에도 참고가 된다.

2. 신탁선언의 내용

(1) 신탁선언 또는 자기신탁의 의의

자기신탁이란 특정의 자가 일정한 목적에 따라 자기가 갖고 있는 일정의 재산의 관리 또는 처분 및 기타 당해 목적의 달성을 위해 필요한 행위를 스스로 한다는 취지의 의사표시를 하는 방법에 의한 신탁이고(제 3 조 제 3 호), 이와 같은 자기신탁을 설정하는 행위를 신탁선언이라고 한다. 본인이 검토한 바에 따르면, 일본 신신탁법이 '신탁선언'이나 '자기신탁'이라는 용어를 사용하고 있는 것은 아닌 듯하나, 신탁법 시행규칙 제 2 조에서 '자기신탁'이라는 용어가 사용되고 있다.[14)]

(2) 성립요건

자기신탁을 하는 취지의 의사표시는, ① 공정증서 기타의 서면 또는 전자적 기록에 의하여야 하고, ② 당해 목적, 당해 재산의 특정에 필요한 사항 기타의 법무성령에서 정한 사항을 기재하거나 또는 기록하여야 한다(제 3 조 제 3 호). 일본 신탁업법 시행령 제50조의 2가 '신탁법 제 3 조 제 3 호에서 규정한 방법에 의한 신탁에 대한 특례'를 두어 자세히 규정하고 있다.

이러한 규정을 둔 취지는 쉽게 이해할 수 있다. 즉, 신탁선언에 의하는 경

14) 信託法施行規則
第二条 この省令において使用する用語は，法において使用する用語の例によるほか，次の各号に掲げる用語の意義は，それぞれ当該各号に定めるところによる。
一 自己信託　法第三条第三号 に掲げる方法によってされる信託をいう。

우, 신탁재산의 소유자가 바뀌지 않는 관계로 제 3 자가 그 사실을 알기 어렵다. 따라서 다른 유형의 신탁설정 유형보다 더 엄격한 요건을 갖추도록 한 것이다. 한편, 일본 신신탁법 제258조는 '수익자의 정함이 없는 신탁' 소위 '목적신탁'에 대해 규정하고 있는데, 동 제 1 항은 '수익자의 정함(수익자를 정하는 방법의 정함을 포함한다. 이하 동일하다)이 없는 신탁은, 제 3 조 제 1 호 또는 제 2 호에 든 방법에 의해 설정할 수 있다'라고 규정함으로써, 신탁선언에 의한 목적신탁의 설정은 불가능하게 하고 있다.

(3) 효력발생시기

일본 구신탁법과 달리 일본 신신탁법 제 4 조는 신탁효력의 발생시기에 대하여 규정하고, 각 항에서 신탁설정의 각 방법에 따른 효력발생시기를 두고 있는데, 신탁선언에 의한 설정 중, 공정증서 또는 공증인의 인증을 받은 서면 또는 전자적 기록(이하 「공정증서 등」이라 한다)에 의하여 이루어지는 경우, 당해 공정증서 등의 작성에 의하여 효력이 발생하고(제 4 조 제 3 항 제 1 호), 공정증서 등 이외의 서면 또는 전자적 기록에 의하여 이루어진 경우에는, 수익자가 되어야 할 자로서 지정된 제 3 자(다만, 당해 제 3 자가 2인 이상 있는 경우에는 그 중 1인)에 대한 확정일부가 있는 증서에 의한 당해 신탁이 이루어진 취지 및 그 내용의 통지에 의하여 효력이 발생한다(동항 제 2 호).

이러한 신탁유형에 따른 효력발생시기에 관한 조문을 두어서 비로소 효력발생시기가 확정되는 것은 아니라고 이해되며, 이론적으로 검토해보더라도 모두 동조에서 규정한 대로의 결론을 얻을 수 있다. 특히 계약이나 유언에 의한 경우는 더욱 그러하다. 따라서 이 조문의 효력은 창설적인 것이라 할 수는 없고 확인적인 것이라 할 수 있다. 결국 이 조문을 둔 취지는 소급적으로 설정할 수 없음을 명백하게 하기 위한 것으로 이해할 수 있다.[15)]

(4) 강제집행 등의 특례

위탁자가 그 채권자를 해할 것을 알고 신탁선언에 의하여 신탁을 설정한 경우, 신탁재산책임부담채무가 되는 채권을 갖는 채권자 외에도 위탁자에 대한 채권으로 신탁 전에 생긴 것을 갖는 자는 신탁재산에 속한 재산에 대하여

15) 小野傑 外, 新しい信託法解説, 三省堂(2007), 148면, 同旨.

강제집행, 가압류, 가처분 또는 담보권의 실행 또는 경매, 국세체납처분(이하 「강제집행 등」이라고 한다)을 할 수 있다(제23조 제 2 항 본문).

나아가, 수익자가 현존하는 경우, 그 수익자의 전부 또는 일부가 수익자로서의 지정을 받은 때, 또는 수익권을 양수한 때에 채권자를 해하는 것을 알지 못하였을 때는 사해신탁에 있어서의 취소와 마찬가지로, 강제집행 등의 신청이 허용되지 않는다(제 2 항 단서). 따라서 그 경우에는 수익자는 제 3 자이의의 소를 제기하여 이의를 주장하고, 강제집행 등의 효력을 다툴 수 있다(제 5 항).

Ⅳ. 도입여부에 대한 검토

1. 들어가는 말

종래 일본에서 일본 구신탁법을 전제로 하는 경우, 신탁선언에 의한 신탁설정이 가능한가 그렇지 않은가에 대해 의견의 엇갈림이 있었으나, 부정적인 견해가 다수를 점하고 있었으며, 우리나라도 사정은 비슷하였다.[16]

그런데 현재 국내의 신탁법 개정논의를 보더라도 신탁선언제도의 도입 자체에 대해 반대하는 견해를 찾아보기 어렵고, 그래서인지 도입 자체의 필요성에 대한 상세한 검토 역시 발견하기 어렵다. 이러한 상황은 학술적인 차원에서는 아쉬움이 없지 않으나, 학계나 실무계에서 도입하는 것 자체에 대해서는 찬성하는 쪽으로 합의가 이루어진 것과 다를 바 없는 지금의 상황에서, 도입의 필요성을 상세히 검토하는 것은 어느 정도는 불필요한 일이기도 하다. 따라서 이 글은 이러한 점과 관련하여, 도입과 관련된 일본의 논의를 간략하게 소개하고, 이어 필자의 견해를 밝히는 것으로 그치고자 한다.

16) 우리나라의 현행 신탁법하에서도 신탁선언이 가능할 것으로 보는 대표적인 견해로, 李重基, 신탁법, 三宇社(2007), 34면. 한편 이에 반대하는 대표적인 견해로, 崔東軾, 信託法, 法文社(2006), 54면 이하, 각 참고. 필자는 후자의 견해에 찬성하는 바인데, 이 글의 주목적은 입법론에 대한 것이며, 현행법에 대한 해석론에 대한 것이 아니므로, 현행법의 해석론과 기존 견해에 대한 검토는 하지 않기로 한다.

2. 일본의 논의

(1) 도입의 필요성

일본 문헌 중 신탁선언의 도입필요성을 잘 정리한 것이 있으므로 이를 소개한다.[17]

첫째, 재산을 관리할 능력이 없는 자녀를 둔 부모가 자녀에게 재산을 증여하기 위한 방법으로 활용될 수 있다.

둘째, 회사가 특별한 프로젝트(사업부문)로부터 올리는 수익을 담보로 하여 자금을 조달하려고 하는 경우, 당해 프로젝트에 필요한 자산에 대하여 신탁선언을 하고 그 수익권을 투자가에게 판매할 수 있다. 이 경우, 종업원의 신분에도 영향을 주지 않고, 한편 기술적인 노하우의 외부유출의 위험을 피하면서 자금조달을 할 수 있다.

셋째, 회사가 자사의 채권 등을 유동화하여 자금조달을 하고자 하는 경우, 신탁선언을 이용하면, 채권자가 변경되는 것에 따른 채무자의 심리적 저항을 회피하면서 유동하는 것이 가능하게 됨과 동시에 제 3 자가 수탁자로서 이용하는 경우에 비해 비용 등을 감축하면서 유동화할 수 있다.[18]

(2) 법개정시의 논의

일본 신신탁법 입법과정에서, 원칙적으로 자기신탁을 인정할 수 없으나 대상재산이 스스로 수탁자로 하는 다른 신탁의 신탁재산인 경우에 한하여 예외적으로 인정하는 안(甲안), 자기신탁을 특단의 제한을 주지 않고 인정하는 안(乙안), 일정한 요건하에 자기신탁을 인정하는 안(丙안)의 3안이 요강시안의 단계로 제시되었는데, 논의를 거쳐 결국 위에서 본 바와 같은 요건을 추가하여 허용하는 입법이 이루어졌다.

---

17) 鈴木正具/大串淳子, コンメンタール信託法, ぎょうせい(2008), 12면.

18) 그 외에도 자기신탁은 수탁자가 신탁재산을 보유함에 있어 다른 성격의 재산과 혼합되는 것을 방지하기 위한 방법으로 활용될 수도 있다. 이 점에 관하여는, 宮澤秀臣, “コミングリングリスクを回避する手段としての自己信託·I, II, III,” 法律時報 81巻 1號 내지 3號(2009. 1. 내지 3.) 해당 부분 참고.

3. 필자의 견해

필자가 검토한 바로는 우리나라에 신탁선언의 도입에 관해서는 뚜렷한 반대는 없는 듯하다. 개정논의에서도 대개는 남용가능성 등을 우려하여 그에 대한 대책을 논의하는 것이 일반적이다. 금융신탁상품의 형태 및 부동산개발과 관련되어 해당 부동산에 대해 이루어지는 신탁이 우리나라의 신탁실무상 설정되는 신탁의 대종을 이루는데,[19] 이번 법개정에서 자기신탁제도가 도입된다고 하여 우리나라의 신탁실무상 당장에 이 제도가 어느 정도나 활용될 수 있을지 의문이다. 필자가 보기에는 당장에는 크게 활용될 것으로 보이지는 않는다.[20]

그러나 그렇다고 하여 도입의 필요성이 없다고 할 수는 없다. 특정한 수요가 있어 입법조치를 할 필요가 있을 수도 있으나, 당장의 수요를 기대하기 어렵다 하더라도 향후 수요를 기대하며 입법을 할 수도 있다.

이러한 점에서 본다면, 국제조류에 맞추어 우리나라도 신탁선언을 통한 신탁, 즉 자기신탁제도를 도입하는 것이 옳다. 우리나라 신탁법이 제정된 이래 거의 50년만에 처음으로 전면 개정이 검토되고 있는데, 이번 개정작업이 마무리된 뒤에 다시 이 정도 규모의 전면 개정을 논의하려면 상당히 많은 시간이 필요할 것이라는 점을 고려하면, 입법필요성이 있는 것은 최대한 이번 개정작업에 반영하는 것이 옳다.[21]

자기신탁에 대해 회의적인 견해[22]도 대개 원칙적으로 자기신탁을 반대한

19) 법원에 신탁과 관련하여 제기되는 소의 대부분이 이와 같은 경우들에 대한 것이다. 그 외에 신탁을 통하여 에스크로를 하는 경우가 있다. 실무상 에스크로는 신탁을 통하는 경우도 있고, 그렇지 않은 경우도 있다.

20) 신탁이 주는 가장 중요한 법률효과는 역시 위탁자와 절연되는 것이다. 일부 실무가들은 이 점을 들어 신탁에는 본질적으로 집행면탈의 의도가 있는 것이라고 생각하기도 한다. 그러나 비록 그러한 면이 있다고 하더라도 신탁의 긍정적인 면을 완전히 부정하기는 어렵다. 게다가 위탁자가 해당 재산을 완전히 처분해버릴 수도 있다는 점을 생각하면 더욱 그러하다. 그런데 위 입법안에서 보는 바와 같이, 자기신탁의 경우 위탁자(겸 수탁자)의 채권자들에 의한 공격을 피할 수 없다면, 자기신탁제도를 이용할 의미가 크게 줄어들 수도 있다. 그러나 이러한 위탁자와의 절연이 크게 문제되지 않는 경우에는 그렇지 아니하다.

21) 한국금융투자협회 및 법무부 주최로 지난 2009. 6. 26. 서울에서 열린 세미나에 참가한 일본 동경대의 히로토 도가치 교수 및 히데키 간다 교수의 발언에 의하면, 일본에서도 신탁법이 제정된 뒤 80년이 걸려 신신탁법에 관한 논의가 이루어지면서, 이번 기회를 놓치면 앞으로 전면적으로 개정하는 데 다시 80년이 걸릴 것이므로, 크게 문제만 없으면 최대한 반영해두자는 입장이 지배적이었다고 한다.

22) 이러한 견해를 문헌에 의하여 뒷받침하기는 어렵다. 일부 실무가들이 제기하고 있는 문제점이다.

다기보다는, 그로 인한 부작용, 특히 집행면탈의 수단으로 사용되는 것이 아닌가 하는 우려에 바탕을 두는 것으로 이해된다. 따라서 필자는 이에 대한 적절한 조치가 이루어질 것을 전제로 하여, 신탁선언제도의 도입에 찬성한다.

한편 우리에게 신탁선언이 아직은 생소한 것이 사실이지만, 우리 법제에도 이미 일부 도입되어 있다는 점이 지적될 필요가 있다. 즉, 자본시장과 금융투자업에 관한 법률(이하 '자본시장법') 제 9 조(그 밖의 용어의 정의) 제24항은, '이 법에서 "신탁"이란 「신탁법」 제 1 조 제 2 항의 신탁을 말한다'라고 하고 있는데, 한편 동법 제74조(투자자예탁금의 별도예치)는 다음과 같이 규정하고 있다.

> ① 투자매매업자 또는 투자중개업자는 투자자예탁금(투자자로부터 금융투자상품의 매매, 그 밖의 거래와 관련하여 예탁받은 금전을 말한다. 이하 같다)을 고유재산과 구분하여 증권금융회사에 예치 또는 신탁하여야 한다.
> ② 겸영금융투자업자 중 대통령령으로 정하는 투자매매업자 또는 투자중개업자는 제 1 항에 불구하고 투자자예탁금을 제 1 항에 따른 예치 또는 신탁 외에 신탁업자(증권금융회사를 제외한다. 이하 이 조에서 같다)에게 신탁할 수 있다. 이 경우 그 투자매매업자 또는 투자중개업자가 신탁업을 영위하는 경우에는 <u>「신탁법」 제 2 조에 불구하고 자기계약을 할 수 있다.</u>

즉, 위 제74조 제 2 항에서는 위 법에서 정한 경우에 관해서는 이미 자기신탁을 인정하고 있는 것이다.[23] 이와 같이 신탁선언 및 자기신탁이 우리에게 아주 낯선 개념도 아닌 점을 고려하면, 이 제도의 도입에 더 적극적인 자세를 취할 수 있게 된다.

---

23) 우리나라의 현행 신탁법에 관해서도 신탁선언에 의한 신탁설정이 가능하다고 하는 견해도 있으나, 위와 같은 규정에 미루어 볼 때, 우리나라의 현재의 법제는 일단 신탁법에 의해서는 가능하지 않은 것으로 보고 있다고 볼 수 있다. 한편, 위 규정에서는 '자기계약'이라는 표현을 쓰고 있으나, 그것이 강학상의 '계약'을 의미하는 것은 아닌 것으로 판단된다.

Ⅴ. 도입방안 등에 관한 검토

1. 법리 구성

우리나라에서는 아직 신탁선언(자기신탁)제도가 도입된 상황이 아니므로, 해석론은 아니고 입법론적 차원에서의 검토를 할 수밖에 없다. 그런데 위에서 본 바대로, 우리나라의 현재의 개정논의는 아무래도 일본의 신신탁법으로부터 많은 영향을 받고 있다고 봄이 옳다. 그러므로 일단 일본 신신탁법을 참고하여, 위 제도를 우리나라에 도입할 경우의 문제점 등에 대해 생각해보기로 한다. 먼저 법리구성에 관해 생각해본다.

(1) 행위론의 면

먼저 행위론에 관하여 검토해보기로 하면, 신탁선언은 위탁자에 의한 단독행위라 할 수 있다. 위탁자에 의한 단독행위로 인하여 위탁자 및 수익자에게 법률효과가 발생하는 경우로 파악할 수 있는 것이다.

한편 일본에는 신탁선언을 상대방있는 단독행위로 파악하는 견해와 상대방없는 단독행위로 파악하는 견해가 있다.[24] 이 점을 잠시 생각해보면, 비록 신탁에는 수익자라는 또 다른 당사자가 있고 신탁선언의 경우 목적신탁이 허용되지 않는 것으로 봄이 통상적이지만, 그렇다고 하여 그 수익자가 반드시 단독행위에 있어서의 상대방이라고 할 수 없다. 일본 신신탁법 제 4 조 제 3 항 제 1 호가 공정증서 등에 의하여 설정되는 자기신탁의 경우 공정증서 등의 작성으로 그 효력이 발생되는 것으로 규정하고 있는 점을 보아도 그렇다. 수익자로 예정된 자의 수익권이 확정되기 위해 별도의 절차가 필요하다 하더라도 그 절차는 신탁설정 다음 단계의 문제가 된다.[25] 우리나라의 각 개정안에서도 수익자의 관여를 신탁선언이 효력을 발생하는 요건으로 규정하고 있지 아니하다. 따라서 우리나라에서도 신탁선언을 상대방없는 단독행위로 파악할 수

---

24) 鈴木正具/大串淳子, 앞의 책, 43면.

25) 일본 신신탁법 제 4 조 제 3 항 제 2 호에 따르면 공정증서 등 작성 이외의 방법에 의하여 자기신탁이 설정되는 경우에는 수익자로 지정된 자에 대한 통지가 필요하도록 되어 있고, 이 경우는 상대방있는 단독행위가 된다 하겠으나, 이는 한정된 경우에 대한 것이므로 위와 같은 일반론을 취하는 데 지장을 주지 않는다.

있게 된다. 유언 역시 단독행위로 보아야 할 것이기 때문에, 단독행위에 의한 신탁설정은 우리나라의 현행 신탁법하에서도 낯설지 않다. 따라서 이론적으로는 신탁선언행위에 관하여 사해행위임을 이유로 하여 취소할 수 있고,[26] 도산문제가 관련되면 부인권 행사의 대상이 될 수도 있다.

신탁선언까지 포함하여 신탁설정방법을 계약, 유언 및 신탁선언으로 나누는 것이 보통이지만, 행위론에 입각하여 본다면, 신탁선언은 유언에 더 가까운 것이고, 위탁자를 기준으로 한다면 생전신탁이라는 점에서 계약신탁에 더 가까운 것이라 볼 수도 있다. 이를 도해하면 다음과 같다.

[행위론에 따른 신탁설정방법의 구분]

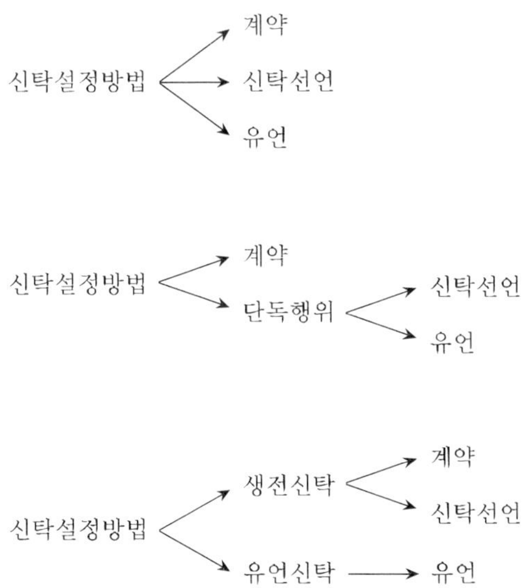

(2) 재산 이전

신탁설정을 통하여 재산은 일단 위탁자로부터 수탁자에게 이전되어야 한다. 그런데 신탁선언의 경우 이러한 재산 이전이 있을 수 없다. 소유권은 대외적·대내적을 가릴 것 없이 위탁자 겸 수탁자에게 그대로 유보된다.[27]

26) 신탁선언과 사해신탁을 이유로 한 취소의 문제는 아래에서 다시 다룬다.
27) 영미권에서는 신탁재산에 관한 커먼로상의 권리와 형평법상의 권리가 나누어지는 것으로

권리 자체의 면에서는 그러하나, 그 효과의 면에서도 완전히 그렇다고 하기는 어려운 면이 있다. 위탁자 겸 수탁자는 신탁재산에 관하여 통상의 채권적 부담 이상의 매우 무거운 부담을 지게 된다. 신탁법제를 분석함에 있어 수탁자의 고유재산과 신탁재산은 소유자가 다른 것처럼 생각하는 것이 편리할 때가 많은데, 자기신탁에서도 그러하다. 따라서 자기신탁에서 권리 자체의 변동은 없지만, 위탁자 겸 수탁자의 지배영역 내에서 그의 고유재산에서 신탁재산으로 변동되었다고 인식할 수 있다.

이러한 점은 특히 부동산에서 명백히 드러난다. 아울러 부동산에서는 자기신탁인 점의 공시도 그다지 문제될 여지가 없다. 비록 권리의 이전은 일어나지 않는다 하더라도, 등기부에 신탁취지가 등기될 것이기 때문이다. 이러한 등기는 실제에 있어서는 권리변동에 따른 등기와 다를 바가 없다.[28]

등기나 등록이 이루어지지 않는 재산은 문제이다. 신탁선언 자체는 공증 등에 의하여 명백히 할 수 있다고 하더라도 그 재산까지 완벽하게 공시하기 어려울 수 있을 것이기 때문이다. 신탁재산이 금전인 경우를 생각해보면, 이러한 점은 일반적인 신탁에서도 마찬가지이지만, 그래도 일반적인 신탁의 경우 재산권의 양도가 일어나므로 그 과정을 통하여 어느 정도 통제가 되지만,

---

파악하지만, 우리나라 법제에서는 그러한 개념을 인정하지 않고 있으므로, 일반적인 신탁에서는 수탁자가 신탁재산에 대한 권리를 완전히 취득한다. 따라서 자기신탁에서는 위탁자 겸 수탁자가 권리를 그대로 보유한다.

28) 신탁에 관한 등기 중 신탁설정과 관련된 것에서는 위탁자가 등기의무자, 수탁자가 등기권리자가 되며, 이러한 점에 의하여 어느 정도 등기의 적절성이 통제될 수 있다. 그런데 자기신탁에서는 등기권리자와 등기의무자가 일치하게 된다. 위탁자의 채권자들의 이해관계를 제외한다면, 신탁의 설정으로 손해를 볼 사람은 없을 것이므로, 보통 문제가 될 것 같지는 않으나, 위와 같은 점에 따른 통제기능의 부족함을 어떻게 보완할 수 있을 것인가 문제이다.

그런데, 보통은 부동산에 대한 자기신탁에서는 공시가 문제되지 않을 것이지만, 그러한 결과를 조성하기 위하여 약간 검토되어야 할 점이 있다. 엄밀히 말하자면 신탁선언을 한 경우 권리이전은 필요없으므로, 부동산에 대한 신탁선언이 있는 경우에는 권리이전을 위한 등기는 필요없다. 따라서 부동산에 대한 신탁선언에 관한 등기는 신탁과 관련하여 대항력을 갖추기 위한 등기로서의 성격을 갖게 된다. 이러한 점에서 신탁선언을 도입할 경우 거래의 안전도모 또는 기타 불필요한 분쟁발생을 막기 위하여 반드시 그 사항을 등기하도록 강제하여야 할 필요가 있으며, 이 점은 어떤 형식으로든 입법조치가 필요한 점이다.

한편 일본의 경우 신탁선언제도의 도입과 함께, 부동산등기법 제98조 제3항에서, '신탁법 제3조 제3호에서 든 방법에 의하여 이루어진 신탁에 의한 권리의 변경의 등기는, 수탁자가 단독으로 신청할 수 있다'라고 규정하였다. 신탁선언이 있고 등기가 필요한 경우, 형식적인 의미의 등기권리자가 없기 때문에 법리상으로 당연한 규정이라 할 수 있다. 한편 위 조문에서의 '권리의 변경의 등기'는, 실체법적 의미에서의 일반적인 권리변경을 의미하는 것이 아니라, 신탁선언의 경우를 특정하여 표현한 것으로 이해되어야 한다.

자기신탁에서는 양도가 일어나지 않으므로 신탁재산의 분별관리 등이 더 문제될 수 있다. 따라서 일반적인 신탁에 비하여 더 엄격한 분별관리 제도 등이 고려되어야 한다. 이러한 점은 신탁법에서 규정할 것은 아니고, 하위법령이나 금융법령으로 규정할 문제라고 생각된다.

(3) 설정구조

1) 수 탁 자

자기신탁은 위탁자가 수탁자를 겸하는 관계인데, 그 수탁자가 반드시 1인이어야 할 필요는 없을 것이다. 위탁자 겸 수탁자가 2명 이상인 경우도 상정할 수 있으며, 위탁자 겸 수탁자는 1인이나, 위탁자는 겸하지 아니하면서 그와 공동수탁자가 되는 사람이 있을 수 있다. 위탁자가 아닌 공동수탁자를 두면, 위탁자 겸 수탁자만 있는 경우에 비해 위탁자 겸 수탁자를 견제할 수 있는 자가 있는 것이므로, 신탁법률관계를 위해서도 바람직할 것으로 생각된다.[29)]

문제는 만일 강제집행 등에 관해 특례를 두어 위탁자의 채권자가 신탁설정을 취소함이 없이 신탁재산에 대해 강제집행할 수 있도록 하는 경우이다. 즉, 위탁자 겸 수탁자가 아닌 공동수탁자가 있는 경우에도 이와 같은 강제집행이 가능한 것인가가 문제이다. 만일 이 경우에는 위와 같은 강제집행이 불가능하다면, 위탁자 겸 수탁자가 아닌 공동수탁자는 둘 수 없다는 것으로 귀결됨이 상당할 것이다.

그러나 필자는 이 경우에도 위와 같은 특례를 이유로 하여 위탁자 겸 수탁자가 아닌 공동수탁자를 두는 것을 금할 필요는 없다고 생각하며, 그와 같은 수탁자를 두는 것도 가능하고, 그 경우 여전히 위 특례에 따른 강제집행도 가능하다고 본다.[30)]

2) 수 익 자

신탁선언에 의한 위탁자 겸 수탁자가 수익자의 지위를 겸할 수는 없다.

---

29) 물론 공동수탁자를 두면 단독수탁자만 있는 경우에 비해 의사결정이 늦어지는 등 어려움이 발생할 수 있으나, 이는 공동수탁자 자체의 문제이며, 자기신탁 고유의 문제는 아니다.

30) 이 경우 신탁재산은 공동수탁자의 합유재산이 되므로, 강제집행 법률관계상의 채무자는 공동수탁자 전원이 된다. 위탁자의 채권자는 위탁자 겸 수탁자가 아닌 공동수탁자의 채권자는 아니지만, 위 특례에 의하여 강제집행이 허용되는 것으로 해석할 수 있을 것이다.

이 점은 가령 입법에 의하여 명백히 금지되지 않는다고 하더라도 마찬가지이다.[31] 위탁자가 수탁자이면서 동시에 수익자라면 신탁의 실질이 존재한다고 할 수 없기 때문이다. 위탁자 겸 수탁자가 공동수익자가 될 수도 없다고 본다.

위와 같은 점은 신탁법리상 의문의 여지가 없다. 따라서 위탁자 겸 수익자가 수익권을 취득한 경우, 당해 신탁은 당연히 종료된다고 보아야 하는데, 수익권의 일부를 취득할 경우가 문제이다. 취득하는 부분이 양적 일부일 수도 있고, 질적 일부일 수도 있다. 질적 일부일 경우, 우선수익권의 내용상 일반 또는 후순위 수익권은 실제로 그다지 의미가 없는 경우가 있을 수 있는데, 여하간에 이러한 수익권의 일부를 위탁자 겸 수탁자가 취득하였다고 하여 그 신탁이 종료된다고 할 수 있는가가 문제이다. 만일 이 경우에도 무조건 신탁이 종료된다고 하면, 그러한 일방적인 행위로 다른 수익자의 권리가 침해되는 것이 되어 부당한데, 한편으로는 다른 수익자의 권리를 유지해주기 위하여 실질이 존재하지 않는 신탁부분을 여전히 유효한 것으로 취급하는 것 역시 문제이다. 필자는 이러한 경우, 위탁자 겸 수탁자가 취득한 수익권은 무효가 되며, 수익권은 소멸하되 일종의 청산청구권을 취득하는 것으로 이해한다. 따라서 일단 이러한 결과가 발생한 이후에는, 위탁자 겸 수탁자가 그 권리를 타에 처분함으로써 그 수익권이 부활될 여지도 없다고 본다. 나머지 다른 수익자에 관한 부분은 여전히 신탁으로서 유효하나, 이 경우에도 일부 무효의 법리를 유추적용하여, 만일 이로 인하여 신탁의 목적을 달성할 수 없게 될 때에는 신탁 전체가 종료되는 것으로 보아야 할 것이다.

(4) 파산관재인 문제

신탁선언의 경우, 위탁자가 수탁자의 지위를 겸하므로, 만일 동인이 파산하게 되면, 파산관재인은 위탁자를 위한 파산관재인의 지위에도 서고 수탁자를 위한 파산관재인의 지위에도 서게 된다. 위탁자와 수탁자가 다른 일반적인 신탁관계에서 위탁자가 파산한 경우에는 특별히 신탁법리상 문제될 여지가 없고, 수탁자가 파산한 경우에는 신탁법률관계가 조속하게 수탁자의 파산관

---

31) 이러한 점에 관해서는 일본문헌의 견해도 일치된다. 鈴木正具/大串淳子, 앞의 책, 43면; 新井誠, 信託法(제 3 版), 有斐閣(2008), 142면 등.

재인의 지배에서 벗어나야 하지만,[32] 신탁선언의 경우 위탁자의 지위에서도 수탁자의 지위에서도 모두 파산하는 것이므로, 위와 같은 경우와 다르다.

이에 관해 어느 쪽의 지위를 선택할 것인가는 관재인의 자유라고 보는 일본의 견해가 있다.[33]

이는 법률관계의 쌍방이 한 인격체에 귀속됨에 따라 발생하는 문제이다. 살피건대, 파산관재인의 지위에 대해 이론상으로는 어떻게 파악하든지 간에 파산관재인은 실질적으로 파산자의 일반채권자를 위하는 자리인데, 위탁자의 일반채권자와 수탁자의 채권자라는 의미에서의 수익자[34]의 이해관계는 서로 상반되는 것이므로, 파산관재인이 두 지위를 겸할 수는 없다.

따라서 궁극적으로는 별도의 파산관재인이 선임되거나, 신탁재산의 면에서는 파산상태가 아니라면,[35] 해당 신탁을 위한 별도의 수탁자를 선정하여야 한다. 이론적으로는 이러하나, 문제가 없지 않다. 즉, 별도의 파산관재인을 선임한다는 것은 결국 신탁재산의 파산을 인정하여야 한다는 것이 되며,[36] 별도의 수탁자를 선정할 근거를 어디에서 찾아야 할 것인지도 문제이다. 신탁설정시 근거조항을 두었다면 좋을 것이나, 그렇지 않은 경우 결국 법원의 결정에 의존할 수밖에 없을 것이며, 향후 이 점에 대한 엄밀한 검토를 거친 후 절차규정을 정비하여야 한다.

이렇듯 이 점에 관해서는 추가의 논의가 필요하나, 여하간에 파산관재인이 위탁자의 파산관재인의 지위와 수탁자의 파산관재인 지위 사이에서 임의로 선택할 수 있다는 위 일본의 견해는 타당하지 않다. 먼저 법원에서 선임하는 파산관재인이 그의 직무범위를 임의로 선택한다는 것은 옳지 않다. 만일 별도의 파산관재인을 선임하는 경우라면, 마땅히 법원이 동시에 또는 이시에 따로 선임할 것이다. 위탁자가 수탁자를 겸하는 경우에도, 위탁자 고유재산의

32) 이러한 점에 검토로, 임채웅, "受託者가 破産한 경우의 信託法律關係 硏究," 사법연구재단, 사법 6호(2008. 12.), 119면 이하 참고.

33) 新井誠, 앞의 책, 143년.

34) 이 경우에는 위탁자 겸 수탁자가, 특별히 수탁자로서의 독립된 지위를 갖는 것이 아니므로, 수탁자의 일반채권자를 논할 여지는 없고, 수익자가 문제가 된다.

35) 이러한 점에 관한 정밀한 검토는 이 글의 범위를 벗어난다. 여하간에, 위탁자 겸 수탁자의 파산이 곧바로 신탁재산의 파산문제로 연결되는 것은 아니라는 점만은 분명하다. 이러한 점에 관해서는 신탁재산의 파산문제가 정리되어야 좀 더 명확한 법리전개가 가능하다.

36) 현재 우리나라의 개정논의에서도 이 점이 명확하지 않다. 일단은 신탁법이 아니라 도산법 개정의 문제로 미루어 두고 있는 형편이다.

권리자라는 지위가 일반적인 지위이므로, 동인의 파산관재인은 기본적으로 위탁자와 관련된 파산관재인인 것이고, 수탁자와 관련된 파산관재인은 예외적으로 또는 추가적으로 선임되어야 하는 자리이다. 수탁자와 관련된 파산관재인을 추가하는 경우를 상정해보면, 파산관재인으로 선임된 자가 관재인으로 부임한 뒤 임시로 수탁자의 업무도 처리하는 위치에 섰다가, 별도의 조치에 의하여 동 업무에 대한 관여를 그치는 흐름을 취하게 될 것이다.

2. 우리나라의 개정안 검토

(1) 개 정 안

현재 우리나라에서 나와있는 개정안은 다음과 같은 두 가지가 대표적인 것이다. 입법과정상 법무부안이 기본적인 안이라 할 수 있고, 대법원안은 참고할 수 있는 제안이라 할 수 있다.

* 법무부안

제 3 조(신탁의 설정)

① 신탁은 다음 각 호의 어느 하나에 해당하는 방법으로 설정할 수 있다. 다만 특정의 목적을 위한 신탁은 제 3 호의 방법으로 설정할 수 없다.

1. 위탁자와 수탁자 간의 계약
2. 위탁자의 유언
3. 신탁의 목적, 신탁재산, 수익자 등을 특정하고 자신을 수탁자로 정한 위탁자의 선언

② 제 1 항 제 3 호의 신탁의 설정은 공정증서를 작성하는 방법으로 하여야 하며, 신탁을 해지할 수 있는 권한을 유보(留保)할 수 없다.

③ 위탁자가 집행면탈 그 밖의 부정한 목적으로 제 1 항 제 3 호의 방법으로 신탁을 설정한 경우 이해관계인은 법원에 신탁의 종료를 청구할 수 있다.

* 대법원안

제 2 조(신탁의 방법)

신탁은 다음 각 호 중 어느 하나의 방법으로 설정할 수 있다. 다만, 목적

신탁은 제 3 호의 방법으로 설정할 수 없다.

1. 위탁자와 수탁자 사이의 계약
2. 위탁자의 유언
3. 위탁자가 신탁재산의 관리, 처분 및 그 밖에 목적을 달성하기 위해 필요한 행위를 스스로 한다는 취지의 의사표시와 신탁의 목적, 신탁재산 특정에 필요한 사항 그 밖에 대통령령으로 정한 사항을 공정증서 또는 공증인이 인증한 서면·전자문서에 기재하거나 수익자(2인 이상일 경우 그중 1인)에게 확정일자 있는 증서로 통지하는 방법

제21조(강제집행의 제한 등)

① 신탁재산책임부담채무에 관한 채권(신탁재산에 속한 재산에 대해 발생한 권리를 포함한다)에 근거한 경우를 제외하고, 신탁재산에 속한 재산에 대해서는 강제집행, 가압류, 가처분, 경매 또는 체납처분을 할 수 없다.

② 제 1 항에 불구하고, 제 2 조 제 3 호에 따라 신탁이 설정된 경우에 위탁자가 채권자를 해함을 알고 신탁을 설정한 때에는 채권자는 신탁재산에 대하여 강제집행, 가압류, 가처분, 경매 또는 체납처분을 할 수 있다. 다만, 수익자의 전부 또는 일부가 수익자로 지정된 사실을 안 때 또는 수익권을 양수받은 때에 채권자를 해함을 알지 못한 경우에는 그러하지 아니하다.

③ 제 2 항 본문의 적용을 벗어나려는 목적으로 채권자를 해함을 모르는 자를 수익자로 무상 지정하거나 그에게 수익권을 무상으로 양도한 경우에는 제 2 항 단서를 적용하지 아니한다.

④ 제 2 항 및 제 3 항은 제 2 항의 신탁이 행해진 때부터 2년이 지난 때에는 적용하지 아니한다.

두 개정안 모두 내용이 방대하므로, 여기서는 신탁선언과 관련된 내용만 인용할 수밖에 없는데, 실제로는 위 개정안들만으로는 개정작업이 완전히 이루어질 수 없는 상황이다. 대표적인 예를 들어보면, 신탁재산의 파산문제는 도산법 개정에서 검토할 사항으로 미루어 두고 있는 형편이며, 담보권설정에 의한 신탁설정방식도 논의되고 있으나, 이 역시 민법개정작업의 추이를 지켜

보는 것으로 정리되고 있다.[37] 이러한 점에서 개정작업이 결코 쉽지 않을 것임을 짐작할 수 있다.

여하간에 위 두 개정안 중 신탁선언에 관한 부분을 검토해보면, 일본 신신탁법의 영향을 많이 받은 것으로 보이고, 큰 방향은 대체로 일치하는 듯하면서도, 세부적인 내용에는 어느 정도 차이가 있다. 두드러지는 차이는 강제집행에 대한 특례에 대한 것이다. 이러한 차이는 그 논리적인 귀결로 사해신탁 취소의 문제와도 연결된다.

(2) 강제집행에 대한 특례 등

1) 특 례

위 법무부안은 신탁선언과 관련하여 강제집행에 대한 특례를 두고 있지 아니하다.[38] 이에 대하여 일본 신신탁법과 대법원안은 특례를 규정하고 있으나, 자세히 보면 일본 신신탁법과 대법원안 사이에도 차이가 있다. 즉, 일본 신신탁법은 '신탁재산책임부담채무에 관한 채권을 갖는 채권자 외에 당해 위탁자에 대한 채권으로 신탁 전에 발생한 것을 갖는 자'라고 하고 있음에 반하여, 대법원안은, '채권자는'이라고만 하고 있어, '신탁 전에 발생한 것'이라고 규정하고 있지 아니하다. 문리대로만 해석할 경우 이 차이는 상당히 크다. 현행 신탁법 제21조도 신탁 전에 발생한 채권에 의하여 신탁재산에 대해 강제집행할 수 있도록 규정하고 있으나, 그렇다고 하여 위와 같은 특례의 의미가 소멸되지는 않는다.

현행 신탁법 제21조에 의하여 위탁자에 대하여 신탁 전에 발생한 채권을 보유하고 있는 채권자들이 자유롭게 신탁재산에 대해 강제집행을 할 수 있는 것은 아니며, 실제 그 가능성은 매우 제한되어 있다. 약간 거칠게 이야기하면, 담보권이 있거나 가압류 등이 되어 있는 경우에만 가능하다.[39] 따라서 현실적으로 특례를 두지 않으면 위탁자의 채권자에 의한 신탁재산에 대한 강제집행은 거의 봉쇄되어 버린다.

---

37) 이러한 사항은 필자가 관여자들로부터 직·간접적으로 傳聞한 것이며, 문헌에 의하여 뒷받침하기는 어렵다.

38) 강제집행에 관한 법무부안 제21조도 마찬가지이다.

39) 이러한 점들에 대한 상세한 검토로, 임채웅, "信託財産에 대한 民事執行의 硏究," 法曹 通卷 635號(2009. 8.), 91면 이하 참고.

한편, 일본 신신탁법 규정에 따른, '··· 채권으로 신탁 전에 발생한 것'의 의미도 문제이다.40) 표현만 보면, 일본 구신탁법 제16조 제 1 항과 다를 바가 없는데, 만일 그 해석 역시 동일하게 이루어져야 한다면,41) 위와 같은 특례를 둔 의미는 거의 사라져버린다. 신탁선언의 경우에 혹시라도 발생할지 모르는 해석상의 혼란을 막는 정도의 의미밖에 없다.

이 점과 관련하여 만일 법무부안을 따른다면, 특별한 해석론을 전개할 필요도 없고, 아울러 위탁자로부터의 격리효과도 매우 강력하게 나타날 것이다. 이 점은 곧바로 신탁선언의 이용도와도 관련될 수 있는 문제이다.

하여간 대법원안에 따를 경우, 강제집행할 수 있는 위탁자의 채권자의 범위가 크게 늘어나게 되므로, 집행면탈의 우려는 상당히 불식될 수 있다. 필자는 신탁선언의 경우 여타의 신탁보다 집행면탈에 대한 우려가 더 크다는 점을 고려해볼 때,42) 이와 같이 강력한 특례를 두는 것이 타당하다고 본다. 이러한 특례를 두면 신탁선언의 이용도가 낮아질 우려 역시 있으나, 반면 집행면탈의 우려가 없는 당사자만 이용하게 되는 긍정적인 효과 역시 있을 것으로 보며, 그렇게 되는 것이 더 타당하리라 생각된다.

대법원안상의 '위탁자가 채권자를 해함을 알고'라는 요건은, 사해행위취소에 관한 실무태도에 비추어 볼 때 '위탁자가 채권자를 해함을 알았다고' 인정함에는 별다른 문제가 없을 것이다. '수익자가 ··· 채권자를 해함을 알지 못한 경우에는 그러하지 아니하다'라는 점이 실무상으로는 주로 문제될 것이다. 이 점에 관해서는 수익자에게 입증책임이 있다고 보아야 한다.43) 실제로는 수

40) 관련 일본문헌을 검토해보더라도, 이 점에 관한 상세한 논의를 발견하기는 어렵다. 일본의 논의에 대한 자세한 검토는 추후의 연구과제로 미룬다.

41) 필자는 이 점에 관하여는 일본의 구신탁법과 신신탁법 사이에 차이가 없다고 본다. 이 점에 관한 간략한 검토로, 林采雄, "信託財産에 대한 民事執行의 硏究," 法曹 通卷635號(2009. 8.), 법조협회, 99면 이하 참고.

42) 신탁선언의 경우가 다른 유형의 경우보다 집행면탈의 우려가 본질적으로 특별히 더 크다고 할 수는 없다. 그러나 자기신탁의 경우는 다른 경우와 달리 위탁자가 수탁자가 되어 여전히 해당 재산을 관리·처분할 수 있다는 점에서, 집행면탈이 문제되는 경우 법감성적으로 더 수용하기 어렵다고 생각된다.

43) 사해행위취소의 소에서 수익자의 선의를 수익자가 주장·입증하여야 한다는 점은 채권자에게 매우 강력한 지위를 부여하며, 실질적으로 사해행위취소의 소에서의 가장 핵심적인 심리사항이다. 그런데 그로 인한 여러 가지 불합리한 점 때문에, 수익자에게 스스로의 선의를 주장·입증할 책임을 부여할 것이 아니라, 채권자에게 수익자의 악의를 주장·입증할 책임을 부여하여야 할 것이라는 생각을 가진 실무가들이 적지 않다. 필자도 잠정적으로는 이러한 견해에 동의하고 있는데, 그러나 자기신탁에서 위탁자의 채권자로부터의 공격에서 벗어나려는 수익자는

익자의 선의요건에 대한 통제를 통하여 신탁선언제도 활용의 적정성이 지켜질 수 있을 것으로 기대된다.

2) 사해신탁취소의 문제

위에서 살펴본 대로 신탁선언은 단독행위이고, 따라서 사해행위 또는 사해신탁으로서의 취소대상이 될 수 있다. 그런데, 위와 같은 특례를 둘 경우, 사해신탁취소에도 영향을 주게 된다.

위탁자의 채권자가 신탁재산에 대해 직접 집행할 수 있는 경우에는 사해신탁취소를 인정할 필요가 없다. 그러나 일본 신신탁법 및 위 대법원안의 경우, 설정 후 2년이 지난 뒤에는 특례에 따른 집행이 불가능하므로 취소가 허락되어야 한다. 2년 이내라 하더라도, 일본 신신탁법의 경우와 같이 '신탁 전 원인으로 인한 채권'에 속하지 아니하는 경우와 같이 위탁자의 채권자가 신탁재산에 대해 직접 집행할 수 없는 경우에는 사해신탁취소가 인정되어야 한다.[44]

한편, 민법에 따른 사해행위취소에 있어서의 수익자가 선의인 경우에는 취소가 허용되지 아니하나, 현행 신탁법에서는 사해신탁의 경우 민법에 따른 사해행위취소에 있어서의 수익자에 해당하는 수탁자가 선의인 경우에도 취소가 허용됨이 원칙이나, 법무부안에서는 선의인 경우에도 취소할 수 있다는 점을 삭제하고 있다.[45] 신탁선언의 경우, 수탁자의 선의는 문제되기 어려우며, 법무부안에 따르더라도, 신탁선언의 경우에는 취소의 대상이 될 수 있음에는 변함이 없다.

그 선의를 스스로 주장·입증하여야 한다고 본다. 이 점은 아래에서 살펴보는 사해행위취소의 경우에도 마찬가지이다.

한편 자기신탁은 대개 강학상의 민사신탁, 그중에서도 위탁자 겸 수탁자와 수익자 사이가 가족관계일 경우에 많이 이용될 수 있을 것으로 전망되는데, 이러한 경우에 수익자가 선의였음을 과연 어느 정도나 인정할 수 있을 것인지, 실무상 문제가 제기될 여지가 크다. 어차피 어떤 사람의 선의·악의는 당사자가 실토하기 전에는 간접증거에 의하여 추단할 수밖에 없는 것인데, 민사재판 실무의 감각상으로는 위와 같은 경우에는 수익자의 선의가 쉽게 인정되지 않을 가능성이 높다. 이러한 점에서 궁극적으로는 자기신탁의 이용률이 낮아질 여지도 있고, 반면으로는 집행면탈을 위한 남용의 여지는 적게 되지 않을까 짐작해본다.

44) 수익자의 선의로 인하여 집행이 불가능한 경우에도 사해신탁취소가 허용되어야 한다. 여기서의 수익자는 사해행위취소의 소 구조하에서의 피고인 수익자가 아니다. 그러한 구조하에서의 수익자는 수탁자이다.

45) 즉, 법무부안 제 8 조(사해신탁) 제 1 항은, '채무자가 채권자를 해함을 알고 신탁을 설정한 경우에는 채권자는 수탁자나 수익자를 피고로 하여「민법」제406조 제 1 항의 취소 및 원상회복을 청구할 수 있다. 그러나 수탁자가 유상으로 신탁을 인수하거나 수익자가 유상으로 수익권을 취득할 때에 채권자를 해함을 알지 못한 경우에는 그러하지 아니하다'라고 하고 있다.

(3) 여타의 점

1) 철회권 유보의 문제

법무부안은 제3조 제2항에서 신탁선언의 경우 위탁자가 신탁해지권을 유보할 수 없도록 규정하고 있으나, 대법원안은 그러하지 아니하다. 일본의 신탁법개정시안 제2조의 2 제4항에서도 신탁을 취소할 권리를 유보할 수 없도록 하고 있었으나,[46] 일본 신신탁법에서는 그와 같이 규정하지 아니하였다.

신탁선언의 경우 위탁자가 철회권을 유보하지 못하도록 하는 것은, 집행면탈을 목적으로 신탁선언을 해두었다가 집행의 우려가 없어지면 신탁선언을 철회하는 행태를 막고자 하는 것이라 이해할 수 있다.

그러나 집행면탈의 문제는, 가령 그 문제가 발생한다고 하더라도 신탁의 설정으로 인하여 발생하는 것이며, 철회권과 직접 상관이 있는 것은 아니다. 집행면탈의 방지는 집행에 관한 특례를 두는 것이 최선의 해결책일 것이다. 따라서 필자는 이러한 철회권유보금지조항을 두는 것에는 찬성하지 않는다.

2) 신탁종료청구제도

법무부안은 제3조 제3항에서, 위탁자가 부정한 목적으로 신탁선언을 할 경우, 이해관계인이 신탁의 종료를 청구할 수 있도록 하고 있으나, 대법원안은 그러한 규정을 두고 있지 아니하다.

위 법무부안의 유래는, 일본 신신탁법 제166조에서 찾을 수 있는데, 필자의 견해로는 위 법무부안과 같이 신탁선언에 국한할 것이 아니라, 일본 신신탁법과 같이 불법한 목적으로 신탁이 설정된 때를 포함하여 널리 공익의 확보를 위한 종료신청제도를 두는 것이 바람직하다.

Ⅵ. 맺는 말

이상 신탁선언의 국내도입을 위한 준비의 일환으로 외국의 예를 소개하고, 도입시의 법리 구성을 비롯한 문제점 등에 대해 살펴보았다. 문헌에 의하

46) 海原文雄, 英米信託法概論, 有信堂(1988), 88면.

여 뒷받침하기는 어려우나, 현재까지 일본에서도 자기신탁이 많이 이용되고 있지는 않는 듯하다. 이러한 점은 우리나라도 당장에는 비슷하리라 생각되지만, 그래도 도입하는 데 대해 필자는 적극적으로 찬성한다. 새로운 제도가 반드시 당장의 수요가 있는 경우에만 도입되어야 하는 것은 아니라는 점, 신탁의 장점이자 필요는 바로 그 유연성에서 나오는데, 새로운 신탁설정방법을 제공하는 것이 유연성의 제고에 큰 도움이 된다는 점에서 그러하다. 신탁선언의 도입을 경계하는 가장 큰 이유는 결국 이를 이용하여 집행면탈을 꾀하는 것 아닌가라는 우려이겠으나, 위탁자의 채권자들이 곧바로 신탁재산에 대해 집행을 할 수 있게 함으로써 그 우려를 어느 정도 불식시킬 수 있으리라는 점과 위탁자가 어떻게든 집행을 면탈하고자 한다면, 선의의 제 3 자에게 매각해버릴 수도 있을 것이며, 현실적으로 이를 막기는 어렵다는 점을 고려한다면, 일정한 조치를 둠을 전제로 하여 신탁선언제도를 도입함이 옳다고 생각된다.

{BFL 39호, 서울대학교 금융법센터, 2010}

[2] 담보권신탁 연구

Ⅰ. 들어가는 말

신탁이라 함은 신탁설정자(이하 "위탁자"라 한다)와 신탁을 인수하는 자(이하 "수탁자"라 한다)의 특별한 신임관계에 기하여 위탁자가 특정의 재산권을 수탁자에게 이전하거나 기타의 처분을 하고 수탁자로 하여금 일정한 자(이하 "수익자"라 한다)의 이익을 위하여 또는 특정의 목적을 위하여 그 재산권을 관리·처분하게 하는 법률관계를 말한다(신탁법 제1조 제2항).

종래 담보와 관련된 신탁문제에 관해 그리 활발한 논의가 이루어졌다고 하기 어려운데, 근래 신탁법 개정과 관련하여 법무부에서 성안한 신탁법 개정안에 담보권신탁제도가 도입되었다. 이러한 개정안이 그대로 입법이 될 것인지는 좀 더 지켜보아야 하겠지만, 법무부의 개정안인 이상 그와 같이 될 가능성이 높다고 판단되고, 가령 그렇게 되지 않더라도 담보권신탁 자체의 성립가능성을 학술적으로 검토하는 것이 의미있다고 판단된다. 이 글은 이 점에 착안하여 관련된 여러 문제를 다루어보고자 한다.

Ⅱ. 구분되어야 하는 개념

우리나라의 신탁에 대한 연구가 그다지 풍부하지 못한 편이어서 아직도 기본적인 용어에 대한 개념이 확립되어 있지 아니한 경우가 있다. 이 글에서 말하는 담보권신탁이란 법무부 개정안 제2조에서 말하는 '담보권의 설정으로 설정하는 신탁'을 말한다.[1] 그런데 담보와 신탁이 어우러지는 경우로, 이러한 담보권신탁과 구분되어야 할 것들이 있다. 이러한 것들에 대해 먼저 살펴본다.

1. 담보신탁

담보신탁의 정확한 의미에 대해 아직 학계와 실무계의 의견이 일치되지 않았다고 볼 수밖에 없는데, 통상은 재산을 담보 용도로 이용하는 데에 신탁을 이용할 수 있음에 착안하여, 담보를 목적으로 설정된 신탁을 말한다. 論者에 따라서는 이러한 담보신탁을 담보에 준하여 취급하여야 한다고 주장하기도 한다. 필자는 이에 반대하며, '담보적 기능'과 '담보'는 구분되어야 한다고 본다. 특히 실무계에서 담보신탁을 다른 종류의 신탁과 달리 취급하는 경우가 많은데, 필자는 비록 그렇다 하더라도 신탁법리의 측면에서는 일반 신탁과 다를 바가 없다고 본다.[2] 담보신탁을 어떻게 파악하든지 이 글에서 말하는 담보권신탁과는 명확히 다르다.

2. 담보권을 신탁재산으로 삼는 경우

담보권도 재산의 하나이므로 위탁자는 신탁을 설정하면서 그의 재산인 담보권을 신탁재산으로 제공할 수 있다. 이 경우 해당 담보권의 양도가 일어나며, 현행의 법제도상 원칙적으로 그 피담보채권과 같이 수탁자에게 양도되어야 한다.

3. 신탁 설정 후 담보권을 신탁재산으로 취득하는 경우

신탁이 설정되면 신탁재산의 소유자는 수탁자가 된다. 물론 신탁이라는 제약조건하에 그 재산을 수탁자로서 소유하게 된다. 신탁법리를 생각할 때 수탁자의 고유재산과 신탁재산을 마치 별개의 인격체에게 귀속되는 재산이라고 생각하고, 수탁자는 대리 또는 대표로서 신탁재산을 위해서 행위를 한다고 보

1) 법무부, 신탁법 개정안 해설(2010. 2.), 4면 이하. 이하 이 문헌을 '개정안 해설'이라 하고, 법무부의 개정안을 '개정안'이라고 하되, 이하에서 검토의 대상으로 삼는 개정안은 개정안 해설에 수록된 내용을 기준으로 한다.

2) 담보신탁에 관한 일반적인 논의로, 임채웅, "擔保信託의 硏究," 人權과 正義, 통권378호(2008. 2.), 115면 이하 참고.

고 논리를 펼쳐나가는 것이 편리할 때가 있는데, 하여간 신탁이 설정된 후에는 수탁자는 신탁재산의 권리자로서 신탁재산을 위하여 다양한 거래활동을 펼 수 있다. 그 모습으로 담보권을 취득할 수 있으며, 이 경우 그 담보권이 신탁재산이 된다.

그런데, 이 경우 위탁자가 담보설정자가 되지 말라는 법이 없다. 즉, 위탁자를 담보제공자로 한 담보권 설정이 가능하고,[3] 그렇게 되면 수탁자가 채권자이자 담보권자이고, 위탁자가 담보설정자가 되는 법률관계가 형성된다.

현행 신탁법으로는 담보권신탁을 설정할 수 없다는 논의가 있는데, 현행 신탁법하에서도 일단 신탁을 설정한 다음, 설정단계에서가 아니라 일반 거래의 모습으로 위탁자가 신탁재산을 위하여 담보권을 설정하는 것이 가능하다. 이렇게 되면 외형상으로는 마치 담보권신탁을 설정한 것과 비슷하게 된다.

Ⅲ. 담보권신탁에 관한 기존의 논의

1. 현행법의 해석론

그간 우리나라에서는 신탁법리에 대한 논의가 부족하였고, 당연하게도 담보권신탁에 대해서도 논의가 거의 없었다. 이번 개정안이 나오고 나서야 비로소 논의가 시작되는 정도이다. 이 점은 그간 실무계에서도 담보권신탁을 이용하려는 움직임을 찾아보기 어려웠다는 점을 반영하는 것이기도 하다.[4]

---

3) 이 경우 위탁자는 신탁관계의 위탁자로서 담보권을 설정하는 것이 아니고, 일반적인 법률관계에서 담보권을 설정하는 것이다. 따라서 위탁자가 채무자를 겸할 수도 있고 그렇지 않을 수도 있다.

4) 법무부에서 조직한 '신탁법 개정 특별분과위원회'(위원 김상용 연세대 교수 외 9명)에서 개정안을 만들었다(법무부는 2010. 3. 동 회의결과를 2권짜리 회의록을 발간하였다. 이하에서는 이들을 '위 회의록 1, 2'라 한다).

그런데 위 회의에서도 과연 실무상 담보권신탁에 관한 수요가 있는가에 대해 여러 견해가 표명되었다. 즉, 이중기 교수는 '수요가 있는 것 같다'라고 하였으나(위 회의록 1, 149면), 송두일 씨티은행 부장은 '아무리 생각해도 잘 생각이 떠오르지 않아서 …'(위 회의록 1, 155면)라고 하였으며, 김상용 위원장은, '필요성은 있으나, 부종성의 예외를 인정하는 것에 문제가 없을지 모르겠다'는 견해를 피력하였다(위 회의록 1, 157면). 이러한 점에 비추어 보아도 그렇고, 필자의 개인적인 경험에 비추어 보더라도, 담보권신탁에 대한 실무의 수요는 있었다 하더라도 다분히 피상적이고 이론적인 수준이 아니었는가 생각된다.

한편, 이 회의록은 개정안 해설에 수록된 최종 개정안 이전 단계의 것으로 개정안 초안을 놓고 난상토론을 벌인 내용을 담은 것이다. 따라서 위 내용뿐 아니라 이 글에서 소개하는 각 신탁법리에 관심을 갖는 사람들은 대개 현행법하에서는 담보권신탁을 설정할 수 없다는 생각을 갖고 있었는데,[5] 가장 중요한 이유는 부종성에 반한다는 점이었다. 저당권[6]을 설정하려면 채권채무를 전제로 하여야 하고, 저당권은 그 피담보채권과 분리하여 양도될 수 없다. 즉, 현재로서는 담보권신탁의 설정이 불가능하다고 하는 것은, 신탁법리상의 이유 때문이 아니라, 물권법리 때문이다.

부종성이란, '피담보채권의 존재를 전제로 해서만 담보물권이 존재할 수 있는 성질'을 말한다.[7] 우리나라에서는 담보권에서의 附從性을 매우 엄격하게 요구하여 왔다. 부종성을 완화하여야 한다는 논의는 조금씩 이루어져 왔으나, 해석론은 매우 엄격하였다. 대법원판례에서 이러한 점이 정면으로 문제된 사건들이 몇 건 있었지만,[8] 실무에서도 부종성에 대한 요구는 매우 확고하며 이를 문제삼는 사람은 많지 않다. 약정담보권 그리고 근저당권에서 부종성은 상당히 약화되어 있다고는 하나, 현재로서는 대법원판례에서 인정하는 경우들을 제외하고는 담보권설정단계에서 채권자가 아닌 자가 담보권자가 되는 담보권의 설정이나 피담보채권을 전제로 하지 않는 담보권의 설정을 생각하기 어렵다. 따라서 현행법하에서는 담보권신탁의 설정은 어렵다고 보는 것이다.[9]

2. 담보권신탁 도입 찬반론

담보권신탁에 관한 논의는 위에서 본 정도이나, 신탁법 개정과 관련하여

위원들의 여러 발언을 독립된 논문상의 주장과 같은 수준의 엄밀한 검토를 거친 것으로 해석하기는 어려울 것이다. 게다가 상당수의 발언들이 입법론을 전제로 한 것이기도 하다. 따라서 회의록상의 위원들의 발언을 해석함에 있어서는 그러한 특수성이 충분히 감안되어야 할 것이다.

5) 이 점을 문헌에 의하여 뒷받침하기는 어렵다.

6) 담보권신탁에서의 담보권에 저당권만 포함되는 것은 아니지만, 실제로 가장 중요한 것은 부동산을 대상으로 하는 저당권일 것이므로, 이하 저당권을 중심으로 논의를 진행한다.

7) 池元林, 民法講義(第 6 版), 弘文社(2008), 660면.

8) 이러한 대법원판례에 대해서는 후술함.

9) 담보권신탁의 설정이 불가능하다는 이유에 관해 부종성의 측면에서가 아니라 다른 각도에서 설명하는 견해도 있다. 즉, 우리 법에서는 소유권자가 자신을 제한물권자로 하는 권리의 분리는 허용되지 않으므로, 소유권의 일부로서 제한물권은 소유자가 신탁상 처분할 수 있는 독립된 신탁재산의 단위가 될 수 없다고 설명하는 견해가 그것이다. 이러한 견해는 부종성에 관하여 직접 착안한 것이 아니지만, 부종성 때문에 담보권신탁 설정이 불가능하다고 보는 견해와 결론적으로는 같은 입장에 서게 된다. 李重基, 신탁법, 三宇社(2007), 105면.

한편 위 위원회의 회의 과정에서 이중기 교수는 현행법에서도 담보권 설정이 가능하지 않느냐는 견해를 피력하여 위 문헌의 설명과 모순되는 듯한 발언을 한 바 있다(회의록 1, 153면).

담보권신탁을 도입하여야 할 것인가에 대해서는 약간의 논의가 있다. 이를 간략하게 소개한다.[10]

가. 부 정 설

담보권신탁은 부종성에 반하고, 실무적으로도 '을종관리신탁'[11]을 이용할 경우 같은 효과를 낼 수 있으므로, 담보권신탁을 도입할 실질적 필요가 없다.

나. 긍 정 설

담보권신탁이 인정될 경우, 위탁자는 소유자로서의 권한을 유지할 수 있고, 수익증권 발행과 연계될 경우 채권자는 담보권을 내용으로 하는 수익권을 용이하게 처분할 수 있어 실무상 필요성이 인정되며, 형식상으로는 담보권자(수탁자)와 채권자(수익자)가 분리되는 현상이 발생하나, 수탁자는 수익자를 위하여 담보권을 보유하는 것이어서, 실질적으로 이를 동일인으로 파악할 수 있으므로 민법 제361조를 잠탈하는 것은 아니다.

다. 법무부의 견해

법무부는 개정안 해설을 통하여, 담보권신탁을 인정할 경우 채권자는 담보권의 효력을 유지한 채 별도의 이전등기없이도 수익권을 양도하는 방법으로 사실상 담보권을 양도할 수 있어서 법률관계가 간단해지고 자산유동화의 수단으로서 활용이 용이해지며, 수익권 양도시 채권의 양도절차를 거쳐야 하므로, 담보권자와 채권자 간의 분리현상이 발생하지 않아 저당권의 부종성에도 반하지 않는다고 하고, 따라서 개정안에서 이와 같은 담보권신탁을 도입하기로 하였다고 한다.[12]

---

10) 이러한 논의도 개정안 해설 외에서는 찾아보기 어렵다. 그런데 개정안 해설에서는 찬반견해를 요약해놓으면서도 그 근거를 적시해두고 있지 않다. 이 부분의 찬반논의는 개정안 해설, 9면 참고.

11) 실무상 이루어지는 부동산관리신탁에는 '갑종관리신탁'과 '을종관리신탁'이 있는데, 前者는 소유자가 신탁한 부동산에 대하여 수탁자가 소유권뿐 아니라 유지·보수·임대차·세제관리 등 모든 사항을 관리하여 위탁자에게 수익을 제공하는 신탁이고, 後者는 수탁자가 소유권만을 관리하는 신탁으로 별도의 관리가 필요하지 않은 경우에 이용되며, 前者에 비하여 수수료가 저렴하다. 개정안 해설, 9면, 각주12)에서 재인용함.

12) 개정안 해설, 9면에서 찾아볼 수 있는 견해이며, 안성포, "신탁법의 개정방향 — 법무부 2009년 신탁법 전면개정안을 중심으로 —," 부산대학교 법학연구소, 법학연구, 51권 1호(통권63

3. 도입여부에 관한 검토

필자가 보기에는, 그동안 우리 학계에서 담보권신탁의 도입을 주장한 견해는 찾아보기 어려웠고, 실무에서 일부 있었던 듯도 하나 명확히 있었다고 하기는 어렵다. 결국 그동안 학술상 및 실무상 도입요구가 있었다고 말하는 것은 무리가 아닌가 한다.

그러나 그렇다고 하여 그 점 때문에 위 제도의 도입이 부당하다고 할 수는 없다. 수요가 있어 제도가 도입될 수도 있으나, 지금은 수요가 없더라도 장차를 대비하여 제도를 만들 수도 있는 것이기 때문이다. 이번 신탁법 개정은 입법 후 거의 50여년 만에 처음으로 이루어지는 전면개정이다. 지금까지의 우리나라 신탁법사를 돌이켜보면 이번 개정작업이 마무리된 뒤에 다시 이 정도 규모의 전면개정을 논의하려면 상당히 많은 시간이 필요할 것이라 생각되며, 이 점을 고려하면 입법필요성이 두드러지지 않더라도 도입가능한 것은 이번 개정작업에 최대한 반영하는 것이 옳다.[13)][14)]

이러한 점에서 필자는 담보권신탁의 도입에 원론적으로는 찬성하나, 단지 도입과 관련하여 필요한 논의가 충분하지 못하였다는 점을 지적하고 싶으며, 그 점이 이 글의 핵심주장이다.

Ⅳ. 일본신탁법 검토

일본에서는 2006년 신탁법 개정으로 담보권신탁제도를 도입하였다. 그 조문은 다음과 같다.

호)(2010. 2.), 200면에도 같은 견해가 실려 있는데, 개정안 해설의 견해를 소개한 것이 아닌가 싶다.

13) 필자가 다른 글에서 이미 주장한 내용이다. 임채웅, "신탁선언의 연구," 서울대학교 금융법센터, BFL 39호(2010. 1.), 11면 이하.

14) 한국금융투자협회 및 법무부 주최로 지난 2009. 6. 26. 서울에서 열린 세미나에 참가한 일본 동경대의 히로토 도가치 교수 및 히데키 간다 교수의 발언에 의하면, 일본에서도 신탁법이 제정된 뒤 80년이 걸려 신신탁법에 관한 논의가 이루어지면서, 이번 기회를 놓치면 앞으로 전면적으로 개정하는 데 다시 80년이 걸릴 것이므로, 크게 문제만 없으면 최대한 반영해두자는 입장이 지배적이었다고 한다.

* 일본신탁법

제3조[신탁의 방법]

신탁은 다음에 든 방법에 의한다.

2. 특정한 자에 대해 재산의 양도, <u>담보권의 설정</u>과 그 외 재산의 처분을 하는 취지 그리고 당해 특정한 자가 일정한 목적에 따라 재산의 관리 또는 처분 그리고 그 외 당해 목적의 달성에 필요한 행위를 하는 취지의 유언을 하는 방법

제55조[수탁자에 의한 담보권 실행]

담보권이 신탁재산인 신탁의 경우 신탁행위에서 수익자가 당해 담보권에 의해 담보되는 채권에 관한 채권자가 되는 경우, 담보권자인 수탁자는 신탁사무로 당해 담보권의 실행을 신청하고 매각대금의 배당 또는 변제금의 교부를 받을 수 있다.[15)]

일본신탁법이 위와 같은 조문을 채택함으로써 일본에서는 담보권신탁의 유효성에 대해서는 더 이상 논의가 필요하지 않게 되었다. 그러나, 일본신탁법에서 자세한 규정을 두고 있지 않기 때문에 현재 일본에서도 이 해석을 두고 논란이 많다고 한다.[16)]

필자가 보기에도 담보권신탁에 관한 일본신탁법의 규정내용은 너무도 간단하다. 일본문헌에서 이와 관련하여 언급하고 있는 내용도 그리 많지 않다.[17)]

필자가 참고한 범위 내의 일본문헌은 새로 도입된 담보권신탁을 소위 신법 이전에도 논의되고 있었던 '시큐리티 트러스트'를 입법화한 것으로 설명하고 있다. 역시 필자가 아는 범위 내에서는 '시큐리티 트러스트'는 일본법학계에서는 널리 쓰이고 있으나, 영미 신탁법학계에서 일반적으로 사용되는 용어는 아닌 것으로 생각된다.[18)]

---

15) 위 해석은, 최수정, 일본신신탁법, 진원사(2007)에 의함. 밑줄은 필자가 친 것이다.

16) 안성포 교수의 발언. 위 회의록 1, 154면.

17) 필자가 주로 참고한 일본문헌은 寺本昌広, 逐条解説新しい信託法, 事法務(2007)의 해당 부분과 井上聡 外, しい信託30講, 文堂(2007) 중, "セキュウリティ・トラスト設計と課題"(동 문헌 155면 이하) 등이다.

18) 국제적으로도 다수의 신탁용어가 그 의미가 확정되지 않은 상태에서 쓰이고 있다. 신탁이라는 것이 원래 영국의 형평법에서 비롯된 것으로 성문법에 기반을 둔 것이 아닌 데다가 각국으로 보급되면서 각자 발달해왔기 때문이다. 현재로서는 영미의 신탁이론이 가장 기본적인 것이 될 수밖에 없으나, 학설상 실무상 다양한 용어가 사용되고 있어 혼란이 더욱 가중된다. '시큐

시큐리티 트러스트는 원칙적으로 위탁자를 채무자로 하고, 위탁자가 아닌 제 3 자를 수익자로 상정하는 것인데, 그렇다면 이러한 점에 부합하지 않는 담보권신탁, 즉 자익신탁 형식의 담보권신탁이나 타익신탁의 형식을 취하였더라도 피담보채권이 존재하지 않는 담보권신탁은 설정할 수 없다는 것인지 불분명하다. 적어도 필자가 보기에는 일본신탁법이 이러한 유형의 신탁을 배제하고 있는 것 같지는 않다.

이러한 논의가 필요한 이유는, 피담보채권이 없는 담보권신탁은 시큐리티 트러스트에 관한 해석론이 전혀 맞지 않기 때문이다. 만일 이러한 신탁을 허용한다면, 담보권신탁을 두고 두 가지 유형에 따라 다른 법리가 전개될 수 있고, 이들을 따로따로 논의하여야 한다.[19]

사정이 이러하므로, 현재 일본에서 이루어지고 있는 담보권신탁에 대한 논의를 우리나라에 그대로 적용하는 것에는 문제가 있다. 아울러 필자가 검토한 바로는, 일본에서의 논의는 그다지 풍부하지 않으면서도 반면 매우 복잡하기도 하다. 따라서 일본의 논의를 자세히 소개하는 것은 다음 기회로 미루고, 이하에서는 우리나라 개정안에 관하여 검토하면서 필요한 범위 내에서만 일본의 논의에 관해 언급하는 것으로 한다.

V. 담보권신탁과 부종성의 관계에 관한 검토

1. 들어가는 말

필자는 현행법하에서는 부종성 요건을 충족시키지 못하기 때문에 담보권신탁의 설정은 불가능하다고 본다. 현행법 아래에서도 특별법에 의한 예외가 인정되어 있기는 하다.

리티 트러스트'가 영미에서는 널리 사용되지 않고 있는 개념이라는 점은, 인터넷에 의해 검색을 해보아도 참고할 만한 내용이 거의 발견되지 않는 점을 통해서도 알 수 있고, 일본에서 출간된, 現代信託法研究会著, 海原文雄·砂田卓士編, 英米信託法辞典, 社団法人金融財政事情研究会(1996)라는 문헌에 표제어로 위 단어가 등장하지 않는 점만 보더라도 알 수 있다.

19) 우리나라의 개정안에 관해 논의함에 있어서도 이러한 점에 관해 분명히 하지 않은 상태에서의 논의전개는 불충분한 것이 될 개연성이 크다. 필자는 잠정적으로 개정안을 전제로 할 때 피담보채권을 전제로 하지 않는 담보권신탁도 가능한 것으로 보고 있음을 여기에 밝혀둔다. 이 점에 관해서는 아래에서 좀 더 다룬다.

* 담보부사채신탁법

第62條(物上擔保의 效力)

信託契約에 依한 物上擔保는 社債成立 以前에 있어서도 그 效力이 생긴다.

위와 같은 규정은 이 글에서 말하는 '피담보채권을 전제로 하지 않는 담보권신탁'의 경우와 매우 흡사하다.

개정안에 도입된 담보권신탁은 그와 같이 법이 개정됨을 전제로 하는 것인데, 만일 법이 개정안대로 바뀐다면 그것으로 담보권신탁은 유효하게 설정될 수 있는 것이고, 그 적법성에 대한 논의는 더 이상 필요하지 않게 된다.

여기서 검토하고자 하는 것은, 개정안이 법률로서의 효력을 발휘하였음을 전제로 하고, 그렇다면 그것이 개정안 해설에서 말하는 바와 같이 부종성의 예외에 해당되지 않는 것인가, 그리고 만일 예외에 해당된다면 이러한 법률관계를 어떻게 파악하여야 할 것인가 하는 점이다.[20]

2. 부종성의 예외가 아니라는 견해에 대한 검토

위에서 본 대로 담보권신탁의 도입에 대한 긍정설은, 담보권신탁으로 인해 담보권자(수탁자)와 채권자(수익자)가 분리되나, 이 둘은 실질적으로 동일인이므로 부종성을 잠탈하는 것이 아니라고 하며, 개정안 해설은, 수익권 양도시 채권의 양도절차를 거쳐야 하므로, 담보권자와 채권자 간의 분리현상이 발생하지 않아 저당권의 부종성에도 반하지 않는다고 한다.

담보권의 부종성이란, 성립상의 부종성, 존속상의 부종성, 소멸상의 부종성으로 나뉘는데, 위에서 본 긍정설은 성립상의 부종성과 관련되며, 개정안 해설에 나타난 법무부의 견해는 존속상의 부종성과 관련된다.

20) 필자는 부종성 역시 제도의 하나일 뿐이므로 필요하다면 그에 대한 예외를 인정하는 것은 얼마든지 가능하며, 나아가 폐지될 수도 있다고 본다. 그러나 부종성 제도가 우리나라 법제상 확고한 제도라면, 그에 어긋나는 제도를 만들려면 그만한 충분한 검토를 통하여 학계 및 실무계의 전반적인 합의를 이루어야 한다고 믿는다. 이 점은 아래 [3]판결의 [반대의견]에서 주장하는 바와 같이 물권법정주의와도 관련된다. 따라서 단순히 실무상의 필요가 있다고 하여 충분한 검토없이 부종성의 예외를 인정하는 것은 바람직하지 못하다. 물론 이러한 주장은 담보권신탁을 인정함으로써 부종성의 예외를 인정하게 되었다는 점을 전제로 하는 것이다.

가. 성립상의 부종성에 관한 논의

(1) 부종성 예외에 관한 판례

신탁과 무관한 사안에서, 부종성에도 불구하고 채권자 아닌 자가 저당권자가 되는 경우가 반드시 무효인 것은 아니었다. 이 점에 관한 대법원판례가 몇 개 있다.[21]

[1] 대법원 1995. 9. 26. 선고 94다33583 판결 【근저당권설정등기말소】

채권과 그를 담보하는 저당권은 담보물권의 부수성에 의하여 원칙적으로 그 주체를 달리할 수 없으나, 채권담보를 위하여 저당권을 설정하는 경우 제 3 자 명의로 저당권등기를 하는 데 대하여 채권자와 채무자 및 제 3 자 사이에 합의가 있었고, 나아가 제 3 자에게 그 채권이 실질적으로 귀속되었다고 볼 수 있는 특별한 사정이 있는 경우에는 제 3 자 명의의 저당권등기도 유효하다.

⇨ 원고(저당권설정자)의 채권자는 소규모 회사이고, 그 대표이사인 피고 명의로 근저당권설정등기를 경료하였는데, 그 설정시 원고와 위 회사가 합의하여 피고에게 그 채권의 귀속과 그 행사를 위임함으로써 피고에게 채권을 이전하고 원고가 그 이전을 승낙하였다고 본 사안.

21) 필자는 오래전부터 논문에서의 판례 인용방법에 대해 상당한 혼선을 겪어 왔다. 판례 원문의 전부 또는 일부를 그대로 인용하여도 문제삼지 않는 경우가 있는가 하면, 판례도 그대로 인용해서는 안 되고 저자의 글로 풀어 써야 한다는 입장도 있는 듯하다. 이 점에 관해 문헌상으로 뒷받침할 수는 없으며, 이 글 이전의 논문심사과정에서 개인적으로 겪은 일이다. 적어도 필자가 알기에는 이 점에 관해 우리나라의 학계에 정설은 없는 것이 아닌가 한다.

필자의 생각으로는, 판례는 가급적 원문대로 인용하는 것이 옳다고 본다. 판례는 법리형성에 주안점을 두고 작성된 것이 아니며, 사실관계와 관련 법리가 뒤섞여 있는 것이어서 많은 경우 여러 가지 의미로 해석될 수 있다. 그런데 이를 저자의 글로 풀어 쓰면 어떤 방식으로든 그 판례에 대한 그 저자의 해석이 가미되지 않을 수 없다. 따라서 독자들은 그 판례의 원문을 다시 찾아보지 않을 수 없게 된다. 필자가 보기에는 이는 매우 불필요한 일이다.

필자의 소견으로는 판례는 분석해야 할 대상이지 독립된 문헌이나 학설이 아니다. 그러한 면에서는 법령과 다를 바 없다. 따라서 글에 판례의 내용이 필요하다면, 저자는 가급적 글에서 판례의 원문을 제시하고, 이어 이를 분석하는 형식을 취하는 것이 옳다. 이 글에서 아래에서 인용하는 [3]판결과 같은 것은 요지만 해도 상당한 양이 되어, 이를 그대로 옮기면 글의 균형을 해치는 면이 있기는 하지만, 그래도 원문을 그대로 실음으로써 얻을 수 있는 효과가 균형의 상실을 보상하고도 남는다고 본다.

[2] 대법원 2000. 12. 12. 선고 2000다49879 판결[22]

채권담보의 목적으로 채무자 소유의 부동산을 담보로 제공하여 저당권을 설정하는 경우에는 담보물권의 부종성의 법리에 비추어 원칙적으로 채권과 저당권이 그 주체를 달리할 수 없는 것이지만, 채권자 아닌 제3자의 명의로 저당권등기를 하는 데 대하여 채권자와 채무자 및 제3자 사이에 합의가 있었고, 나아가 제3자에게 그 채권이 실질적으로 귀속되었다고 볼 수 있는 특별한 사정이 있거나, 거래경위에 비추어 제3자의 저당권등기가 한낱 명목에 그치는 것이 아니라 그 제3자도 채무자로부터 유효하게 채권을 변제받을 수 있고 채무자도 채권자나 저당권 명의자인 제3자 중 누구에게든 채무를 유효하게 변제할 수 있는 관계 즉 묵시적으로 채권자와 제3자가 불가분적 채권자의 관계에 있다고 볼 수 있는 경우에는, 그 제3자 명의의 저당권등기도 유효하다고 볼 것인바, 이러한 법리는 저당권의 경우뿐 아니라 채권 담보를 목적으로 가등기를 하는 경우에도 마찬가지로 적용된다고 보아야 할 것이고, 이러한 법리가 부동산실권리자명의등기에관한법률에 규정된 명의신탁약정의 금지에 위반된다고 할 것은 아니다.

한편, 위와 같은 사례와는 다른 사안에 관하여 대법원 전원합의체 판결도 나온 바 있다.

[3] 대법원 2001. 3. 15. 선고 99다48948 전원합의체 판결【배당이의】

[다수의견] 근저당권은 채권담보를 위한 것이므로 원칙적으로 채권자와 근저당권자는 동일인이 되어야 하지만, 제3자를 근저당권 명의인으로 하는 근저당권을 설정하는 경우 그 점에 대하여 채권자와 채무자 및 제3자 사이에 합의가 있고, 채권양도, 제3자를 위한 계약, 불가분적 채권관계의 형성 등 방법으로 채권이 그 제3자에게 실질적으로 귀속되었다고 볼 수 있는 특별한 사정이 있는 경우에는 제3자 명의의 근저당권설정등기도 유효하다고 보아야 할 것이고, 한편 부동산을 매수한 자가 소유권이전등기를 마치지 아니한 상태에서 매도인인 소유자의 승낙 아래 매

22) 대법원 2009. 11. 26. 선고 2008다64478, 64485, 64492 판결 同旨.

수 부동산을 타에 담보로 제공하면서 당사자 사이의 합의로 편의상 매수인 대신 등기부상 소유자인 매도인을 채무자로 하여 마친 근저당권설정등기는 실제 채무자인 매수인의 근저당권자에 대한 채무를 담보하는 것으로서 유효하다고 볼 것인바, 위 양자의 형태가 결합된 근저당권이라 하여도 그 자체만으로는 부종성의 관점에서 근저당권이 무효라고 보아야 할 어떤 질적인 차이를 가져오는 것은 아니라 할 것이다. 그리고 매매잔대금 채무를 지고 있는 부동산 매수인이 매도인과 사이에 소유권이전등기를 경료하지 아니한 상태에서 그 부동산을 담보로 하여 대출받는 돈으로 매매잔대금을 지급하기로 약정하는 한편, 매매잔대금의 지급을 위하여 당좌수표를 발행·교부하고 이를 담보하기 위하여 그 부동산에 제 1 순위 근저당권을 설정하되, 그 구체적 방안으로서 채권자인 매도인과 채무자인 매수인 및 매도인이 지정하는 제 3 자 사이의 합의 아래 근저당권자를 제 3 자로, 채무자를 매도인으로 하기로 하고, 이를 위하여 매도인이 제 3 자로부터 매매잔대금 상당액을 차용하는 내용의 차용금증서를 작성·교부하였다면, 매도인이 매매잔대금 채권의 이전 없이 단순히 명의만을 제 3 자에게 신탁한 것으로 볼 것은 아니고, 채무자인 매수인의 승낙 아래 매매잔대금 채권이 제 3 자에게 이전되었다고 보는 것이 일련의 과정에 나타난 당사자들의 진정한 의사에 부합하는 해석일 것이므로, 제 3 자 명의의 근저당권설정등기는 그 피담보채무가 엄연히 존재하고 있어 그 원인이 없거나 부종성에 반하는 무효의 등기라고 볼 수 없다.

[반대의견] 매도인이 부동산을 매도하면서 잔대금 채권의 지급확보를 위하여 매도인과 제 3 자 사이에 아무런 금전 대차관계가 없음에도 불구하고 형식상 제 3 자로부터 금전을 차용한다는 내용의 차용금증서를 작성하고 그 제 3 자 명의의 근저당권을 설정하였다면, 아무리 당사자들의 일련의 행위를 종합적으로 파악하더라도 이를 가리켜 '매도인이 차용금증서를 작성·교부하는 방법으로 매매잔대금 채권을 제 3 자에게 양도하고 채무자는 그 양도를 승낙함으로써 그 매매잔대금 채권이 제 3 자에게 이전'되었다고 해석할 수는 없다 할 것이다. 한편, 근저당권설정등기에 '본래 채권자라고 되어야 할 소유자인 자가 채무자로 되는 것'을 허용하게 되면 이는 마치 우리 민법이 채택하지 않은 독일 민법의 유통저당권이나 토지

> 채무제도를 승인하는 것과 같은 결과로 되므로, 이때에는 부종성의 관점에서 그 근저당권을 무효라고 보아야 하고 이를 유효로 하는 것은 비록 당사자 간의 의사의 합치가 있다 하더라도 그에 의한 새로운 제도의 창설을 금지하는 물권법의 대원칙인 물권법정주의에 반하게 되어 허용될 수 없다 할 것이다. 그리고 다수의견이 채권자 아닌 제 3 자를 근저당권 명의로 하여 근저당권을 설정하는 경우 그 점에 대하여 채권자와 채무자 및 제 3 자 사이에 합의가 있고, 채권이 제 3 자에게 이전 또는 실질적으로 귀속되었다고 볼 수 있는 특별한 사정이 있으면 제 3 자 명의의 설정등기도 유효하다고 보는 것은 부동산실권리자명의등기에관한법률이 규정한 부동산 물권에 관한 명의신탁금지를 잠탈하는 것으로 보아야 할 것이다.[23)24)25)]

위 판례들을 보면 저당권(담보권) 설정단계에서의 부종성은 상당히 완화된 듯 보이기도 한다.

판례 [1]과 [2]를 보면, 저당권자에게 피담보채권이 '실질적으로 귀속된' 경우로서, 채무자가 그 저당권자에게 변제할 수도 있는 사안이었는데, 엄밀히 말하자면 이러한 설시는 여러 가지로 해석될 여지가 있는 것이 아닌가 생각되나, 가장 합리적으로 해석해보면 저당권자가 채권자가 되는 것은 아니고, 저당권자에게 변제하면 비록 그가 실체적인 채권자는 아니며[26)] 게다가 그에게 변제수령권이 명백히 수여되어 있지 않더라도 그에게 그 변제를 수령할

---

23) 반대의견은 대법관 조무제, 대법관 윤재식, 대법관 이용우에 의한 것이다.

24) 위 판례 [3]을 평석하면서 관련 판례들을 분석한 다음, '…우리 대법원 판례가 이미 채무자를 제 3 자로 하는 경우 이를 부종성의 관점에서가 아니라 등기와 실체의 불일치의 문제로 보아서 그러한 근저당권을 유효한 것으로 보고 있는 이상 채무자를 제 3 자로 한 점은 부종성의 문제와는 무관하다고 보아야 한다'라고 해설한 것이 있다(남영찬, "근저당권의 피담보채권과 부종성," 민사실무연구회, 민사재판의 제문제, 변재승 선생 권광중 선생 화갑기념 11권, 177면 이하).

25) 법원의 데이터베이스인 '종합법률정보'에 의하면, 이 전원합의체를 따른 판결로 대법원 2002. 12. 24. 선고 2002다50484 판결, 대법원 2007. 1. 11. 선고 2006다50055 판결, 대법원 2009. 11. 26. 선고 2008다64478, 64485, 64492 판결 등을 들고 있는데, 위에서 소개한 판결들과 판결이유가 대동소이하다.

26) 이 점에 관한 대법원판례의 설시에는 약간 혼란스러운 점이 있다. 어쨌든 '실질적으로 귀속된'이라고 한 것은, 완전히 귀속된 것은 아님을 전제로 하는 표현으로 해석하는 것이 옳을 것이다.

권한이 있음을 도저히 부인할 수 없는 특수한 경우라는 의미로 이해된다. 판례 [2]에서는 채권자와 저당권자가 불가분적 채권자라고 볼 수 있다는 설시까지 되어 있기는 하나, 그렇다고 하여 실체의 면에서 저당권자가 불가분적 채권자가 된다는 것은 아니지 않는가 판단된다. 일단 판례는 이러한 사안들에서 인정된 바와 같은 정도라면 실제 채권자와 근저당권 명의자가 달라도 된다는 취지로 이해될 수밖에 없는데, 요컨대 위 사안들 정도의 관계에 있다면 부종성의 예외가 인정된다고 결론지을 수 있다.27) 이러한 법리가 적용되려면, 채권자와 담보권자의 사이가 부부나 가족사이, 대표이사가 1인 주주이거나 그렇지 않더라도 그 사람이 완전히 지배하는 소규모 회사가 되어야 한다고 본다.

판례 [3]의 사안은 [1] 및 [2]와는 좀 다른 것으로, 원래는 매수인 앞으로 소유권이 이전된 다음, 매도인이 채권자, 매수인이 채무자 겸 저당권설정자가 되어야 하는 것을, 소유권이전등기가 경료되지 않은 상태에서 처리를 하려다 보니 매도인을 채무자 겸 저당권설정자로 하고 매도인이 지정한 제 3 자를 명의자로 한 저당권을 설정한 경우이다. 이 사안에서는 실제 채무자는 매수인인데, 우선 판시내용으로 보더라도 매수인이 매도인이나 제 3 자 누구에게든 변제해도 된다는 관계, 즉 이 글에서 말하는 불가분적 채권자 관계에 있음을 전제로 한 것은 아니다. 이러한 점에서 위 [1], [2]의 사안과는 상당히 다른 경우이다.

필자의 분석으로는, [3] 사안의 핵심은 실제 채무자 앞으로의 소유권이전등기가 경료되기 전에 담보권을 획득하려 했던 점에 있다고 본다.28) 부종성의 면에서 보면, 불가분적 관계의 경우에는 채권자 겸 저당권자가 일치되어야 하는 점에서 이 두 지위가 분리되는 것에 지나지 않는다. 그러나 판례 [3]은 그러한 정도가 아니라, 아예 채권자가, 비록 형식상으로이기는 하지만, 채무자의 지위에 서는 정도의 것도 유효하다고 봄으로써, 불가분적 관계에 비해 부종성을 준수하지 않는 정도가 훨씬 심하다. 즉, 필자가 보기에는 불가분 관계도 부종성의 예외라고 보는데, 매도인 담보권 취득의 관계는 부종성의 예외로서의 정도가 훨씬 더 심하다.

---

27) 논의의 편의상 이러한 경우를 실제 채권자와 저당권명의자가 불가분채권자적인 지위에 있는 경우, 즉 '불가분적 관계'라 한다.

28) 논의의 편의를 위하여 이러한 관계를 '매도인 담보권 취득의 관계'라 한다.

일단 이상의 판례들이 유효한 한, 우리나라에서도 저당권 설정 단계에서는 부종성의 예외가 상당히 인정되고 있다고 하지 않을 수 없다. 문제는 사안을 달리 하는 경우에 위 판례가 효력을 발휘할 수 있겠는가 하는 점이다. 현재로서는 일률적으로 말할 수 없으나, 현실적 필요가 인정되고 그 예외의 정도가 위 매도인 담보권 취득의 관계보다 덜 하다면 인정될 여지가 높다고 할 수 있다.

(2) 담보권신탁의 경우

필자의 생각으로는, 담보권신탁으로 인하여 부종성의 원칙이 잠탈되는 것은 아니라는 의미가 부종성에 반하는 것은 아니라는 의미라면 잘못된 주장이라고 보며, 그것이 부종성에 반하는 정도가 이미 인정되고 있는 부종성의 예외에 비추어 인정될 수 있는 射程距離 내에 있는가가 논의되어야 한다고 본다.

담보권신탁에서는 채권자(수익자)와 저당권명의자(수탁자)가 분리된다. 따라서 이것이 원래의 의미의 부종성에 반하는 것은 분명하다. 채무자(위탁자)는 수익자에 대해 채무를 지는 것이지 수탁자에 대해 채무를 지는 것은 아니기 때문이다.[29] 위 두 지위의 분리라는 면에서는 불가분적 관계와 유사한 면이 있기는 하지만, 동일한 것은 아니다. 채무자가 수탁자나 수익자 누구에게나 변제해도 되는 관계라 할 수 없기 때문이다. 물론 당사자들 사이의 특약으로 그러한 관계를 형성할 수도 있다. 수익자를 변제수령권자로 지정해둘 수도 있고, 그렇게 명확하게 하지 않더라도 특별한 사정으로 인하여 그렇게 될 수도 있다. 만일 그러한 사정이 있다면, 불가분 관계와 더욱 가까워지게 된다.

그러나 그것은 외견상 또는 아주 특별한 사실을 전제로 할 때 그렇다는 것이며, 일반적인 내용으로 수용하기는 어렵다. 즉, 불가분 관계에서의 채권자와 저당권명의자는 회사와 그 회사를 완전히 지배하는 대표이사 정도의 관계에 관한 것인데, 신탁관계에서 수탁자와 수익자의 지위는 그렇게 될 수 없다. 가령 예를 들어 수탁자가 신탁회사이고 수익자가 그 신탁회사의 대표이사, 그

29) 신탁계약을 체결하였다면, 그 계약내용대로 위탁자가 신탁관계 형성을 위하여 수탁자에게 일정한 의무를 부담한다. 이것도 신탁계약에 따른 채무라 할 수는 있다. 그러나 담보권신탁을 놓고 본다면, 저당권을 설정해주는 것 자체가 그 채무의 내용이지, 그것이 그 담보권신탁의 피담보채권이라 할 수는 없다.

것도 압도적인 지배권을 행사하는 대표이사라 하더라도, 신탁회사와 그 대표이사가 실질적으로 동일하다고 말할 수는 없다.[30] 따라서 불가분 관계에 관하여 부종성의 예외가 인정된다고 하여 담보권신탁이 이에 해당된다고 할 수는 없다. 즉, 담보권신탁은 부종성의 예외이고, 입법을 전제로 하여 인정되는 것이지, 판례나 법리에 의하여 인정되기는 어렵다는 의미이다.[31]

게다가 부종성의 예외를 인정한 위 사례들은 비교적 단순한 경우들에 대한 것임에 대하여, 신탁에 있어서는 수익자가 상당히 복잡한 관계에 놓일 수 있다. 즉, 수익자 사이에 우선순위를 정하여 신탁이 설정될 수도 있는데,[32] 이러한 경우까지 불가분 관계에 비유하는 것은 어렵다.

한편 필자가 개정안을 해석하기로는, 담보권신탁을 반드시 피담보채권의 존재를 전제로 하는 타익신탁에 한정하고 있지도 아니하다. 피담보채권을 전제로 하지 않는 경우로 타익신탁일 수도 있고, 자익신탁일 수도 있는데, 어느 것이나 위와 같은 긍정론 자체가 맞지 않는다. 채권자와 저당권명의자의 지위가 분리되는 정도가 아니라, 애초에 피담보채권 자체가 존재하지 않기 때문이다.

나. 존속상의 부종성에 관한 논의

부종성은 저당권 설정 단계에서도 적용되지만, 그 이후 저당권의 양도 단계에서도 적용된다. 저당권은 그 피담보채권과 같이 양도되어야만 한다는 것이 바로 그 내용이다.

개정안 해설에 소개된 법무부의 견해는, 수익권 양도시 채권 양도절차를 거쳐야 하므로 담보권자와 채권자 간의 분리현상이 발생하지 않아 부종성에 반하지 않는다고 하고 있으나, 이는 성립될 수 없는 견해이다. 논리적으로 이

30) 통상 신탁회사는 금융기관의 일종으로 상당 규모 이상이라는 점에서 그러하다.

31) 담보권신탁의 관계와 매도인 담보권 취득의 관계와는 거리가 더 멀다.

32) 신탁을 설정하면서 선순위(또는 1순위), 후순위(또는 2순위) 수익자를 지정해놓는 경우가 많다. 대개 진정한 채권자는 1순위 수익자가 되고, 위탁자가 2순위 수익자가 된다. 실제 내용을 들여다보면, 2순위 수익자는 수익자로서의 실질이 거의 없다. 1순위 수익자가 자신의 채권을 모두 변제받은 뒤에 청산단계에서 잔존 신탁재산의 귀속권리자가 되는 정도이다. 그러함에도 위와 같이 해놓는 이유는, 신탁법리상 수익자의 지위를 보유하는 것이 더 신탁재산에 관여하는 것이 되기 때문이다. 신탁에 대해 보이는 거부반응 중 하나가 위탁자의 입장에서 보면 권리자(소유자)의 지위를 잃게 되는 점에 관한 것인데, 비록 후순위로라도 수익자의 지위를 보유하고 있으면 권리자의 지위에서 배제되는 데에서 오는 불안감을 어느 정도 불식시킬 수도 있을 것이다.

견해에는 여러 가지 문제가 있다. 먼저 수익권의 양도시 채권 양도절차를 밟아야 함은 옳지만, 그것이 피담보채권의 양도와 관련하여 반드시 수익권의 양도와 함께 이루어져야 하는 것은 아니다. 이러한 점은 지금도 마찬가지이며, 개정안에서도 수익권과 관련된 피담보채권이 있을 경우 수익권은 피담보채권과 같이 양도되어야 한다는 규정을 찾아볼 수 없다.[33] 나아가 자익신탁 형태로 이루어진 담보권신탁의 경우를 생각해보면 더욱 그러하다.

3. 소 결 론

이 글에서는 지금까지 부종성이라는 용어의 의미는 당연한 것으로 전제하고 논의를 전개하여 왔는데, 위와 같은 판례의 내용과 담보권신탁이 부종성에 반하지 않는다는 견해를 고찰해보면, 부종성의 의미에 대한 혼란이 있음을 알 수 있게 되므로, 이에 대해 설명하기로 한다.

즉, 민법에서 부종성을 별도로 정의내리지 않고 있고, 민법 제361조에서 '저당권은 그 담보한 채권과 분리하여 타인에게 양도하거나 다른 채권의 담보로 하지 못한다'라고만 규정하고 있으므로, 論者에 따라서 부종성을 다른 의미로 이해할 여지가 생긴다. 즉, 저당권과 관련하여 부종성을

> '피담보채권을 전제로 하지 않고는 저당권이 설정될 수 없으며(성립), 피담보채권과 분리하여 타인에게 양도할 수 없고(존속), 피담보채권이 소멸되면 저당권도 소멸된다(소멸)'

라고 이해하는 것으로 충분하지 않은 점이 발견되는 것이다.

이러한 부종성의 의미를 엄격하게 해석할 수 있다(제1설). 성립의 경우에 관해서 이를 표현해보면,

> '저당권의 피담보채권의 채권자와 저당권자는 반드시 일치하여야 한다' 라는 것이 될 수 있다.

---

33) 수익권과 관련된 피담보채권이 있을 수도 있으나, 피담보채권을 전제로 하지 않은 수익권도 있을 수 있다. 수익권은 수익자의 순수한 재산에 지나지 않는다. 그 양도에는 아무런 제한도 없다. 개정안 해설의 위와 같은 견해는 법리에 대한 오해에서 비롯된 것이 아닌가 생각된다.

이에 반해 위에서 본 대법원판결의 각 사안이 부종성에 반하는 것이라 본 것이 아니라고 해석하는 입장이나 담보권신탁 도입에 대한 긍정설 및 법무부의 견해(제 2 설[34])는 특히 성립과 관련하여 부종성을 다음과 같이 이해하는 것이라 할 수 있다.

> '피담보채권 없이 저당권을 설정할 수는 없으나, 피담보채권이 있으면 되며 반드시 그 채권자와 저당권자가 일치하여야 하는 것은 아니다'[35]

이 점에 관하여 기존의 학설과 법리가 부종성을 제 1 설과 같이 이해하고 있는 점에 대해서는 자세한 논증을 필요로 하지 않는다고 본다. 이 점은 위에서 본 각 대법원판결들이 그 설시에서 제 1 설과 같은 인식을 원칙으로 제시하고 있는 점을 보더라도 이를 알 수 있다.[36] 따라서 부종성을 이와 달리 봄을 전제로 하여 주장을 전개하려면, 부종성의 개념에 대한 재정의를 한 다음에 그와 같이 하여야 한다. 이 점을 도외시하고, 다른 점, 주로 구체적 타당성 또는 필요성에 착안하여 부종성과 상관이 없다는 내용으로 논리를 전개하는 것에는 아무래도 부족한 점이 엿보이지 않을 수 없다.

부종성의 이해에 관하여 제 1 설에 따르면, 대법원판례가 인정한 사안의 경우나 담보권신탁 모두 부종성의 예외를 인정한 것으로 파악하지 않을 수 없다. 제 2 설의 경우는 이들도 부종성의 예외가 아니라고 보는 것인데, 이는 제 2 설은 그간의 법리상 부종성이 상당히 강한 것으로 인식되어 왔으므로 이에 대한 예외를 정면으로 인정하는 것을 피하고자 돌려 표현하는 것에 불과하다. 즉, 부종성에 대한 인식의 차이가 주장의 차이를 가져온 것으로, 부종성에 대한 이해를 같이 한다면 상당 부분 그다지 필요없는 주장이라 생각된다.

---

34) 제 2 설은 제 1 설과 차이를 보이는 여러 견해를 총칭하는 것이므로, 서로 그 내용이 일치하지 않을 수도 있으며, 따로 부종성에 대한 독자적인 견해를 명확히 하고 있는 것도 아니다.

35) 위 [3]판결이 취한 견해는 채권자와 저당권자의 분리 이상의 경우에도 피담보채권과 저당권 사이에 상당한 연결관계만 있으면 그 저당권은 유효하다고 보았다.

하여간, 이러한 견해들이 채권자와 아무 상관도 없는 사람을 내세워 저당권자로 하는 경우까지 인정하는 것은 아니며, 존속상 및 소멸상의 부종성은 필요한 것으로 이해하고 있는 듯하다. 법무부의 견해가 수익권과 피담보채권이 같이 양도되어야 한다고 본 것이 그 점을 보여준다.

36) 위에서 본 바와 같이, [1]판결은, '채권과 그를 담보하는 저당권은 부수성에 의하여 원칙적으로 그 주체를 달리 할 수 없으나'라고 하고 있고, 나머지 판결도 같은 취지의 설시를 하고 있다.

필자가 보기에는 민법이 위 제1설과 같이 명확하게 규정하고 있는 것도 아니므로,[37] 부종성을 제1설과 같이 이해하면서 예외를 인정하는 것으로 충분하며, 굳이 제2설과 같은 입장을 취하여 부종성의 이해를 복잡하게 할 필요가 없다고 본다.

다시 한 번 필자의 주장을 요약해보면, 부종성을 달리 명확히 정의하지 않으면서도 위 각 경우를 부종성의 예외가 아니라고 주장하는 것은 충분하지 않으면서도 불필요하게 논의를 복잡하게 하는 것이라는 것이다. 게다가 부종성의 예외를 인정하는 것 자체가 문제인 것도 아니다. 따라서 필자는 부종성을 제1설과 같이 이해하면서, 위 판례들의 사안이나 담보권신탁의 경우를 각 부종성의 예외 인정으로 인식하는 것이 가장 온당하다고 생각한다.[38]

이상 살펴본 바와 같이, 담보권신탁이 부종성에 반하지 않는다는 견해는 잘못된 것이다. 반하기는 하되, 어떤 근거로 그 유효성을 인정할 수 있느냐 하는 점이 문제이다. 결론적으로, 담보권신탁은 현행법 및 그에 대한 현재의 법리상으로는 인정되기 어렵다. 그러나 개정안에 따르면 입법에 의하여 이를 허용하는 것이므로, 입법을 전제로 한다면 그 유효성에 대한 논의는 무의미하다. 따라서 다음으로 검토되어야 할 점은, 입법을 전제로 하여 그렇다면 그 법률관계는 어떻게 정리되어야 할 것인가 하는 점이다.

Ⅵ. 담보권신탁의 법률관계

1. 피담보채권이 없는 담보권신탁[39]

개정안 해설의 논의는 담보권신탁에서도 피담보채권이 있음을 전제로 하는 것으로 이해된다. 그러나 논리적으로는 담보권신탁이 피담보채권을 전제

37) 즉, 예외의 인정이 제1설과 같이 이해하는 부종성 법리에 반하는 것일 뿐, 실정법상 명백히 불가능한 것으로 규정된 바는 아니라는 의미이다.

38) 부종성의 개념을 제1설과 같이 이해하는 것이 전통적인 견해라 할 수 있다. 채권자와 저당권자가 분리되는 경우가 특별히 문제되고, 이를 부종성의 문제와 관계가 있는가 그렇지 않는가 하는 차원에서 논의한다는 점 자체가, 부종성을 제1설로 이해하는 것이 일반적인 견해임을 말해주는 것이라 할 수 있다.

39) 위 위원회의 회의에서도 피담보채권없는 담보권신탁의 경우에 관하여 언급된 경우가 있었다. 회의록 1권, 155면, 김상용 위원장의 발언.

로 하지는 않는다.

피담보채권을 염두에 둔 담보권신탁에서의 피담보채권은 채권자가 수익자, 채무자가 위탁자인 경우인데, 자익신탁의 경우에는 이러한 경우에 애초에 해당되지 않는다. 개념상 타익신탁의 경우에도 반드시 피담보채권을 전제로 하지는 않는다. 담보권신탁은 신탁 설정을 담보권 설정으로 하는 것이고, 그 결과 그 담보권이 신탁재산이 되는 것일 뿐, 논리적인 차원에서 그것이 담보를 위해 설정되는 것에 국한되는 것이 아니기 때문이다. 또한 피담보채권을 전제로 한 담보권신탁이라 하더라도, 필자가 보기에는 수익권의 양도가 꼭 그 피담보채권과 수반하여 이루어져야 할 필요도 없으므로, 수익권만 양도되면 피담보채권이 없는 담보권신탁이 된다.

그렇다면 개정안을 전제로 할 때, 피담보채권이 없는 담보권신탁은 가능한 것인가? 필자는 개정안에서 이를 제한하는 규정이 없으므로 가능하다고 본다.[40] 자익신탁 형태로 설정된 담보권신탁은 실질적으로 독일법에서의 토지채무(권)[41]와 유사한 것이 된다.[42]

2. 법률관계의 구성

저당권의 면에서 본다면 수익자는 당사자가 아니다. 위 긍정설이나 법무부의 견해는 '실질적으로 그렇다'는 주장에 지나지 않으며, 저당권의 면에서까지 수익자에게 지위를 부여할 수는 없다. 즉, 예를 들어 그 부동산에 대해

40) 신탁선언에 의한 담보권신탁 설정이 가능한가도 문제인데, 해석론상으로는 달리 제한하는 규정이 없는 이상, 가능하다고 할 수밖에 없다. 논리적으로 안 될 이유를 찾기 어렵기 때문이다.

41) 독일민법 제1191조 이하의 'Grundschuld'를 말하는 것인데, 이를 '토지채무'로 번역하는 것이 통상이나{예를 들자면, 梁彰洙譯, 독일민법전, 博英社(1999), 590면 이하 참고}, 그 물권성을 강조하여 '토지채무권'이라 번역하는 예도 있다{서봉석, "독일의 담보용 토지채무권(Sicherungsgrundschuld)과 우리나라 저당권 관련 자산의 유동화에 관한 법리적 고찰," 한국경영법률학회, 경영법률, 18집 1호(2007), 229면 이하 참고}.

42) 이상과 같은 필자의 의견과 달리, 규정에서 '담보권의 설정'이라고 하였으므로 당연히 피담보채권이 전제되어야 한다는 논의도 이론적으로는 가능할 것이다. 그러나 신탁법이 적용되는 경우에 민법 제361조가 당연히 적용된다고 볼 수도 없을 것이며, 법리상 피담보채권이 존재하지 않는 담보권신탁은 불가능하다고 해석하려면 결국 부종성을 근거로 들 수밖에 없을 것인데, 이 글의 주장에서와 같이 담보권신탁의 인정으로 부종성을 대폭 흔들어 놓고 명확한 근거도 두지 않고 법리상으로 그와 같이 주장하려면 부종성에 대한 전면적인 재검토와 법리구성이 이루어져야 한다. 요컨대, 피담보채권을 전제로 하지 않은 담보권신탁을 허용하지 않으려는 것이라면, 더 명확하게 입법을 하여야 한다고 생각된다.

어떤 이유로든 경매가 이루어진다면, 저당권에 터잡아 배당을 받을 주체는 수탁자이지 결코 수익자가 아니다.

담보권신탁의 일환으로 저당권이 설정되었다면, 저당권 설정자는 위탁자이고 저당권 명의자는 수탁자이다. 피담보채권은 문제이다. 원칙상 해당 저당권과 관련하여 위탁자와 수탁자 사이의 고유한 채권채무는 존재하지 않는다. 만일 해당 담보권신탁에 담보적 기능이 있다면, 그와 관련된 채권자는 수익자이다.[43)]

이 채권이 해당 저당권에 의하여 담보되는 원래의 의미의 피담보채권이 아니라 하더라도, 등기부상 수익자를 채권자로 기입하는 것은 가능하다. 왜냐하면 그것이 비록 저당권의 원래 내용이 아니라 하더라도 신탁사항으로 등기부의 일부(내용)가 될 수 있기 때문이다. 기술적으로는 보통의 저당권과 같이 부동산등기부 乙區에 기입할 수도 있고, 신탁원부에 기입할 수도 있을 것이다. 만일 乙區에 기입하는 것이 가능하다면, 그리고 자익신탁의 경우에도 가능하다면, 자익신탁의 형식이냐 아니냐에 따라 乙區에의 기입내용이 달라지게 된다. 자익신탁의 경우, 위탁자 겸 수익자를 채권자로 표시하기는 어려울 것이기 때문이다.

채권최고액의 기입도 가능하다고 본다. 담보권신탁에서 설정되는 담보권도 담보권의 일종임은 분명하므로, 가급적 일반적인 경우에 맞추는 것이 바람직하다. 이 점은 자익신탁일 경우에도 마찬가지이다.[44)] 하나의 부동산에 대해 여러 건의 담보권신탁의 설정도 가능하다. 이와 같이 설정된 각 담보권도 마

---

43) 이러한 점에서 관련 법령의 정비 또는 해석론이 필요하게 된다. 예를 들어 민사집행법 제266조 제1항 제4호는 경매절차의 정지와 관련하여 '채권자'가 관여하는 규정을 두고 있으며, 아울러 동법 제275조에 따른 준용규정에서도 그러하다. 그렇다면 이러한 민사집행법을 담보권신탁에 적용함에 있어, 이러한 채권자는 원래의 채권자인 수익자를 의미하는 것인지, 원래는 피담보채권을 전제하지 않고 설정된 경우에는 어떻게 되는 것인지, 해명되지 못한 점이 많다. 일본법 제55조는 이러한 점에 대비하여 둔 조문이라 하는데, 필자가 보기에는 일본의 실정에서도 제55조만으로는 매우 부족하며, 나아가 이 글에서 말하는 피담보채권을 전제로 하지 않는 경우에는 적용될 수도 없는 내용이다.

44) 등기부란 원래 실체적 법률관계를 표시해주는 것이므로, 실체적 법률관계의 확정이 우선이고, 등기부는 그에 맞추어져야 한다. 그러나 실제로는 등기법리가 실체적 법률관계에 영향을 미치는 경우도 있다. 즉, 실체법적으로는 가능하다고 보는 경우임에도 등기절차가 마련되지 않아 현실적으로 이용되지 못하는 개념도 있다. 재신탁이 바로 그러한 경우이다. 담보권신탁에 있어서도 신탁법리가 아니라 등기법리에 의하여 이론적으로는 상정가능한 내용이 현실에서는 이용할 수 없게 될 수도 있다.

땅히 설정순서에 따라 우열관계가 정해져야 한다. 그런데 피담보채권을 전제로 하지 않는 경우에는 어떠한가? 이 경우에도 담보권신탁이 담보권의 모습을 띠고 있는 한, 해당 재산의 가치에 대한 파악의 문제이므로, 채권최고액을 정하여야 한다.[45)]

담보권신탁이 설정된 부동산에 대해 집행이 시도되는 경우로, 경매절차가 이루어진 경우를 상정해보면, 경매 결과 저당권에 터잡아 배당을 받을 자는 수탁자이고, 수익자는 신탁법률관계를 통하여 그 권리를 실행하여야 한다. 즉, 수탁자가 일단 배당액을 수령하고, 이어 이를 신탁관계를 통하여 수익자에게 배당하거나 교부하여야 하는 것이다.[46)]

타익신탁의 형태로 담보권신탁이 설정된 후, 소유자가 수익권을 취득하는 것도 가능하다. 자익신탁 형태가 허용된다면 이 경우도 안 된다고 할 이유가 없다. 소유자가 수익자가 되더라도 해당 담보권은 소멸하지 않는다. 이러한 경우는 독일의 소유자저당과 흡사한 경우가 된다.[47)]

45) 저당권의 경우, 예를 들어 채권최고액이 1억원이라 하더라도, 경매시점의 채무액이 5천만원이라면, 저당권자가 배당받을 수 있는 돈은 5천만원이다. 따라서 그 금액을 확정하는 기준시가 중요하다. 그런데 피담보채권을 전제로 하지 않는 경우에는 논리적으로 채무액이 있을 수 없다. 별도의 담보계약(채권계약)에 의하여 채무액을 따로 설정할 수는 있으나, 이는 채권법리상의 문제이며, 물권법리상의 문제는 아니다. 따라서 이 경우에는 원칙적으로 채권최고액이 곧바로 배당액이고, 그로 인한 청산의 문제는 부당이득문제로 처리되어야 하지 않는가 생각된다.

46) 이 점 때문에 언제 채권이 소멸되는가가 문제될 수 있다. 즉, 배당이 이루어진 때인가 아니면 수익자가 수탁자로부터 현실적으로 금원을 수령한 때인가가 문제인데, 원칙상 후자가 타당하고, 전자로 만들기 위하여 일본법 제55조를 규정하였다는 일본에서의 논의가 있다. 寺本昌広, 逐条解説新しい信託法, 商事法務(2007), 192면 이하.

이러한 점 외에도 수익자가 복수인 경우, 나아가 그들 사이에 우열관계가 있는데 배당금만으로는 채권 전체가 만족을 얻을 수 없는 경우에는 어떻게 되는가 하는 점에 대한 논의도 있으나, 지나치게 복잡한 논의이므로 이 글에서는 다루지 않는다. 井上聡 外, 新しい信託30講, 弘文堂(2007), 165면 이하.

47) 타익신탁으로 설정된 경우에도 그 이후 위탁자(또는 물상보증인)가 수익권을 양수할 수도 있는데, 그 경우에도 담보권이 소멸되지 않는다고 보며, 이 경우는 독일민법 제1163조상의 소유자저당권(Eingentümerhypothek)과 유사한 것이 된다. 소유자저당권이란, 저당권으로 담보된 채권이 성립에 이르지 아니하였거나 소멸된 경우 소유자가 갖게 되는 저당권을 말한다. 이와 같이 담보권신탁의 각 경우가 독일의 토지채무나 소유자저당권과 완전히 같은 것은 아니다. 그러나 상당히 유사한 점이 있게 된다는 점을 부인하기는 어렵다. 따라서 단순히 신탁법리상으로만 또는 신탁의 측면에서 수요가 있기 때문에 도입하여야 한다는 논의에는 문제가 있다고 보는 것이다.

3. 물상보증인에 의한 저당권 설정의 문제

마지막으로 위탁자가 아닌 자에 의한 담보권 설정으로 담보권신탁이 설정될 수 있는가 하는 점에 관하여 간략히 살펴본다. 논의의 편의를 위하여 다음과 같은 경우를 상정한다.

[예 1]

채무자 홍길동은 채권자 김길동을 위하여 (주)한국신탁을 수탁자로 하는 담보권신탁을 설정하기로 하였는데, 홍길동의 친구인 이길동이 그의 부동산에 담보권을 설정해주기로 하였다.

담보권신탁에 관한 것이라 사례를 위와 같이 상정한 것이고, 이 문제는 다음과 같은 문제와 한꺼번에 검토될 수 있다.

[예 2]

박길동은 (주)한국신탁을 수탁자로 하고, 최길동을 수익자로 하는 신탁을 설정하기로 했는데, 정길동 소유의 부동산 A를 신탁재산으로 삼기로 했다.

[예 2]에서 정길동은 신탁 자체와는 아무런 연관도 지어지지 아니할 사람이라면, 원칙적으로 박길동이 정길동으로부터 A를 매입한 다음, 이를 신탁재산으로 양도하면 된다. 그런데 이 경우 소유권 명의가 박길동에게 이전됨이 없이, 정길동으로부터 수탁자로 곧바로 넘어가게 할 수도 있을 것이다.[48] 이와 같이 신탁계약을 체결한 자의 재산이 아닌 제 3 자의 재산을 곧바로 수탁자에게 양도함으로써 신탁을 설정한 경우, 신탁계약을 체결한 자가 아닌 제 3 자가 신탁계약의 당사자 또는 위탁자가 되는 것인가 하는 의문이 제기될 수 있다. 누가 위탁자가 되는가 하는 점은 신탁법률관계에 영향을 주기 때문에 이 점이 논의될 가치가 있는 것이다.

48) 이러한 처리가 탈세 또는 부적절한 의도하에 이루어질 수도 있다는 점과 그러한 점들로 인하여 별도의 제재를 받을 수도 있다는 점 등은 별개의 문제이다.

필자의 판단으로는, 이 점도 결국 당사자들의 의사를 기준으로 하여 판단되어야 한다고 본다. 즉, 정길동은 애초부터 신탁에 관여할 의사가 없었다면, 가령 박길동 명의로 권리가 넘어온 적이 없다고 하더라도, 박길동이 위탁자이고 신탁이 종료될 때 원칙적으로 남은 신탁재산에 대한 권리는 박길동이 갖게 된다. 정길동이 권리를 넘기고 받아야 할 보상은 박길동과 정길동 사이의 문제이다.

만일 당사자들의 의사가 정길동을 위탁자로 삼는 것이었다면, 정길동이 위탁자가 되는 것이고, 이 경우 박길동와 수탁자 사이의 계약은 신탁을 설정하는 신탁행위가 아니고, 정길동과 수탁자 사이의 신탁계약이 성립하게 하는 위탁자 아닌 제 3 자와 수탁자 사이의 채권계약이다.[49]

이러한 분석과 개정안의 규정이 부합하는지 검토해본다.

* 개정안 제 2 조(신탁의 정의)

이 법에서 "신탁"이란 신탁을 설정하는 자(이하 "위탁자"라 한다)와 신탁을 인수하는 자(이하 "수탁자"라 한다)간의 신임관계에 기하여 위탁자가 수탁자에게 특정의 재산(영업이나 지적재산권의 일부를 포함한다)을 이전하거나 담보권의 설정 또는 그 밖의 처분 …

위 규정을 보면, '위탁자가 수탁자에게 재산을 이전하거나 담보권의 설정'이라고 하고 있다. 위 [예 2]에서 A의 소유자명의가 박길동 앞으로 이전된 바 없지만, 그렇더라도 박길동은 정길동으로터 소유권을 이전받을 권리를 수탁자에게 양도한 것으로 볼 수 있으므로 이를 위 조문에서 말하는 위탁자와 수탁자 사이의 재산이전으로 이해할 수 있다. 즉, 이 경우 원래의 신탁재산은 A 자체가 아니라, A에 대한 소유권이전등기청구권이고, 이를 수탁자가 이전받은 다음 그 이후에 실행함으로써 비로소 A가 신탁재산이 된 것으로 파악할 수 있으며, 따라서 [예 2]의 경우 박길동이 위탁자가 되는 경우도 위 조문에 어긋남이 없다.

---

49) 실제 계약실정상 신탁계약(신탁행위)만 독립적으로 이루어지는 경우는 거의 없다. 그와 관계가 있는 사업과 관련된 여러 사항들과 한꺼번에 계약이 체결된다. 따라서 그중 어느 것이 신탁행위에 해당되는가 하는 점은 엄밀한 분석을 통하여 판별해내야 한다.

일반적인 신탁의 경우에 대한 위와 같은 논리도 원칙적으로 담보권신탁의 경우에 적용됨이 타당할 것이나, 담보권의 설정의 경우는 문제이다. [예 1]에서 이길동이 위탁자가 되는 경우는 문제가 없다. 이길동이 위탁자가 되고 그가 수탁자에게 곧바로 담보권을 설정해주는 것이기 때문이다.

그러나 [예 1]에서의 당사자의 의사가 홍길동이 위탁자가 되는 것이라면 문제가 있다. 이 경우는 담보권의 설정이 위탁자와 수탁자 사이에 일어나는 것이 아니기 때문이다. 즉, [예 2]에서와 같은 소유권의 이전에서는 소유권이전등기청구권의 처분이라는 형식으로의 이해가 가능하지만, 담보권 설정의 경우에는 이러한 이해가 불가능하다. 가령 홍길동이 이길동에게 담보권설정청구권이 있고 이를 처분할 수 있다고 보더라도, 그 경우 위탁자와 수탁자 사이에 일어나는 것은 그와 같은 청구권의 처분이지 담보권의 설정이 아니기 때문이다. 결론적으로, 채무자가 아닌 물상보증인(의 위치에 서는 사람)이 설정하는 담보권에 의한 담보권신탁은 그 물상보증인이 위탁자가 되는 경우에만 가능하다고 보아야 하며, 만일 입법취지가 그것이 아니라면, 개정안 제2조 어느 곳에, '위탁자 또는 위탁자를 위한 자와 수탁자 사이의'라는 표현이 추가되어야 한다.[50]

Ⅶ. 맺는 말

이상 살펴본 바와 같이, 필자는 원칙적으로 담보권신탁제도의 도입에 찬성하며, 담보권신탁이 부종성에 반하여 무효가 될 것인가 하는 점은 입법을 전제로 하면 문제될 것이 없다고 본다. 이 제도에 따른 법률관계의 내용이 문제가 되는데, 그 담보권의 형태가 저당권이라면 저당권이라는 면에서는 위탁자와 수탁자가 당사자, 즉 저당권설정자와 저당권자임을 전제로 하여 풀어가야 한다. 경제적인 면에서의 실제 채권자가 수익자라는 점과 수익자가 저당관계에서의 당사자가 되기 어렵다는 점이 혼동되어서는 아니 될 것이다.

이상 담보권신탁이 설정될 경우의 법률관계에 관해 간략히 살펴보았는데,

50) 회의록 1권, 153면, 이중기 교수가, '담보권설정자는 물상보증인일 수도 있다'는 취지로 발언한 바 있으나, 위 본문과 같은 내용의 분석을 전제로 한 것인지는 명확하지 않다.

개정안에서 말하는 담보권신탁에 관한 규정이 자세하지 아니하고, 관련 논의 역시 충분하지 아니하여, 그 법률관계를 상세히 논의하는 데에는 무리가 있다. 필자는 위 도입을 둘러싸고 필요한 논의는 단순히 기술적인 것으로 후속 입법조치를 취하면 되는 수준의 것이 아니며, 보기에 따라서는 담보권 체계에 대한 근본적인 방향전환을 의미하는 것일 수도 있다고 본다.

따라서 특히 물권법 차원에서 새로운 제도의 도입이 타당한가, 만일 도입하여야 한다면 기존 제도와의 관계는 어떻게 설정하여야 할 것인가 하는 점에 관한 논의가 시급하며,[51] 신탁법 개정 전에 시간이 얼마나 남아 있는지 정확히 알기 어렵지만, 이 글에서 제기한 문제점들에 관해 실체법 차원에서 더 충실하게 논의되었으면 하는 희망을 피력하며 이 글을 맺는다.

{홍익법학 12권 1호}

51) 물권법 개정논의와 관련하여 流通抵當에 관한 논의와 관련시켜 논의되어야 한다고 본다.

[3] 유언신탁 및 유언대용신탁의 연구

Ⅰ. 들어가는 말

신탁은 다양한 용도를 위해 다양한 방법으로 사용될 수 있다. 신탁제도의 주요한 특성 중 하나가 유연성[1]이다. 신탁제도는 영국에서 비롯된 것으로 영미권에 비해 대륙법계 국가에서는 상대적으로 덜 활용되고 있다고 볼 수 있다. 한편 미국 등지에서는 유언과 관련하여서도 신탁이 활발히 이용되고 있고, 일본의 경우 '유언신탁'과 '유언대용신탁'(또는 유언대용 생전신탁)[2]에 대한 논의도 활발하다.

우리나라 신탁법제는 신탁법과 '자본시장과 금융투자업에 관한 법률'(이하, '자본시장법')에 의하여 이루어지는데, 그 규정내용은 비교적 간단하며,[3] 이

1) 경우에 따라서는 신탁의 유연성은 탈법수단같이 보이기도 하며, 신탁을 충분히 이해하지 못하는 사람들은 신탁의 이모저모에 대해 거부반응을 보이기도 한다. 신탁의 역사적 의의와 유연성 등을 이 글에서 다루는 것은 적절하지 않지만, 이러한 점들에 대해 필자의 간략한 소견을 적어본다.

어떤 제도가 성립한 뒤 그 제도를 새롭게 이용하는 방법이 나타나기도 하지만, 대개는 어떤 수요를 충족시키기 위하여 비로소 제도가 형성된다. 신탁의 역사를 살펴보면, 신탁 역시 그러한 경위를 밟아 지금의 모습을 갖추어 왔음을 알 수 있다. 요컨대, 일반론으로 이야기하자면, 수요가 있었기 때문에 신탁이라는 제도도 형성되었다고 볼 수 있다. 따라서 신탁 자체를 인정하지 않거나 신탁의 유연성을 인정하지 않는다고 하더라도, 그로 인하여 문제가 해결되는 것은 아니며, 오히려 부적절한 법률관계가 전개될 가능성이 높다. 필자는 신탁은 이러한 수요를 충족함으로써 기존 제도와 현실을 타협하게 하는 구실을 한다고 본다.

아울러 필자는 하나의 假說로서, 대륙법계에서는 신의칙이나 권리남용 등의 일반원칙이 영미법계에서의 형평법이 맡는 역할을 하고 있다고 보고 있는데, 신탁도 그러한 역할을 하는 것이라 생각한다.

2) 이하 유언신탁과 유언대용신탁(유언대용 생전신탁) 등, 유언의 효과를 낼 수 있는 여러 신탁형태를 한꺼번에 칭할 때는 '유언신탁 등'이라 한다.

3) 우리의 신탁법도 제정된 뒤 상당한 시간이 흘렀고, 급속한 사회변화에 적절한 내용이 되지 못한다는 지적에 따라 그 개정에 관한 논의가 시작되었다. 법무부가 2008. 12. 29. 대통령에게

점은 유언과 관련하여서도 마찬가지여서, 유언에 대해 비교적 간략한 조문만을 두고 있다. 자본시장법에는 유언에 관한 규정이 없고, 신탁법의 경우 제2조가 유언에 의하여 신탁을 설정할 수 있음을 규정하고, 제17조가 유언에 의하여 설정된 신탁과 관련한 관리인선임에 대한 규정을 두고 있는 것이 전부인데,[4] 실질적으로 우리나라 신탁법제가 유언에 관하여 규정한 바는 유언에 의하여 신탁이 설정될 수 있음을 규정한 것이 전부라 할 수 있다.

유언에 의하여 설정된 신탁을 '유언신탁'이라 할 수 있는데, 우리나라의 법령은 유언신탁에 대해 거의 규정한 바가 없으니, 우리나라에서는 유언신탁 및 유언대용신탁의 내용을 밝히는 것도 대부분 해석에 의존하는 수밖에 없다. 그러나 지금까지 우리나라에서 유언신탁 등에 관한 논의는 활발했다고 하기 어렵다.[5]

이 글은 이 점에 착안하여, 미국과 일본의 사정을 간략히 살펴보고, 유언신탁 등에 대한 정의를 내린 다음, 그 유효성을 검토하고 이어 현행법하에서 제기될 수 있는 문제점들에 대해 살펴보기로 한다.

Ⅱ. 외국의 유언신탁 및 유언대용신탁

이 글에서 주로 살펴보려고 하는 외국이란 미국과 일본을 의미하는데, 유언신탁은 위 두 나라에서도 인정되고 있다. 한편 위 두 나라에서 이 글에서 말하는 유언대용신탁이 가능한 점은 분명하나, 그 법리내용이 일치하지는 않는다. 우리나라에서도 유언신탁은 법에 의하여 인정되는 것이므로 그 유효성은 논쟁의 대상이 될 수 없다.

한 2009년 업무계획보고내용에 신탁법 개정이 거론되고 있다. 연합뉴스 2008. 12. 30.자 기사 참고.

4) 이하 法令名을 사용하지 않고 인용하는 조문은 모두 신탁법의 조문이다.

5) 필자가 지금까지 파악한 바로는, 국내의 본격적인 선행연구로는, 최수정, "상속수단으로서의 신탁"{한국사법행정학회, 민사법학 34호(2006. 12.), 565면 이하}을 들 수 있다. 그 외에 관련논문으로는 다음과 같은 것들이 있으나, 이 글에서 다루는 주제를 직접 다룬 것은 아니다. ① 김기영, "영국의 유언상속제도에 관한 소고," 연세대학교 법과대학 법률문제연구소, 연세법학연구(고 이정한박사 추모논문집) 2집, 372면 이하, ② 김기영, "영국에서의 유언제도와 신탁제도의 관련성에 관한 소고," 사법의 제문제(경허 김홍규 박사 회갑기념 논문집), 1992, 432면 이하.

위 두 나라에서의 유언신탁에 관한 법리도 반드시 같은 모습이라고 하기는 어려울 것으로 생각되어 이를 검토할 필요가 있다고 판단된다. 그러나 우리나라에서 유언신탁은 법에 의하여 인정됨에 반하여 유언대용신탁은 비교적 생소한 개념으로 그 유효성부터 검토하여야 하는 형편이므로, 유언신탁보다는 유언대용신탁에 대한 사정을 참고하는 것이 이 글의 논리전개에 더 도움이 될 것이다. 따라서 이하에서는 위 두 나라에서의 유언대용신탁에 대한 사정을 간략히 살펴보고자 한다.

1. 미국의 철회가능신탁

필자의 검토범위 내에서는 미국에서 '유언대용신탁'이라는 용어가 사용되고 있는 것 같지는 않다. 유언을 대체한다(will substitute)[6]는 개념은 있으나, 신탁과 관련하여 정립된 특별한 용어는 없는 듯하다.

미국법의 철회가능신탁이 비교적 유언대용신탁에 가까운 개념이다. 실질적으로 미국신탁법이라 할 수 있는 UTC(Uniform Trust Code)는 제 6 편에서 철회가능신탁을 규정하고 있다.[7]

미국신탁법에서 철회가능신탁의 지위는 매우 특이하다. 철회불가능신탁이 원칙이고, 이에 대한 예외로 철회가능신탁을 규정한 것도 아니다. 미국에서는 '철회될 수 없다고 신탁조항에 명시적으로 규정하고 있지 않는 한' 철회가능신탁이 된다(UTC 제602조 (a)). 이 점에 따르면 철회가능신탁이 원칙이고, 철회불가능신탁이 예외라 할 수 있다. 그러나, 일반적으로는 철회불가능신탁이 설정되고, 이 글에서 말하는 유언대용신탁이 설정되어야 하는 경우에 설정

6) 미국에서의 유언대체적 방법(재산소유자의 의사에 따라 사망에 의하여 재산이전이 실현되는 방법)으로는, 철회가능신탁 외에 생명보험, 퇴직연금, 다수당사자 간의 은행예금계약, 합유재산 등 다양한 것이 있다고 하며, 유언대체는 1. 요식성의 회피, 2. 유류분의 회피, 3. 검인절차의 회피의 측면에서 이루어지는데, 이 중에서 철회가능신탁의 주요 목적은 세 번째인 검인절차의 회피에 있다고 한다. 大塚正民/樋口範雄 편저, 명순구/오영걸 역, 현대미국신탁법, 세창출판사(2005), 118면. 유언대체수단에 대한 위와 같은 예시는 미국문헌의 설명과도 일치한다. 예를 들어, Mennell, L. Robert/ Burr, Sherril L., Wills and Trusts, 3rd ed., THOMSON WEST(2007), 43면에 '…will substitute such as trusts, gifts, life insurance or joint tenancies'라는 표현을 발견할 수 있다.

7) 유언신탁의 관할에 관해서는 이미 표준유언관리법전(Uniform Probate Code) 제 7 편(제201조 내지 제204조)이 규율하고 있으나, UTC는 필요한 범위에서 이 규정의 내용 및 형식을 수정하여 관할규정에 편입시켰다. 大塚正民/樋口範雄 편저, 명순구/오영걸 역, 현대미국신탁법, 세창출판사(2005), 49면.

되는 것이 철회가능신탁이다. 철회가능신탁이 선택되는 가장 중요한 이유는 유언을 통할 경우 거쳐야 하는 檢認節次(probate)를 피할 수 있기 때문이다.[8)9)]

그러나 미국의 철회가능신탁은, 첫째, 철회가능기간 내에는 수익자의 권리는 위탁자의 처분에 따르고 수탁자는 위탁자에게만 의무를 부담하는 것이라는 점(UTC 제603조 (a)), 둘째, 철회가능신탁의 신탁재산은 위탁자의 생존중에는 위탁자의 책임부담을 구성한다는 점에서 이 글에서 말하는 유언대용신탁으로 우리나라에서 설정할 수 있는 것과 다르다. 철회권의 위탁자에게의 유보 및 위탁자가 수익권의 처분을 보유하는 것까지는 우리나라에서도 가능할 것으로 생각되나, 위 사항 중 그 밖의 점은 우리나라 신탁법이 예정하고 있는 신탁개념에 부합하지 않으며, 그러한 신탁은 현재로서는 우리나라에서는 설정할 수 없다고 본다.

* 제 6 편 철회가능신탁(REVOCABLE TRUSTS)

제601조 [철회가능신탁상의 신탁자의 능력]

철회가능신탁의 설정·변경·철회를 하기 위하여 요구되는 능력, 철회가능신탁에 대하여 재산을 추가하기 위하여 요구되는 능력 또는 철회가능신탁상의 수탁자의 행위를 지시하기 위하여 요구되는 능력은, 유언을 하기 위하여 요구되는 능력과 동일하다.

제602조 [철회가능신탁의 철회 또는 변경]

(a) 신탁은 철회될 수 없다고 신탁조항에 명시적으로 규정하고 있지 않는

---

8) 미국에서도 유언으로 신탁을 설정하면 검인절차를 거쳐야 한다. 미국에서의 검인절차는 우리나라의 유언검인절차 및 집행절차까지 포함하는 개념이다. 우리나라의 유언검인절차는 그리 복잡하지 않다. 유언의 내용을 확인하는 것에 그치는 절차이다.

미국에서 유언대용신탁이 검인절차를 피하기 위하여 주로 이용되는 점은, 다수의 관련서적이 출판되어 있는 점을 보면 알 수 있다. 예를 들어, Gordon Mead Bennett, HOW TO AVOID PROBATE BY CREATING A LIVING TRUST(Revised Edition), STERLING(2007). 단, 이 책은 본격적인 법학서적이라기보다는 실무용 서적이라 할 수 있다.

그런데, 검인절차는 시간상의 제약이 있으나, 철회가능신탁에는 그러한 제약이 없으므로, 철회가능신탁의 수익자는 어느 시기에 채권자에 대한 책임부담으로부터 벗어날 수 있을 것인가를 알지 못하는 불안한 지위에 놓이게 된다고 한다. 大塚正民/樋口範雄 편저, 명순구/오영걸 역, 현대미국신탁법, 세창출판사(2005), 130면.

9) 아울러 미국에서 유언신탁 등이 활발히 사용되는 또 하나의 이유를 생각해본다면, 미국은 州마다 법이 다르기 때문에 만일 피상속인이 여러 주에 걸쳐 재산을 보유할 경우, 일반적인 상속이 이루어지면 여러 주의 법률과 절차가 적용될 가능성이 높기 때문이라는 점도 들 수 있을 것이다.

한, 신탁자[10]는 당해 신탁을 철회하거나 변경할 수 있다. 이 항은 [이 [법전] 시행일][11] 이전에 문서에 의하여 설정되어 이미 재산이 출연된 신탁에 대하여는 적용되지 않는다.

(b) 1인 이상의 신탁자에 의하여 철회가능신탁이 설정된 경우에는 아래의 경우가 적용된다.

(1) 신탁이 부부공유재산으로 구성되어 있는 경우, 당해 신탁은 부부 중 일방의 단독행위에 의하여 철회될 수 있으나, 변경에 관하여는 부부 쌍방의 공동행위로 하여야 한다.

(2) 신탁이 부부공유재산 이외의 재산으로 구성되어 있는 한, 각 신탁자는 자신이 출연한 신탁재산부분에 관하여 철회 또는 변경을 할 수 있다.

(3) 일부의 신탁자가 신탁을 철회 또는 변경하는 경우, 수탁자는 신속하게 다른 수탁자에게 철회 또는 변경의 사실을 통지하여야 한다.

(c) 신탁자는 아래의 방법에 의하여 철회가능신탁을 철회하거나 변경할 수 있다.

(1) 당해 신탁조항에서 규정된 방법을 실질적으로 준수하는 방법.

(2) 신탁조항에서 아무런 방법도 규정하고 있지 않은 경우 또는 신탁조항에 규정된 방법이 배타적인 것이라고 명시적으로 정해져 있지 않은 경우에는 아래의 방법에 의한다.

(A) 당해 신탁에서 명시적으로 언급된 새로운 유언 또는 유언보충서에 의하거나, 혹은 당해 신탁조항에 따라 이전되었을 재산을 특정하여 유증하는 새로운 유언 또는 유언보충서에 의하는 방법.

(B) 명백하고 설득력있는 증거로 신탁자의 의사를 나타내는 다른 방법.

(d) 철회가능신탁을 철회하는 경우, 수탁자는 신탁자가 지시하는 바에 따

10) 우리나라 신탁법상으로는 '위탁자'라는 용어가 사용되고 있으나, '신탁자'라는 용어도 종종 사용되고 있다. 이 글에서는 원칙적으로 '위탁자'라는 용어만 사용하되, UTC번역문은 전게문헌의 예에 따라 '신탁자'로 옮겨 적었다.

11) UTC조문상의 괄호는, 각 주에 기존 법률이 있으면 그에 따를 수도 있고, UTC와 다른 입법을 할 수도 있는 경우임을 표시하는 것이다.

라서 신탁재산을 인도하여야 한다.

(e) 철회, 변경 또는 신탁재산의 분배에 관한 신탁자의 권한은 위임장에 기한 대리인에 의하여 행사될 수 있으나, 그 권한행사는 신탁조항 또는 위임장에서 명시적으로 인정된 범위에 한한다.

(f) 신탁자의 [재산관리인] 또는 [재산관리인]이 선임되지 않은 경우에 [후견인]은, [재산관리] 또는 [후견]을 감독하는 법원의 승인을 받아서 철회가능신탁의 철회, 변경 또는 신탁재산의 분배에 관한 신탁자의 권한을 행사할 수 있다.

(g) 신탁이 철회되었거나 변경되었다는 사실을 알지 못한 수탁자는 당해 신탁이 변경되지 않았거나 철회되지 않았다는 가정 아래 행한 신탁재산의 분배와 다른 행동에 대하여 신탁자 또는 신탁자의 상속인에게 책임을 부담하지 않는다.

제603조 [신탁자의 권한; 철회권한]

(a) 신탁이 철회가능하고 신탁자에게 당해 신탁을 철회할 수 있는 권한이 있는 동안, 수익자의 권리는 신탁자의 처분에 따르고 수탁자는 신탁자에게만 의무를 부담한다.

(b) 철회권이 행사될 수 있는 동안, 철회권을 보유한 자는, 그 권한에 따르는 재산의 한도 내에서, 이 조문에서 규정하고 있는 철회가능신탁의 신탁자의 권한을 갖는다.

제604조 [철회가능신탁의 유효성을 다투기 위한 출소기간; 신탁재산의 분배]

(a) 신탁자가 사망한 때에 철회가 가능하였던 신탁의 유효성을 다투는 사법절차는 아래의 기간 중 먼저 도래하는 기간 내에 제기할 수 있다.
  (1) 신탁자가 사망한 후 [3]년 이내.
  (2) 사법절차를 제기하려는 자에게, 신탁자가 신탁증서의 사본을 송부하고, 신탁의 존재, 수탁자의 이름과 주소 그리고 절차개시가 허용되는 기간에 관한 통지를 송부한 후 [120]일 이내.

(b) 철회가능한 신탁의 신탁자가 사망한 경우, 수탁자는 신탁조항에 따라 신탁재산을 분배할 수 있다. 수탁자는 아래의 경우에 해당하지 않는 한, 이러한 분배에 대하여 책임을 부담하지 않는다.
  (1) 수탁자가 신탁의 유효성을 다투는 절차가 係屬 중인 사실을 알고

있는 경우.

(2) 잠재적 이의신청자가 수탁자에게 당해 신탁의 유효성을 다투는 사법절차가 제기될 가능성이 있다는 사실을 통지하였고, 그 통지가 송달된 후에 60일 이내에 사법절차가 개시된 경우.

(c) 무효로 결정된 신탁으로부터 수익을 받은 자는 그 수령한 모든 재산을 반환할 책임을 부담한다.[12)]

2. 일본의 유언대용신탁[13)]

* 일본신탁법

제90조[위탁자의 사망시에 수익권을 취득하는 취지의 정함이 있는 신탁 등의 특례]

(1) 다음 각 호에 든 신탁에 있어서, 당해 각 호의 위탁자는 수익자를 변경할 권리를 갖는다. 단 신탁행위에 별도의 정함이 있는 때에는 그 정함에 의한다.

1. 위탁자의 사망시 수익자가 될 자로서 지정된 자가 수익권을 취득하는 취지의 정함이 있는 신탁.
2. 위탁자의 사망 이후에 수익자가 신탁재산에 관한 급부를 받는 취지의 정함이 있는 신탁.

(2) 전 항 제 2 호의 수익자는 동호의 위탁자가 사망하기까지는 수익자로서의 권리를 갖지 않는다. 단 신탁행위에 별도의 정함이 있는 때에는 그 정함에 의한다.

---

12) 위 본문의 UTC 번역은, 大塚正民/樋口範雄 편저, 명순구/오영걸 역, 현대미국신탁법, 세창출판사(2005), 313면 이하에 의한 것이다.

13) 일본의 구신탁법은 우리나라의 신탁법과 매우 흡사한 내용이었으나, 개정이 이루어져, 2006. 12. 15. 법률 제108호로 현행 신탁법이 입법되었으며, 2007. 9. 30.부터 시행되었다. 일본 구신탁법은 75개 조문이었는데, 현행 신탁법은 271개 조문에 이르며, 내용 또한 많은 변화가 있었다. 지금까지의 필자의 검토결과로는 신탁제도의 핵심 내용이 바뀌었다고 하기보다는, 새로운 내용이 많이 추가되었다고 생각된다. 일본의 현행 신탁법이 시행된 지 아직 얼마 되지 않아서 일본에서 현행 신탁법하에서의 신탁실무가 어떻게 이루어지고 있는지를 설명하는 데에는 어려움이 있다. 이하에서 일본의 신탁법을 인용함에 있어 특별한 부가설명이 없으면 현행 신탁법을 의미한다. 아울러 일본의 현행 신탁법을 소개함에 있어 '신신탁법'이라는 용어도 종종 사용되고 있으므로, 이 용어도 사용하기로 한다.

제91조[수익자의 사망에 의해 다른 자가 새로이 수익권을 취득하는 취지의 정함이 있는 신탁의 특례]

수익자의 사망에 의해 당해 수익자가 갖는 수익권이 소멸하고 다른 자가 새로이 수익권을 취득하는 취지의 정함(수익자의 사망에 의해 순차적으로 다른 자가 수익권을 취득하는 취지의 정함을 포함한다)이 있는 신탁은, 당해 신탁이 설정된 때부터 30년을 경과한 이후에 현존하는 수익자가 당해 정함에 의해 수익권을 취득한 경우 당해 수익자가 사망하기까지 또는 당해 수익권이 소멸하기까지 그 효력을 갖는다.[14)]

일본에서는 신신탁법이 시행되기 전까지, 連續受益者[15)]가 지정되는 신탁 및 여기에서 더 나아가 소위 後繼遺贈型連續受益者信託[16)]이 과연 유효한 것인가에 관한 논의가 있었다. 신신탁법은 위와 같은 신탁도 유효한 것으로 선언하였고, 다만 30년 및 그에 추가되는 햇수의 범위 내에서만 효력을 갖는 것으로 규정함으로 위 유효성에 관한 논의에 종지부를 찍었다.[17)]

위 제90조는 유언대용신탁을 두 가지 유형으로 나누어 규정한 것이 눈에 띈다.[18)] 한편 신신탁법에서 '유언대용신탁'이라는 용어를 사용하고 있지는 않은 것으로 보이나, 일본의 문헌에서는 거의 예외없이 제90조에서 규정한 바를 유언대용신탁이라고 칭하고 있다.

한편 제90조는 위탁자의 사망 전에 이미 효력이 생긴 신탁계약을 대상으로 하고, 위탁자의 사망시에 비로소 효력이 생기는 것을 내용으로 하는 신탁

14) 위 본문의 일본 신신탁법의 번역은 최수정, 일본신신탁법, 진원사(2007), 140면에 따른 것이다.

15) 예를 들어 설정시부터 10년간은 甲을 수익자로 하고 그 뒤를 이어 10년간은 乙을 수익자로 하는 내용으로 하는 경우를 말한다.

16) 이 문제는 後繼遺贈, 즉 丙이 유증에 의하여 丁에게 재산을 유증하고, 丁이 사망하면 그 재산은 戊에게 귀속시킨다는 내용의 유증이 허용되는가에 관한 논의와 같이 논의되었다.

17) 필자는 이 글의 원래의 초고작성시에는, 일본신탁법상 위 조문이 마련됨으로써 위와 같은 신탁 및 유증의 유효성에 대한 논의는 더 이상 필요없게 되었다(즉, 모두 유효하다는 의미)고 생각하였으나, 최근 간행된 일본문헌을 검토한 뒤, 신탁법상 위와 같은 조문에 의하더라도 유증에 관한 논의가 완전히 종결된 것은 아니라는 느낌을 받게 되었다. 예를 들자면, 田中亘, "後継ぎ遺贈 — その有効性と信託による代替性について —," 米倉明編著, 信託法の新展開, 商事法務(2008), 211면 이하 참고.

18) 天野佳洋 外, 一問一答改正信託法の実務, 経済法令研究会(2007), 249면에서는, 제90조 제 1 항 제 1 호에서 정한 것을 '1호 유형', 제 2 호에서 정한 것을 '2호 유형'이라고 칭하고 있기도 하다. 이 글에서는 이를 순서대로 '제 1 유형', '제 2 유형'이라고 칭하기로 한다.

계약에 대하여는 적용이 없다.[19]

일본 신신탁법 아래에서는 법제상 위 두 가지 유형을 유언대용신탁이라고 할 수 있을 것이나, 위 두 가지 유형만을 유언대용신탁이라고 부를 것인지는 별개의 문제로, 유언대용신탁을 어떻게 정의하느냐에 달린 문제라 생각된다.[20]

일본문헌 중에 유언에 의한 신탁과 유사한 제도를 잘 비교해 놓은 것이 있으므로 이를 소개한다.[21]

	신탁법상의 제도	민법상의 제도
사후처분(유언)	유언에 의한 신탁	유 증
생전처분(계약)	유언의 대용이 되는 생전신탁	생전증여(사인증여)

Ⅲ. 유언신탁 등에 대한 정의

1. 은행실무상의 유언신탁

신탁법에 의한 신탁문제와는 별도로, 주로 일본의 영향을 받아 은행실무상 사용되고 있는 개념으로서의 '유언신탁'이 있다. 이러한 유언신탁은, '유언장 작성에서 보관, 사후집행에 이르기까지 모든 업무를 대행하는 금융상품'으로 정의내릴 수 있다.[22]

일본문헌에 따르면, 유언신탁의 의미는 두 가지로 나눌 수 있는데, 강학상 신탁의 분류로서 '유언신탁'(협의의 유언신탁)이란 신탁설정행위의 태양에

19) 新井誠, 信託法(第 3 版), 有斐閣(2008), 170면. 天野佳洋 外, 一問一答改正信託法の実務, 経済法令研究会(2007), 250면에서도 같은 설명을 하면서, 이러한 신탁에는 사인증여에 관한 규정이 유추적용된다고 하고 있다. 이러한 신탁의 유효성에 관해서는 아래에서 다시 다루기로 한다.

20) 유언대용신탁을 어떻게 정의할 것인가는 아래에서 다시 다룰 것이다.

21) 福田政之 外, 新信託法, 清文社(2007), 99면.

22) NAVER용어사전(2009. 4월 현재 http://terms.naver.com/item.nhn?dirId=108&docId=8784)에 따른 것인데, 같은 곳에서는 이어 "만 18세 이상이면 누구나 가입할 수 있으며 민법에서 효력을 인정하는 방식(자필·공정증서·비밀증서 등)으로 유언장을 작성하는 것을 도와준다. 제일은행이 국내 금융기관으로는 처음으로 1991년 11월 이 업무를 개시했다"라고 설명하고 있다. 이러한 내용은, 필자가 은행실무자와의 비공식면담에서 확인한 내용과도 일치된다. 이하의 모든 검색결과는 2009. 4월 초 기준이다.

의한 것으로 계약신탁에 대응하는 개념이고, (금융실무상의 것인) 다른 의미로는, 강학상의 '유언신탁'(또는 死後信託)과는 다른 것으로, 강학상의 유언신탁 외에 유언집행인수예낙업무, 유언서관리업무 및 유언정리업무를 포함하는 것이라고 설명하는 것이 있다. 이를 그림으로 나타내면 아래와 같다.[23)]

이 글에서 다루고자 하는 유언신탁 등의 문제는 신탁법상의 신탁임을 전제로 하는 것이므로, 금융실무상의 개념은 더 이상 고려하지 않기로 한다.

[유언신탁의 분류]

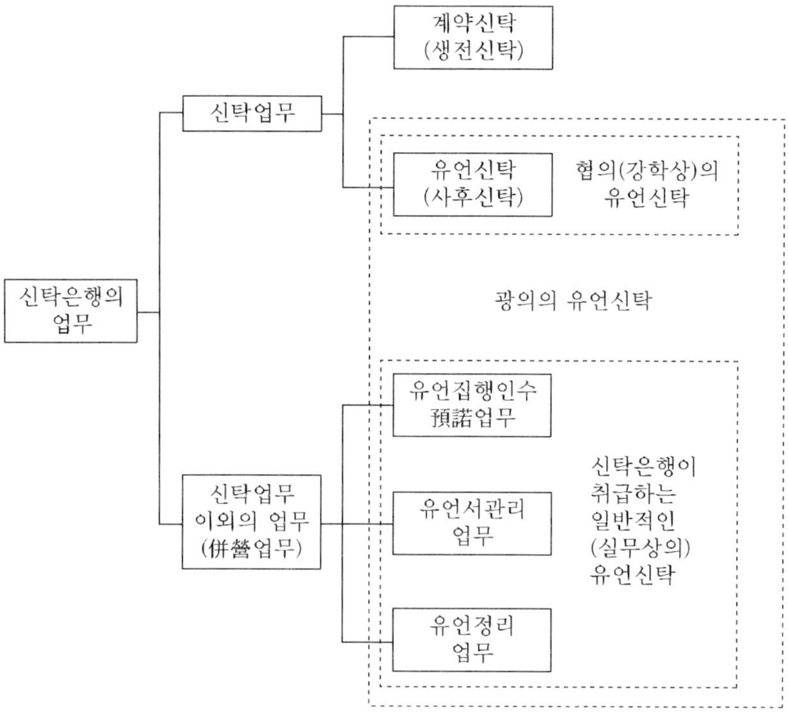

2. 유언신탁

유언신탁이란 유언에 의하여 설정되는 신탁으로 死後信託이라고도 하며, 계약신탁(또는 생전신탁)에 대응하는 개념이다. 유언신탁의 설정은 유언에 의하

23) 安田信託銀行遺言信託研究会編著, 阿部隆彦監修, わかりやすい遺言·相続ーいわゆる「遺言信託」を中心として, 税務経理協会(2001), 78면 이하.

여야 하므로, 유언에 대한 일반적인 법리가 그대로 적용된다. 따라서 그 형식의 면에 있어서도 적법한 유언이 되기 위한 요건을 모두 갖추어야 한다.

유언신탁의 예는 다음과 같은 경우를 들 수 있다.

[신탁 1] : 유언신탁 제1유형(수익자 고정형)[24)]

위탁자 A가 자신이 사망한 경우, 그 子인 B를 수익자로 하되, B가 성년이 될 때까지는 신탁재산에서 얻을 수 있는 이자수입을 교부하고, B가 성인이 되면 원본을 그에게 귀속하도록 하는 신탁을 설정하는 내용의 유언을 하였다.

[신탁 2] : 유언신탁 제2유형(수익자 변동형)[25)]

위탁자 C가 자신이 사망한 경우, 그 子인 D를 수익자로 하되, D가 성년이 될 때까지는 신탁재산에서 얻을 수 있는 이자수입을 교부하고, D가 성인이 되면 C의 처인 E에게 원본이 귀속되도록 하는 내용의 신탁을 설정하는 유언을 하였다.

3. 유언대용신탁(유언대용 생전신탁)

가. 용어의 문제

유언신탁에 대응하는 개념은 계약신탁[26)](또는 생전신탁)인데, 원래 계약으로 설정되는 신탁이 일반적인 것이므로, 유언신탁에 대응하여 검토하여야 할 개념은 계약신탁 전반적인 것이 아니고, 유언신탁은 아니지만 유언 또는 유언신탁과 동일한 효과를 갖는 생전신탁이다.

강학상 이를 '유언대용 생전신탁'이라고 하기도 하며,[27)] '유언대용신탁'이

24) 아래 각 유형분류 및 명칭은 필자가 만들어 본 것이다.

25) 일본에서 논의되는 後繼遺贈型連續受益者信託이라고 할 수 있다.

26) 강학상으로는 신탁선언에 의한 신탁설정도 생각해볼 수 있다. 신탁선언을 고려한다면, 생전신탁에는 계약신탁과 신탁선언에 의한 신탁이 있을 수 있다. 그러나 우리나라에서는 현재로서는 신탁선언에 의한 신탁설정은 불가능하다고 해석되고 있으므로, 현단계에서는 생전신탁은 곧 계약신탁이라고 볼 수 있다. 일본의 경우, 구신탁법하에서는 신탁선언에 의한 신탁은 불가능하다고 보는 견해가 통용되고 있었으나, 신신탁법에 의해 가능하게 되었다.

27) '유언대용의 생전신탁'이라는 표현을 사용하고 있는 국내문헌으로는, 崔東軾, 信託法, 法文社(2006), 41면; 李重基, 신탁법, 三宇社(2007), 50면 참고.

라는 용어도 사용되고 있는데, 특히 일본의 신신탁법과 관련하여 일본의 문헌이나 실무에서는 '유언대용신탁'이라는 용어가 주로 사용되고 있다.[28)]

위 두 용어는 같은 의미로 이해되는데, '유언대용'이라는 용어에 이미 '유언'에 의한 것이 아니라는 의미가 내포되어 있으므로 당연히 생전신탁이 될 것이고, 따라서 '유언대용신탁'이라는 용어가 간략하다는 점에서 상대적으로 더 우수해보이므로, 이 글에서는 원칙적으로 '유언대용신탁'이라는 용어만 사용하기로 한다.

나. 정 의

일본의 경우 신탁법에서 유언대용신탁이라 부를 만한 것을 규정하고 있으므로, 최소한 신탁법이 말하는 유언대용신탁은 법전의 내용에 의하여 정의할 수 있으나, 우리나라에서는 그와 같은 정의는 불가능하다.

유언대용신탁은 그 표현 자체에서 유언에 의한 신탁, 즉 유언신탁은 배제된다. 위 용어를 분석해보면 그 의미상 '유언대용'과 '신탁'으로 나누어 볼 수 있는데, 신탁이어야 하는 것은 기본이고, '유언을 대용하는 것'이어야 하므로, 그 효력에 있어 '유언을 한 것과 같은 것'이어야 한다. 모든 점에서 유언과 동일할 수 없음은 당연하고, 대부분 동일할 것을 요구하는 것도 아니다. 유언의 효력과 동일하다 함은 결국 사망을 계기로 하여 피상속인(위탁자)으로부터 수익자에게로의 재산이전효과가 나는 것을 의미한다. 그 점만 갖추고 있다면 일단 유언을 대용한 것이라 볼 수 있다.

이러한 점을 종합하면 유언대용신탁을, '위탁자의 사망을 요건으로 하여 수익자 등 제 3 자[29)]에게로의 재산이전효과가 나는 생전신탁'(유언신탁이 아닌 신탁)이라고 정의할 수 있다. 위와 같이 정의해도 유언대용신탁은 위탁자의 사망 이전에 이미 신탁으로서 설정되어야 한다. 왜냐하면 위탁자의 사망으로 비

28) 예를 들어, 新井誠, 信託法(第 3 版), 有斐閣(2008), 169면. 일본어 'の'를 추가하여 '유언대용의 신탁'이라는 용어를 사용하기도 한다. 天野佳洋 外, 一問一答改正信託法の実務, 経済法令研究会(2007), 249면 및 福田政之 外, 新信託法, 清文社(2007), 98면 등. 특히 福田政之 外, 新信託法, 清文社(2007), 99면에서는 '유언의 대용이 되는 생전신탁'(遺言の代用となる生前信託)이라고 표현하기도 한다. 인터넷에서 '유언대용신탁'이라는 용어를 사용한 예는 많이 발견할 수 있다. 예를 들어, http://www.firstshintaku.co.jp/igon.pdf#search='遺言代用信託' 참고.

29) 아래에서 보는 바와 같이, 신탁을 통하여 유언대용의 의미에서 재산이전을 받는 자가 수익자에 한정될 필요가 없다고 보는 것이 본고의 견해이므로, 위 정의 중 이 부분을 '수익자'로 한정하지 못하고, '수익자 등 제 3 자'으로 표현하였다.

로소 설정되는 신탁은 유언신탁이 되기 때문이다.

다. 유 형

이상과 같은 정의를 바탕으로 하면 유언대용신탁에 속하는 몇 가지 유형을 생각해볼 수 있다. 아래의 유형이 유언대용신탁의 모든 경우를 포괄하고 있는 것은 아니며, 필자가 현 단계에서 상정해볼 수 있는 경우들이다.[30)]

먼저 생각해볼 수 있는 것은 일본신탁법 제90조에서 규정하고 있는 경우들이다.

제 1 유형 : 위탁자의 사망시 수익자가 될 자로서 지정된 자가 수익권을 취득하는 취지의 정함이 있는 신탁

제 1 유형에 속하는 신탁으로는 다음과 같은 신탁을 생각해볼 수 있다.

[신탁 3] : 유언대용신탁 제 1 유형(사후 수익자지위 취득형)

위탁자 F가 신탁을 설정하여, 그의 생존중에는 그가 수익자가 되고, 그가 사망하면 사망 당시의 상속인들이 수익자가 되는 내용의 신탁을 설정하였다.

제 2 유형 : 위탁자의 사망 이후에 수익자가 신탁재산에 관한 급부를 받는 취지의 정함이 있는 신탁

제 1 유형의 경우 위탁자의 사망시에 수익자로 될 자는 위탁자의 사망 전에는 수익자가 되지 못한다. 이에 대하여 제 2 유형의 경우 위탁자의 사망 이전에도 이미 수익자의 지위를 얻는다. 그런데 제 2 유형 신탁의 수익자가 위탁자의 사망 이전에 수익자로서의 권리를 행사하는 것은 적절하지 못하므로, 일본신탁법 제90조 제 2 항은 이러한 수익자는 위탁자의 사망시까지는 원칙상 수익자로서 권리를 갖지 못하는 것으로 정하였다.[31)]

---

30) 예를 들어 미국에서의 財産傳導遺言(pour-over will)과 같이 생전신탁을 설정한 다음, 그에 기초하여 추가조항을 유언을 통하여 덧붙이는 방법도 생각해볼 수 있다. 이 경우 유언대용신탁이라 부를 것은 없지만, 넓게 보아 신탁을 통하여 유언대용효과를 거두는 것이라 할 수 있다.

31) 우리나라에서 제 2 유형의 신탁이 설정된 경우, 신탁행위에 별다른 정함이 없더라도 위탁자

제 2 유형에 속하는 신탁으로는 다음과 같은 신탁을 생각해볼 수 있다.

[신탁 4] : 유언대용신탁 제 2 유형(생전 수익자지위 취득형)
위탁자 G가 신탁을 설정하여, 그의 생존중에는 그가 수익자가 되고, G가 사망하면 그의 처 H가 수익자로서 신탁재산의 원본을 받도록 하는 내용의 신탁을 설정하였다.
[신탁 5] : 유언대용신탁 제 2 유형(후계연속수익자형 유언대용신탁)
위탁자 I가 신탁을 설정하여, 그의 생존중에는 그가 수익자가 되고, I가 사망하면 그의 처 J에게 이자수입이 교부되며, J가 사망하면, 그들의 子인 K에게 신탁재산의 원본이 귀속되도록 하는 내용의 신탁을 설정하였다.

한편, 일본에서 논의되고 있는 사인증여와 유사한 형식으로의 신탁도 가능하다.

제 3 유형 : 일본에서 논의되고 있는 바와 같이 계약으로 신탁을 설정하되, 그 계약이 위탁자가 사망함으로써 효력이 발생하게 되는 신탁. 즉, 사인증여와 유사한 형식의 신탁

[신탁 6] : 유언대용신탁 제 3 유형(사인증여형)
위탁자 L이 수탁자 M과 N이 수익자가 되는 신탁계약을 체결하였으나, 그 신탁의 효력은 L이 사망하여야 발생하는 것으로 하였다.

제 3 유형의 신탁이 가능한가, 가능하다 하더라도 구체적인 효과는 어떻게 될 것인가에 대해서는 후술하기로 한다.

나아가 권리를 취득하여야 할 자를 수익자가 아닌 귀속권리자로만 해두어도 유언 또는 유증을 한 것과 마찬가지의 효과를 거둘 수 있다.

의 철회권이 유보되는가 하는 점은 현재로서는 해석에 의하여 정해지는 수밖에 없다. 이 글에서 이 점까지 상세히 다루기는 어려우나, 필자의 생각으로는 철회권이 유보된 것으로 봄이 옳다고 본다.

제 4 유형 : 권리를 취득하게 될 자를 귀속권리자로 해두는 경우

[신탁 7] : 유언대용신탁 제 4 유형(귀속권리자형)
위탁자 O는 신탁을 설정하여 스스로가 수익자가 되고, 본인의 사망을 신탁종료사유로 정한 다음, 귀속권리자로 처인 P를 지정하였다.

제 4 유형에서 권리를 취득하게 될 자는 수익자가 아니다. 따라서 신탁이 정상적으로 운영되는 동안에는 동인은 신탁법률관계에 참여하지 못하나, 신탁이 종료하면 비로소 권리가 생기게 된다. 이러한 관계를 이용하면 수익자가 아닌 귀속권리자로만 해두어도 유언을 한 것과 동일한 효과를 얻을 수 있다.[32][33]

라. 유언대용신탁의 정의에 관한 추가검토

(1) 범위에 관한 문제

유언대용신탁의 정의를 다시 한 번 살펴보면, '위탁자의 사망을 요건으로 하여 수익자 등 제 3 자에게로의 재산이전효과가 나는 생전신탁'인데, 이를 간략히 '유언 또는 유언신탁과 동일한 효과를 갖는 생전신탁'이라 할 수 있다. 유언신탁은 유언에 의하여 설정되는 신탁이므로 유언의 내용에 신탁설정이

32) 上述한 대로, 유언대용신탁을 어떻게 정의하는가에 따라 그 폭이 달라질 수 있다. 만일 유언대용효과를 받는 자가 수익자가 되는 신탁만을 유언대용신탁이라고 정의한다면, 위 제 4 유형은 유언대용신탁이라고 할 수 없게 된다. 그러나 필자는 유언대용신탁의 중점은 유언대용의 효과가 있는가에 있는 것이지, 그 효과를 받는 자가 수익자가 되는가에 있는 것은 아니라고 본다. 따라서 위 제 4 유형도 유언대용신탁의 일종으로 볼 수 있다고 생각한다. 이러한 생각은 강학상 본고와 같이 정의할 경우 그렇게 볼 수 있다는 것을 의미하는 것이고, 제 4 유형의 유효성은 별도로 판단하여야 한다.

33) 귀속권리자로 해두는 제 4 유형의 경우, 애초에 유언대용을 의도하지 않았거나 의도하더라도 주된 것이 아니었다 하더라도 사망으로 그 효력이 발생되는 것이라면 유언대용의 의미가 있다. 그러나 애초부터 수익자로 하여 두었다면 의미가 다르다. 수익자로 지정하는 경우에는 유언대용을 주목적으로 하여 신탁이 설정되는 것이지, 신탁대용목적이 부수적인 경우라 하기 어렵다. 이러한 차이는 아래에서 보는 유류분반환청구와 관련이 되게 된다. 즉, 유언대용의 효력을 받을 자가 수익자로 지정되는 경우, 그 수익자의 자격을 취득한 때 증여가 이루어진 것에 준하여 보아야 할 것이다. 그러나 제 4 유형의 경우에는 위탁자 생전에는 귀속권리자가 권리를 취득하였다고 하기 어렵다. 권리를 취득할 수 있는 법률관계만 형성되어 있다고 하여야 한다. 특정 법률관계에 의하여 당사자에게 조건부로라도 권리가 형성된 것인지, 아직 권리로 구체화되지 못하고 법률관계만 형성된 것인지를 구분하는 것은 경우에 따라서는 판단하기 어려울 수 있다. 이 글에서는 이 점에 대해서는 더 이상 논하지 않는다.

포함되어 있는 경우에 지나지 않고,[34] 따라서 더 간략하게 표현하자면, 유언대용신탁이란, '유언과 동일한 효과를 갖는 생전신탁'이라고 할 수 있다.

전형적인 유언대용신탁은 '위탁자 A의 생존시에는 A가, 그가 사망하였을 경우에는 그의 배우자 B가 수익자가 되는 신탁'을 들 수 있는데, 이와 같이 유언대용신탁에는 위탁자의 사망 이전에 효력이 발생하는 부분(생전부분)이 있고, 사망 이후에 효력이 발생하는 부분(사후부분)이 있다.

필자가 검토한 범위 내에서는 유언대용신탁을 위와 같이 두 부분으로 나누어 볼 수 있음을 지적한 문헌을 발견하지는 못했으나, 유언대용신탁의 법적 지위와 효력을 검토하기 위해서는 생각해볼 만한 점이 있다. 예를 들어 유언대용신탁의 유효성이 문제되는 경우, 유언대용신탁 전체에 관하여 따져야 할 것인지, 유언에 갈음하는 부분인 사후부분만 따져야 할 것인지 등이 문제될 수 있는 것이다.

필자의 생각으로는 비록 이론의 면에서는 유언대용신탁을 위와 같이 두 부분으로 나누어 볼 수 있다 하더라도, 생전부분도 유언대용신탁의 일부를 이룬다고 본다. 이러한 주장의 가장 주요한 근거는, 유언대용신탁을 설정하는 의사는 단일한 것이고, 그 의사표시를 생전부분과 사후부분으로 분리할 수는 없다는 점이다.

한편, 위와 같은 주장은 유언대용신탁을 어떻게 정의하는가 하는 문제와도 관련이 있다. 유언대용신탁이 담고 있는 의미를 비교적 넓게 보고 있는 필자로서는, 위 [신탁 7]의 경우도 유언대용신탁의 한 형태로 보고 있는데, [신탁 7]의 사후부분은 제대로 된 신탁법률관계가 아니다. 신탁종료시의 청산관계만 있을 뿐이다. 따라서 이 부분만을 유언대용신탁이라고 부르기에 부적당하다.

(2) 생전부분 수익자의 문제

이상의 논의는 유언대용신탁의 생전부분 수익자는 위탁자인 경우를 당연한 것으로 보고 전개되었다. 유언대용신탁이 설정되는 경우 생전부분 수익자

---

34) 유언신탁이란 유언을 통해서 신탁을 설정하는 것이라는 점을 고려한다면, 유언신탁은 유언의 한 모습에 지나지 않는다. 유언의 한 유형이라고 할 수도 없다. 그러나 유언신탁이 완벽하게 유언의 영역 내로 포함되는 것이라 할 수는 없다. 아직 태아로 형성되지 아니한 '장래의 자녀'에 대한 관계(後述)를 생각해보면 그러한데, 그 외에 어떠한 점이 다를 수 있는 것인지는 앞으로의 검토과제이다.

를 위탁자가 아닌 제 3 자로 하는 경우는 아마 찾기 어려울 것이다. 그러나 생전부분 수익자가 위탁자가 아니라 하더라도 사후부분의 유언대용적 효력에는 변함이 없다. 따라서 이론상으로는 위탁자가 생전부분 수익자가 아닌 경우도 유언대용신탁이 될 수 있다고 본다.

4. 우리나라에서의 유언신탁 등의 현황

우리나라는 그동안 민사신탁보다는 상사신탁이 주로 이용되어 왔다. 잘 살펴보면 가까운 곳에서도 신탁이 발견되기는 하나, 대개 개발신탁과 관련한 부동산의 분양, 펀드설정 후 펀드가입 등의 모습으로 드러나는 관계로, 일반인들은 신탁관계임을 잘 의식하지 못하는 경우가 많다. 이러한 사정 때문에 우리나라에서는 유언신탁 역시 활발하게 이용되고 있다고 하기 어렵다.

우리나라에서도 금융실무상으로는 유언신탁이 취급되고 있으나,[35] 그것이 아닌 신탁법상의 유언신탁의 실례를 찾기란 매우 힘들다. 신탁제도 자체가 아직까지는 우리에게 매우 생소한 것이 그 원인이라 할 수 있다.

법학 또는 법률실무 차원에서도, 법원에서 제공되는 각종 데이터베이스에 의한 검색결과 '유언신탁'이나 '유언대용 생전신탁'을 키워드로 하는 문헌은 한 건도 발견되지 않으며,[36] 판례나 법령, 예규 등도 전혀 발견되지 않는다. 그만큼 유언신탁과 대용신탁은 우리에게는 생소한 개념이라 할 수 있다. 그러나 이러한 사정 때문에 앞으로도 위와 같은 개념들이 별로 사용되지 않을 것이라 단정하기는 어렵다.

유언신탁이 효력을 발휘할 수 있는 경우를 한 가지 들어본다면, 아직 태아로 형성되지도 아니한 '장래의 자녀'를 생각해볼 수 있는데, 이러한 대상에 대해서는 유언을 할 수 없을 것이나, 신탁의 경우 현재 존재하지 않는 대상도

35) 금융실무상의 유언신탁도 생소한 편이다. 필자가 이 글을 작성하는 도중 금융실무자(법무담당자 아닌 자)와 비공식적으로 접촉해본바, '유언신탁'이라는 말을 들어본 적이 없다고 하였다.

36) 약간의 일본문헌만 발견될 뿐이다. 이 점은 국회도서관과 국립중앙도서관을 통하여 검색해보아도 마찬가지이다. 신문, 잡지류를 제외하고는, 박종우, "유언신탁에 관한 소고"{대한금융단, 金融246호(1974. 8.), 84면 이하}라는 문헌 딱 한 편만이 발견된다. 이 글은 공간된 지 매우 오래된 것일 뿐 아니라, 본격적인 학술논문으로 보기 어렵다. 제목이 아닌 본문이나 각주에서 유언신탁 또는 대용신탁을 언급한 경우는 상당히 있으나, 두 용어 자체를 검토한 글은 아니다. 실질적으로 유언신탁을 본격적으로 다룬 국내의 문헌으로는, 위 최수정 교수의 논문이 유일하다고 해도 과언이 아니다.

수익자로 지정할 수 있으므로 유언신탁 등은 가능하다.[37] 이러한 점에서 신탁의 활용가치가 적지 않다.

Ⅳ. 유언신탁 등의 유효성 및 방식

1. 유언신탁

유언신탁은 법에 의해 인정되고 있으므로 그 유효성은 논의할 대상이 아니다. 방식에 관해서는 유언을 통하여야 하므로, 유언의 방식을 따라야 한다.[38]

2. 유언대용신탁

유언대용신탁은 법이 명백히 인정하고 있는 것이 아니므로, 그 유효성이 검토될 필요가 있다. 특히 유언의 효력을 갖는 대용신탁의 경우, 방식 등과 관련하여 검토되어야 할 여지가 있다. 일본의 경우 신탁법에서 신탁의 한 유형으로 명백히 규정하였으나, 우리나라의 신탁법은 그런 규정을 두고 있지 아니하므로, 현행 신탁법의 범위 내에서 가능한가, 가능하더라도 어느 범위까지 가능한가는 따로 따져보아야 할 문제이다.

가. 수익자의 면에서

수익자 지정은 사실 큰 문제가 되지는 않는다. 신탁설정시에는 수익자가 존재할 필요가 없기 때문이다. 제18조 제 1 항은, '수익자가 특정되어 있지 아니하거나 아직 존재하지 아니하는 경우에는 법원은 이해관계인의 청구에 의하여 또는 직권으로써 신탁관리인을 선임하여야 한다'라고 규정함으로써 이

37) 天野佳洋, "遺言信託," ジュリスト, No. 1164, 96면, 同旨. 이와 같이 유언신탁을 통해 유언의 범위를 어느 정도까지 벗어날 수 있는가 하는 점이 문제인데, 이 글에서 이 점을 상술하기는 어렵다. 장래의 검토과제로 미룬다.

38) 재산의 일정비율에 대한 유언신탁이 가능할 것인가가 문제이다. 우리 신탁법하에서는 소극재산을 신탁재산으로 인수할 수 없다고 봄이 일반적인데, 위와 같은 유언신탁의 경우 피상속인의 채무도 상속재산이 되기 때문이다. 필자는 위와 같은 신탁설정도 가능하고, 그 경우 포괄적 유증과 흡사하게 된다는 점도 다른 글에서 이미 주장한 바 있다. 임채웅, "詐害信託의 研究," 法曹 55권 9호(통권600호)(2006. 9.), 17면 이하. 최수정, "상속수단으로서의 신탁," 한국사법행정학회, 민사법학 34호(2006. 12.), 577면에서도 이러한 신탁을 무효로 하는 것은 타당하지 않다고 하여, 필자의 견해와 일치된다.

러한 점을 명백히 보여주고 있다.

수익자 확정의 면에서 본다면, 수익자는 애초부터 확정되어 있으나, 그 수익자의 급부청구권(일본법의 수익채권) 발생시기가 위탁자의 사망 때부터인 경우(제2유형)는, 형식상 설정 당시부터 수익자가 확정되어 있으므로 문제가 없다. 제1유형의 경우도, 설정 당시부터 확정되어 있지는 않으나 어느 정도 지정방법이 정해져 있는 것으로 충분하다고 본다.[39)]

나. 형식의 면에서

다음 중요한 문제가 유언대용신탁에 특별한 형식이 필요한가 하는 점이다. 사후부분의 존재 때문에 이러한 점이 문제된다. 여기서의 말하는 형식이란, 결국 유언의 형식을 갖추어야 하는가 그렇지 않은가 하는 문제이다.

우리나라의 문헌도 그렇고, 일본 구신탁법하에서의 문헌들도 그렇고, 유언대용신탁은 생전신탁이므로 유언의 형식을 요구하지 않는다는 점에 관해 반대하는 의견을 찾아보기 어렵다. 그러나 유언대용신탁은 그 효과의 면에서 유언과 같은데 유언의 형식을 요하지 않는다면, 결국 유언법리를 회피하는 것이 되고만다는 점에서 과연 이러한 논의가 옳은가 하는 점이 문제이다.

생각건대, 효과의 면을 중시한다면 유언을 한 것과 같은 효력을 내는 이상 유언의 형식을 필요로 한다고 볼 수도 있을 것이나, 필자는 다음과 같은 이유에서 유언대용신탁은 유언의 형식을 요하지 않는다고 본다.

① 유언은 어디까지나 사망시에 효력이 발생하는 것이고, 유언대용신탁은 설정 즉시 효력이 발생하는 것이라는 점을 중시한다면 유언의 형식을 요하지 않는다고 볼 수 있다. 이 점이 유언형식을 요하지 않는다고 보는 일반적인 이유이다.

특히 제1유형에 관하여는 사후부분은 사망시 효력이 발생하는 것이 아닌가 하는 의문을 가질 수 있으나, 그렇지 않다. 유언(유증)의 경우에도 유언을 함으로써 유언이 성립되고, 유언자가 사망함으로써 구체적인 효력이 발생하

39) 필자는, 수익자의 지정에 관해 수탁자가 재량을 갖는 소위 '재량신탁'이 우리의 현행 신탁법 아래에서도 가능하다고 본다. 외국에서는 생전부분은 확정신탁, 사후부분은 재량신탁으로 설정하는 것이 가능하다고 하는데{최수정, "상속수단으로서의 신탁," 한국사법행정학회, 민사법학 34호(2006. 12.) 579면, 주41) 참고}, 우리나라에서도 이를 허용하지 않을 이유가 없다고 본다.

게 되는데, 유언대용신탁의 사후부분도 마찬가지로 설정에 의하여 신탁으로서는 성립하되 위탁자가 사망하여야 비로소 수익자라는 지위를 획득하게 되는 것이므로(1호 유형의 경우), 이러한 점에서 유사해보인다.

그러나 이러한 비교가 가능하려면 유언대용신탁의 신탁행위를 생전부분과 사후부분으로 분리하되 사후부분에 관해서만 유언과 비교할 수 있어야 하는데, 그러한 방식으로 파악할 수는 없다. 유언대용신탁을 개념상으로는 생전부분과 사후부분으로 나눌 수 있기는 하나, 그 의사표시가 별개라고 할 수는 없기 때문이다.

② 유언과 유언대용신탁은 경우에 따라 결과적으로 같은 효과를 내는 것처럼 보이기도 하나, 엄연히 법률관계가 다르다. 유증 후 유언자가 사망하기 전에 수증자가 사망한 경우와 유언대용신탁이 설정되고 위탁자가 사망하기 전에 사후부분의 수익자가 사망한 경우를 비교해보면 이러한 점이 잘 드러난다.

위 경우, 유언은 무효가 되지만 신탁은 무효가 되지는 않는다. 신탁의 경우에는 경우에 따라 다른 결과가 나타나게 된다. 예를 들어 신탁행위에서 그러한 경우까지 대비하여 정해놓은 것이 있다면 그에 따르게 된다. 만일 그러한 정함이 없다면 사후부분은 신탁의 목적을 달성할 수 없는 경우가 되고, 그로 인하여 생전부분을 포함한 유언대용신탁 전체가 목적을 달성할 수 없는 경우가 되느냐, 아니면 생전부분은 여전히 그대로 두어야 하느냐 하는 문제가 생기게 된다. 이 점도 일률적으로 말하기 어려운 점이 있으나, 필자의 생각으로는 일반적으로는 생전부분까지 당연히 목적을 달성할 수 없게 되는 것은 아니라고 본다.

한편, 위와 같은 사정으로 신탁의 목적을 달성할 수 없는 경우가 되면 신탁종료의 문제가 되고, 이어 귀속권리자의 문제로 이어진다. 이러한 점은 유증의 경우와는 명백히 다르다.40)

③ 유언(유증)과 유언대용신탁은 결과적으로 유사한 결과를 낳는 경우가 상당히 많을 것으로 생각되지만, 그러한 결과를 가져오는 것은 꼭 위 두 가지

40) 이러한 문제는 유언자 또는 위탁자의 사망 후, 즉 유언이나 유언대용신탁의 사후부분이 효력을 발생한 뒤에도 마찬가지이다. 그 뒤에 수증자나 사후부분의 수익자가 사망한 경우, 유증에서는 일반적인 상속이 문제가 되나, 유언대용신탁에서는 신탁종료, 그리고 귀속권리자의 문제가 된다.

경우만 있는 것은 아니다. 즉, 甲이 그 소유 부동산을 생전에 乙에게 완전히 이전하고, 甲이 사망한 뒤 乙로부터 甲의 자녀 丙에게 다시 완전하게 이전하는 내용의 채권계약도 가능하다. 생전에 소유권의 변동이 일어난다는 점에 비추어 보면, 유언대용신탁은 유언(유증)보다 이 편에 더 가깝다고 할 수 있다. 위와 같은 법률관계와 실질은 동일하되 乙을 좀 더 구속하고자 하는 것이 신탁이라고 볼 수 있는 것이다. 필자의 생각으로는 사후부분의 수익자에게 재산을 넘겨주려는 의사의 면에서 본다면, 유언대용신탁은 위와 같은 채권계약과 유증의 사이에 위치하는 것이 아닌가 한다. 요컨대, 유언(유증)과 어느 정도 유사한 면이 있다고 하더라도 당사자가 유언제도를 취하지 않은 이상, 그 형식을 따르지 않았다고 하여 무작정 무효라고 볼 수는 없다는 것이 필자의 생각이다.[41)]

41) 형식의 점을 다룬 국내문헌으로 최수정, "상속수단으로서의 신탁"{한국사법행정학회, 민사법학 34호(2006. 12.)}이 있다. 국내에 이 점을 본격적으로 다룬 문헌이 많지 않으므로, 위 문헌의 해당부분(571면)을 그대로 인용해본다. "(신탁설정에 특정한 형식을 요하지 않는다 …) 그러나 위탁자의 생전처분에 의해 신탁을 설정하더라도 위탁자의 사망에 의해서 수익자가 수익권을 취득하는 때에는 유증과 다름이 없기 때문에 유언의 형식에 의하지 않은 이와 같은 신탁의 효력이 문제될 수 있다. 가령 甲이 재산을 수탁자인 乙에게 이전하면서 甲의 생애동안 원본과 수입의 귀속에 대해서는 甲의 지시에 따르도록 하고 그의 사망시에 남은 것은 丙과 丁에게 균등하게 배분하도록 정하였다면, 여전히 甲은 乙에게 이전된 재산에 대해 사용, 수익, 처분의 포괄적인 권능을 갖는다. 비록 신탁의 외형을 갖추고 있더라도 丙과 丁에 대한 재산의 분여는 유증과 결코 다르지 않다. 그러므로 이 경우에는 유언의 방식을 갖추지 않으면 안된다고 할 것이다." 한편 위 문헌 같은 곳 주11)은 "영국에서도 이러한 경우는 유언처분(testamentary disposition)에 해당되는 것으로 보고 Wills Act 1838 sec. 9가 정한 형식을 따를 것을 요구한다"라고 설명하고 있다.

위 설명에 대한 필자의 견해를 밝히기에 앞서 지적하여 둘 점이 있다. 우선 위 설명에서 '甲의 생애동안 원본과 수입의 귀속에 대해서는 甲의 지시에 따르도록 하고'라는 부분의 의미가 명확하지 않다. 甲이 수익자가 된다는 것인지, 수익자는 아니지만, 실질적으로 지배한다는 것인지 명확하지 않은 것이다. 그리고 이 글은 유언대용신탁의 여러 유형 중 위탁자의 사망 이전에도 수익권을 취득하는 경우도 있고 그렇지 않은 경우가 있음을 보이고 있는데, 위 설명은, '위탁자의 사망에 의해서 수익자가 수익권을 취득하는 때'에 관한 것이어서, 그러한 경우에만 형식을 요하며 '위탁자 사망 이전에 이미 수익권의 지위를 취득하는 때'는 형식을 요하지 않는다는 것인가 하는 점에 대해서도 명확하지 않다.

이러한 불명확한 점이 있어 위 설명에 대한 필자의 견해를 밝히기에 어려움이 있기는 하나, 유언대용신탁은 통상 위탁자 생전에는 위탁자가 수익자가 되는 경우라 생각되므로 그러한 경우를 포함하는 것으로 이해하고 생각해보기로 한다. 위 불명한 점에 관해 위 설명을 넓게 해석하면, 유언대용신탁에 대해 실질적으로 형식을 요한다는 것이 되고 만다. 그러나 이러한 견해에 대해서는 위 본문에서 보는 바와 같은 이유 때문에 그대로 따르기 어렵다. 위탁자의 사망 후에 수익권을 취득하는 경우에만 형식을 요한다고 하면, 사망 전에 수익권을 취득하는가 사망 후에 취득하는가에 따라 형식요부를 달리 한다는 것이 되는데, 과연 위 차이가 그러한 차이를 가져오는가 대단히 의문이다.

다. 사인증여형 유언대용신탁(제 3 유형)의 유효성

사인증여형 유언대용신탁이라고 표현할 수 있는 범주 내에서도 여러 가지 변형이 가능하다. 즉, 신탁계약만 체결해두는 경우가 있을 수 있고, 신탁계약을 체결하고 신탁재산을 수탁자에게 이전하였으나 신탁관계에 따른 효력은 위탁자의 사망 이후에 비로소 개시되는 것으로 해두는 경우가 있을 수 있다.[42] 前者의 경우, 위탁자의 사망 후 신탁재산 이전의 문제가 발생한다. 위탁자가 사망한 후에는 위탁자의 상속인들을 상대로 그 이전을 구할 수밖에 없다.

유언과 위 유형의 신탁의 법률형식의 면에서는 작은 차이라 하기 어려우나 그러한 차이는 실제 효과에는 별다른 차이를 가져오지 않는다. 물론 이러한 점은 제 3 유형뿐 아니라 다른 유형의 유언대용신탁도 마찬가지이지만, 다른 유형의 경우 생전부분이 존재함으로써 그 신탁의 다른 의의가 뚜렷하나, 제 3 유형의 경우 실질적으로 사후부분만 존재하는 것이어서 더 문제가 된다. 여하간에, 위 유형의 신탁은 유언신탁과 실질적으로 동일하다고 볼 수 있는데 수탁자와의 계약형식만을 취했다는 이유로 유언방식을 따르지 않아도 된다고 볼 수 있는지 의문이다.

사인증여형 유언대용신탁, 즉 위에서 본 [신탁 6]을 살펴보면, 위탁자와 수탁자의 계약은 위탁자의 생존시 체결되었으나, 그 구체적 효력[43]은 위탁자의 사망시에 발생하도록 되어 있다. 그런데 이 경우와 유언신탁, 즉, [신탁 1]과 비교해보면, 첫째, 유언대용신탁은 위탁자와 수탁자의 계약에 의하나, 유언

42) 이러한 경우에도 신탁재산의 소유권이 일단 수탁자에게 이전된 이상, 수탁자는 대내외적으로 완전한 소유권자가 된다. 따라서 수탁자는 원칙적으로 완전한 처분권능을 갖는다. 신탁재산이 부동산인 경우, 위와 같은 제약이 등기부에서 드러난다 하더라도 이 점에는 영향을 미치지 않는다. 등기관이 그러한 이전이 신탁목적에 반한 것으로 파악하여 등기를 거부할 수도 있을 것이나, 그것은 등기의 문제일 뿐이다. 등기상의 문제로 처분이 불가능하다고 하더라도, 실체법 차원에서의 수탁자의 처분권능에 아무런 지장도 없다고 본다.

43) 필자의 생각으로는 '계약의 효력이 발생하였다'라는 표현은 경우에 따라서는 주의깊게 사용되어야 한다고 본다. 예를 들어 甲과 乙이 2009. 1. 1. 매도계약을 체결하면서 '이 계약은 2009. 3. 1. 효력이 발생된다'라고 한 경우, 비록 구체적인 효력은 2009. 3. 1. 발생되는 것이지만, 계약 자체는 그러한 제약을 전제로 하여 2009. 1. 1. 이미 유효하게 성립하였고 효력이 발생되는 것이다. 위 본문에서 말하는 '효력이 발생하였다'라고 하는 것은 계약의 구체적 효력이 발생하여 당사자 간에 곧바로 이행을 요구할 수 있는 정도에 이르렀다는 것을 의미하는데, 그렇다고 하여 '그러한 구체적 효력 발생 전에는 계약의 효력이 없다'라고 말하는 것은 아니라는 점에 주의를 요한다.

신탁은 유언이라는 단독행위에 의한다는 점, 둘째, 위 유형의 유언대용신탁의 경우에는 위탁자의 사망 이전에 이미 그 유언대용의 효력을 받을 자가 수익자의 지위를 얻는 것임에 반하여 유언신탁의 경우에는 그렇지 않다는 점에서 근본적인 차이가 있기는 하나, 그것이 과연 그렇게 큰 차이가 나는 것인가 하는 점에 대해서도 의문이 있다. 즉, 유언신탁의 경우에도 수탁자의 의사를 미리 확인하지 않고 완전한 단독행위로 하는 경우는 실제로는 상정하기 어렵고, 유언의 형식을 취하되 수탁자로 될 자에게 사전에 의사를 타진하여 두는 것이 보통일 것이다.[44]

그러나, 위와 같은 점들이 있음에도 불구하고, 위 유형의 신탁도 허용되어야 한다고 보는 것이 필자의 견해이다. 그 이유로는, ① 사인증여가 허용되는 이상, 위탁자가 사망하여야 효력이 발생되는 신탁계약을 허용하지 않을 이유가 없으며,[45] ② 유언에 형식을 요구하는 것은 사후에 법적 안정성이 확보되지 않을 우려가 있기 때문인데 위탁자 생전에 수탁자와 계약을 체결하는 것으로 그러한 불안정은 충분히 피할 수 있기 때문이다. 신탁은 요식계약이 아니므로 구두로도 체결될 수 있으나, 실제로는 서면에 의하지 않고 체결될 가능성은 거의 없고, 나아가 상당한 정도의 입증도를 갖추는 방식으로 체결될 것이다. 사정이 이와 같다면, 이를 인정하여서는 아니 될 결정적인 이유가 없는 이상 인정하는 것이 옳다. 신탁의 의미를 고려하여 가급적 그 인정범위를 넓히는 것이 옳다고 보기 때문이다.

Ⅴ. 유언신탁 등과 상속제도의 관계

유언신탁 등에 관하여 실질적으로 고찰해보아야 할 것은 바로 상속제도와의 관계이다. 좀 더 구체적으로 표현하자면, 유언신탁 등을 통하여 상속제

44) 田中實 外, 改訂信託法, 學陽書店(1998), 41면 이하. 이 문헌에서는 따라서 유언신탁과 계약신탁의 차이가 실제로 그리 크지 않다고 주장하고 있기도 하다. 이 문헌의 이러한 주장에 대한 평가에 관해서는, 임채웅, “信託行爲의 硏究,” 한국법학원, 저스티스 99號(2007. 8.), 95면 이하 참고.

45) 유증의 방식에 관한 민법 제1065조 내지 제1072조가 사인증여에는 적용되지 않으며, 포괄유증의 효력에 관한 민법 제1078조도 포괄적 사인증여에 준용되지 않는다고 본 대법원 1996. 4. 12. 선고 94다37714, 37721 판결 참고.

도가 상정하지 않은 법률효과를 낼 수 있는가 하는 문제인데, 결국 이 점은 상속제도와의 충돌문제라 볼 수도 있다. 다만, 이 글에서 이러한 점을 모두 다루는 것은 어려우므로, 아래와 같이 유류분에 관한 점을 집중적으로 살펴보고, 그 외에는 몇 가지 점에 국한하여 간략히 살펴보기로 한다.

1. 유류분과의 관계

가. 유류분제도의 우위

유언신탁 등을 통하여 유류분제도에 어긋난 결과를 얻을 수 없음은 명백하다.[46] 유언신탁은 물론이고, 유언대용신탁의 경우도 그것이 실질적으로 유류분제도를 잠탈하는 것이라면 허용될 수 없다. 유류분제도의 취지가 바로 그러한 것을 막으려고 하는 것이라 할 수 있다.

그런데 신탁에서 수익자가 취득하는 수익권이란 여러 가지 모습을 취할 수 있는 것이어서, 어느 범위에서 어떤 방식으로 반환이 이루어져야 할 것인가가 문제이다. 즉, 유류분반환청구권이 행사되면 그 효과로서 원물이 반환됨이 원칙인데,[47] 신탁에서의 수익권은 여러 가지 형태를 취할 수 있는 것이므로, 매우 복잡한 상황이 전개될 수 있다.

나. 유류분반환청구의 상대방

유류분반환청구는 유증이나 증여를 받은 자 또는 그의 포괄승계인인데, 신탁의 경우 위에 해당되는 자가 수탁자인가 아니면 수익자인가가 문제이다.

이 점에 대한 법리를 획정함에 있어, 원칙적으로 신탁을 통하여 수익을 얻는 자는 수익자이므로 수익자만을 상대로 하고, 유류분반환청구에 의하여 기존의 신탁관계에는 가급적 영향이 가지 않도록 규율하는 것이 바람직하다고 본다. 그리고 유류분반환청구가 되고, 그로 인하여 신탁관계에 일부 영향을 받게 되는 경우에는 일부무효의 법리(또는 그로 인한 신탁 종료의 문제)에 의

46) 新井誠, 信託法(第 3 版), 有斐閣(2008), 171면, 同旨. 이 문헌은 특별수익자 반환제도도 적용될 것이라 보고 있는데, 필자는 특별수익자 반환제도에 대한 이러한 견해가 우리나라에도 적용되어야 한다고 본다. 위탁자가 사망하기 오래전에 유언대용신탁을 설정한 경우에는, 그 설정시점에 수익자들이 특별수익을 얻은 것으로 보아야 한다.

47) 이러한 견해가 우리나라에서 통설적 지위를 점하고 있고, 재판실무도 위와 같이 이루어지고 있으나, 유력한 반대설도 있다. 가액반환주의가 타당하다고 주장하는 예로는, 李庚熙, 遺留分制度, 三知院(1995), 195면 이하 참고.

하여 해결하는 것이 옳다고 본다. 유언대용신탁의 제4유형에서는 이득을 취하는 자가 귀속권리자이므로, 동인이 상대방이 된다.

이 점은 신탁과 관련된 유류분 법리의 핵심을 이룰 내용이며, 유류분산정 기준을 어떤 것으로 하여야 하느냐와도 관련되게 된다. 유류분산정은 피상속인의 사망시를 기준으로 하는 것인데, 그렇다면 그 산정의 대상 및 청구상대방도 그 시점을 기준으로 하여야 한다. 이 점과 관련하여, 유언신탁과 유언대용신탁이 달라질 가능성이 있다.

다. 반환하여야 할 대상

(1) 유언신탁

유언신탁의 경우, 그 유언의 효력이 발생함으로써 신탁이 설정되어야 할 상황이 되지만, 신탁행위가 효력을 발생하는 것이지 그로 인하여 신탁재산의 소유권이 당연히 수탁자에게 넘어가는 것은 아니다. 상속재산은 일단 상속인들에게 포괄적으로 이전되고, 상속인들에게 유언의 효력에 의해 수탁자에게 소유권을 이전해주어야 할 의무가 생긴다. 따라서 자신이 상속받은 범위 내에 신탁재산이 되어야 할 재산이 속해있는 경우, 유류분의 범위 내에서는 수탁자에게의 이전을 거부할 수 있다고 보아야 한다.[48] 즉, 유언신탁의 경우 상속재산은 여전히 부동산 그 자체라 하여야 하는데, 그렇다면 유언신탁의 경우 유류분산정의 기준은 신탁재산이 되어야 할 재산 그 자체이지 수익권이라 할 수 없다. 이 경우에는 신탁재산이 되어야 할 재산이 유류분과 관련하여 '원물'이 된다. 따라서 그 재산이 어떤 경위로든 위와 같은 점이 고려되지 않고 일단 수탁자에게 넘어가 신탁이 설정된 경우에도 그 신탁재산 자체를 원물로 하여 그 반환을 구할 수 있다고 보아야 한다. 부동산과 같이 지분으로 반환을 구할 수 있는 경우에는 지분의 반환을 구할 수 있게 된다.

만일 등기의 변경(이전 또는 말소)을 통하여 반환이 이루어져야 하는 경우,

48) 위 본문의 설명에 대해서는 부연설명이 필요하다. 즉, 위 본문의 설명은 상속재산이 모두 금전 등 대체물인 경우에 맞는 설명이다. 신탁재산이 특정물이고 상속인 중 1인이 그 특정물을 보유하고 있는 경우에는 조금 복잡해진다. 먼저 그 특정물을 제외한 나머지 상속재산으로도 유류분을 충족시키는 경우라면 그 특정상속인은 유류분을 주장하여 그 특정물을 수탁자에게 이전하는 것을 거부할 수 없다고 본다. 반대로 그렇지 않다면 자신의 유류분만큼은 이전을 거부할 수 있다고 보아야 한다.

통상은 수익자만이 아니라 수익자 및 수탁자를 상대로 하여 구하여야 할 것이다. 반환 자체는 수탁자에게 구하고, 수익자에 대해서는 그에 대하여 동의하라는 청구를 하게 될 것으로 생각된다. 그러나 이러한 구성은 목적물의 소유권자가 수탁자로 되어 있기 때문에 부득이한 것일 따름이고, 이 경우에도 반환청구의 대상자는 수익자라 할 수 있다. 이러한 논의가 의미있는 것은, 별도의 사유로 원물을 반환할 수 없게 된 경우 누가 가액배상을 하여야 하는가 하는 점과 관련이 있다. 이때 가액배상을 해야 할 자는 수익자이다. 수탁자는 신탁관계에서 비롯되어 책임을 지는 것은 별론으로 하고, 가액배상에 대한 책임이 있다고 하기 어렵다. 등기와 관련된 이러한 문제는 유언대용신탁에서도 마찬가지이다.

(2) 유언대용신탁

이에 반하여 유언대용신탁은 다른 점이 있다. 유언대용신탁은 위탁자 생존시에 이미 신탁의 효력이 발생되어 신탁을 전제로 한 법률관계가 형성되어 있는 것이다. 위탁자의 사망시에도 신탁을 전제로 평가되어야 하므로, 사망시를 기준으로 하여 수익권의 가치가 유류분산정에 반영되어야 한다. 따라서 이 경우에는 반환하여야 할 원물은 수익권이라 할 수 있다.[49]

우선수익자인 위탁자가 사망하여 후순위 수익자의 수익권이 구체화되거나(제 1 유형) 또는 후순위수익자로 예정되어 있던 자가 비로소 수익자가 되는 것이지만, 이것은 유언의 효과라 할 수 없다. 따라서 수익자를 상대로 하여 수익권의 반환만을 구할 수 있는 것으로 봄이 상당하다.[50] 이 점은 이득을 얻는

49) 가끔 피상속인은 그의 재산이 누구에게 귀속될 것인가보다는, 그의 사망 후 散逸되지 않게 되는 것에 더 가치를 두는 경우가 있다. 이 경우 유언대용신탁을 해두면, 상속인들에게도 수익권만이 귀속되게 할 수 있기 때문에, 피상속인의 위와 같은 의사를 실현시킬 수 있는 가능성이 높아지게 된다. 신탁이 유효하게 성립하면, 그 해소도 신탁법리에 따라야 하므로, 신탁의 종료를 어렵게 설계하면 위와 같은 가능성은 더욱 높아지게 된다.

50) 수익권의 지분반환을 구하는 것과 신탁재산 자체의 반환을 구하는 것은 큰 차이가 있다. 전자의 경우, 신탁이라는 제약이 있는 것이므로, 곧바로 신탁관계가 해소된다는 법이 없기 때문이다. 유류분반환청구권자가 신탁재산 자체를 회복하고자 하는 경우에는, 일단 수익권을 반환받은 후, 신탁관계 내에서의 문제로 처리하는 수밖에 없다.

한편, 수익권이 양도불가능한 것인 경우를 잠시 생각해보기로 한다. 수익권이 양도불가능인 사유는 신탁행위에 의한 것일 수도 있고, 그 성질상 그러한 경우가 있을 수 있다. 부양의 의미를 갖는 수익권의 경우 본질적으로 양도불가능한 것이 아닌가 하는 논의가 있으나, 별고의 과제로 미루기로 하며, 이 글에서는 그 점에 관해 자세히 다루지 않는 것으로 한다. 어느 쪽이든 유류분반환청구의 경우에는 위와 같은 양도불가능 효력은 발휘될 수 없다. 유류분규정은 강행규정이라고 보아야 하며, 다른 제도나 법리보다 더 우월한 것이라 하여야 하기 때문이다.

자가 귀속권리자일 따름이며 수익자라 할 수 없는 유언대용신탁 제4유형의 경우도 마찬가지로, 그 귀속권리자를 상대로 하여 유효한 신탁을 전제로 한 청구를 하여야 할 것으로 판단된다.

라. 유류분계산의 문제

위에서 본 [신탁 1]과 [신탁 4]의 경우, 실질적으로 수익자 B 및 H에게 신탁재산에 대한 모든 권리가 귀속되는 것이므로, 비교적 문제가 간단하다. 그러나 수익권이 여러 가지 모습으로 나타나는 경우에는 상당히 복잡해진다.[51] 게다가 利子와 같이 장래에 발생할 수입은 현재 상태로는 확정되어 있지 않으므로 더욱 그러하다. 또한 장래의 수입의 경우에도, '甲이 성년이 될 때까지'와 같은 경우 시간의 면에서는 확정할 수 있으나, '甲이 사망한 때까지'라고 하면 시간의 면에서도 확정되지 않는다. 특정 시점을 기준으로 한 그러한 수익권의 가치를 평가하는 것은 매우 어려운 문제일 수 있다.

물론 회계학적 측면에서는 어떻게든 평가할 수 있을 것이다. 예를 들어 '甲이 사망한 때까지'는 평균수명에 따라 남은 기간으로 보고, 장래 수입도 기준시의 가치로 평가할 수 있게 된다. 그런데, [신탁 2]의 경우 이러한 식으로 평가한 결과 D의 수익권이 1000만원이고 E의 수익권이 3000만원으로 평가되었다고 가정하고, 유류분 침해액이 1000만원이라고 한다면, D로부터 회복되어야 할 액은 250만원, E로부터 회복되어야 할 액은 750만원이 되므로, 결국 D 및 E의 수익권의 각 1/4을 반환하여야 한다는 결론에 이르게 된다.[52]

---

51) 이러한 어려움을 지적한 문헌으로, 道垣内弘人, 信託法入門, 日本経済新聞出版社, 日経文庫 1117(2007), 176면 참고.

52) 이러한 점들에 대한 기존 논의를 발견하기 어렵기 때문에 현 단계에서는 필자의 잠정적인 결론이라 할 수밖에 없다. 이 글의 논리전개에 따르면 위 본문과 같이 됨이 논리적인데, 그와 같이 하면 실질적으로 피상속인은 유류분침해자에 대한 상속을 오랜 기간, 경우에 따라서는 수 십년을 이연시키는 효과를 거둘 수 있게 된다. 과연 이런 결론이 옳을 것인가가 문제이다. 또한 수익권이 복잡하게 구성되어 있는 경우, 그 계산이 극히 곤란한 경우도 발생하게 된다. 이러한 점들을 생각한다면, 유언대용신탁의 경우에도 신탁재산을 원물로 보아야 한다는 견해도 가능할 것이다. 현 단계에서 필자는 일단 위 본문과 같이 주장하는 바이고, 그로 인한 문제점들은 일정한 경우 신탁무효의 법리나 일반원칙에 의하여 해결하여야 한다고 본다.

2. 기 타

가. 연속수익자의 범위

일반적인 신탁에서 연속수익자를 두는 것도 가능하고, 이 점은 유언신탁 등에서도 원칙적으로 가능하다고 본다.[53] 그런데 연속수익자를 어느 범위까지 둘 수 있는가가 문제이다. 원칙적으로 가능하다고 하더라도, 무한정 가능하다고 하기는 어렵기 때문이다. 무한정 가능한 것은 아니라고 한다면, 어느 정도까지 유효하다고 하여야 하는가가 문제된다.

일본 신신탁법은 30년에 어느 정도를 더한 정도로 제한을 두었으나, 이러한 조문이 없는 우리나라에서는 법리에 의하여 제한할 수밖에 없다는 어려운 점이 있다. 입법조치가 시급한 내용인데, 지금으로서는 일본법을 참고로 하는 수밖에 없다. 이 점은 유언신탁 등이 아닌 일반적인 신탁에 대해서도 마찬가지이다.

만일 실제 사건에서 문제가 된다면, 대략 30년 정도를 기준으로 하여 사안별로 유·무효를 따질 수밖에 없을 것이다. 무효로 보더라도, 위 기준을 넘는 부분만 무효라 하여야 하며, 신탁 전체를 무효로 볼 필요는 없다. 그리고 일부무효의 법리를 적용하여야 하리라 생각된다.

나. 장래 출생할 자인 수익자의 문제

신탁설정시 수익자가 반드시 현존할 필요는 없으므로, 장래 출생할 자를 수익자로 지정할 수도 있다. 장래 출생할 자에 대해서는 유언도 불가능하고 상속도 불가능한데, 신탁에 의해서는 실질적으로 그러한 효과를 거둘 수 있는 것이다.

그런데 위와 같은 신탁 자체는 유효하다고 하더라도, 그 권리귀속자가 태아로도 형성되지 아니한 상황에서 특히 상속문제와의 충돌은 어떻게 규율되어야 하는가가 문제이다. 이 점과 관련하여서도 복잡한 문제를 상정할 수 있으나, 그중 하나로, 유류분반환청구를 누구에게 하여야 하는가 하는 문제만 생각해본다.

---

53) 연속수익자 문제에 대한 본격적인 검토는 다음으로 미룬다.

[신탁 8]
위탁자 Q가 신탁을 설정하여 스스로가 수익자가 되고, 본인이 사망하면 그의 아들인 R이 수익자가 되고, R이 첫 번째 자녀를 출산할 경우, 그 자녀 S가 수익자가 되는 것으로 지정하였다.

위 경우, S는 아직 태아 상태도 아니므로 상속인이라 할 수도 없고, 그의 아버지인 R이 S의 법정대리인이라 할 수도 없다. 이 경우 유류분산정과 관련하여서는 S부분은 존재하지 않는 것으로 간주하고, R에 대해서 유류분의 반환을 구하여야 하는 것으로 생각된다.

Ⅵ. 맺는 말

이상 유언신탁 및 유언대용신탁에 대한 기본적인 검토를 시도하였는데, 두 개념 모두 우리에게는 아직 생소할뿐더러, 외국의 실정에 대한 연구 역시 부족하여 본격적인 검토에까지는 나아가지 못하였다.

이 글에서 다룬 논점은 상속법에 대한 충분한 검토없이는 적절한 결론을 내리기 어려운 것들이다. 향후 우리나라의 법리를 검토할 때는 물론이고, 관련 외국법제를 검토함에 있어 해당 국가의 상속법에 대한 검토가 선행되어야 하는 점 및 신탁문제를 검토함에 있어 신탁의 커다란 의의는 그 유연성에 있음을 항상 유념하여야 함을 지적하여 두며 이 글을 마친다.

{인권과 정의, 2009. 9}

附記) 2011. 6. 29. 국회를 통과한 신탁법 전부개정법률안은, 유언대용신탁과 수익자연속신탁에 관한 규정을 두고 있다(동 제59조 및 제60조). 이러한 개정에 의하여, 수익자가 될 자로 지정된 자가 위탁자의 사망시에 수익권을 취득하거나 수익자가 위탁자의 사망 이후에 신탁재산에 기한 급부를 받는 신탁을 설정할 수 있게 되었고, 신탁행위로 수익자가 사망한 경우 수익자의 사망에 의하여 차례로 다른 자가 수익권을 취득하는 것을 포함하여 그 수익자가 갖는 수익권이 소멸하고 다른 자가 새로이 수익권을 취득하도록 하는 뜻을 정할 수 있게 하여 신탁이 상속재산 관리 수단으로 이용될 수 있게 되었다.

위와 같은 개정내용을 이 글에 반영하는 것도 신중하게 고려하였으나, 이 글은 위 개정 이전 단계에서 유언대용신탁을 다룬 글이라는 점을 살리기 위하여 그대로 두기로 하여, 개정법률안의 위 내용은 다른 기회를 빌어 검토하기로 한다.

[4] 신탁과 등기의 연구

Ⅰ. 들어가는 말

신탁법 제3조[1]는, "등기 또는 등록하여야 할 재산권에 관하여는 신탁은 그 등기 또는 등록을 함으로써 제삼자에게 대항할 수 있다"라고 규정하고 있다. 우리나라에서는 부동산이 매우 중요한 재산이므로, 부동산이 주요한 신탁재산이 되고 있다. 따라서 신탁재산과 관련된 등기는 이해관계인들에게 매우 중요한 의미를 지닌다. 이 점은 앞으로 신탁의 이용이 늘어날 것임에 따라 더욱 그러하다.

신탁에 있어 등기는 이렇듯 매우 중요함에도 불구하고, 종래 그다지 많은 주목을 받아왔다고 하기는 어렵다. 본인은 이 문제를 검토하다가, 현재의 재판실무 중 '신탁등기의 말소'에 관하여 약간의 혼란이 있음을 발견하게 되었다. 그리하여 이 글에서는 이 점을 다루어 보려고 하는데, 보통은 신탁등기에 관하여 익숙하지 아니하므로, 위와 같은 검토를 위하여 먼저 신탁등기의 모습 및 관련된 점을 설명하고, 이어 본격적인 검토에 나아가기로 한다.[2]

Ⅱ. 신탁등기의 모습

1. 들어가는 말

신탁이 설정되고 등기가 필요한 물건이 신탁재산이 되려면 그에 대해 등

1) 이하 法令名없이 조문을 인용하는 경우, 모두 신탁법의 조문이다.
2) 신탁등기에 관한 전반적인 서술은 하지 않는다. 신탁등기에 관한 기본적인 문헌으로, 법원행정처, 부동산등기실무[III], 1면 내지 52면 참고.

기가 이루어져야 한다. 이 글에서는 소유권이전을 수반하는 경우를 중심으로 설명하고자 하는데, 그와 같은 경우 소유권이전 자체의 점도 등기되어야 하고, 신탁이라는 점도 등기되어야 한다. 신탁과 관련된 등기사항이 발생하면, 일반적인 등기부(표제부, 갑구 및 을구)와 별도로 신탁원부가 작성되어 등기부의 일부를 이루게 된다.[3] 소유권이전을 나타내는 부분(이하 '일반부분 등기')과 신탁을 나타내는 부분(이하 '신탁등기')은 개념상 구분될 수 있을 것이나, 신탁원부를 포함한 등기부 전체가 등기부를 구성하게 된다.[4] 비록 하나의 등기가 되지만, 각 부분의 효력에는 특별한 점이 있다. 즉, 신탁등기의 경료는 대항요건이 되지만(제 3 조), 소유권이전에 대해서는 성립요건이다. 하나의 등기 내에서 이와 같이 분리하여 파악될 수 있고, 그 효력도 나누어 생각할 수 있게 되는 점이야말로 신탁법리가 만들어 내는 특이한 점이라 할 수 있다.

2. 신탁재산이 되는 등기

가. 각 등기의 예

신탁설정이 이루어지고, 이에 따라 소유권이 이전되는 경우 등기의 모습은 다음과 같다.[5]

[갑구]	(소유권에 관한 사항)			
순위번호	등기목적	접 수	등기원인	권리자 및 기타사항
3	소유권이전	2000년 1월 8일 제12345호	2000년 1월 5일 신탁	수탁자 홍길동 611111-1000111 서울 서초구 서초동 1
				신탁 신탁원부 제 1 호

3) 부동산등기법 제124조 제 2 항, 신탁원부는 이를 등기부의 일부로 보고 그 기재는 이를 등기로 본다.

4) 신탁등기의 정확한 개념은 무엇이며, 그것이 독립된 등기인가 하는 점들에 대해서는 後述한다.

5) 아래의 각 등기예시 중 각 인명과 일자, 주민등록 번호 기타 숫자는 임의의 것이며 특별한 의미를 갖지 않는다.

위 등기내용을 보면, 원인이 '신탁'이고, 소유권을 이전받은 사람이 '수탁자 홍길동'으로 표시됨을 알 수 있다. 만일 수탁자가 2인 이상인 경우에는 합유관계가 되므로(제45조 제1항) '합유'관계에 있음을 표시하기 위해 등기부에 '수탁자(합유)'라고 기재하고, 수탁자의 성명과 주소를 기재하되, 지분을 기재할 필요는 없다. 그리고 그 아래에 공간을 구분한 다음[6] 신탁임을 기입하고 신탁원부를 특정해놓는다. 이러한 등기가 가장 일반적인 모습의 신탁과 관련된 등기유형인데, 신탁행위에 의하여 수탁자가 신탁재산을 취득하는 경우에 관한 것이다.

수탁자의 신탁재산 취득이 신탁행위에 의한 것이 아니라 신탁재산을 이용한 취득, 예를 들어 신탁재산인 금전을 지급하고 그 대가로 제3자로부터 이전받는 것이라면, 그 근거법령은 제19조가 되고, 등기는 다음과 같이 이루어진다.

[갑구]		(소유권에 관한 사항)		
순위 번호	등기목적	접 수	등기원인	권리자 및 기타사항
2	소유권이전	1999년 2월 2일 제3000호	1999년 2월 1일 매매	소유자 홍길서 511111-1234567 서울 강남구 대치동 1
3	소유권이전	2001년 1월 5일 제10000호	2001년 1월 4일 매매	소유자 홍길동 611111-1000111 서울 서초구 서초동 1
				신탁재산처분에 의한 신탁 신탁원부 제1호

이러한 경우 이전사유가 신탁이 아니라 매매가 되고, 이전받은 사람의 지위도 신탁에 의한 '수탁자'가 아니라 일반적인 '소유자'가 된다. 신탁에 관한 표시부분, 횡선 아래 부분에는 '신탁재산처분에 의한 신탁'이라 기재되게 된다.

한편, 수탁자가 건물을 세워 보존등기를 하면서 동시에 신탁재산으로 표시하는 경우가 있을 수 있는데, 이 경우에는 다음과 같이 하게 된다.

---

6) 이하에서는 중간에 횡선을 그은 부분 아래를 '횡선 아래 부분'이라 부르기로 한다.

[갑구]	(소유권에 관한 사항)			
순위 번호	등기목적	접 수	등기원인	권리자 및 기타사항
1	소유권보존	2006년 3월 25일 제3987호		소유자 홍길동 611111-1000111 서울 서초구 서초동 1
				신탁재산처분에 의한 신탁 신탁원부 제 1 호

위 각 등기에서 '신탁재산처분에 의한 신탁'이라는 말은, 그러한 재산을 취득하기 위하여 기존의 신탁재산을 사용하는 것이라는 점을 나타내는 것이라 이해할 수 있을 것이다.

나. 신탁과 원시취득의 문제

그런데, 소유권보존등기를 함으로써 이루어지는 등기와 관련하여 생각해 보아야 할 점이 한 가지 있다. 즉, 위 등기부 기재내용만 보면 마치 수탁자가 원시취득을 한 다음 이를 신탁재산으로 편입하는 것처럼 보이기도 하나, 꼭 그러한지 의문이 생긴다. 위와 같이 권리관계가 형성되는 것이 아니라, 처음부터 신탁재산이 되고, 이후 이 점을 정리하기 위한 등기로 볼 수도 있는 것이기 때문이다. 이러한 점은 반드시 등기(또는 등록)가 필요한 경우에만 국한되는 일이 아니다.

이 점을 등기(또는 등록)가 필요한 경우와 그렇지 않은 경우로 나누어 생각해보기로 하되, 먼저 등기가 필요한 경우로 대표적인 것이라 할 수 있는 건물의 경우를 생각해본다. 건물 건축도급계약에 의하여 신축된 건물 소유권의 귀속관계를 잘 나타난 판례인 대법원 1997. 5. 30. 선고 97다8601 판결이 제시한 법리에 따르면, 원칙적으로 자기의 노력과 재료를 들여 건물을 건축한 사람이 그 건물의 소유권을 원시취득하되, 다만 도급인 명의로 소유권보존등기를 하기로 하는 등, 완성된 건물의 소유권을 도급인에게 귀속시키기로 합의한 것으로 보여질 경우 그 건물의 소유권은 도급인에게 원시적으로 귀속된다. 그런데 이 법리는 도급인과 수급인 관계에 대한 것이므로, 수탁자가 그의 고유재산으로 원시취득하는가 그렇지 아니하고 신탁재산으로 원시취득하는가에 관한 것이라 할 수 없다. 여기서의 논의는 수탁자가 직접 건축하였거나, 수탁자가 도급인이 되어 제 3 자에게 도급을 주었으나, 그와의 관계에서 도급인(수탁자)의 소유로 하기로 한 경우의 문제이다.

이 점에 관해 명백히 밝힌 법리나 판례는 없는 듯하다. 본인의 생각으로는, 위 판례가 여기서 논의하는 대상에 대한 것은 아니지만, 그 취지를 살려 법률관계를 판단할 수 있다고 본다. 즉, 수탁자가 원시취득하는 건물을 일단 고유재산으로 취득하는 것으로 할 것인가, 처음부터 신탁재산으로 하는 것으로 할 것인가 역시 신탁계약의 내용에 따라 판단할 문제이며, 그에 대해 명백한 정함이 없었다면, 신탁재산을 이용하여 건축을 하였다면 신탁재산으로 원시취득하는 것이고, 고유재산을 이용하여 건축을 하였다면 수탁자의 고유재산으로 원시취득하는 것이라 봄이 옳다.[7] 만일 신탁재산과 고유재산을 함께 사용하여 건축하였다면, 주된 출처가 어딘가에 의해 판단할 것이고, 어느 쪽이 주된 출처인지 판단하기 어렵다면, 적어도 신탁재산에서 나온 자금이 절반 정도에는 이른다는 것일 터이고, 게다가 수탁자의 의사도 궁극적으로는 신탁재산으로 삼고자 하는 것이었으므로, 신탁재산으로 원시취득된다고 보는 것이 옳다.

사실 이 문제는, 어떻게 보더라도 등기·등록이 필요한 재산에 관해서는 등기·등록이 이루어지기 전에는 제 3 자에 대해 신탁인 점을 대항할 수 없는 것이므로 제 3 자와 관련한 거래의 안전에는 영향을 미치지 않는다. 그러나 건물은 보존등기가 경료되기 전에라도 어느 시점에서는 독립된 물건으로 독자성을 갖는 것이므로,[8] 그 권리의 향방을 명백히 하여야 하는 것이고, 제 3 자에게 대항할 수 없다는 취지는 제 3 자가 신탁임을 주장하는 것까지 막는 취지는 아닐 것이므로 상당한 의미가 있다고 본다.

만일 등기·등록이 필요한 재산에 관해 이 글이 주장하는 견해가 옳다면, 등기·등록이 필요하지 않은 재산에 대해서도 이 점은 마찬가지가 된다. 즉,

---

7) 수탁자의 고유재산으로 전액 또는 대부분의 비용을 충당하였다고 하여 당연히 수탁자의 고유재산으로 취득하는 것이 아니라, 신탁재산으로 원시취득하는 것으로 보아야 할 다른 사유가 없는 경우에 그렇다는 주장임에 유의할 필요가 있다.

8) 이 점은 대법원판결들에 의해서도 분명하다. 대법원 1997. 5. 9. 선고 96다54867 판결(건축주의 사정으로 건축공사가 중단되었던 미완성의 건물을 인도받아 나머지 공사를 마치고 완공한 경우, 건물이 공사가 중단된 시점에서 사회통념상 독립한 건물이라고 볼 수 있는 형태와 구조를 갖추고 있었다면 원래의 건축주가 그 건물의 소유권을 원시취득한다) 등 참고.

그 재산의 원시취득을 둘러싼 신탁계약의 해석 및 비용의 부담관계를 종합하여 판단하여야 하는데, 신탁재산을 사용하여 원시취득하는 경우는 특별한 사정이 없는 한, 신탁재산으로 원시취득되는 것으로 이해함이 옳을 것이다. 이러한 견해에 따른다면, 물상대위성에 관하여 규정하고 있는 제19조는 원시취득과 관련하여서 주의적 규정으로서의 의미만을 갖게 된다.

3. 신탁재산에서 이탈하는 등기

신탁재산이었던 재산이 신탁재산에서 벗어나는 것도 여러 가지 유형이 있다. 제 3 자에게 이전되는 경우, 신탁이 해지되거나 종료되어 귀속권리자에게 이전되는 경우가 있을 수 있고, 수탁자의 고유재산으로 되는 경우도 있을 수 있다.[9] 아래에서는 이러한 경우의 등기에 관해 간략히 살펴본다.

신탁재산이 제 3 자에게 이전되는 경우는 다음과 같은 등기가 이루어진다.

<table>
<tr><td>[갑구]</td><td colspan="4">(소유권에 관한 사항)</td></tr>
<tr><td>순위
번호</td><td>등기목적</td><td>접 수</td><td>등기원인</td><td>권리자 및 기타사항</td></tr>
<tr><td rowspan="2">3</td><td rowspan="2">소유권이전</td><td rowspan="2">2001년 1월 5일
제10000호</td><td rowspan="2">2001년 1월 4일
매매</td><td>소유자 홍길동
611111-1000111
서울 서초구 서초동 1</td></tr>
<tr><td>~~신탁재산처분에 의한 신탁~~
~~신탁원부 제1호~~</td></tr>
<tr><td rowspan="2">4</td><td rowspan="2">소유권이전</td><td rowspan="2">2002년 1월 5일
제3334호</td><td rowspan="2">2002년 1월 3일
매매</td><td>소유자 홍길남
411111-1000111
서울 서초구 서초동 1</td></tr>
<tr><td>3번 신탁등기말소
원인 신탁재산의 처분</td></tr>
</table>

신탁종료로 인한 경우에는 다음과 같은 등기가 이루어진다.

9) 그 외에도 특수한 경우로, 위탁자의 채권자에 의한 채권자취소소송의 경우와 제 3 자가 신탁재산을 시효취득하여 수탁자를 상대로 소유권이전을 청구하는 경우가 있을 수 있다.

<table>
<tr><td colspan="2">[갑구]</td><td colspan="3">(소유권에 관한 사항)</td></tr>
<tr><td>순위
번호</td><td>등기목적</td><td>접 수</td><td>등기원인</td><td>권리자 및 기타사항</td></tr>
<tr><td rowspan="2">3</td><td rowspan="2">소유권이전</td><td rowspan="2">2001년 1월 5일
제10000호</td><td rowspan="2">2001년 1월 4일
매매</td><td>소유자 홍길동
611111-1000111
서울 서초구 서초동 1</td></tr>
<tr><td>~~신탁재산처분에 의한 신탁~~
~~신탁원부 제1호~~</td></tr>
<tr><td rowspan="2">4</td><td rowspan="2">소유권이전</td><td rowspan="2">2002년 1월 5일
제3334호</td><td rowspan="2">2002년 1월 3일
신탁재산 귀속</td><td>소유자 홍길남
411111-1000111
서울 서초구 서초동 1</td></tr>
<tr><td>3번 신탁등기말소
원인 신탁재산의 귀속</td></tr>
</table>

한편 소유권의 일부가 이전되는 경우에는 남은 부분에 관하여는 신탁관계가 여전히 유지되므로, 신탁등기변경의 형식으로 공시가 이루어진다. 그 등기는 다음과 같이 이루어진다.

<table>
<tr><td colspan="2">[갑구]</td><td colspan="3">(소유권에 관한 사항)</td></tr>
<tr><td>순위
번호</td><td>등기목적</td><td>접 수</td><td>등기원인</td><td>권리자 및 기타사항</td></tr>
<tr><td rowspan="2">3</td><td rowspan="2">소유권이전</td><td rowspan="2">2001년 1월 5일
제10000호</td><td rowspan="2">2001년 1월 4일
매매</td><td>소유자 홍길동
611111-1000111
서울 서초구 서초동 1</td></tr>
<tr><td>신탁재산처분에 의한 신탁
신탁원부 제1호</td></tr>
<tr><td rowspan="2">4</td><td rowspan="2">소유권일부
이전</td><td rowspan="2">2002년 1월 5일
제3334호</td><td rowspan="2">2002년 1월 3일
매매</td><td>공유자 지분 3분의 1
홍길백
711111-1000111
서울 서초구 서초동 1</td></tr>
<tr><td>3번 신탁등기변경
원인 신탁재산의 처분
신탁재산 홍길동지분
3분의 2</td></tr>
</table>

수탁자의 고유재산으로 전환되는 경우의 등기는 다음과 같다.

[갑구]	(소유권에 관한 사항)			
순위 번호	등기목적	접 수	등기원인	권리자 및 기타사항
3	소유권이전	2001년 1월 5일 제10000호	2001년 1월 4일 매매	소유자 홍길동 611111-1000111 서울 서초구 서초동 1 ~~신탁재산처분에 의한 신탁~~ ~~신탁원부 제1호~~
4	3번 수탁자의 고유재산으로 된 취지의 등기	2002년 1월 5일 제3334호	2002년 1월 3일 신탁재산의 고유재산 전환	3번 신탁등기말소 원인 신탁재산의 고유재산 전환

Ⅲ. 신탁등기의 일반론

1. 신탁등기의 정의

신탁등기란, '어떠한 부동산이 신탁의 목적물인지 여부를 대외적으로 공시하기 위한 등기'로 정의할 수 있는데, 이는 신탁행위를 원인으로 하여 소유권이전등기가 이루어지는 것을 전제로 하여 단지 수탁자명의의 소유권이 신탁목적의 제한을 받는다는 것을 공시하는 등기를 말하며, 따라서 신탁을 원인으로 한 소유권이전등기와는 구별되는 개념이라고 한다.[10)]

부동산의 소유권을 신탁재산으로 하는 가장 일반적인 등기를 다시 한 번 살펴보기로 한다.

10) 법원행정처, 부동산등기실무[III], 12면. 다만, 이곳에서 소유권이전등기를 들어 설명하는 것은 부동산에 대한 신탁이 소유권에 대해서만 가능하다는 것을 의미하는 것은 아니며, 편의적인 것으로 이해하여야 한다. 같은 문헌 스스로도 신탁을 원인으로 근저당권이전등기를 신청할 수 있다고 설명하고 있다. 같은 문헌, 50면.

<table>
<tr><td>[갑구]</td><td colspan="4">(소유권에 관한 사항)</td></tr>
<tr><td>순위
번호</td><td>등기목적</td><td>접 수</td><td>등기원인</td><td>권리자 및 기타사항</td></tr>
<tr><td rowspan="2">3</td><td rowspan="2">소유권이전</td><td rowspan="2">2000년 1월 8일
제12345호</td><td rowspan="2">2000년 1월 5일
신탁</td><td>수탁자 홍길동
611111-1000111
서울 서초구 서초동 1</td></tr>
<tr><td>신탁
신탁원부 제1호</td></tr>
</table>

신탁을 원인으로 한 등기가 경료된 경우, 개념상으로는 '신탁을 원인으로 한 소유권이전등기' 부분, 즉 이 글에서 말하는 '일반부분 등기'와 '신탁등기'로 나누어 파악할 수 있다. 비록 두 부분이 완전히 분리되는 것은 아니고 하나의 등기부를 구성하는 것이지만, 개념상으로는 나누어 파악할 수 있는 것이다.

그런데, 위 등기부의 내용 중 어느 부분이 일반부분 등기이고 어느 부분이 신탁등기인가? 일반부분 등기의 말소와 별도로 신탁등기의 말소라는 개념이 존재하므로, 과연 등기부상 어느 부분이 신탁등기인지도 확정할 필요가 있다.

가장 쉽게 생각하면 권리자 및 기재사항에서 횡선 아래 부분의 기재내용인 '신탁 신탁원부 제1호'와 그에 따른 신탁원부를 신탁등기로 볼 수 있을 것이다. 그러나, 위 등기부상 '등기원인'이 '신탁'이고 새롭게 권리자가 된 사람의 자격표시가 '수탁자'로 되어 있다. 일반적인 매매의 경우와 비교해본다면, '매매'가 '신탁'으로, '소유자'가 '수탁자'로 바뀌어 있다. 이와 같이 '신탁', '수탁자'로 기입하는 것도 신탁의 목적물이라는 점을 대외적으로 공시하는 기능을 명백히 갖고 있다. 오히려 횡선 아래 부분이나 신탁원부보다 이러한 사항들의 공시기능이 더 직접적이고 강력한 것이 아닌가 하는 생각이 들 정도이다. 아울러 이러한 사항의 등기는 선택사항도 아니고 반드시 해야 하는 것들이다. 이러한 점들을 고려하면, 횡선 아래 부분만을 신탁등기라 할 수는 없다. 신탁원부도 등기부의 일부인 점은 여러 모로 명백하고, 그 부분이 신탁을 공시하기 위한 부분이라는 점 역시 부인할 수 없기 때문이다. 따라서 등기부상 갑구나 을구의 사항에 변동이 없고 신탁원부의 내용만 변경되어 이를 반영하여야 한다 하더라도, 그것은 신탁등기에 관한 것이라 할 수 있다.

이러한 점 때문에 횡선 아래 부분 및 신탁원부 외에도 등기원인이나 권리자 사항에서 신탁이라는 점이 드러난다면, 그것도 신탁등기에 포함된다고 본다. 요컨대, 신탁공시기능을 갖추는 한 모두 신탁등기로 포섭하여야 하는 것이다.

한편, 등기원인이나 권리자 사항에 신탁이라는 점이 드러난다고 하여 그것이 일반부분 등기가 아니라고 할 수도 없다. 일반부분 등기에서도 등기원인이나 권리자에 관한 사항은 드러나야 하기 때문이다. 따라서 신탁등기와 일반부분 등기는 등기부상 공간적으로 겹칠 수 있는 것으로 이해하여야 한다.

모든 신탁등기가 위와 같이 [횡선 아래 부분 + 신탁원부 + 등기원인이나 권리자 사항]으로 구성되는 것은 아니다. 신탁등기는 여러 가지 모습을 갖출 수 있고, 그 징표는 '신탁공시기능이 있는가' 하는 점이다.

이렇게 보면, 신탁등기는 실로 여러 가지 모습을 보이는 다양한 등기의 총칭이라 할 수 있다. 오로지 신탁공시기능이 있다는 점만이 공통될 뿐, 다양한 성격의 등기들을 모아 부르는 이름인 것이다. 신탁등기를 분류하면 다음과 같다.

[신탁의 법률관계에 따른 신탁등기의 종류][11]

<table>
<tr><th colspan="2">신탁계약</th><th>신탁등기</th></tr>
<tr><td colspan="2">신탁계약의 성립</td><td>신탁설정의 등기</td></tr>
<tr><td rowspan="2">신탁계약의 변경</td><td>수탁자변경</td><td>수탁자변경의 등기</td></tr>
<tr><td>수탁자 변경을 제외한 나머지 사항의 변경</td><td>신탁원부기재의 변경등기</td></tr>
<tr><td colspan="2">신탁의 종료</td><td>신탁등기의 말소등기</td></tr>
</table>

이상의 논의를 종합하면, 신탁등기의 정의는 하나로 확정할 수 없고, 그 의미의 폭에 따라 다음과 같이 정의해볼 수 있다.

* 신탁등기의 정의

최광의 : 등기부 중 횡선 아래 부분, 신탁원부 및 등기원인과 수탁자 표시 등 신탁공시와 관련된 모든 사항. 일반부분 등기와 겹칠 수 있다.

광의 : 횡선 아래 부분과 신탁원부. 일반 부분 등기와 겹치지 않는다.

협의 : 횡선 아래 부분.

---

11) 법원행정처, 부동산등기실무[III], 13면.

아래에서 보는 바와 같이 신탁등기가 주등기로 이루어지는 경우에는, 원래 일반부분 등기와 같이 이루어졌어야 할 내용(광의의 신탁등기)이 사후에 별도로 이루어지는 경우로 이해할 수 있다.

그런데, 등기실무상 신탁등기의 말소란 통상은 횡선 부분 아래의 말소를 의미한다. 경우에 따라서는 신탁원부의 특정 부분을 말소하는 경우도 있지만, 신탁원부 전체가 말소되지는 않는다. 따라서 아래에서 보는 바와 같이 訴로써 말소를 구하는 경우의 신탁등기는 통상 협의의 신탁등기를 의미한다. 이러한 말소는 결국 등기의 공시력을 높이기 위한 것으로 이해되는데, 신탁등기의 엄밀한 정의개념과 위와 같은 정도의 차이가 있을 수 있다.

2. 신탁등기의 성격

신탁등기는 일반부분 등기와 같이 이루어져 위와 같은 모습을 보일 수도 있고, 주등기로 이루어질 수도 있고, 부기등기로 이루어질 수도 있다.

신탁재산 처분에 의한 신탁으로 신탁재산이 되는 경우이나 일반부분 등기만 먼저 이루어진 경우, 수탁자는 사후에 단독으로 신탁사항을 등기할 수 있고, 이러한 경우에는 주등기로 이루어진다.

[갑구]	(소유권에 관한 사항)			
순위 번호	등기목적	접 수	등기원인	권리자 및 기타사항
4	3 번 신 탁 재산처분에 의한 신탁	2000년 1월 8일 제12345호	2000년 1월 5일 매매	신탁원부 제 1 호

신탁재산의 복구에 의한 경우에도, 일반부분 등기가 먼저 이루어진 경우에는 마찬가지로 별도의 주등기에 의해 신탁등기를 하게 된다.

한편, 신탁등기가 부기등기로 이루어지는 경우도 있다. 수탁자가 수인이 있는데 그 일부에 변경이 있는 경우에는 합유명의인 변경등기로 부기등기를 하게 된다. 이 경우 신탁원부에도 변경등기를 하여야 함은 물론이다.

[갑구]		(소유권에 관한 사항)		
순위번호	등기목적	접 수	등기원인	권리자 및 기타사항
3-1	3번 소유권 변경	2000년 1월 8일 제12345호	2000년 1월 5일 수탁자 홍길원 임무종료	수탁자(합유) 홍길삼 401010-1111111 서울 서초구 반포동 1 홍길오 501010-1111111 서울 서초구 잠원동 1

[신탁원부]

변경란	변경란
(2) 수탁자 변경 원인 2000년 1월 5일 수탁자 홍길원 임무종료 수탁자(합유) 홍길삼 홍길오 2000년 1월 8일 부기	

법원 또는 주무관청의 촉탁에 의하여 수탁자가 해임되는 경우에도 신탁원부의 변경 외에 '갑구' 또는 '을구'에 그 취지를 부기등기[12]하게 된다. 신탁

12) 부기등기는 주등기와 같이 이루어질 수도 있고, 별도로 이루어질 수도 있다.

[주등기와 동시에 이루어진 부기등기의 예]

[갑구]		(소유권에 관한 사항)		
순위번호	등기목적	접 수	등기원인	권리자 및 기타사항
3	소유권이전	2001년 1월 5일 제10000호	2001년 1월 4일 매매	소유자 홍길동 611111-1000111 서울 서초구 서초동 1
4	소유권이전	2002년 2월 5일 제20000호	2002년 2월 2일 환매특약부 매매	소유자 홍길북 411111-1000111 서울 서초구 서초동 1
4-1	환매특약	2002년 2월 5일 제20000호	2002년 2월 2일 특약	환매대금 100,000,000원 계약비용 금 100,000원 환매권자 홍길동 611111-1000111 서울 서초구 서초동 1

등기가 부기등기에 의하여 이루어지는 경우에는 당연히 독립된 순위번호가 붙지 않고 주등기의 순위번호에 가지번호를 붙여 사용하게 된다.

그런데 이 글에서 주된 논의대상으로 삼고 있는 경우, 즉 일반부분의 등기와 신탁등기(또는 신탁등기의 말소)가 같이 이루어지는 경우에는, 그 신탁등기에 대해서는 별도의 접수번호가 붙지 않는다. 그러한 등기는 부기등기라 할 수 없고, 부동산등기법 제94조 제2항이나 제135조의 3 제2항이 말하는 바와 같은 일정한 사항을 부기하는 것[13]과는 다른 것이다.

신탁등기의 성격은 위와 같이 다양하지만, 일반부분 등기와 같이 이루어지는 경우는, 적어도 등기부에 표시되는 모습만으로 본다면 별도의 주등기나

[주등기와 별도로 이루어진 부기등기의 예]

[을구]	(소유권 이외의 권리에 관한 사항)			
순위번호	등기목적	접 수	등기원인	권리자 및 기타사항
4	전세권설정	2002년 2월 5일 제20000호	2002년 2월 2일 설정계약	전세금 금 100,000,000원 범위 건물 전부 ~~전세권자 홍길중~~ ~~411111-1000111~~ ~~서울 서초구 서초동 1~~
4-1	4번 전세권 이전	2002년 2월 5일 제30000호	2002년 2월 2일 매매	전세권자 홍길백 611111-1000111 서울 서초구 서초동 1

13) 그 예로는 다음과 같은 것이 있다.

[부동산등기법 제94조 제2항에 따른 부기의 예]
*1필의 토지를 2필로 분할하는 경우

[갑구]	(소유권에 관한 사항)			
순위번호	등기목적	접 수	등기원인	권리자 및 기타사항
1(전2)	소유권이전	2000년 1월 5일 제1005호	2000년 1월 2일 매매	소유자 홍길청 311111-1000111 서울 서초구 방배동 1
2(전3)	소유권이전	2003년 3월 25일 제3987호	2003년 3월 22일 매매	소유자 홍길동 611111-1000111 서울 서초구 서초동 1
				분할로 인하여 순위 제1 내지 2번 등기를 서울특별시 서초4동 58에서 전사 접수 2006년 1월 5일 제1009호

부기등기보다는 일정한 사항을 부기하는 것에 가깝다.

Ⅳ. 신탁등기말소에 관한 재판실무

1. 문제의 제기

신탁재산이 신탁관계에서 이탈하는 경우에 관해서는 上述한 바 있는데, 만일 등기권리자와 등기의무자가 공동신청을 하여야 함에도 등기의무자가 협조하지 아니할 경우, 등기권리자는 등기의무자를 상대로 하여 등기절차의 이행을 구하는 소를 제기하여야 한다. 신탁관계에서 이탈하는 경우, 신탁등기의 말소가 이루어져야 하는데, 그렇다면 위와 같은 소에서 일반부분 등기에 관한 청구 외에 신탁등기의 말소를 별도로 구하여야 하는가 하는 점이 문제이다. 신탁등기가 말소되어야 하는 것과 그것이 소로써 청구되어야 하는가 하는 점은 논리필연적으로 정할 수 있는 문제가 아니다.

현재의 재판실무에서는 이 점에 관한 혼선이 있는 듯하다. 먼저 실제의 예들을 검토해보기로 한다.

2. 신탁등기의 말소가 구해진 예

① 서울고등법원 2006. 8. 16. 선고 2005나58269 판결[14)]

주문 : 피고는 원고로부터 18,210,874,838원 및 이에 대한 2001. 1. 1.부터 다 갚는 날까지 연 5%의 비율에 의한 금원을 지급받은 다음 원고에게,

(1) 별지 목록 1, 2, 3, 5, 6, 7, 8, 9, 10 기재 각 부동산에 관하여 수원지방법원 성남지원 분당등기소 2000. 5. 4. 접수 제44931호로 마친, 별지 목록 4 기재 부동산에 관하여 같은 등기소 2000. 8.

---

14) 한편 이 사건의 제 1 심 판결은 수원지방법원 성남지원 2005. 6. 22. 선고 2004가합3594 판결이고, 이 판결에 대해 상고되어 대법원 2009. 1. 30. 선고 2006다62461 판결로 파기되었고, 그 결과 서울고등법원 2010. 12. 30. 선고 2009나15125 판결이 선고되었으나, 원·피고 쌍방이 다시 상고하였고, 이에 대하여 대법원 2011. 6. 10. 선고 2011다18482 판결로 피고의 상고는 기각되고 원고의 상고가 받아들여져 다시 한번 파기환송되었다. 이에 대하여 2011. 7월 초 현재 제 3 차 고등법원 사건의 심리는 시작되지 아니한 상태이다. 그러나 신탁등기와 관련된 주문상의 구조는 변함이 없다.

2. 접수 제78660호로 마친 각 신탁등기의 말소등기절차를,
(2) 별지 목록 1 내지 10 기재 각 부동산에 관하여 2000. 12. 31. 신탁종료를 원인으로 한 소유권이전등기절차를 각 이행하라.

위 사건의 제 1 심판결 주문은, 위 판결이 원고의 의무이행을 선이행으로 본 것과는 달리 동시이행관계에 있는 것으로 선고한 외에는 동일하다. 위 주문상 별지 목록 4 기재 부동산에 관한 말소등기의 내용이 다른 부동산과 다르지만, 판결문에 의하면 공유물분할로 피고 명의의 신탁등기와 소유권이전등기가 별도로 이루어졌기 때문이다. 요컨대, 별도로 등기가 이루어진 점 외에는 다른 차이는 없다.

② 수원지방법원 2009. 3. 5. 선고 2007가단109288 판결

주문 : 1. 피고는 원고로부터 174,000,000원을 지급받음과 동시에 별지 1 목록 기재 각 부동산에 관하여,
가. 원고로부터 2005. 3. 1. 신탁재산 귀속을 원인으로 한 신탁등기말소 및 소유권이전등기의 신청절차를 인수하고,
나. 원고에게 2005. 3. 1. 현금청산을 원인으로 한 소유권이전등기절차를 이행하라.

위 사건의 경우, 원고가 재건축정비사업조합(수탁자)이었고, 피고가 위탁자였으며, 해당 재산에 관해 신탁이 종료된 사안이었다. 그런데 수탁자가 등기사항을 정리하기 위하여 피고를 상대로 위와 같이 청구한 것이다. 어떻든, 주문상 '신탁등기의 말소'부분이 포함되었다.[15][16]

---

15) 위 판결에 대해 원고가 항소한 결과, 수원지방법원 2010. 2. 5. 선고 2009나9437 판결로 제 1 심 판결이 취소되고 소가 각하되었으며, 원고가 상고한 결과 대법원 2010. 9. 9. 선고 2010다19204 판결로 원고의 상고가 기각되었다. 즉, 위 판결 선고 이후, 이 사건과 관련하여 신탁등기의 점에 대해서 더 다루어진 바는 없다.

16) 위 주문에서 가.항만이 신탁등기에 관한 것이고(정확히 말하자면 일반부분 등기와 신탁등기가 포함되어 있다), 나.항은 신탁재산에서 이탈하여 피고의 일반 재산이 된 다음 다시 원고에게 이전을 구하는 내용이다. 판결문만 봐서는 왜 이런 식으로 청구하였는지 여부가 명백하지 않다. 당사자 사이에 위와 같이 처리하기로 명백히 합의하였을 수도 있다. 이 글에서 이 점까지 상술하기는 어려우나, 위와 같은 경우 이와 같이 복잡하게 할 것이 아니라, 곧바로 '피고는 원고로부터 금 ×××원을 지급받음과 동시에 원고가 ×××에 관하여 신탁재산귀속에 의한 등기절차를 하는 것에 동의하는 의사표시를 하라'라는 식의 단일한 청구로 구성할 수 있다고 본다.

③ 대전고등법원 2003. 12. 24. 선고 2003나248 판결

청구는 기각되었으나, 청구취지에 신탁등기의 말소가 포함되어 있는 예이다.

3. 신탁등기의 말소가 구해지지 아니한 예

① 서울지방법원 1999. 9. 15. 선고 98가합83710 판결

주문 : 피고는 원고에게서 1,553,323,870원을 지급받음과 동시에 원고에게 별지 목록 기재 부동산에 관하여 1998. 9. 9.자 신탁해지를 원인삼아 소유권이전등기절차를 이행하라.

이 판결에 대해, 서울고등법원 2000. 4. 19. 선고 99나57753 판결로 항소기각되었고, 대법원 2002. 3. 26. 선고 2000다25989 판결로 상고기각되었다. 요컨대, '신탁등기의 말소를 청구하지 아니한 점'이 대법원까지 문제없이 통과된 것이다. 이 점은 아래 ②도 마찬가지이다.

② 서울지방법원 2001. 6. 15. 선고 98나8461 판결

주문 : 2. 당심에서 추가된 원고의 제 1 차 예비적 청구에 따라, 피고는 서울 성북구 정릉동 ××× 중 별지 도면 1 표시 7, 8, 9, 10, 2, ㄷ, 5, ㄹ, ㅁ, 7의 각 점을 순차 연결한 선내 부분 99㎡ 중, 별지 공유자 명단 128번 기재 홍길수에게 58.1/9,430 지분에 관하여, 같은 명단 기재 나머지 공유자들에게 각 58.2/9,430 지분에 관하여 각 2001. 5. 17. 신탁계약 해지를 원인으로 한 각 소유권이전등기절차를 이행하라.

이 판결은 상고되어 대법원 2003. 8. 19. 선고 2001다47467 판결로 확정되었다.

③ 서울중앙지방법원 2007. 8. 30. 선고 2007가단75073 판결(확정)

주문 : 피고 주식회사 ××은행은 원고에게 별지 목록 기재 각 부동산에 관하여 2007. 3. 29. 신탁해지를 원인으로 한 소유권이전등기절차를 이행하라.

위 판결이 확정됨에 따라 등기원인을 '신탁해지'로 하여 등기가 이루어졌는데, 이례적으로 횡선 아래 부분이 말소되지 아니하였다. 등기부만 봐서는 말소되지 않은 이유를 알기 어렵다.

④ 부산지방법원 2008. 6. 26. 선고 2008가단45473 판결(확정)

주문 : 별지 부동산목록 기재 부동산에 관하여 2008. 4. 2. 신탁해지를 원인으로 한 소유권이전등기절차를 이행하라.

⑤ 서울고등법원 2009. 1. 21. 선고 2007나95620 판결

주문 : 별지 목록 기재 부동산 중 3/10 지분에 관하여,

(1) 피고 ××토지신탁 주식회사는 피고 ×× 주식회사에게 수원지방법원 안성등기소 2000. 7. 3. 접수 제19598호로 마친 소유권이전등기에 대하여 2007. 2. 12. 신탁계약 해지를 원인으로 한 말소등기절차를, … 이행하라.

이 사건에 대해 피고가 상고하였으나, 대법원 2009. 6. 11. 선고 2009다19932 판결로 심리불속행 기각되었다.

⑥ 서울중앙지방법원 2009. 2. 6. 선고 2008가합58751 판결

주문 : 피고 ××신탁 주식회사는 원고에게 별지 목록 기재 부동산에 관하여 2007. 10. 19. 매매를 원인으로 한 소유권이전등기절차를 이행하라.

이 사건에 관하여는 피고가 항소하여, 서울고등법원 2009나25595 사건으로 심리되다가, 2009. 6. 9. 조정으로 종결되었다. 원고가 피고로부터 신탁재산(점포)을 분양받은 사안이다.

⑦ 서울중앙지방법원 2009. 2. 10. 선고 2008가단94811 판결

주문 : 피고는 원고에게 인천 강화군 ××× 소재 임야에 관하여 인천지방법원 강화등기소 2007. 7. 20. 접수 제19915호로 마친 소유권이전등기의 말소등기절차를 이행하라.

신탁목적 달성불가로 신탁이 종료된 사안이다. 이 사건에 관하여는 피고측이 항소하였으나, 서울중앙지방법원 2009. 6. 23. 선고 2009나8283 판결로 항소기각되었고, 피고측이 다시 상고한 결과, 대법원 2009. 11. 26. 선고 2009다71572 판결로 심리불속행 기각되었다.

⑧ 서울북부지방법원 2009. 2. 18. 선고 2008가단41212 판결

청구취지 : 1. 별지 기재 1. 부동산에 관하여,

가. 피고 신탁회사는 피고 홍길동에게 2007. 2. 26.자 부동산담보신탁계약 및 2008. 3. 27.자 부동산담보신탁변경계약에 관한 원고 홍길순의 이 사건 소장부본 송달일자 신탁일부해지를 원인으로 한 소유권이전등기절차를 이행하고,

나. 피고 시행사는 원고 홍길순에게 2007. 8. 16. 매매를 원인으로 한 소유권이전등기절차를 이행하라.

2. 별지 기재 2. 부동산에 관하여,

가. 피고 신탁회사는 피고 시행사에게, 2007. 2. 26.자 부동산담보신탁계약 및 2008. 3. 27.자 부동산담보신탁변경계약에 관한 원고 홍길희의 이 사건 소장부본 송달일자 신탁일부해지를 원인으로 한 소유권이전등기절차를 이행하고,

나. 피고 시행사는 원고 홍길희에게 2007. 11. 26. 매매를 원인으로 한 소유권이전등기절차를 이행하라.

위와 같은 청구취지에 대하여 청구가 기각되었고, 원고가 항소한 결과, 서울북부지방법원 2009. 9. 9. 선고 2009나2284 판결이 선고되었는데, 신탁회사에 대한 청구에 관해서는 원고의 항소가 기각됨으로써 주문상 신탁등기에 대한 처리가 따로 등장하지는 아니하였다. 이에 대해 원고가 상고하였고, 대법원 2010. 12. 9. 선고 2009다81289 판결로 상고기각되었다. 신탁등기말소는 별도로 청구되지 아니한 사례이다.

4. 소 결 론

이상에서 살펴본 바와 같이, 재판실무에서 신탁등기의 말소도 소로 구하

여야 하는가에 대해 혼선이 있다. 통계 등에 의하여 뒷받침하기는 어려우나, 신탁등기의 말소를 구하지 않는 편이 훨씬 더 많은 듯하다. 특히 사해신탁의 취소를 구하는 예에서 신탁등기의 말소까지 구하는 예를 발견하기는 어렵다.

Ⅴ. 검 토

1. 들어가는 말

일반적인 권리 이전은 물론이고, 신탁재산에 관한 권리의 이전의 경우에도 여러 가지 모습이 있으므로, 여기서는 논의의 편의상 목적물을 부동산에 대한 소유권으로 보고, 신탁법상의 권리귀속자에게 신탁해지나 신탁종료를 원인으로 이전등기를 해주어야 하는 경우 또는 수탁자로부터 해당 신탁재산을 매수한 제 3 자에게 이전등기를 해주어야 하는 경우를 상정하고 논의해보기로 한다.

부동산등기법 제168조에 의하여 위와 같은 경우에 신탁등기가 말소되어야 함은 명백하지만, 그러한 권리이전을 소를 통하여 구할 때 과연 신탁등기 말소 부분을 따로 청구하여야 하는가는 의문이 없지 않다. 위에서 본 대로 현재의 재판실무는 통일되어 있지 아니하다.

그러나 이러한 상황은 바람직하지 못하다. 우리나라의 등기에 관한 재판실무는 매우 엄격하다. 매우 엄격하게 등기의무자를 판별하고, 이에 해당되지 않는 경우에는 청구가 인용되지 않는다.[17] 따라서 실무적인 견지에서 이러한 혼란은 정리되어야 한다.

17) 근저당권 이전의 부기등기가 경료된 경우, 근저당권설정등기 말소청구의 상대방은 양수인이며, 양도인, 즉 원래의 근저당권자를 피고로 할 필요가 없다(대법원 2000. 4. 11. 선고 2000다5640 판결). 이 경우, 등기부에는 원래의 근저당권자 명의의 설정등기가 경료되고, 이에 대해 양수인으로의 이전 부기등기가 이루어진다. 위 법리는 부기등기란 원래의 등기내용에 수정을 가하는 것이며, 완전히 독립된 등기가 아니라는 점이 반영된 것으로 이해된다.

그런데 위 법리를 잘 이해하지 못하고, 원래의 근저당권자에게는 설정등기의 말소를, 양수인에게는 부기등기의 말소를 구하는 경우가 발견되나, 재판실무상 이러한 청구는 허용되지 않는다. 위와 같은 법리에도 불구하고, 설정등기에 대해서는 양도인에게, 부기등기에 대해서는 양수인에게 말소를 구하는 것도 가능하게 해도 되지 않는가 생각되기도 하나, 허용되지 않는 것이다. 이러한 사례가 이 글에서 논의하는 신탁등기의 경우와 동일한 선상에서 비교되는 것은 아니지만, 우리나라의 법리가 등기에 관련된 소에 대해서는 상당히 엄격한 자세를 보이고 있다는 점을 뒷받침할 만한 참고가 된다.

2. 등기선례

한편, 부동산등기법에 의해 해당되는 경우 신탁등기 말소가 이루어져야 하기는 하지만, 그것이 반드시 소제기에 의하여 주문을 얻어야 하는 것은 아니다. 이를 달리 볼 여지도 얼마든지 있다. 즉, 소에 의해서는 일반부분의 등기에 대한 청구를 하고, 신탁등기의 말소는 그 효과로서 등기관이 직권으로 하는 것으로 볼 수도 있는 것이다.

이 점에 관해 참고할 만한 등기선례가 있다.

[등기선례 7-408]

취득시효 완성을 원인으로 한 소유권이전등기절차의 이행을 명하는 확정판결을 받은 경우 신탁등기 말소절차

갑이 을에게 신탁한 부동산에 대하여 병이 을을 상대로 취득시효 완성을 원인으로 한 소유권이전등기절차의 이행을 명하는 확정판결을 받은 경우, 병은 이 확정판결을 첨부하여 단독으로 소유권이전등기와 신탁등기의 말소를 동일한 신청서에 의하여 신청할 수 있다.

(2004. 8. 20. 부등 3402-415 질의회답)

위 선례의 배경이 된 소에서, 병은 소유권이전등기절차의 이행만 구하였고, 신탁등기의 말소는 따로 구하지 아니하였던 것으로 이해된다. 이에 대하여 당사자가 소유권이전등기와 함께 신탁등기의 말소까지 한꺼번에 신청하여야 하는가, 아니면 소유권이전등기만 신청하면 등기관이 직권으로 신탁등기의 말소를 할 수 있는가를 질의함에 대하여, 신탁등기의 말소까지 신청하여야 한다고 회답한 것이 바로 위 등기선례의 내용이다. 이 등기선례의 내용에 따른다면 소에서는 신탁등기를 별도로 구할 필요는 없는 것으로 보지 않을 수 없다.

물론 신탁등기의 말소도 일반적인 말소등기와 같이 등기권리자와 등기의무자가 공동으로 신청하여야 하는 점[18]을 강조한다면, 주문상 말소취지도 드

18) 법원행정처, 부동산등기실무[III], 39면. 한편 이 문헌에서는 일정한 경우 등기권리자와 등기의무자가 같이 신청하여야 한다는 점은 '공동신청', 신탁의 말소등기신청은 신탁재산의 처분으로 인한 소유권이전등기와 동일한 서면으로써 동시에 하여야 한다는 점은 '동시신청'이라고 표현한다.

러나야 한다고 볼 수도 있을 것이다. 한편, 등기실무상 판결주문에 신탁등기의 말소가 표시되어야 하는 것 아니냐는 지적이 상당히 있다고 한다.[19] 판결주문에 말소부분이 드러난다면, 확실히 명확성을 제고할 수 있을 것이다.

3. 이론적 검토

가. 들어가는 말

위에서 본 등기선례가 절대적인 것이라면, 사실 이 글의 주요쟁점에 대한 결론은 이미 도출되어 있는 셈이다. 訴에서 별도로 청구하지 않아도 된다면, 그것을 청구해도 된다고 해석할 수는 없다. 오히려 그와 같은 청구를 해서는 아니 되는 것이며, 만일 신탁등기의 말소를 별도의 소송물로 청구해온다면[20] 각하되어야 한다.

그러나 위 등기선례만으로 이 문제의 결론을 단정짓는 것은 부족하다. 부동산등기란, 부동산에 관한 물권변동을 「법정절차」에 따라 「등기부」라는 공적 장부에 기재하는 것 또는 기재 그 자체를 말하는 것이므로,[21] 등기는 물권변동이 일어나면 그 점을 반영하는 것이지, 등기방법에 관한 사항을 근거로 하여 물권변동의 요건이나 그것을 확정하는 방법을 정하는 것은 논리적으로 옳지 못하다. 따라서 등기방법과 관련된 여러 사항은 이 글의 주요 논점에 대한 판단에 매우 중요한 자료가 될 수는 있으나, 그것만으로 충분한 근거가 된다고 하기는 어렵다.

나. 의사표시의 측면에서의 검토

이 문제의 이론적 검토는 권리이전의 본질에 대한 검토에서 출발하여야 한다고 믿는다.

위탁자가 신탁계약을 하고 수탁자에게 부동산의 소유권을 이전하는 경우, 단일한 의사에 따른 단일한 계약에 의한다.[22] 즉, '신탁을 설정하고 해당 부동

19) 이 점은 이 글의 작성과정에서 등기실무 유경험자로부터 들은 내용이다. 따라서 문헌에 의하여 뒷받침할 수는 없다.

20) 소송물과 연결된 검토는 後述한다.

21) 법원행정처, 부동산등기실무[Ⅰ], 4면.

22) 신탁행위에 관한 검토로, 拙稿, "신탁행위의 연구," 한국법학원, 저스티스 99호(2007. 8.), 92면 이하 참고.

산의 소유권을 넘긴다는 단일한 의사'에 의하는 것이지, '신탁을 설정하는 의사'가 있고 이어 '해당 부동산을 이전하는 의사'에 의하는 것이 아니다. 신탁을 먼저 설정하고, 사후에 신탁재산으로 편입하는 경우에는 '그 재산을 신탁으로 편입하기 위하여 소유권을 이전하는 의사'에 의하는 것이지, '소유권을 이전하는 의사'가 있고 '신탁으로 편입하는 의사'가 따로 있는 것이 아니다. 이론적으로는 이 두 가지를 구분할 수 있고, 등기부 내에서도 개념상 구분할 수 있기는 하나, 단일한 의사에 의하는 것이고, 따라서 등기 역시 그에 대응하는 단일한 것으로 이루어지는 것이 원칙적으로 옳다.

이러한 점은 신탁재산이 신탁법률관계에서 이탈하는 경우도 마찬가지이다. 수탁자가 신탁재산을 제 3 자에게 매도하는 경우를 생각해보면, 그 권리이전은 매도에 의한 것이지 신탁법률관계에서의 이탈에 대해 별도의 합의가 이루어지는 것은 아니다. 매도의 합의에 신탁관계가 매수인에게 이전되지 않도록 할 의무가 당연히 내포되는 것이라 할 수 있다.

신탁종료로 인하여 위탁자에게 신탁재산이 귀속되는 경우에도 마찬가지이다. 이 경우, 해지나 각종 종료사유로 인하여 신탁이 종료하는 것인데, 이러한 법률요건은 단일한 것이며, 그 법률효과 역시 단일한 것이다. 즉, 종료로 인하여 위탁자에게 소유권이 이전되어야 하고 그것을 위하여 당연히 신탁등기의 말소가 따라오는 것이지, 소유권의 이전과 별도로 신탁등기에 대한 법률요건이 필요하다거나 소유권이전과 별도의 법률효과가 발생하여야 하는 것이 아니다.

신탁재산으로의 편입도 그러하고 이탈의 경우에도 재산권의 이전이 핵심이고, 그로 인한 신탁법률관계의 설정이나 신탁법률관계의 해소는 재산권이전과 동등의 의미를 갖는 것이 아니라 재산권이전이 되는 원인에 해당되는 것이다. 좀 거칠게 말하자면 등기원인에 가까운 것이라 할 수 있다. 이러한 인식을 바탕으로 한다면, 횡선 아래 부분에 기입하는 방식으로 이루어지는 신탁등기 및 신탁말소의 등기는 독립된 등기라 할 수 없고,[23] 이러한 점에서 별도

---

23) 이러한 이해가 신탁등기는 항상 독립적이 아니라거나 신탁등기만에 대한 소에 의한 청구가 불가능하다고 주장하는 것은 아니다. 위에서 본 대로, 신탁등기 중에도 주등기나 부등기로 이루어지는 것이 있다. 나아가 등기가 반드시 의사표시의 독립성여부 등과 일치하여야 한다고 주장하는 것도 아니다. 이러한 점이 논리필연적으로 연결되는 것은 아니다. 그러나 의사표시의 개수, 권리이전의 모습 등이 해당 등기를 어떻게 파악할 것인가에 고려요소가 되어야 한다

의 접수번호가 부여되지 않는 점을 이해할 수 있다.

위에서 본 서울고등법원 2006. 8. 16. 선고 2005나58269 판결의 사안은, 당사자 사이에 신탁계약에 의하여 일정한 경우 신탁이 종료되면, 수탁자는 신탁등기를 말소하고 신탁재산을 이전해주기로 약정한 경우였는데, 이러한 약정 중 신탁등기 말소 부분은 부동산등기법 조문내용에 부합하는 약정이라 하겠으나, 이러한 약정이 없더라도 차이가 나지 않는다.

다. 소송물에 관한 검토

이전등기와 별도로 신탁말소의 등기절차 이행이 청구되고 그대로 선고된 위 예를 살펴보면, 원고나 법원이 이전등기절차 이행청구권에 의한 청구와 신탁말소등기절차 이행청구권에 의한 청구를 별도의 소송물로 파악한 듯하다. 청구취지나 주문의 표현형태가 소송물을 분간하는 완벽한 판단기준은 아니라 하더라도, 그 형태에 비추어 어느 정도 판단할 수 있고 또 그렇게 되는 것이 옳다.

그런데, 위 예에서의 주문형태를 살펴보면, 이전등기 부분과 말소등기 부분을 별항으로 처리하였다. 만일 이 두 가지를 하나의 소송물로 인식하였다면 이와 같이 구성하기 어려웠을 것이다. 별개의 소송물로 인식하지 아니하였다 하더라도, 최소한 소송물에 대해서는 별다른 주의를 기울이지 아니한 결과로 생각된다.

그러나 신탁법률관계에서의 이탈을 이유로 하여 그 재산에 대한 권리의 이전을 구하거나 귀속청구를 구하는 것은 단일한 소송물로 보아야 한다. 당사자의 인식도 해당 재산을 자기의 것으로 귀속시키는 데에 있는 것이며, 신탁법률관계 해소에 관한 등기문제는 그 과정에 지나지 않는다. 그러면서도 일체가 되어 이루어지는 것이지 단계적으로 독립하여 이루어지는 것이 아니다.[24]

만일 소송물이 복수라면 청구의 병합이 되고 따로따로 청구할 수도 있다

는 점을 주장하고자 하는 것이다.

24) 이 점 역시 단계적으로 이루어지는 경우가 있음을 부정하려는 것은 아니다. 예를 들어 신탁재산의 처분에 의하여 부동산을 신탁재산으로 편입하는 경우, 수탁자 명의로의 이전등기와 신탁등기가 동시에 이루어지는 것이 원칙임에도 불구하고 수탁자 명의로의 등기만 먼저 이루어질 수도 있다. 이 경우, 사후에 신탁등기만 신청하는 것도 허용되어야 할 것이므로, 등기는 단계적으로 이루어지게 되며, 신탁등기는 주등기의 형태를 갖게 된다. 신탁법률관계에서 이탈하는 경우도 마찬가지 경우가 있을 수 있다.

는 결론이 되는데, 이러한 이해는 신탁으로 인한 권리이전의 모습과 부합하지 않는다. 따라서 본인은 [신탁재산의 이전을 구하는 청구]와 [그에 따른 신탁등기의 말소를 구하는 청구]는 별개의 소송물이 되지 못하며, 前者만이 독립된 소송물이고, 후자는 그 일부가 된다고 본다.

라. 종래의 재판 및 등기실무의 고려

한편, 지금까지의 재판실무와 등기실무의 현황도 고려되어야 한다. 본인이 검토한 바로는 신탁등기의 말소를 청구하지 않는 편이 훨씬 더 많았고, 말소등기절차의 이행이 선고되지 아니한 경우에도 모두 제대로 등기되어 왔다. 그런데 지금 단계에서 신탁말소의 등기가 필요하다고 하면, 그간의 실무처리가 모두 잘못된 것이 되어버린다.[25] 이 점은 국민들에게 이미 부여한 신뢰를 해하는 일이 되기도 한다. 비록 등기실무에서 주문에 말소가 드러나면 좋겠다는 여론이 상당하다 하더라도, 이 점은 부득이한 것이 아닌가 한다.

마. 소 결 론

이러한 이해에 바탕을 둔다면, 신탁등기의 말소는 별도로 구할 필요가 없는 것이라 하지 않을 수 없다. 가령 주문상 그 점이 표현된다고 하더라도 말하자면 무익적인 사항이 된다. 등기권리자는 이전등기를 명하는 주문으로 신탁등기의 말소도 구할 수 있고, 다만 등기절차상 하나의 신청서에 그 취지를 표시하여 동시신청의 형식을 취하여야 한다. 이러한 형식이 요구되는 만큼, 등기관이 직권으로 말소할 수 있는 것이라 할 수는 없다.

만일 신탁법률관계의 이탈시에 신탁말소의 등기를 따로 청구하여야 한다면, 신탁법률관계의 편입시에도 신탁등기를 별도로 청구하여야 한다는 결론이 되는데, 이 점은 실무감각상으로도 맞지 않는다. 그렇다면 말소등기 부분도 마찬가지이다.

예를 들어 신탁재산으로 넘겨주기로 했는데 위탁자가 거절하는 경우, 수탁자는 위탁자를 상대로 '신탁을 원인으로 한 소유권이전등기절차의 이행'을

25) 본인의 생각으로는 이러한 점은 위에서 본 예규를 고치는 것만으로 해결될 수 있는 문제가 아니다. 예규의 개정만으로, '종래의 등기는 모두 유효하지만, 앞으로는 신탁말소등기의 주문이 없으면 안 된다'라고 정하는 것은 불가능하지 않은가 한다.

구하는 것으로 족하지, 그와 같은 청구와 별도로 '신탁등기절차를 이행'을 구하는 청구를 할 필요는 없을 것이기 때문이다.

물론 이상의 논의는 신탁법률관계에서 이탈하는 전형적인 경우에 대한 것이다. 모든 신탁등기가 이에 해당된다고 할 수는 없으며, 각 등기의 내용과 특징을 잘 살펴 판단하여야 한다.

바. 관련문제

(1) 신탁등기만 이루어져야 하는 경우

이상의 논의는 주로 일반부분의 등기에 대한 조치와 함께 신탁등기(주로 그 말소)가 더불어 이루어져야 하는 경우에 관해 다루었고, 그 경우 신탁등기의 말소를 구하는 부분은 독립된 소로 구할 필요가 없으며 아울러 별개의 소송물을 구성하는 것도 아니라는 점을 주장하였다.

이에 반해 일반등기와 별도로 신탁등기만 이루어져야 하는 경우, 그것이 소를 통하여 이루어져야 하는 것이라면 당연히 별개의 소송물을 구성하게 된다. 소송물이란 권리관계의 형태에 따라 고정되는 것이 아니라 당사자가 어떻게 주장하느냐에 따라 가변적인 점이 드러난다.

이 경우 主文도 당연히 해당 청구에 맞는 내용으로 구성되어야 한다. 예를 들어, 신탁재산 처분으로 제 3 자의 부동산을 매수하여 신탁재산이 되는 경우에는, 위에서 본 바와 같이 어디까지나 등기원인은 '매매'로 기재되게 되므로, 그 이전을 구하는 청구는 외면상 일반적인 이전등기절차의 이행을 구하는 바와 다를 바 없게 된다.[26] 등기목적, 권리자 및 기타사항의 기재, 그리고 신탁원부가 추가됨으로써 신탁의 점이 드러나게 된다.

(2) 신탁종료시의 등기원인

위에서 본 바와 같이, 재판실무상 신탁종료시 많은 경우에 청구취지 및

26) 관련문제로, 신탁재산이 수탁자의 고유재산으로 전환되는 경우를 간략히 생각해본다. 이 경우 등기부에서 그러한 점이 별도의 주등기로 이루어져야 될 것이나, 신탁재산이든 수탁자의 고유재산이든 그 권리의 명의자는 수탁자이므로, '고유재산의 권리자로서의 수탁자'가 '신탁재산의 수탁자로서의 수탁자'를 상대로 등기절차 이행을 구하는 소를 제기할 필요는 없다. 이러한 경우에는 등기를 위해 수익자의 동의를 요하게 될 것이므로, 그 동의의 의사표시를 구하는 형태의 소가 제기되어야 할 것이다. 이 경우의 主文은, "피고(수익자)는 원고(수탁자)에게, ××× 부동산에 관하여, 신탁재산의 고유재산 전환을 원인으로 한 등기절차의 이행에 동의하는 의사표시를 하라"라는 형식이 되어야 할 것이다.

주문에 ‘신탁해지’나 ‘신탁종료’로 표시된다. 그러나 통상적으로 등기가 이루어질 경우, 등기부상으로는 ‘신탁재산의 귀속’으로 표시된다.[27)]

따라서 訴로써 청구하고 법원이 선고할 때도 이에 맞추어 등기원인을 ‘신탁재산의 귀속’으로 함이 옳지 않은가 하며, 신탁해지와 신탁종료를 구분하고자 한다면, ‘신탁해지로 인한 신탁재산의 귀속’ 및 ‘신탁종료로 인한 신탁재산의 귀속’으로 적는 것이 올바른 것이 아닌가 생각된다.

(3) 신탁등기 말소가 반드시 필요한가?

부동산등기법에 의하여 일정한 경우 신탁등기를 말소하도록 되어 있으므로, 이 점은 입법론 차원의 논의이다. 권리이전이 있은 경우 그 *移轉 以前*에 관한 등기사항을 말소할 것인가 그대로 둘 것인가는 정책적 판단의 문제가 아닌가 한다. 말소를 함으로써 더 좋은 결과를 얻을 수 있다면 말소를 하도록 구성할 수 있는 것이라 본다.

본인의 생각으로는, 신탁재산이 되는 등기는 어디까지나 소유권변동을 나타내는 등기의 일종이고, 일반적인 소유권이전등기가 이루어지더라도 그 이전 등기를 말소하지 않는 점을 고려하면, 등기를 말소하지 않아서 초래되는 불편함이 그리 크지 않을 것이다. 수탁자가 변경되면 신탁사항(횡선 아래 부분)도 새로 표시하는 것으로 하고, 제 3 자가 매수하는 경우에는 그 제 3 자에 대한 표시 부분에 횡선 아래 부분이 없는 것으로 자연스럽게 신탁법률관계에서 이탈하는 것을 의미하게 하는 것으로 구성할 수도 있는 것이 아닌가 생각한다.[28)]

(4) 재신탁등기의 문제

현재의 등기실무상, 신탁법 및 부동산등기법에 재신탁할 수 있다는 규정

---

27) 등기부상 ‘신탁해지’라 표시되는 경우도 발견된다. 위에서 본 서울중앙지방법원 2007. 8. 30. 선고 2007가단75073 판결에 따른 등기가 그러하였다.

28) 위와 같은 본인의 주장에 대해 이 글의 초고를 검토해준 어느 실무가는, 신탁등기는 수탁자가 완전한 소유자이기는 하나 그 소유권을 신탁의 목적범위 내에서 행사할 수 있는 제한을 받는다는 것을 등기부상 공시하는 등기라고 볼 수 있기 때문에 일종의 처분제한등기로서의 성격을 갖는 것이고, 따라서 신탁이 종료되었다면 이것을 말소하는 것이 공시라는 측면에서 바람직할 것이라는 의견을 제시해주었다.

본인은 위와 같은 견해는 충분히 일리가 있다고 본다. 그러나, 통상 신탁등기는 독립된 등기가 아니라 소유권이전등기의 일부로서 그에 포함되는 것이므로, 이후 소유권이전시 이전 자체가 표현되면 그것으로 충분하며 별도로 신탁등기를 말소할 필요는 없다는 생각을 해본다.

이 없으므로 재신탁등기는 할 수 없다고 한다.[29)]

그러나 각종 투자기구가 다양한 형태의 신탁을 통하여 투자를 실행하는 점, 궁극적으로 신탁법의 가장 큰 특징이 유연성이라는 점을 고려하면 재신탁이 원래 불가능한 것이라 할 수 없다. 게다가 등기란 권리이전을 표시하여 주는 것이지, 권리이전 자체를 제한하고 규율하는 것이 아니다. 따라서 재신탁이 원래 불가능한 것이 아닌데 등기절차가 마련되어 있지 않다면, 재신탁 등기가 불가능하다고 할 것이 아니라 등기절차를 마련하는 것이 온당한 일이다. 시급한 조처가 요망된다.

Ⅵ. 맺는 말

이상 신탁과 등기에 관련한 여러 점을 검토하여, 신탁등기의 정의를 시도하고, 통상의 경우 신탁등기는 독자적인 것이 아니고, 따라서 訴로써 신탁재산의 이전을 구할 때에도 별도로 말소를 청구할 필요가 없음을 밝혔다.

2009년 초 현재 우리나라에서는 신탁법 개정작업이 시작되었는데, 그 주요한 방향은 좀 더 유연한 제도를 설계함으로써 국민들이 이용하기 쉽고 또한 다양하게 이용할 수 있도록 만드는 것으로 알려졌다. 신탁법 개정작업에 발맞추어 신탁과 관련된 등기문제도 좀 더 심도있게 검토하여 정비하여 가야 할 것이다.

{사법, 2009. 6}

29) 법원행정처, 부동산등기실무[III], 50면.

제 2 편

신탁의 실행

[5] 신탁수익자의 서류열람청구권에 관한 연구
(평석대상 결정 : 대법원 2008. 9. 25.자 2006마459 결정)

[신청취지]

피신청인(신탁회사)은 신청인들(건설계통 2개의 법인)에게 아래 목록 장부 및 서류를 4주 내에 송부하여야 한다.

* 목　록

신청인들이 피신청인에게 위탁한 ××시 ××동 아파트 신축, 분양사업 관련

1. 신탁계약일부터 현재까지의 분개장
2. 신착[1]계약일부터 현재까지의 전표
3. 각 지출거래 및 수입거래 관련 영수증, 송장 등의 입증 증빙, 끝.

[제1심 결정]

신청인들은 신탁법 제34조 제1항 소정의 이해관계인의 서류열람청구권 및 신탁계약상의 부수적 권리를 피보전권리로 하여 신청취지와 같은 가처분 결정의 발령을 구하고 있으나, 피신청인이 신탁을 업으로 하는 신탁회사이므로 신탁자인 신청인들로서는 수탁자가 신탁을 업으로 하는 신탁회사인 경우

1) 결정문상으로는 '신착'으로 되어 있으나, '신탁'의 오기로 이해된다.

에 적용되는 특별법인 신탁업법에 의해서만 장부, 서류의 열람을 청구할 수 있다.

기록상 피신청인이 신청인들에게 신탁업법 및 관련 법령에서 정한 장부 및 서류를 열람하도록 하거나 이를 교부한 바 있을 뿐 아니라, 신청인들의 요청에 있을 경우 피신청인의 판단에 따라 위 범위를 넘는 장부 및 서류를 열람 및 교부한 바 있는 사실이 소명되므로 이 사건 신청은 이유없어 기각한다.

[원심 결정]

1. 1심 결정 인용

신청인들이 주장하는 청구원인으로 '상법 제29조, 제33조상 상인의 상업장부 등 보존을 위한 증빙자료 수령권'을 추가하고[2] 아래와 같은 추가판단을 더하는 외에는 1심 결정을 그대로 인용하였다.

2. 추가 판단

신청인들은, 신탁업법 제17조의10은 같은 법 제17조 내지 제17조의9와 함께 금전, 유가증권, 금전채권 신탁에 관한 규정이므로, 이 사건과 같은 부동산신탁에는 적용되지 아니한다고 주장한다.

그러나, 신탁업법 제17조의10은 적용대상을 "수익자" 및 "신탁회사"라고만 하고 있을 뿐 금전, 유가증권, 금전채권 신탁에 관한 수익자 및 신탁회사에 한정하지 않고 있다.

뿐만 아니라, 신탁업법이 신탁법에 비하여 회계장부 열람청구권을 제한하고 있는 취지는, 신탁회사로 하여금 매월의 영업보고서 및 매 영업년도의 업무보고서를 금융감독원장에게 제출하도록 하는 한편(신탁업법 제19조), 신탁업무에 대한 회계처리를 금융감독위원회가 정한 기준에 따라 하도록 하며(신탁업법 제20조 제2항), 특히 부동산신탁회사는 '조직 및 인력에 관한 사항', '재무 및 손익에 관한 사항', '자금 조달·운용에 관한 사항' 및 '부동산 신탁사업

2) 이러한 청구원인의 추가가 2심 단계에서 신청인들이 추가한 것인지, 1심 단계에서도 주장되었으나 1심 재판부가 누락한 것인지 여부는 결정문만 봐서는 정확히 판단할 수 없다.

의 단계별 진행상황'에 관하여 공시를 하도록 하고 있는(신탁업감독규정 제27조 제1항) 등 금융감독위원회가 수익자 보호를 위하여 신탁회사를 엄격히 관리·감독하고 있으므로(신탁업법 제24조의 2), 수익자의 수탁자에 대한 감시의 필요성이 적다는 점 등에 기인한 것인바, 그러한 취지가 금전, 유가증권, 금전채권 신탁에만 한정되고 부동산신탁의 경우는 제외된다고 해석할 아무런 근거가 없다.

따라서, 신탁업법 제17조의10이 이 사건과 같은 부동산신탁에 적용되지 않는다는 취지의 신청인들의 위 주장은 받아들일 수 없다.

[대법원 결정요지]

[1] '신탁법' 제34조에서 정하고 있는 신탁사무에 관한 서류의 열람청구권 등은 신탁계약상 각종 권리의무의 귀속주체 혹은 이해관계인에게 신탁사무의 처리에 관한 감독권을 보장해 주어 정당한 권리의 확보 및 의무부담의 적정을 도모하기 위한 것으로, 특히 수익자의 이러한 감독권의 행사는 신탁계약의 목적인 수익권의 본질에 속하는 것이어서 합리적 이유없이 이를 제한할 수 없다. 반면 '신탁업법'은 신탁을 업으로 영위하는 신탁회사의 건전한 경영과 수익자의 보호를 목적으로 그 인가와 업무·회계·감독 등을 규율하는 법률로서, 신탁업법 제17조의10에서 신탁재산에 관한 장부·서류의 열람 또는 등·초본의 교부청구권을 위 법률에 정한 일정한 방법으로 수익자에게 보장하는 한편, 신탁업법 제43조 제1항에서 이를 어기는 신탁회사에 대해 과태료를 부과하도록 규정하고 있는데, 이는 특히 신탁회사에 대하여 신탁재산에 관한 특정 장부·서류의 열람 등에 관한 규율준수의 실효성을 확보하여 신탁업법의 입법 목적을 달성하기 위한 것이다. 그렇다면 이와 같이 그 입법의 취지와 목적을 달리하는 '신탁업법'의 단속적·규제적 규정을 들어 '신탁법'이 규율하는 사법적인 신탁관계의 본질에서 비롯되는 수익자 등의 신탁사무에 관한 감독권을 제한하는 근거로 삼을 수는 없다.

[2] 신탁법이 보장하는 신탁사무에 관한 서류 '열람'청구권에는 관련 서류의 '송부'청구권이 포함되지 않는다.

[평 석][3]

Ⅰ. 들어가는 말

우리나라에도 과거에 비해 지금은 신탁실무도 많이 발전하였고 판례도 어느 정도 축적되고 있으나 아직도 부족한 점이 많다. 특히 신탁을 구체적으로 집행하여 가는 과정에 대한 연구와 판례축적이 충분하지 못하다고 할 수 있다. 이러한 상황에서 대상결정은 모처럼 그러한 점에 관해 대법원의 판단이 이루어진 귀중한 사례이다.

이 글은 이러한 중요한 의미를 갖는 대상판결을 비판적으로 검토를 하는 방식으로 관련 문제점들을 점검해보고자 한다.

Ⅱ. 신청인(항고인 및 재항고인)측의 청구원인 정리

이 사건에서 위탁자들인 신청인들은 신청원인과 관련하여 신청의 근거로 삼을 수 있는 법적 근거는 아래와 같이 네 가지가 검토될 수 있다.

① 신탁법 제34조 제 1 항의 이해관계인의 서류열람청구권,
② 신탁계약상의 부수적 권리로서의 같은 내용의 청구권,[4]
③ 신탁업법 제17조의 10에 따른 같은 내용의 청구권,
④ 상법 제29조, 제33조상 상인의 상업장부 등 보존을 위한 증빙자료 수령권.

3) 이 글의 이해를 위하여 필요한 한국과 일본의 관련법령을 이 글의 말미에 [관련법규]로 정리하였다.

4) 이러한 부수적 권리로 청구할 수 있는 내용은 원래 계약 자체에 의하여 청구할 수 있는 것이 아닌 다른 내용이 되는 것이 정상적인 것이다. 이 사건에서는 신탁계약상 신청인들이 청구하는 내용에 대해 명확히 규정하고 있지 아니하였던 것으로 이해되므로, 계약 자체에 의하여는 구할 수 없는 내용을 부수적 권리로 구할 수 있는가가 문제될 수 있다.

신청인들은 위 근거 중 ①, ②, ④를 근거로 들었고, ③은 적용되어서는 아니 된다고 주장하였다. 이에 대해 원심결정은 ③도 적용되고, 그에 관한 한 ①은 적용되지 않는다고 하였음에 대하여, 대상결정은 두 가지 모두 적용되나, 다른 이유에 의하여 신청은 이유없다고 보았다.

한편 제1심 결정 및 원심 결정만으로는 명백하게 드러나지 않으나, 대상결정의 설시에 따르면 신청인들은 관련 회계서류의 소유권이 수탁자가 아닌 위탁자에게 귀속된다는 주장을 펴면서 이를 전제로 하여 신탁법 제28조, 상법 제29조, 제33조에 근거하여 회계서류의 제공을 요구할 권리가 있다고 주장하였으나, 대상결정은 각 회계서류의 소유권이 위탁자인 신청인들에게 있다는 주장은 법률상 혹은 계약상 아무런 근거가 없다고 하면서 그에 터잡은 주장들을 배척하였다.

또 하나, 신탁계약 또는 그와 별개의 약정이 근거가 될 수 있을 것이나, 이 사건에서는 그러한 점이 주장되지 않았다. 이 사건의 사안에서는 그와 같은 근거는 찾기 어려웠던 것으로 생각된다.

Ⅲ. 신탁법상 장부 비치 및 열람, 설명청구권의 내용

1. 신탁법상의 권리, 의무

신탁과 관련된 장부에 대해 가장 기본적인 조문은 신탁법 제33조, 제34조라 할 수 있다.[5] 제33조는 수탁자의 '장부비치의무'를 규정하고 있고, 제34조는 '서류의 열람을 허용할 의무' 및 '신탁사무의 처리에 관한 설명의무'를 규정하고 있다.[6] 이를 권리의 면에서 살펴보면 제34조에서 '서류열람청구권' 및 '신탁사무 처리에 관한 설명청구권'이 규정되어 있다고 할 수 있다. 제34조의 각 청구권은 장부의 작성과 비치를 전제로 하는 것이므로, '장부작성청구권'이나 '장부비치청구권'의 개념을 따로 인정할 필요는 없을 것이다.

위 조문들에서 규정하고 있는 서류, 그에 대한 청구권자 및 청구가능한 내용의 종류는 다음과 같은 세 가지이다.

5) 이하 法令名 없이 조문만 드는 것은 모두 신탁법 조문이다.
6) 제33조는 제목 자체가 '장부비치의무'이다. 제34조는 제목이 '서류의 열람'이다.

종 류	청구권자	청구의 내용
장부(제33조 제 1 항)	이해관계인	열람 (제34조 제 1 항)
신탁의 재산목록 (제33조 제 2 항)		
신탁사무의 처리에 관한 서류	위탁자, 그 상속인 및 수익자	열람, 설명 (제34조 제 2 항)

2. 장부 등의 의미

위와 같이 신탁법은 비교적 간략한 조문 내에서도 관련 서류에 대해 다양하게 표현하고 있으나, 그 내용에 관해서는 명백히 밝히지 않고 있다. 일본 구신탁법도 마찬가지였으나, 신신탁법은 구신탁법에 비해서는 자세한 규정을 두었다.

구신탁업법의 경우, '신탁재산에 관한 장부·서류'로 규정하고 있었으며(구신탁업법 제17조의 10), 자본시장과 금융투자업에 관한 법률[7] 제113조도 마찬가지로 규정하고 있다.

일반적으로 장부란, '물건의 출납이나 돈의 수지(收支) 계산을 적어 두는 책'을 이르는 말인데,[8] 현재로서는 신탁법상 위 각 장부 또는 서류들에 대한 명확한 정의규정이 없으므로, 해석을 통하여 그 내용을 명확히 하는 수밖에 없다.

'장부'라는 용어는 여러 법령에서 등장하지만, 가장 참고가 되는 것은 아무래도 상법상의 장부라 할 수 있다. 상법 제 5 장은 '상업장부'를 규정하고 있는데, 여기서의 '상업장부'는 '회계장부와 대차대조표'를 가리키는 것이고, '회계장부'는 '매일 매일의 거래를 기재하는 전표(입금전표·출금전표 및 대체전표), 이를 거래의 발생 순서 또는 거래의 유형 등에 따라 작성하는 분개장(일반분개장과 특수분개장), 또 이를 다시 종합하여 기재하는 (총계정)원장 등은 모두 회계장부에 해당되고, 또한 마이크로 필름 기타의 전산정보처리조직에 의하여 전산회된 자료도 회계장부가 될 수 있다'는 해석이 있으며,[9] 이러한 해

7) 이 법의 약칭에 관해 '자본시장통합법' 또는 '자통법'으로 불리는 것이 일반적이었으나, 금융위원회는 2009. 2. 12.부터 '자본시장법'으로 약칭하기로 하였으므로, 이하에서는 이를 사용한다.

8) NAVER사전, 2009. 3월 초 현재.

9) 鄭燦亨, 商法講義要論(第 7 版), 博英社(2008), 68면.

석은 위 상법규정의 일반적인 해석으로 받아들일 수 있는 내용이다.

그렇다면, 신탁법상의 '장부'를 이와 같은 개념으로 볼 수 있는가? 본인은, 위와 같은 장부의 정의를 신탁법의 해석에 관해서도 이용할 수 있으나, 다만 신탁의 경우에 관한 특별한 사정이 고려되어 구체적인 신탁법률관계에 따라 적절히 수정될 수 있다고 본다.

즉, 신탁재산과 관련되는 거래가 이루어진 경우 당연히 그 근거가 남아 있어야 하는데, 통상은 위에서 제시된 각종 전표나 분개장 등이 그러한 근거가 될 수 있다. 그러나 특히 민사신탁의 경우 위에서 보는 정도의 상업장부를 모두 갖추기도 어렵고 그렇게 해야 할 필요성도 없을 것이므로, 해당 신탁의 내용 및 거래상황에 맞는 장부를 작성하여 비치하면 되는 것으로 해석하여야 할 것이다. 수탁자가 신탁회사이고 신탁재산에 관한 거래가 이루어진 경우, 상업장부 형식의 장부가 작성될 것이므로, 이때는 그러한 장부를 그대로 비치하면 될 것이다. 1차적인 관련서류를 그대로 보존·비치하는 것도 가능할 것이고, 이를 가공하여 별도의 장부로 작성하여 비치하는 것도 가능할 것으로 판단된다. 요컨대, 신탁법에서 말하는 장부란 신탁의 투명성을 보장하고 이해관계인에게 불필요한 의문을 품게 하지 않을 정도의 수준을 갖추는 것으로 충분하다고 판단된다.

'재산목록'의 내용에 대해서는 비교적 의문의 여지가 없다고 할 수 있다. 한 시점의 재산을 다른 재산과 구분되는 정도로 정리하여 목록을 작성하면 될 것으로 본다. '재산목록'이 '장부'가 될 수도 있을 것이나, 그렇지 아니한 경우도 있을 것이다. 이 점은 수탁자가 어떠한 형태로 장부를 구성하는가에 달려 있는 문제이다. 재산목록을 장부의 일부로 구성하지 아니하였을 경우, 1년을 넘는 기간 동안 신탁재산에 관한 거래가 전혀 이루어지지 아니하였더라도 1년을 넘기기 전에 새로운 재산목록을 작성하여야 한다. 이 점에서 제33조 제 2 항의 의미가 있다. 이와 같이 '장부'와 '재산목록'의 내용은 비교적 자유롭게 해석될 수 있고, 이러한 해석이 신탁을 유연하게 해석하는 것과 궤를 같이 하게 된다고 본다.

제34조 제 2 항에서 말하는 '신탁사무 처리에 관한 서류'는 위에서 말하는 '장부' 및 '재산목록'보다 넓은 개념으로 해석함이 옳다. 첫째, 문언상으로도 신탁사무의 처리에 관한 서류는 나머지 두 개념보다 더 넓은 의미를 지닌다.

장부와 재산목록도 신탁사무의 처리와 관련된 서류라 하지 않을 수 없다. 둘째, 신탁사무 처리에 관한 서류의 열람을 청구할 수 있는 자가 위탁자, 그 상속인 및 수익자[10]로 한정되어 있어 그와 같은 제34조 제 1 항에 의한 청구권에 비해 그 청구할 수 있는 내용이 더 넓은 것으로 해석됨이 상당하다. 셋째, 아울러 신탁사무처리에 관한 서류와 관련하여서는 설명까지 요구할 수 있는 것으로 보아 더욱 그러하다. 신탁사무 처리에 관한 서류는 매우 다양한 모습으로 나타날 수 있으므로 미리 한정하여 규정하기 어렵다. 신탁관계의 직접적인 당사자에 관한 것이므로, 장부 또는 재산목록에 비해 매우 구체적인 범위까지 열람 및 설명을 청구할 수 있는 것으로 해석하여야 한다. 예를 들어 수탁자가 신탁재산을 처분하였다면, 위탁자 등은 그 매매계약서의 열람 및 그에 관한 설명을 청구할 수 있다고 보아야 한다. 이 경우, 수탁자는 다른 이유를 들어 일부 서류의 열람이나 설명을 거부할 수 없다고 보아야 한다. 신탁사무 처리에 관한 서류인 한, 거부할 수 없다고 본다.[11]

3. 청구의 내용 및 위반의 효과

위와 같은 의무 또는 청구권의 내용은 열람과 설명이다. 열람은 보여주는 것을 의미하므로, 적절한 방법으로 볼 수 있도록 하는 것을 말한다. 따라서 수탁자가 이해관계인과 그 내용에 관해 미리 합의하여 두는 것도 가능하고, 수탁자 내부의 일정한 규정으로 그 내용을 정해두는 것도 가능하다. 이러한 합의 내지는 규정의 내용이 청구권자의 권리를 부당하게 제약하는 것이 아니라면 그 유효성이 인정되어야 한다. 따라서 예를 들어 수탁자가 회사라면, 本社(장소)에서 일과시간 내(시간)에 한정하여 열람시키는 것도 가능할 것으로 본다. 수탁자가 개인인 경우, 수탁자의 사정과 이해관계인의 사정을 고려하여 합리적인 방법으로 열람이 허용되어야 한다. 당사자간의 합의가 우선 적용될 것이고, 그 방법에 관해 합의가 이루어지지 않으면 결국 법원에 청구하는 수

10) 이하에서는 이러한 자들을 '위탁자 등'이라 부른다. 그리고 이러한 자들의 법정대리인과 기타 법률상 대리하거나 갈음할 수 있는 자들도 여기에 포함되는 것으로 해석하여야 할 것이다. 예를 들어 수익자의 지위에 갈음하는 신탁관리인이 규정상 명백히 규정되어 있지 않더라도, 당연히 포함되어 있는 것으로 보아야 한다.

11) 제34조 제 2 항은, '열람을 청구'하고 '설명을 요구'할 수 있다고 되어 있으나, '요구'라는 표현에 '청구'와 다른 특별한 의미가 부여되어 있는 것으로 해석되지는 않는다.

밖에 없다. 수탁자는 열람할 수 있도록 하여두는 것으로 의무를 다하는 것이다. 비용이 소요되는 경우인데 미리 합의된 바가 없고 수탁자가 비용을 부담할 의사가 없다면, 이해관계인이 비용을 부담하는 수밖에 없다.

열람에 복사하는 것도 포함되는가? 열람의 원래의 의미에는 복사까지 포함되지는 않는다. 그러나 서류의 양이 방대한 경우 열람의 의미를 한정적으로 해석하면 실질적으로 열람을 제한하는 것과 다를 바 없다. 따라서 적절한 방법으로 복사하는 것도 허용되어야 한다. 여기서의 복사는 열람을 보완하는 의미를 가진 것이며, 열람과 독립된 별도의 청구권을 인정하는 것이라 할 수 없다. 따라서 별도의 근거없이 가능하다고 생각된다. 수탁자가 열람은 허용하되 복사되는 것까지는 원하지 않는 경우도 있을 것이다. 그러나 열람을 허용하면서 복사를 허용하지 않을 이유는 없다. 복사를 허용하지 않으려면 열람의 대상도 되지 않는 정도의 것이어야 할 것이다. 이렇게 해석하지 않으면, 장부 등의 양이 방대할 경우 이에 대한 충분한 열람시간을 허용하여야 하며, 실제로는 엄청난 시간 동안의 열람을 허용해야 한다. 이러한 결론은 현실적이지 못하다.

'송부'는 복사와 다른 문제이다. 송부란 대상 장부 등을 다른 곳에 보내는 것으로, 그 개념상 열람의 한 내용이라 할 수 없다. 따라서 신탁계약으로 미리 정하여 두었거나 수탁자가 임의로 허용하는 경우가 아니라면, 이해관계인이 송부를 청구할 권리가 있다고 할 수 없다.

열람은 여러 형태로 허용될 수 있고, 전자적 문서의 경우 인터넷을 통하여 열람을 허용할 수 있을 터인데, 이 경우에도 송부는 별개의 문제라 생각되므로, 수탁자가 다운로드를 허용하지 않는 것도 가능하다고 생각된다.[12)]

4. 제 한

위와 같은 열람 또는 설명청구권을 당사자 간의 협의에 의하여 제한할 수 있는가? 열람과 설명의 방식에 대한 제한은 당사자 간의 협의없이도 가능하다고 본다. 수탁자의 업무처리 방식에 따른 합리적인 제한은 여기서 말하는 제한이라 하기도 어려운 것이며, 합리적인 내용이라면 당연히 허용되어야 한다.

위 각 청구권의 제한은 신탁계약이나 다른 합의를 통하여 가할 수 있을 터이며, 특별한 사정이 없는 한 합의를 통한 제약을 무효라 할 이유가 없다.

12) 열람의 대상에 대한 각론적 검토로, 李重基, 신탁법, 三宇社(2007), 365면 이하 참고.

그러나, 이해관계인의 열람이나 설명청구권에 본질적 제한을 두는 내용의 합의는 무효라고 하여야 한다.[13]

5. 적극적 제공의무 개념

한편, 수탁자는 신탁사무에 관한 정보를 적극적으로 수익자에게 제공할 의무가 있다고 보면서, 이를 '적극적 제공의무'라는 개념으로 설명하는 견해가 있다.[14]

즉, 이에 대한 명시적 정함은 없으나, 주식회사의 경우 회사의 계산서류를 주주에게 적극적으로 제공하여야 하는 것과 비슷하게 수탁자는 수익자에게 신탁계약상 일정한 범위에서 신탁의 상황을 적극적으로 보고할 의무가 있다고 보는 것이다. 다만 그 근거를 제33조에서 찾을 수는 없으며, 따라서 수탁자의 적극적 제공의무에 기하여 제공되어야 하는 장부는 기록보존의무로서 요구되는 장부 그것이 아니고, 회사의 경우의 계산서류에 유사한 것이라 보아야 한다고 주장한다.

이러한 견해는 신탁에서의 수익자의 특수한 지위를 강조하는 견해로 경청할 만한 가치가 있기는 하나, 그러한 특별한 개념을 뒷받침할 만한 법적 근거가 없고, 아울러 따로 인정하여야 할 의의도 그리 크지 않다고 생각한다. 즉, 제34조 제 2 항에서 이미 수익자를 포함한 위탁자 등에게 신탁사무의 처리에 관한 서류의 열람이나 그에 대한 설명을 청구할 수 있다고 하고 있고, 그러한 청구의 대상이 되는 서류의 범위를 넓게 보아야 한다는 이 글의 입론에 따르면, 수익자의 경우에 한정하여 위와 같은 특별한 개념을 인정할 실익을 인정하기는 어렵다.[15]

---

13) 일정한 경우 권리남용이 될 수도 있을 것이다. 同旨, 崔東軾, 信託法, 法文社(2006), 236면.
14) 崔東軾, 信託法, 法文社(2006), 230면 이하.
15) 신탁법 개정방향과 관련하여, 위탁자 및 그의 상속인을 신탁법률관계에 더 이상 개입하지 않도록 하여야 할 것이라거나 수익자를 위탁자 및 그의 상속인과 다른 지위에 두어야 한다는 논의가 있을 수 있으나, 이러한 점은 입법론으로 위 주장과 별개의 문제이다.

Ⅳ. 신탁법 외의 근거 및 각 규정의 관계

신탁과 관련된 장부 등의 열람 및 설명청구권에 관한 신탁법 외의 근거는 역시 구신탁업법 또는 자본시장법의 그것을 들 수 있고, 그 외에는 대상판결의 심리과정에서 신청인들이 주장하였던 신탁계약상의 부수의무와 상법상의 규정들이 검토될 수 있다.

1. 자본시장법

가. 규정의 내용

종래 신탁업을 규율하던 구신탁업법은 2009. 2. 4. 자본시장법이 발효됨에 따라 동시에 폐지되었다. 구신탁업법은, 수익자는 신탁회사에 대하여 신탁재산에 관한 장부·서류의 열람이나 등본 또는 초본의 교부를 청구할 수 있는 것으로 규정하고 있고, 자본시장법 역시 동일한 규정을 두고 있다. 신탁법에서는 '등본이나 초본'을 거론하지 않고 있으나, 위 법들에서는 이들에 대해 규정하고 있으며, 아울러 신탁법은 열람 및 설명에 대해서만 규정하고 있으나, 위 법들은 등본이나 초본의 교부까지 규정하고 있는 점에서 차이가 난다.

한편, 구신탁업법은 '신탁회사'에 대해 청구할 수 있는 것으로 하고 있었으나, 자본시장법은 '신탁업자'에게 청구할 수 있다고 규정하는 등의 차이는 있으나, 열람이나 교부청구의 면에서는 달라진 것이 없다고 할 수 있다.

구신탁업법 제17조의 10은, 신탁법 제정 후 제17조의 다음에 삽입된 제17조의 1 내지 10의 일부로서, 제17조의 2 제 1 항은 '신탁회사는 금전신탁계약에 의한 수익권을 표시하는 수익증권을 발행할 수 있다'라고 규정하고 있고 그에 뒤따르는 규정인 듯한 면이 있는 점 등에 비추어 금전신탁계약을 전제로 한 규정이 아닌가 하는 의문이 들기도 하나, 제17조의 10이 반드시 금전신탁계약을 전제로 한 것이라 명시하고 있지도 않으며, 아울러 수익자의 열람 또는 교부청구권에 관한 규정이 금전신탁의 경우에만 문제되고 그 외의 신탁, 대표적으로는 부동산신탁에 관해서는 문제되지 않는다고 할 수 없으므로, 결국 이 규정은 신탁의 종류를 따지지 않고, 모든 신탁에 관한 신탁업에 대해 적용된다고 봄이 상당하다. 자본시장법은 조문 구조상 구신탁업법과 같이 달리 해석할 여지도 없으므로, 금전신탁에만 해당된다고 볼 여지는 더욱더 없다.

나. 신탁법과의 관계

신탁법과 자본시장법의 차이를 정리하면 아래의 표와 같다. 청구의 상대방에 관해 신탁법은 수탁자, 자본시장법은 신탁업자를 들고 있으나, 이 점은 두 법의 적용대상의 차이에서 비롯되는 것으로 본질적인 차이라 할 수 없다.

구 분	신탁법	자본시장법(구신탁업법)
청구권자	위탁자, 그 상속인 및 수익자	수익자
대상서류	신탁사무의 처리에 관한 서류	신탁재산에 관한 장부·서류
청구의 내용	열람, 설명	열람, 등본 또는 초본의 교부

위와 같이 두 법의 적용대상은 여러 면에서 차이가 있어 두 규범의 관계를 어떻게 볼 것인지 문제된다.

신탁법은 신탁관계 전반에 걸쳐 적용되는 것이지만 자본시장법의 조문은 신탁업자에 대해서만 적용되는 것이다. 따라서 신탁법률관계에 대해서는 신탁법이 기본법이고 자본시장법이 특별법이라 할 수 있고, 신탁업자에 대해서는 자본시장법에 정함이 있다면 그에 따르고, 그에 정함이 없다면 신탁법이 적용되는 것이라 해석함이 상당하다. 위 두 법률의 관계에 관하여 이와 같이 자본시장법을 특별법으로 보고 해당 범위 내에서는 신탁법이 적용되지 않는다는 입장(특별법설)과 특별법여부와 상관없이 신탁법 규정의 적용이 배제되지 않는다는 입장(병행적용설) 중 어느 쪽 입장을 취하는가에 따라 각 규정, 특히 자본시장법 해당 규정의 의미가 많이 달라지게 된다. 예를 들어 신탁법에 따르면 설명청구권이 인정되나, 자본시장법에서는 그러한 정함이 없다. 따라서 특별법설에 따르면 수익자는 수탁자(신탁업자)에게 신탁사무의 처리에 관한 설명을 요구할 수 없게 되나, 병행적용설에 따르면 그러한 설명을 요구할 수 있게 된다. 이 경우 자본시장법의 정함의 의의는, 그에 따라 수익자는 신탁업자에게 서류 등·초본의 교부청구를 할 수 있다는 점에서 찾을 수 있게 된다. 그러나 이러한 해석이 과연 타당한 것인지가 문제이다. 아래에서는 위에서 본 차이점들을 중심으로 두 법률의 적용관계를 구체적으로 검토해 본다.

다. 청구권자

자본시장법은 청구권자로 수익자만을 들고 있다. 즉, 위탁자 및 그의 상속인에 대해서는 따로 규정함이 없다. 대상서류와 청구할 수 있는 내용이 반드시 어느 쪽이 더 큰 것이라 단정할 수는 없지만(이 점에 관해서는 아래에서 다시 다룬다), 서로 내용이 다른 부분이 있는데, 만일 특별법설을 취하고 위탁자 및 그의 상속인들에 대해서는 자본시장법이 적용되지 않고 신탁법만 적용된다면, 수익자는 설명을 요구할 수 없으나 위탁자 및 그의 상속인은 설명을 요구할 수 있다는 것이 되어 균형이 맞지 않는다. 따라서 특별법설을 취할 경우, 수익자만이 서류의 열람, 교부청구를 할 수 있는 것이고, 위탁자 및 그의 상속인은 이러한 청구 및 신탁법상의 청구도 할 수 없는 것으로 해석함이 상당하다.[16] 이해관계인도 마찬가지이다. 이러한 해석론에 따르면 신탁과 관련하여서는 수익자에 국한하여 위와 같은 권리를 인정하고, 여타의 당사자들에 관련하여 신탁법에 비해 권한이 많이 제약된다. 이러한 결론은, 신탁업자는 상법 또는 금융관련 규정이 적용되어 일반적인 규제가 가해질 것이라는 점에 의해 정당화될 수 있다. 아울러 입법적인 측면에서는 위탁자를 가급적 신탁관계에서 배제하여야 한다는 방향과 일치된다.

라. 대상서류

대상서류에 관해서는, 신탁법에서는 '신탁사무의 처리에 관한 서류'라고 하고 있음에 반해 자본시장법은 '신탁재산에 관한 장부·서류'라고 하고 있어 얼핏 보면 신탁법의 규정이 훨씬 더 포괄적인 것처럼 보이지만, 신탁법률관계는 결국 신탁재산에 관한 것이 가장 중요한 것이고, 직접 신탁재산에 관한 것

16) 이러한 점 때문에 특별법설을 취하는 경우에도 다시 두 가지로 나누어 볼 수 있다. 즉, 이해관계인 전체에 대하여 특별법설에 따른 법리가 적용되어야 한다고 볼 수도 있고(일반적 특별법설), 자본시장법에서 규정하고 있는 수익자에 대해서만 적용되고, 자본시장법에서 정함이 없는 다른 이해관계인들에 대해서는 신탁법이 그대로 적용된다고 볼 수도 있다(한정적 특별법설). 본인은 현재의 법률구조로는 이 중 일반적 특별법성이 옳다고 생각한다.

이 아니라 하더라도 조금 넓게 파악하면 신탁사무의 처리에 관한 것이란 결국 신탁재산에 관한 것이라 볼 수 있을 것이므로, 하위법령의 내용에 따라서는 위 두 법률의 규정에 큰 차이가 없게 될 수도 있다.

그러나 자본시장법 제115조 제 2 항에서, 열람이나 교부를 청구할 수 있는 대상을 '1. 신탁재산 명세서, 2. 재무제표 및 그 부속명세서, 3. 신탁재산 운용내역서'로 한정하고 있으므로, 자본시장법의 대상서류가 훨씬 더 범위가 좁다고 할 수 있다.

마. 청구의 내용

청구의 내용은 서로 많이 다르다. 열람은 일치되는 내용이다. 그러나 신탁법은 그 외에 '설명'을, 자본시장법은 '교부'를 정하고 있고, 이 두 가지의 내용이 서로 다르다는 점은 쉽게 알 수 있다.

결국 이 점에 관해 일반적 특별법설을 취하면, 수익자에 한하여 관련서류의 등·초본을 교부할 것을 청구할 수 있는 것이 되고, 한정적 특별법설을 취하면, 수익자는 위와 같으나 위탁자 및 그 상속인은 등·초본의 교부 대신 설명을 요구할 수 있다는 것이 되며, 병행적용설을 취하면 신탁법의 규정은 변함없이 적용되고, 이에 더하여 수익자는 등·초본의 교부를 청구할 수 있는 것이 된다.

2. 기타의 근거

가. 상법상의 근거

장부 등에 관한 상법상의 근거는 상법 제 5 장(제29조 내지 제33조) '상업장부'에 관한 규정이 있고, 제 4 장 '주식회사' 제 7 절 '회사의 계산'에서 규정된 재무제표 등에 관한 규정을 들 수 있다.

그런데 상업장부에 관한 규정은 주로 해당 장부의 작성의무를 규정하고 있고, 외부에 대한 사항은 제32조에 따라 법원이 신청 또는 직권에 의하여 소송당사자에게 상업장부 또는 그 일부분의 제출을 명할 수 있는 것으로 규정하고 있을 뿐이다.

따라서 이 규정에 따라 이해관계인이 장부의 열람이나 설명을 요구할 수 없고, 나아가 신탁에서 이 규정을 이용하여 그러한 성과를 달성할 수도 없다.

게다가 이 규정은 상인에 대한 규정이므로, 민사신탁의 경우에는 적용될 여지가 없다.

이러한 점들 때문에 대상판결의 사안에서 신청인들은 장부의 소유권이 그들에게 있음을 주장하면서, 그에 근거하여 증빙자료 수령권을 주장하였던 것으로 이해된다. 그러나 청구인들에게 장부의 소유권이 있다면 다른 근거 또는 소유권을 전제로 하는 별도의 청구권을 주장할 필요도 없었을 것이다.

한편, 일반적으로 장부의 소유권은 작성자에게 있는 것이다. 신탁의 경우 수탁자가 신탁재산을 위하여 장부를 작성하였다고 하더라도 어디까지나 수탁자의 업무처리를 위하여 작성하는 것이라 함이 상당하고 그것이 당연히 신탁재산의 일부가 된다고 할 수도 없다. 따라서 신탁법률관계가 해소되어 수탁자가 잔존 신탁재산을, 예를 들어 수익자에게 이전하는 경우에도, 관련 장부 등이 당연히 신탁재산의 일부가 되어 수익자에게 이전하여야 하는 대상이라 할 수 없다. 이전작업을 위하여 장부를 넘길 수도 있고 제시할 수도 있으며 필요하다면 그 복사본을 제시할 수도 있을 것이나, 그렇다 하더라도 이는 이전을 정확히 하기 위하여 수탁자가 임의로 하는 것이며, 장부 등의 소유권이 수익자에게 넘어가는 것이라 할 수 없다.

이러한 점에서 이 사건에서 신청인들이 장부 등의 소유권을 주장한 점이나, 상법 제29조, 제33조를 근거로 주장을 편 것은 그 정당성을 인정하기 어렵다. 한편, 주식회사에 관한 규정은 주식회사를 전제로 주식회사의 법률관계에 관하여 적용되는 것이므로, 신탁법률관계에서 적용될 여지가 없다.

나. 계약상 부수적 의무

계약상 부수적 의무가 될 수 있는 것은, 계약에 명시되었으나 주된 의무에 비하여 부수적인 것을 말하는 경우가 있고, 계약에 명시되어 있지는 않으나 신의칙 기타의 근거에 의하여 인정되는 부수적인 의무가 있을 수 있다.[17] 전자의 경우는 주된 의무에 비해 그 중요성이 떨어진다는 것뿐이지 명시적인

17) 이러한 의무를 인정한 대법원판결의 예로, 대법원 2000. 5. 16. 선고 99다47129 판결(사용자는 근로계약에 수반되는 신의칙상의 부수적 의무로서 피용자가 노무를 제공하는 과정에서 생명, 신체, 건강을 해치는 일이 없도록 인적·물적 환경을 정비하는 등 필요한 조치를 강구하여야 할 보호의무를 부담하고, 이러한 보호의무를 위반함으로써 피용자가 손해를 입은 경우 이를 배상할 책임이 있다).

의무이므로 당연히 지켜져야 하는 것이다. 따라서 여기서의 논의는 후자에 관한 것이다.

신탁계약에 관해서도 일반적인 의미에서의 부수적 의무를 인정할 수 있음은 再論을 요하지 않는다. 그러나 그 구체적인 의미가 문제이다. 위에서 본 열람·설명청구권과 관련하여서도 당연히 부수적 의무가 인정되나, 그러한 의무는 어디까지나 본래의 의무를 보완하는 내용에 그쳐야 하며, 그러한 의무의 범위를 넘는 것이어서는 아니 된다. 위에서 본 복사가 바로 이러한 부수적 의무에 포함된다고 볼 여지가 있다.

V. 일본 신신탁법의 검토

일본의 구신탁법은 우리나라의 신탁법과 거의 동일한 규정이나, 신신탁법은 그 내용을 크게 바꾸었다. 동법 제36조 및 제37조가 그것인데, 구신탁법에 비해 다음과 같은 점들이 두드러진다.

첫째, 수탁자에게 청구할 수 있는 것을 '보고'로 단일화하였다{제36조 및 제37조 (3)항}.

둘째, 수탁자에게 보고를 받을 수 있는 사람도 이해관계인으로 규정하지 않고 위탁자 및 수익자로 단순화하였다. 제36조에 따른 신탁사무처리 상황에 대한 보고의무는 위탁자 및 수익자, 제37조 (3)항의 장부 등 보고의무는 수익자에게만 진다.

셋째, 수탁자가 작성·보존하고 수익자(신탁관리인이 현존하는 경우에는 신탁관리인)에게 보고하여야 하는 서류를 '대차대조표, 손익계산서 외 법무성령[18]

---

18) 여기서 말하는 법무성령은 '信託計算規則'이다. 동 규칙 제 4 조가 이 점에 대해 규정하고 있다. 그 내용은 다음과 같다.

제 4 조[신탁장부 등의 작성]

법 제37조 제 1 항의 규정에 의한 신탁재산에 관계되는 장부 기타 서류 또는 전자적 기록(이하 이 조 및 다음 조에서 '신탁장부'라 한다)의 작성 및 법 제37조 제 2 항의 규정에 의한 동항의 서류 또는 전자적 기록의 작성에 대하여는 이 조에서 정한 바에 의한다.

2. 신탁장부는 하나의 서면 기타 자료로 작성하는 것을 필요로 하지 아니하며, 다른 목적으로 작성된 서류 또는 전자적 기록으로 신탁장부로 하는 것이 가능하다.
3. 법 제37조 제 2 항에서 규정한 법무성령에서 정한 서류 또는 전자적 기록은 이 조의 규정에 의하여 작성된 재산상황개시자료로 한다.

에서 정한 서류 또는 전자적 기록'으로 특정하였다. 특히 전자적 기록을 명시한 점이 돋보인다.

제37조의 다른 조항의 내용은 대부분 수탁자의 보존의무에 관한 것이다. 이러한 보존의무 외에 각 보고의무에 관한 사항을 정리하면 다음과 같게 된다.

조 문	대 상	권리자	요구가능행위
제36조	신탁사무처리 상황 및 신탁재산에 속한 재산과 신탁재산책임부담채무 상황	위탁자 또는 수익자	보 고
제37조 (3)항	대차대조표, 손익계산서 외 법무성령에서 정한 서류 또는 전자적 기록	수익자(신탁관리인이 현존하는 경우에는 신탁관리인)	보 고

한편, 제37조 (4)항에서는 일정한 보존의무를 규정하고, 수익자(2인 이상의 수익자가 현존하는 경우에는 모든 수익자, 신탁관리인이 현존하는 경우에는 신탁관리인)에 대해 당해 서류 또는 그 사본을 교부하거나 전자적 기록을 제공한 때는 보존의무를 면해주고 있다. 그러나 이와 같은 '교부' 또는 '제공'한 때 보존의무를 면하는 것이지, 그러한 교부의무 또는 제공의무를 규정하고 있는 것은 아니다.

이러한 일본 신신탁법의 규정은 장래 우리 신탁법 개정작업에 많은 도움이 될 수 있는 내용이다.

Ⅵ. 대상판결의 검토

이 사건에서 신청인들은 위탁자 겸 수익자였으므로 청구권자로서의 자격을 갖추었고, 위에서 본 목록의 내용을 검토하면 청구대상서류가 될 수 있는 것들이었다고 생각된다.

대상판결에 대한 제 1 심 이래 대법원까지의 결정은 모두 신청을 기각하

4. 재산상황개시자료는, 신탁재산에 속하는 재산 및 신탁재산책임부담채무의 개황을 명확히 하는 것이어야 한다.
5. 재산상황개시자료는, 신탁장부에 터잡아 작성하여야 한다.
6. 신탁장부 또는 재산상황개시자료의 작성에 있어, 신탁행위의 취지를 참작하여야 한다.

였다는 점에서 일치되나, 그 이유는 조금씩 달랐다.

1. 제 1 심 결정

제 1 심은 이 글에서 말하는 특별법설을 취하고, 피신청인이 구신탁업법에 따른 서류 또는 장부를 이미 열람하게 하고 교부한 바 있다고 설시하고, 그 규정에서 말하는 범위를 넘는 서류 또는 장부까지 열람 및 교부한 사실이 있으므로 이 사건 청구는 피보전권리 및 보전의 필요성이 인정되지 않는다는 이유를 들었다.

제 1 심의 설시가 매우 간단하여 구체적으로 어떠한 입장을 취하였는지, 즉 일반적인 특별법설을 취하였는지, 한정적 특별법설을 취하였는지 불분명하고, 나아가 이 사건에서 신청인들이 송부를 구하고 있는 서류들이 신탁법의 적용대상인 서류는 되지만 구신탁업법에서 말하는 서류에는 해당되지 않는 것인지 여부 역시 명백하지 않다. 잘 읽어보면, 신청인들이 청구하고 있는 서류가 구신탁업법에서 규정한 서류에는 해당되지 않는다고 본 듯한 느낌이 드나, 명확한 것은 아니다.

또 한 가지 제 1 심 결정에서 잘 이해되지 않는 부분은, 신청취지는 분명히 '… 장부 및 서류를 4주 내에 송부하여야 한다'라고 되어 있음에도, 이유에서는 '장부 및 서류의 열람, 등사를 구할 피보전권리 및 보전의 필요성에 대한 소명이 부족하여 …'라고 한 점이다. 이것이 단순한 誤記인지, 아니면 송부를 '서류의 열람, 등사'의 일환으로 파악한 것인지 제 1 심 결정문만으로는 도저히 판단할 수 없다. 본인의 판단으로는 제 1 심 재판부가 후자로 본 듯하나, 만일 이러한 판단이 옳다면 그에 찬성하기 어렵다. 즉, '송부'는 行爲形態로도 분명히 '열람, 등사'와 다른 것이고, 또한 법에서 말하는 '등본 또는 초본의 교부'와도 다른 것이다. 만일 제 1 심 재판부의 참뜻이 송부를 포함하여 다른 청구도 불가능하다라는 것이었다면, 이유 중 위 부분을 '열람, 등사'라고 하지 말고, 법문상의 표현대로 '열람이나 등본 또는 초본의 교부'라고 표현하는 것이 더 좋았을 것이라 생각한다.

2. 제 2 심 결정

제 2 심 결정은 제 1 심 결정을, 상법 관련 조문을 신청인이 들고 있는 근거조문으로 추가하는 외에는 그대로 인용하였다. 따라서 제 1 심 결정이 갖고 있는 문제를 그대로 갖고 있는 것으로 볼 수 있다.

제 2 심 결정은 여기에 추가하여, 신탁업법 제17조의 10은 부동산신탁에는 적용되지 않는다는 신청인들의 주장을 배척하였는데, 그 점이 옳다함은 위에서 이미 본 바와 같다.

3. 제 3 심 결정

이 글의 평석대상결정인 제 3 심 결정의 핵심은 두 가지이다. 이 글에서 말하는 병행적용설을 취한 것이 그 첫째이고, 신탁법에서 말하는 '열람'청구권에는 '송부'청구권이 포함되지 않는다고 본 것이 둘째이다. 대상결정은 위 병행적용설에 따라 이에 반하는 원심결정은 잘못된 것이나, '송부'의 의미에 관한 위와 같은 판단에 따라 원심결정은 결과적으로 정당하다고 보아 재항고를 기각하였다.

대상결정은 병행적용설을 취하는 이유에 대해, 신탁법 제34조에서 정한 열람청구권은 신탁사무의 적정한 처리를 위한 것이고, 특히 수익자의 이러한 감독권의 행사는 신탁계약의 목적인 수익권의 본질에 속하는 것이어서 합리적인 이유없이 제한할 수 없고, 신탁업법의 규정은 신탁회사의 건전한 경영과 수익자의 보호를 목적으로 필요한 규율을 하는 법률로서, 입법의 취지와 목적을 달리하는 신탁업법의 '단속적·규제적 규정'을 들어 신탁법이 규율하는 사법적인 신탁관계의 본질에서 비롯되는 수익자 등의 신탁사무에 관한 감독권을 제한하는 근거로 삼을 수 없다고 설명하고 있다.

그러나 이러한 결론에 쉽게 찬성할 수 없다. 신탁업법이 단속적·규제적 규정인 것은 맞으나, 그렇다고 하여 그것으로 신탁법의 규정에 제약을 가하는 것이 불가능하다는 것은 반드시 논리적인 것이라 할 수 없다. 이러한 논리에 따르면 특별법에 의하여 신탁법의 규정에 제약을 가하려면, 그 법이 '단속적·규제적 규정'이 아님을 명시하여 가며 입법을 하여야 한다는 것이 되어 부당하고, 한편 단속적·규제적 규정에 의해 왜 그렇지 않은 규정에 제한을 가할 수 없다는 것인지 쉽게 수긍하기 어렵다. 위와 같은 논리전개는 통상의 단속규정은 규율대상행위의 *私法的 效力*에는 영향을 미치지 않는다는 일반론을 연상하게 한다. 그러나 신탁법상의 열람청구권은 실체적 법률관계 자체에 관한 것이 아니고, 그것과 관련된 절차규정에 지나지 않는다. 따라서 위 두 규정의 관계는 규정 자체의 취지에 의하여 판단하여야 할 뿐이고, 그 해석론이 정당하다면 얼마든지 구신탁업법 또는 자본시장법에 의하여 신탁법의 규정도 제약될 수 있다고 본다.

대상결정이 수익자에 관해 병행적용설을 취한 것은 분명하고, 수익자를 제외한 다른 당사자들에 대해서는 명시하지 아니하였으나, 위 점에 미루어 보면 다른 당사자들 역시 신탁업법의 영향을 받지 않고 열람청구권 등을 행사할 수 있다고 보는 것으로 해석함이 상당할 듯하다. 대상결정은 그 이유에서 수익자의 지위에서 비롯된 특성을 강조하면서 그 뒤를 이어 '수익자 등의 신탁사무에 관한 감독권'이라고 설명하고 있어 전후의 관계도 적절하게 부합하지 않는 면이 있다. 대상결정에서 '수익자 등'이라고 설시하였으므로, 대상결정의 결론은 수익자뿐만이 아니라 위탁자 및 그 상속인 나아가 이해관계인들에게까지 적용되어야 할 것으로 해석되는데, 수익자를 제외한 다른 당사자들에게는 대상결정이 수익자에 관해 강조하고 있는 논리가 적용되지 않는다.

따라서 대상결정의 위와 같은 결론에는 따르기 어렵다. 그러나 '송부'의 의미를 '열람'과는 별개의 것이라 본 점은 옳다. 다만 이 부분에서도 '송부'는 '열람'보다 '교부'의 일환으로 포섭하여 그에 포함되지 않는 것으로 봄이 더 상당하지 않았는가 생각된다.

'송부'의 이러한 점에 착안한다면, 이 사건 청구는 그 점에 의하여 간단히 기각될 수 있는 것이었고, 따라서 제 1 심 결정 및 원심결정은 불필요한 점에 대해서만 잔뜩 설명한 것이 되고 말았다.[19]

한편, 신청인들이 왜 '열람 또는 교부'를 청구하지 않고 '송부'를 청구한 것인지, 신청서류들을 이미 열람한 바 있고 그에 추가하여 송부를 구한 것인지 등이 매우 궁금하나, 결정문상으로는 판단하기 어렵다. 본인의 생각으로는 만일 기왕에 열람하였거나 교부받은 서류가 아닌 것이었던 듯한데, 그렇다면 그러한 서류에 대해 열람이나 교부를 청구하거나 또는 열람의 일환으로 복사를 청구하였더라면 어떠한 결론이 나왔을까 매우 궁금하다. 이 사건에서는 반

19) 이러한 분석이 옳다면, 이 사건의 해결을 위하여서는 신탁법과 자본시장법의 문제를 다룰 필요도 없는 것이었는데, 원심이 그에 관한 판단을 하였기 때문에 대상결정이 어쩔 수 없이 그 점에 관하여 지적한 것이라 할 수 있다.

드시 '송부'를 구하여야 하는 특별한 사정이 있었을 것으로 생각되나, 그 점을 밝히기 어려운 점이 아쉬움으로 남는다.

4. 구체적 타당성 및 입법론

신탁법은 신탁 전반에 대해 적용되는 것이고, 구신탁업법 및 자본시장법(이하 '자본시장법')은 영업으로 신탁을 취급하는 신탁회사나 신탁업자에 대해 적용하는 것이므로, 두 법률이 동일한 대상에 대해 규율하고 충돌의 가능성이 있을 때는 자본시장법이 특별법의 지위에 있다는 명제를 인정하기는 그리 어렵지 않다.

자본시장법의 경우 등·초본의 교부를 규정하고 있고 신탁법에서는 이러한 규정을 두고 있지 아니하기는 하나, 이러한 착안하더라도 위와 같은 관계에 지장을 주는 것이 아니다. 대상결정의 결론에 따르면 열람에 관한 한 자본시장법의 규정은 形骸化되고 만다.

그러함에도 법원이 병행적용설을 취한 이유는, 특별규정설을 취할 경우 자본시장법이 적용되는 신탁에 관해서는 신탁법에서 정한 설명청구권이 사라지게 되고 수익자의 열람청구권도 매우 제한되는 것이 되어 부당하다고 보았기 때문으로 이해된다. 이러한 점에서 대상결정의 위와 같은 견해가 이해되지 않는 것도 아니다.

그러나, 그렇다 하더라도 자본시장법의 해당 부분을 形骸化하는 이러한 해석은 타당하지 않다. 결국 이 점은 신탁법의 취지를 제대로 이해하지 못하고 오로지 금융기관에 대한 규율이라는 점만을 강조하여 수익자의 열람청구권을 대폭 축소한 자본시장법의 입법에서 비롯되는 것이다. 자본시장법의 입법취지는 다수의 위탁자 및 수익자가 관여하는 신탁의 경우, 모든 위탁자 또는 수익자에게 신탁사무의 처리에 관한 열람과 설명청구권을 인정하면 신탁회사의 부담이 지나치게 무거워진다고 보아 이를 제한한 것으로 이해된다. 그러나 신탁업자의 입장에서 보면 위탁자나 수익자는 고객이며, 고객이 신탁업자에게 열람과 설명을 요구하는 것을 막는 것은 옳지 않다.

따라서 입법론으로는 자본시장법의 열람규정을 신탁법의 그것과 일치시키고 의문의 여지없이 정비하는 작업이 필요하다. 아울러 수익자를 제외한 다른 이해관계인들에 관해서도 명백히 규정하는 것도 필요하다. 따라서, 신탁법에서의 위탁자의 상속인은 삭제하고, 자본시장법에서 위탁자 및 수익자[20]의 열람청구권의 범위를 신탁법에 맞추어 규정하거나, 이를 신탁법보다는 좁게 인정하는 것이 타당하다면 그 취지를 명백히 하여 규정하여야 한다.

Ⅶ. 맺는 말

이상 신탁법 및 구신탁업법(그리고 자본시장법)의 열람, 설명 및 교부청구권에 관하여 대상결정을 검토하는 형식으로 살펴보았다. 대상결정은 이러한 신탁절차의 면에 관한 매우 중요한 사례이나, 신탁법률관계에 관한 일반법으로서의 신탁법과 신탁특별법의 관계를 명확하게 파악하지 못한 것이 아닌가 하는 아쉬움이 남는다. 비록 구체적 타당성의 면에서 납득되는 면이 있기는 하나, 그렇더라도 쉽게 수긍하기 어려운 점이 있다.

그러나, 법률에서 명시적으로 규정하고 있지 않은 유형인 '송부'라는 형태의 청구에 대해 올바른 판단을 내렸다는 점에서 큰 의미가 있다. 향후 좀 더 많은 문제제기가 이루어져 신탁절차의 면에서도 많은 사례들이 축적되기를 기대해본다.

[관련법규]

*신 탁 법

제28조(수탁자의 신탁사무처리의무)

수탁자는 신탁의 본지에 따라 선량한 관리자의 주의로써 신탁재산을 관리 또는 처분하여야 한다.

제33조(장부비치의무)

① 수탁자는 장부를 비치하고 각 신탁에 관하여 그 사무의 처리와 계산을 명

20) 입법론과 관련하여 신탁이 성립된 다음 신탁재산에 대한 이해관계인은 수익자이며, 위탁자는 신탁관계에서 이탈시키는 것이 옳다고 생각한다. 그러나 자본시장법이 적용될 신탁은 대부분 금융상품과 관련된 것일 터이고, 이러한 신탁은 대부분 자익신탁일 것이므로, 위탁자를 청구권자로 하여도 무방할 것이다.

백히 하여야 한다.

② 수탁자는 신탁을 인수한 때와 매년 1회 일정의 시기에 각 신탁의 재산목록을 작성하여야 한다.

제34조(서류의 열람)

① 이해관계인은 언제든지 전조의 서류의 열람을 청구할 수 있다.

② 위탁자, 그 상속인 및 수익자는 신탁사무의 처리에 관한 서류의 열람을 청구하거나 신탁사무의 처리에 관하여 설명을 요구할 수 있다.

* 구신탁업법

제17조의 10(신탁재산등에 관한 장부 · 서류)

① 수익자는 신탁회사에 대하여 영업시간 내에 당해 수익자에 관련된 신탁재산에 관한 장부·서류의 열람이나 등본 또는 초본의 교부를 청구할 수 있으며, 신탁회사는 정당한 사유없이 이를 거절하지 못한다.

② 제 1 항의 규정에 의한 열람이나 등본 또는 초본의 교부청구의 대상이 되는 장부·서류의 범위 등에 관하여 필요한 사항은 금융위원회가 정한다. <개정 2008. 2. 29>

제43조(과태료〈개정 2000. 1. 21〉)

① 다음 각호의 1에 해당하는 자는 1천만원 이하의 과태료에 처한다. <개정 2000. 1. 21>

1. 제 8 조 제 1 항 또는 제 2 항의 규정에 위반한 자
2. 제17조의 10의 규정에 위반한 자
3. 제19조 또는 제25조의 규정에 의한 보고서 또는 자료를 제출하지 아니하거나 허위로 제출한 자
4. 제20조 제 2 항의 규정에 위반하여 회계처리를 한 자
5. 제25조의 2 제 4 항 또는 제25조의 3의 규정에 의한 공시를 하지 아니하거나 허위로 한 자
6. 제26조 제 1 항(제31조 제 2 항에서 준용하는 경우를 포함한다) 또는 제33조 제 2 항의 규정에 의한 검사를 거부·방해 또는 기피한 자

② 제 1 항의 규정에 의한 과태료는 대통령령이 정하는 바에 의하여 금융위원회

가 부과·징수한다. <신설 1998. 1. 13, 1999. 1. 29, 1999. 5. 24, 2008. 2. 29>

③ 제 2 항의 규정에 의한 과태료처분에 불복하는 자는 그 처분의 고지를 받은 날부터 30일 이내에 금융위원회에 이의를 제기할 수 있다. <신설 1998. 1. 13, 1999. 5. 24, 2008. 2. 29>

④ 제 2 항의 규정에 의하여 과태료처분을 받은 자가 제 3 항의 규정에 의하여 이의를 제기한 때에는 금융위원회는 지체없이 관할법원에 그 사실을 통보하여야 하며, 그 통보를 받은 관할법원은 비송사건절차법에 의한 과태료의 재판을 한다. <신설 1998. 1. 13, 1999. 5. 24, 2008. 2. 29>

⑤ 제 3 항의 규정에 의한 기간 내에 이의를 제기하지 아니하고, 과태료를 납부하지 아니한 때에는 국세체납처분의 예에 의하여 이를 징수한다. <신설 1998. 1. 13>

* 구신탁업법 시행령

제14조(영업보고서 및 업무보고서)

① 법 제19조 본문의 규정에 의한 영업보고서 및 업무보고서의 서식·종류 및 제출시기등은 금융위원회가 정한다. <개정 2005. 7. 15, 2008. 2. 29>

② 금융위원회는 신탁겸영금융기관이 다른 법률에 의하여 동일한 내용의 보고를 하는 경우에는 법 제19조 단서의 규정에 의하여 제 1 항의 보고서의 제출을 생략하게 할 수 있다. <개정 2005. 7. 15, 2008. 2. 29>

* 자본시장과 금융투자업에 관한 법률

제113조(장부 · 서류의 열람 및 공시 등)

① 수익자는 신탁업자에게 영업시간 중에 이유를 기재한 서면으로 그 수익자에 관련된 신탁재산에 관한 장부·서류의 열람이나 등본 또는 초본의 교부를 청구할 수 있다. 이 경우 그 신탁업자는 대통령령으로 정하는 정당한 사유가 없는 한 이를 거절하여서는 아니 된다.

② 제 1 항에 따른 열람이나 등본 또는 초본의 교부 청구의 대상이 되는 장부·서류의 범위 등에 관하여 필요한 사항은 대통령령으로 정한다.

* 자본시장과 금융투자업에 관한 법률 동 시행령

제115조(장부 · 서류의 열람 및 공시 등)

① 법 제113조 제1항 후단에서 "대통령령으로 정하는 정당한 사유"란 다음 각 호의 어느 하나에 해당하는 경우를 말한다. 이 경우 신탁업자는 열람이나 교부가 불가능하다는 뜻과 그 사유가 기재된 서면을 수익자에게 내주어야 한다.

1. 신탁재산의 운용내역 등이 포함된 장부·서류를 제공함으로써 제공받은 자가 그 정보를 거래 또는 업무에 이용하거나 타인에게 제공할 것이 뚜렷하게 염려되는 경우
2. 신탁재산의 운용내역 등이 포함된 장부·서류를 제공함으로써 다른 수익자에게 손해를 입힐 것이 명백히 인정되는 경우
3. 신탁계약이 해지된 신탁재산에 관한 장부·서류로서 제62조 제1항에 따른 보존기한이 지나는 등의 사유로 인하여 수익자의 열람제공 요청에 응하는 것이 불가능한 경우

② 수익자가 법 제113조 제1항에 따라 열람이나 등본 또는 초본의 교부를 청구할 수 있는 장부·서류는 다음 각 호와 같다.

1. 신탁재산 명세서
2. 재무제표 및 그 부속명세서
3. 신탁재산 운용내역서

* 일본 구신탁법[21]

제39조(장부작성의무)

① 수탁자는 장부를 비치하여 각 신탁에 대하여 그 사무의 처리 및 계산을 명확히 하여야 한다.

② 수탁자는 신탁을 인수할 때 및 매년 1회 일정한 시기에 각 신탁에 대한 재산목록을 작성하여야 한다.

21) 일본 구신탁법의 해석은 본인에 의한 것이고, 신신탁법의 해석은 최수정, 일본신신탁법, 진원사(2007)에 의한 것이다.

제40조(이해관계인 등의 장부열람청구권)

① 이해관계인은 언제라도 전 조 서류의 열람을 청구할 수 있다.

② 위탁자, 그 상속인 및 수익자는 신탁사무의 처리에 관한 서류의 열람을 청구하거나 신탁사무의 처리에 대한 설명을 구할 수 있다.

* 일본 신신탁법

제36조(신탁사무처리 상황에 대한 보고의무)

위탁자 또는 수익자는 수탁자에 대해 신탁사무처리 상황 및 신탁재산에 속한 재산과 신탁재산책임부담채무 상황에 대해 보고를 요구할 수 있다.

제37조(장부 등의 작성 등, 보고 및 보존 의무)

(1) 수탁자는 신탁사무에 관한 계산 및 신탁재산에 속하는 재산과 신탁재산책임부담채무 상황을 명확히 하기 위하여 법무성령에서 정하는 바에 따라 신탁재산에 관한 장부 외 서류 또는 전자적 기록을 작성하여야 한다.

(2) 수탁자는 매년 1회, 일정 시기에 법무성령에서 정하는 바에 따라 대차대조표, 손익계산서 외 법무성령에서 정한 서류 또는 전자적 기록을 작성하여야 한다.

(3) 수탁자는 전항의 서류 또는 전자적 기록을 작성한 때 그 내용에 대해 수익자(신탁관리인이 현존하는 경우에는 신탁관리인)에게 보고하여야 한다. 단 신탁행위에 별도의 정함이 있는 경우에는 그 정함에 의한다.

(4) 수탁자는 제 1 항의 서류 또는 전자적 기록을 작성한 경우 그 작성일로부터 10년간 서류(당해 기간 내에 신탁의 청산이 완료된 때에는 그 완료된 날까지. 다음 항에서도 동일하다), 당해 서류(당해 서류에 갈음하여 전자적 기록을 법무성령에서 정하는 방법에 따라 작성한 경우에는 당해 전자적 기록) 또는 전자적 기록(당해 전자적 기록에 갈음하여 서면을 작성한 경우에는 당해 서면)을 보존하여야 한다. 단 수익자(2인 이상의 수익자가 현존하는 경우에는 모든 수익자, 신탁관리인이 현존하는 경우에는 신탁관리인. 제 6 항 단서에서도 동일하다)에 대해 당해 서류 또는 그 사본을 교부하거나 당해 전자적 기록에 기록된 사항을 법무성령에서 정한 방법에 따라 제공한 때에는 그러하지 아니하다.

(5) 수탁자는 신탁재산에 속한 재산의 처분에 관한 계약서, 그 외의 신탁사무

처리에 관한 서류 또는 전자적 기록을 작성하거나 취득한 경우에는 그 작성 또는 취득한 날로부터 10년간 당해 서류(당해 서류에 갈음하여 전자적 기록을 법무성령에서 정한 방법에 따라 작성한 경우에는 당해 전자적 기록) 또는 전자적 기록(당해 전자적 기록에 갈음하여 서면을 작성한 경우에는 당해 서면)을 보존하여야 한다. 이 경우 전항 단서의 규정을 준용한다.

(6) 수탁자는 제 2 항의 서류 또는 전자적 기록을 작성한 경우 신탁의 청산완료일까지 당해 서류(당해 서류에 갈음하여 전자적 기록을 법무성령에서 정한 방법에 따라 작성한 경우에는 당해 서면)를 보존하여야 한다. 단 그 작성일로부터 10년 경과한 후에는 수익자에 대해 당해 서류 또는 그 사본을 교부하거나 당해 전자적 기록에 기록된 사항을 법무성령에서 정한 방법에 따라 제공한 때는 그러하지 아니하다.

{인권과 정의, 2009. 6}

[6] 신탁법상 수탁자의 자조매각권 및 비용상환청구권에 관한 연구
(대상판결 : 대법원 2009. 1. 30. 선고 2006다62461 판결)

[사 안][1)]

1. 원고와 피고(××토지신탁회사)는 1996. 8. 31. 원고가 자신의 ××× 소재 토지를 피고에게 신탁하고, 피고는 이 사건 토지의 지상에 지하 3층, 지상 8층 규모의 자동차전문테마빌딩을 건축하여 이를 신탁재산으로 삼아 분양하여 수익을 얻고, 피고가 그중 일정 비율에 해당하는 금액을 신탁수익으로서 취득하며, 계약이 종료하면 피고가 원고에게 신탁재산 및 수익을 반환하기로 하는 내용의 분양형토지신탁계약(이하 '이 사건 신탁계약'이라고 한다)을 체결하였다.

2. 피고는 이 사건 신탁계약에 따라 이 사건 토지에 관하여 피고 명의로 소유권이전등기를 마치고, 1999. 12. 27. 지하 3층, 지상 8층의 주차장, 업무시설, 판매시설인 ×××빌딩을 준공하여, 2000. 5. 4. 이 사건 건물에 관하여 피고 명의의 신탁등기와 소유권보존등기를 마쳤다(다만, 전체 10개 부동산 중 1개에 대해서는 공유물분할로 2000. 8. 2. 피고 명의의 신탁등기와 소유권이전등기가 마쳐졌다).

1) 대상판결의 원심판결인 서울고등법원 2006. 8. 16. 선고 2005다58269 판결에 의한 것이다. 한편 이 사건의 제 1 심 판결은 수원지방법원 성남지원 2005. 6. 22. 선고 2004가합3594 판결이다. 대상판결의 파기환송으로 이 사건은 2009. 4월 현재, 서울고등법원 2009나15215호 사건으로 계속중이다. 附記) 그 뒤 이 사건에 대해 서울고등법원 2010. 12. 30. 선고 2009나15125 판결이 선고되었으나, 원·피고 쌍방이 다시 상고하였고, 이에 대하여 대법원 2011. 6. 10. 선고 2011다18482 판결로 피고의 상고는 기각되고 원고의 상고가 받아들여져 다시 한번 파기환송되었다. 이에 대하여 2011. 7월 초 현재 제 3 차 고등법원 사건의 심리는 시작되지 아니한 상태이다.

3. 이 사건 신탁계약은 2000. 12. 31. 기간만료로 종료하였고, 이 사건 소제기 당시까지 이 사건 건물은 이 사건 각 부동산을 제외하고는 모두 분양되었다.

4. 이 사건과 관련된 신탁계약의 관련 규정은 다음과 같다.

제19조(신탁재산 환가에 의한 제비용의 충당)
신탁재산에 속하는 금전으로 차입금 및 그 이자의 상환, 신탁사무 처리상 피고의 과실없이 받은 손해, 기타 신탁사무처리를 위한 제비용 및 피고의 대금지급을 충당하기에 부족한 경우에는 수익자에게 청구하고, 그래도 부족한 경우에는 피고가 상당하다고 인정하는 방법 및 가액으로서 신탁재산의 일부 또는 전부를 매각하여 그 지급에 충당할 수 있다.

제25조(신탁종료시 신탁재산의 교부)
신탁계약이 종료된 경우에는 피고는 최종계산에 관하여 수익자의 승인을 얻은 후 수익권증서와 상환으로 신탁재산을 다음 각호의 방법에 따라 수익자에게 교부한다.

1. 신탁부동산에 대하여 피고는 신탁등기의 말소 및 수익자에게 이전등기를 행한 후 현존하는 상태대로 수익자에게 인도한다.
2. 생략
3. 차입금 및 임대보증금 등의 상환채무, 기타 채무에 대하여는 아래 각호와 같이 취급한다.
   가. 생략
   나. 피고는 차입금 기타 채무의 상환에 충당하기 위한 자금을 확보하기 위하여 신탁재산에 속하는 금전의 교부를 유보할 수 있으며, 이 유보금으로도 부족할 경우에는 피고는 그 부족금액을 수익자에게 예탁하도록 하여야 한다. 그러나 피고는 채권자의 동의를 얻어 수익자에게 차입금 및 기타의 채무를 승계시키고 자기 책임을 면할 수 있다.

5. 원고가 신탁의 종료를 원인으로 하여 신탁계약에 따라 피고에 대해 이 사건 각 부동산에 대해 각 신탁등기의 말소 및 2000. 12. 31. 신탁종료를 원인

으로 한 소유권이전등기절차를 이행할 것을 구한 것이 이 사건 소이다.2)

[판결요지]

[1] 수탁자가 신탁종료 후 비용보상 등을 받기 위하여 신탁재산에 대하여 자조매각권을 행사할 수 있다 하더라도 그와 같은 사정만으로 신탁재산의 귀속권리자로 지정된 수익자의 신탁재산에 대한 소유권이전등기청구권이 부존재하거나 소멸한다고 볼 수는 없고, 수익자는 수탁자가 신탁재산에 대한 자조매각권을 행사하여 이를 처분하기 전에 수탁자에게 비용 등을 지급하고 신탁재산에 관한 소유권이전등기절차의 이행을 구할 수 있다.

[2] 신탁계약의 해석상, 신탁종료시 신탁재산의 수익자 겸 권리귀속자가 부담하는 비용보상의무가 신탁재산에 대하여 자조매각권을 갖고 있는 수탁자의 소유권이전등기의무보다 선이행되어야 한다고 본 사례.

[3] 신탁계약서에서 '신탁재산에 속하는 금전으로 차입금 및 그 이자의 상환, 신탁사무 처리상 수탁자의 과실 없이 받은 손해, 기타 신탁사무처리를 위한 제비용 및 수탁자의 대금지급을 충당하기에 부족한 경우에는 수익자에게 청구하고, 그래도 부족한 경우에는 수탁자가 상당하다고 인정하는 방법 및 가액으로 신탁재산의 일부 또는 전부를 매각하여 그 지급에 충당할 수 있다'고 정한 경우, 이는 수탁자가 신탁이 존속하는 동안이나 신탁이 종료한 후에 신탁재산에 관한 비용 등을 수익자에게 청구하였음에도 수익자가 이를 지급하지 않을 경우에는 수탁자가 신탁재산을 처분하여 그 대금으로 신탁재산에 관한 비용 등의 변제에 충당할 수 있게 함으로써 신탁재산에 관한 비용 등의 회수에 편의를 도모하기 위함에 그 목적이 있다. 그러므로 비록 신탁법 제61조에 의하여 신탁이 종료한 후 신탁재산이 그 귀속권리자에게 이전할 때까지는 귀속권리자를 수익자로 보는 신탁이 존속하는 것으로 간주된다고 하더라도, 수탁자로서는 신탁계약서에서 정한 방법에 따라 차입금을 비롯하여 신탁사무처리를 위한 제비용을 회수할 수 있고, 위와 같은 비용이 신탁기간 중의 신탁사무 또는 신탁종료 후의 잔존 신탁사무의 처리 내지 종결을 위하여 선

---

2) 위와 같은 경우에 과연 신탁등기의 말소까지 반드시 청구하여야 하는가 하는 의문이 없지 않다. 이 점에 관해서는 임채웅, "신탁과 등기의 연구"(2009. 4월 초 현재 미공간) 참고.

량한 관리자의 주의로써 정당하게 지출 내지 부담한 것이라고 인정되는 한 그것이 신탁종료 전에 발생한 것인지 혹은 신탁종료 후에 발생한 것인지 여부에 관계없이 귀속권리자로 지정된 수익자에게 그 비용의 보상을 청구할 수 있다.

[4] 신탁법 제31조 제1항 본문에 의하면, 특별한 사정이 없는 한 누구의 명의로 하든지 신탁재산을 고유재산으로 하거나 이에 관하여 권리를 취득하지 못할 뿐만 아니라 고유재산을 신탁재산이 취득하도록 하는 것도 허용되지 아니하고, 위 규정을 위반하여 이루어진 거래는 무효이다. 한편, 금전신탁 이외의 신탁에 있어서 수탁자가 신탁회사인 경우에는, 신탁업법 제12조 제1항이, "단, 수익자에게 이익이 되는 것이 명백하거나 기타 정당한 이유가 있는 경우에는 법원의 허가를 얻어 신탁재산을 고유재산으로 할 수 있다"고 규정하고 있는 신탁법 제31조 제1항 단서마저 그 적용을 배제하여 매우 엄격한 규제가 이루어지고 있음에 비추어 볼 때, 신탁회사가 행한 신탁재산과 고유재산 간의 거래가 수익자에게 이익이 된다는 사정만으로는 그와 같은 거래를 유효하다고 볼 수는 없다.

[평 석]

Ⅰ. 들어가는 말

수탁자는 신탁과 관련된 비용이나 그로 인한 손해배상을 전보받아야 하는데, 그 방법으로 신탁법은 제42조[3]에서 '수탁자의 비용, 손해배상청구권'[4]을 인정하고 있고, 제49조에서 '전(前)수탁자의 강제집행권'을 인정하고 있다.

3) 이하 法令名 없이 조문을 인용하는 경우, 모두 신탁법의 조문이다.

4) 대상판결은 '비용보상'이라는 용어를 사용하고 있으나, 이 청구권에 대하여 다른 대법원판결은 '비용상환청구권'이라고 하기도 하였다. 대법원이 이에 대해 통일적인 명칭을 사용하지 않는 것인데, 이 글에서는 종래의 입장에 따라 제목에서는 '비용상환청구권'이라고 하되, 본문에서는 '비용상환'과 '비용보상'을 혼용하기로 한다. 이 명칭에 대한 검토로, 임채웅, "신탁법상 비용상환청구권, 자조매각권 및 도산법상 부인권의 성격," 상사판례연구 VII권, 박영사(2007. 5.), 514면 이하 참고.

제49조의 강제집행권은 표현 자체에서 원래의 수탁자 입장에서는 해당 신탁관계에서 이탈하였을 것이 요구된다.

위 제42조의 권리를 행사하는 방법으로는 ① 금전의 고유재산에의 이전, ② 대물변제, ③ 임의매각 후 충당, ④ 민사집행법에 의한 방법(우리나라의 경우 강제경매) 등이 있는데, 특히 임의매각할 수 있는 권리를 자조매각권이라고 부른다.

그런데, 신탁법리와 관련하여 대상판결은 자조매각권의 근거와 행사방법 등에 대해 상세히 다룬 매우 의미있는 판결이다. 대상판결의 판시내용은 앞으로의 신탁실무를 위한 구체적인 지침이 될 수 있는 것들이 포함되어 있으므로, 이 글은 이러한 점에 착안하여, 자조매각권의 여러 측면에 관하여 검토해 보기로 한다. 다만, 이 글은 자조매각권의 일반적인 내용에 관해서는 다루지 않으며,[5] 대상판결의 판시사항을 중심으로 살펴보는 것으로 한다.

Ⅱ. 자조매각권의 발생과 효력범위

1. 발　　생

위에서 본 바와 같이, 신탁법상 자조매각권은 법에 의하여 인정되는 것이므로, 당사자들이 이에 관하여 특별한 약정을 하지 않더라도 당연히 발생된다. 그러나 자조매각권에 관한 신탁법상의 정함은 임의규정으로 보아야 하고, 따라서 당사자들은 계약을 통하여 법에서 정한 자조매각권과 다른 내용의 자조매각권을 정할 수 있다. 편의상 법에 의한 것을 '법정자조매각권', 계약에 의한 것을 '약정자조매각권'이라 부를 수 있을 것이다.

2. 법정자조매각권의 내용

가. 효력범위

신탁이 종료되면 신탁재산이 귀속권리자에게 이전할 때까지 귀속권리자를 수익자로 하는 신탁이 존속하는 것으로 본다(제61조). 이러한 신탁을 일종

---

5) 신탁법상 자조매각권의 기본적인 내용에 관해서는, 임채웅, "신탁법상 비용상환청구권, 자조매각권 및 도산법상 부인권의 성격," 상사판례연구 VII권, 박영사(2007. 5.), 512면 이하 참고.

의 법정신탁으로 보는 것이 일반적이다.[6)]

이러한 법정신탁도 신탁의 일종이므로, 그에 대해서 제42조가 적용됨은 물론이다. 원래의 신탁이 법정신탁으로 전환되는 것이므로 그 동일성은 유지되지만 그 성격이 다르고, 따라서 원래의 신탁에 대한 제42조의 법정자조매각권과 법정신탁에 대한 그것은 같다고 할 수 없다. 법적 성격은 공통되지만, 다른 요건하에 생겨나는 것이며, 당연히 효력범위도 달라질 수밖에 없다.

이러한 점은 대법원 2002. 3. 26. 선고 2000다25989 판결의 취지를 보면 명료하다. 이 판결은, 원래의 신탁기간 중에 발생한 비용의 대출이자 등 금융비용은 제61조에서 존속하는 것으로 간주되는 신탁의 목적 달성에 필요한 비용에 속하지 않는다고 판시하였다. 따라서 원래의 신탁과 관련된 법정자조매각권은 원래의 신탁과 관련된 비용에 대해서만 행사될 수 있고, 법정신탁과 관련된 것도 마찬가지이다.

나. 행사가능한 상황

문제는 원래의 신탁이 종료되어 법정신탁의 효력이 발생한 상황에서 원래의 신탁과 관련하여 그 신탁의 수탁자가 법정자조매각권을 행사할 수 있는가가 문제이다. 이 점에 관하여 대법원의 판단은 아직 나오지 아니하였다.

이 점에 관해서는 원심판결의 판시가 자세하다. 원심판결은 여러 가지 이유를 들어 법정자조매각권은 인정하지 않았고, 약정자조매각권만 인정하였다. 원심이 법정자조매각권을 인정하지 않은 이유는 다음과 같다.

① 신탁법은 수탁자의 비용보상청구권 등의 만족방법으로 제42조 제1항에서 자조매각권 및 우선권을, 제49조에서 강제집행권·경매권 및 유치권을 규정하고 있는데, 제49조는 수탁자가 변경된 경우 전수탁자의 비용보상청구권의 집행을 위한 규정인 점,

② 한편 신탁종료 후의 법률관계에 관한 신탁법 제62조는 전수탁자의 강제집행권 등에 관한 제49조만을 준용하고 있을 뿐 수탁자의 자조매각권에 관한 제42조를 준용하지 않고 있는 점,

6) 원심판결은 이를 '복귀신탁'이라고 표현하였다. 원래 복귀신탁이란 영미 신탁법리상의 resulting trust의 번역어로서, 법정신탁의 한 유형으로 보는 것이 일반적이다.

③ 신탁관계가 종료되면 신탁자와 수탁자 사이의 신뢰관계가 소멸하고 수탁자는 수익자에 대하여 신탁재산을 반환할 의무를 부담하게 되는데, 이러한 상황에서 수탁자에게 자조매각권을 인정하게 되면 수탁자가 임의로 비용을 과다계상하는 등 수익자에게 손해를 입힐 우려가 있어 수탁자에게 자조매각권을 인정하는 것은 공평의 관념상 타당하지 않다는 점.

원심판결은 이와 같은 사유를 들어 신탁관계가 종료된 후의 수탁자는 자조매각권을 행사할 수 없고, 수탁자가 변경된 경우의 전(前)수탁자와 마찬가지로 강제집행권·경매권 및 유치권만이 인정된다고 보았다.

본인도 원심판결이 들고 있는 위 각 사유가 타당하다고 보며, 따라서 이 점에 관한 원심판결의 결론에 찬성한다. 이에 더하여, 제42조의 문언이 '수탁자'라고 하고 있는데 신탁이 종료되면 수탁자는 더 이상 수탁자라고 할 수 없다는 점, 따라서 종래의 수탁자가 신탁재산을 점유하거나 지배하지 않고 있는 경우는 물론이요, 계속하여 점유하거나 지배하고 있다고 하더라도, 그러한 지배나 점유는 원래의 신탁에 따른 수탁자로서 신탁재산을 점유하고 있는 것이라 할 수 없으므로, 제42조 제 1 항에서 말하는 '신탁재산을 매각하여 … 행사할 수 있는 권리'라 할 수 없다는 점에 비추어 그러하다.

다. 대법원의 판단에 관하여

대상판결은 원심에서 약정자조매각권을 인정하고 있고 그것으로 충분하므로 법정자조매각권에 관한 상고이유는 판결에 영향을 미칠 수 없는 사유를 주장하는 것에 불과하다는 이유만으로 배척하였고, 그에 대한 판단을 내놓지 않았다.

원심판결은 피고의 법정자조매각권 주장에 관하여 위에서 본 대로 판단을 하여 배척한 다음, 약정자조매각권 주장을 받아들였다. 원심판결문상 왜 이 두 가지 주장을 이러한 순서대로 모두 판단하였는지 그 이유는 명백하지 않다. 두 가지 주장 사이에 특별한 선후관계가 없다면, 약정자조매각권을 인정하여 원고의 주장을 받아들이면 되는 것이고, 굳이 법정자조매각권에 대해 판단할 필요는 없었을 것이다. 그렇다면, 이 두 가지 주장은 주위적(법정자조매각권에 관한 주장)-예비적 주장(약정자조매각권에 관한 주장)의 관계에 있었던 것으로 이해하여야 한다.

그러나 원심판결에는 그보다 더 근본적인 점에 관해 오해가 있었다고 생각된다. 법정의 것이든 약정의 것이든, 자조매각권은 수탁자가 알아서 매각하여 권리를 실행하면 되는 것이며, 그것이 귀속권리자의 신탁재산에 대한 이전등기청구권에 영향을 미칠 이유가 없다. 수탁자는 귀속권리자에게 넘어가기 전이면 언제든지 자조매각권을 행사할 수 있음이 원칙이며, 귀속권리자 역시 수탁자가 자조매각권을 행사하기 전이라면 언제든지 이전(이전등기 절차의 이행)을 청구할 수 있고,[7] 만일 귀속권리자가 수탁자에게 해주어야 할 의무사항이 있다면 그에 대해 동시이행이나 선이행으로 처리하거나, 그러한 관계로도 인정되지 않는다면 귀속권리자의 청구를 기각하면 되는 것이다. 요컨대, 자조매각권의 인정여부는 귀속권리자의 신탁재산에 대한 이전청구에 영향을 줄 이유가 없으므로,[8] 법정의 것이든 약정의 것이든 그에 대한 판단을 할 필요없이 주장 자체로 기각하는 것이 가장 원칙적인 처리였다.

원심판결이 이 점에 관한 법률문제에 대해 잘못 이해한 바가 없음에도 위와 같이 판단을 한 이유가 있다. 즉, 원심판결은 이 사건에서 원고(귀속권리자)의 피고(수탁자)에 대한 의무이행이 선이행관계에 있음을 인정하기 위한 주요한 근거로 약정자조매각권이 있음을 들고 있다.[9] 그 점을 의식하다보니 어느 곳에서든 자조매각권의 향방을 분명히 할 필요가 있었고, 그래서 이 글이 지적하는 점에도 불구하고 위와 같이 원래의 올바른 판단위치(동시이행 또는 선이행 항변에 대한 판단 부분)가 아닌 위치(청구원인에 대한 부인에 해당하는 부분)에서 자세한 판단을 하였던 것이다.

이에 대하여 대상판결은 약정자조매각권이 인정되므로 법정자조매각권에 대한 주장은 판결에 영향을 미칠 수 없는 사유를 주장하는 것이라는 이유로 이 점에 대한 피고의 상고를 배척하고 있다.

이 점에 관한 이 글의 위 판단이 옳다면, 대상판결의 배척이유도 적절한 것은 아니었다. 결국 어느모로 보나 대상판결이 법정자조매각권에 대한 판단

7) 원심판결문도 12면에서 이 점을 밝히고 있다.
8) 바로 그러한 이유에서 위 주장은 강학상의 抗辯이 될 수 없고, 소위 '법률상의 주장'이 된다고 보아야 한다.
9) 이 점에 관해서는 後述한다.

을 하지 않은 점 자체는 합리적으로 설명될 수 있다 하겠으나, 그렇더라도 대상판결이 판결문에 법정자조매각권에 대한 판단을 포함시켰다고 하여 이를 굳이 잘못이라고 할 것까지는 없는 것일 터인데도, 이를 피함으로써 결과적으로 대상판결은 신탁법리에 대한 새로운 판단을 할 수 있는 좋은 기회를 놓치고 만 것이 아닌가 하는 아쉬움이 남는다.

3. 약정자조매각권

신탁법의 규정들은 가급적 최대한 임의규정이라 보아야 한다. 따라서 자조매각권에 관한 규정도 임의규정으로 보아야 하고, 당사자들은 계약에 의하여 얼마든지 그 내용을 바꿀 수 있다. 결국 이 점에 관한 대상판결 및 원심판결의 결론은 정당하다. 그러므로, 약정을 통하여 법정자조매각권이 인정되지 않는 범위까지 자조매각권을 확장하는 것도 가능하다. 대상판결은 이와 같은 약정자조매각권이 허용됨을 판시한 것이며, 법정자조매각권에 관하여 판단한 것이 아님에 주의할 필요가 있다.[10)]

Ⅲ. 자조매각권과 귀속권리자의 등기청구권

1. 귀속권리자의 청구권

신탁의 종료로 신탁재산이 당연히 귀속권리자에게 속하는 것이 아니라, 수탁자가 귀속권리자에게 신탁재산을 이전해주어야 할 의무를 지는 것에 지나지 않는다.[11)] 따라서 부동산의 경우, 귀속권리자는 수탁자를 상대로 하여 신탁재산의 귀속을 원인으로 한 이전등기를 청구할 권리를 갖게 된다.[12)]

---

10) 이 글에서 말하는 약정자조매각권의 유효성을 인정한 판례로, 대법원 2005. 4. 15. 선고 2003다47621 판결 참고. 이 판결은, 대상판결의 피고(수탁자)가 원고가 되어 대상판결의 원고(귀속권리자)를 상대로 신탁재산인 건물의 명도를 구한 사안이다. 따라서 두 사건의 신탁계약은 동일하고, 대법원 2005. 4. 15. 선고 2003다47621 판결이 신탁계약에 대해 어느 정도 해석을 해놓은 상태이다. 이러한 점이 대상판결 및 동 하급심판결들에 영향을 주지 않을 수 없었을 것이다.

11) 대법원 1994. 10. 14. 선고 93다62119 판결. 신탁의 해지 등 신탁종료의 사유가 발생하더라도 수탁자가 신탁재산의 귀속권리자인 수익자나 위탁자 등에게 새로이 목적부동산의 소유권 등 신탁재산을 이전할 의무를 부담하게 될 뿐, 신탁재산이 수익자나 위탁자 등에게 당연히 복귀되거나 승계된다고 할 수 없다.

12) 이러한 경우 등기원인 및 신탁등기 말소 청구필요여부 등에 대해, 임채웅, "신탁과 등기의

그런데 수탁자가 약정자조매각권을 갖는 경우, 자조매각을 위해서는 수탁자가 점유를 계속하여야 할 것인데, 이러한 점유를 계속할 권한이 귀속권리자의 청구권에 영향을 받을 것인지가 문제이다.

특히 부동산의 경우, 누구에게 점유할 권원이 있는가와 누구에게 그 부동산에 관한 권리에 터잡은 이전등기청구권이 있는가 하는 문제는 별개의 문제이고, 게다가 채권적 권리자인 귀속권리자가 이전등기를 청구한다고 하여 수탁자가 타에 처분함에 지장을 받는 것도 아니므로, 수탁자가 자조매각권을 갖는 경우에도 귀속권리자의 이전등기청구는 가능하고, 이해관계의 조절을 위하여 수탁자에게 이전등기의무를 명하되, 수탁자가 보전받아야 할 금원에 관해 선이행이나 동시이행의 모습으로 제약을 붙여 수탁자의 권리를 실질적으로 보호되도록 함이 옳다. 귀속권리자가 그의 권리에 입각하여 보전처분을 해놓으면 수탁자가 당장에 자조매각권을 행사하는 데 상당한 방해를 받을 것이나, 이러한 점 때문에 귀속권리자의 청구권을 배제할 수는 없다. 따라서 이 점에 관한 대상판결의 결론은 타당하다.

2. 이 사건에서 자조매각권이 문제된 이유

자조매각권은 상대방(귀속권리자)의 협조를 요하는 것이 아니므로, 수탁자가 그냥 행사하면 된다. 따라서 원칙적으로 수탁자의 자조매각권 보유가 귀속권리자의 이전등기청구권 행사에 영향을 미칠 이유도 없다. 그러함에도 이 사건에서 자조매각권이 문제가 된 이유는, 대상판결의 판시만으로는 쉽게 이해하기 어렵고, 원심판결을 참고하여야 한다.

원심판결에 따르면, 귀속권리자인 원고가 수탁자인 피고를 상대로 이 사건 이전등기(및 신탁등기의 말소)를 청구함에 대하여, 피고가 자조매각권을 들어 청구를 인정하지 아니하였다. 원심판결은 이에 대하여 자조매각권이 있다 하더라도 원고의 이전등기청구권이 배척되지 않는다는 이유로 피고의 위 주장을 배척하였으며, 그것으로 족하였으나 그에 덧붙여 '피고가 자조매각권을 행사하기 전에 스스로 비용 및 보수를 지급하고 소유권이전등기를 청구할 수 있다'고 하였다.

원심판결의 주문에서 원고의 피고에 대한 금전지급의무가 피고의 소유권

연구"(2009. 4월 초 현재 미공간) 참고.

이전등기 등 절차이행에 관하여 선이행의무로 선고되었는데, 이러한 선이행 부분에 관한 피고의 항변내용의 핵심은 원고의 비용보상의무이지 자조매각권은 아니다. 다만, 원심이 쌍방의 의무가 동시이행의 관계가 아니라 원고의 의무가 선이행의무가 된다고 판단하는 데 자조매각권의 존재가 영향을 미쳤다.

3. 귀속권리자의 청구권과 자조매각권의 관계

신탁계약에 있어서 위탁자 또는 수익자가 부담하는 신탁비용 및 신탁보수 지급의무와 신탁종료시에 수탁자가 부담하는 신탁재산을 이전할 의무는 동시이행관계에 있다고 봄이 대법원의 입장이다.[13)]

그러나 이러한 대법원판례의 입장을 자조매각권에 그대로 대입할 수는 없다. 위에서 본 바대로 신탁이 종료된 경우 법정자조매각권을 행사할 수 없다고 보기 때문이다. 약정자조매각권의 경우 그냥 행사하면 되는 것이고, 그 자체가 동시이행이나 선이행의무의 내용이 되지는 않는다.

자조매각권 역시 신탁비용 및 신탁보수 지급의무 등을 확보하기 위한 것인데, 그러한 비용들에 관해 수탁자가 동시이행의 항변권을 행사하는 것으로 그의 보호는 충분한 것으로 이해된다. 그리고 위와 같은 동시이행의 관계는 당사자의 약정에 의하여 얼마든지 변경할 수 있는 내용으로 봄이 옳다.

대상판결은 원고의 비용상환의무를 선이행으로 본 원심판결이 옳다고 보았는데, 그 설시내용은 상당히 간략하다. 신탁계약서 제19조에 의하여 신탁종료시 피고는 신탁재산의 반환에 앞서 자조매각권을 행사할 수 있고, 그 자조매각권의 행사에 앞서 비용보상을 청구할 수 있도록 하고 있으므로 선이행관계에 있다고 하였다.[14)]

즉, 계약내용상 의무 또는 권리의 선후관계가 '비용보상 청구 > 자조매각권 행사 > 신탁재산의 반환'으로 되어 있으므로, 원고는 신탁재산의 반환을 구

13) 대법원 2006. 6. 9. 선고 2004다24557 판결; 대법원 2008. 3. 27. 선고 2006다7532, 7549 판결.

14) 대상판결의 이 부분을 원문 그대로 옮겨보면 다음과 같다. 「이 사건 신탁계약서 제19조는 신탁종료 후 신탁재산에 속하는 금전으로 신탁사무처리를 위한 제비용 및 피고의 대금지급 등에 충당하기에 부족한 경우 수탁자인 피고에게 이 사건 신탁재산의 반환에 앞서 자조매각권을 행사할 수 있도록 규정하고 있고, 또한 그 자조매각권의 행사에 앞서 이 사건 신탁재산의 수익자 겸 귀속권리자인 원고를 상대로 비용보상을 청구할 수 있도록 규정하고 있으므로, 결국 이 사건 신탁종료시 수익자 겸 귀속권리자인 원고의 비용보상의무는 이 사건 신탁재산에 관하여 자조매각권을 갖고 있는 피고의 소유권이전등기의무보다 선이행되어야 한다고 봄이 상당하다.」

하기에 앞서 비용을 지급하여야 한다(선이행)고 본 것이다. 얼핏 보기에 논리적인 순서가 그와 같이 보이므로 이러한 논리가 타당한 것처럼 이해되기도 하지만, 자조매각권은 신탁재산의 반환에 앞서 행사됨이 상당하고,[15] 비용상환 청구 역시 수탁자 입장에서는 자조매각권을 행사하기에 앞서 귀속권리자에게 비용상환의무의 이행을 촉구하는 것이 자연스러운 모습이므로, 위와 같은 약정이 반드시 선이행을 의도한 것이라고 보기에는 무언가 빈약한 점이 없지 않다.

원심판결은 이 점에 관하여, 특약을 통하여 자조매각권을 인정하는 경우, 그 수탁자의 자조매각권은 채권담보를 위하여 소유권이전등기를 마친 양도담보권과 유사하다고 본 대법원 2005. 4. 15. 선고 2003다47621 판결[16]을 인용하면서, 담보권의 성질상 피담보채무인 수익자의 비용보상의무가 수탁자의 소유권이전등기의무에 선행하는 선이행관계라고 판시하였다.

즉, 원심판결은 위 대법원판결을 상당히 중요한 논거로 삼아 선이행의무를 인정하였는데, 대상판결에서는 위 대법원판결에 대해 언급하지 않고 있다. 위 판례가 이 부분에 적절한 논거가 될 수 없기 때문인지, 아니면 위 판례 자체에 문제가 있기 때문인지는 알 수 없다.[17]

---

15) 이론상으로는 일단 신탁재산을 귀속권리자에게 이전한 다음, 자조매각권을 행사하기 위하여 돌려줄 것을 청구할 수 있을지도 모르겠으나, 실제로는 귀속권리자에게 이전함으로써 자조매각권을 포기한 것으로 보아야 할 경우가 많을 것이다.

대법원 2005. 4. 15. 선고 2003다47621 판결은, 수탁자가 신탁재산의 처분권('자조매각권'으로 이해된다)을 행사하기 위하여 신탁재산을 점유하고 있는 수익자에게 부동산의 인도를 청구할 수 있다고 보았는데, 이 경우는 수탁자(원고)는 귀속권리자인 피고에 대해 이전등기를 넘겨주지 않고 있는 상태(피고가 신탁재산에 대한 소유권이전등기청구소송을 제기한 상태였다)에서 피고에 대해 명도를 구한 사안이다. 이 사안에서 만일 원고가 이미 소유권이전등기까지 넘겨주었다면, 자조매각권 등은 그로써 포기했다고 봄이 상당할 것이다.

16) 이 판결에 대한 평석으로, 김용상, "수탁자가 신탁계약에 근거한 신탁재산의 처분권을 행사하기 위하여 신탁재산을 점유하고 있는 수익자에 대하여 그 인도를 구할 수 있는지 여부," 법원도서관, 대법원판례해설, 2005년 상반기(통권55호), 11면 이하 참고.

17) 위 판례에 대한 평석에서, '비록 원고는 수탁자로서 대내외적으로 신탁재산에 대한 소유권을 갖고 있는 점에서 양도담보와는 그 법적 성격을 달리하지만 실질적으로는 채권담보를 위하여 소유권이전등기를 경료한 양도담보권자와 유사한 지위를 갖게 된다'고 하고 이 점을 결론을 위한 주요한 논거로 삼았다(전게논문, 26면). 이 글에서 위 판례의 당부를 상세히 논할 여유는 없으나 간략히 본인의 소견을 적는다면, 자조매각권이 인정되면 그 자체의 효력으로 처분을 위해 인도를 구할 수 있는 것으로 보면 충분한 것이고, 굳이 양도담보권과 유사하다라고 할 필요가 있었는가 하는 의문이 든다. 자조매각권이란 비용상환청구권의 실행을 위해서 필요한 것이지, 굳이 이를 담보적 효력이 있는 것이라고까지 할 필요는 없을 것이기 때문이다. 부동산의 경우를 생각해본다면, 수탁자가 아닌 제 3 자(대개는 위탁자 겸 수익자)가 점유하고

어쨌든 대상판결은 위 대법원판결을 근거로 삼지 아니하였으므로, 대법원의 판단근거는 계약내용에만 의지하는 것이라 보아야 한다. 이 사건 계약내용 중 이 부분을 다시 살펴보면 다음과 같다.

> 제19조(신탁재산 환가에 의한 제비용의 충당)
> 신탁재산에 속하는 금전으로 차입금 및 그 이자의 상환, 신탁사무 처리상 피고의 과실없이 받은 손해, 기타 신탁사무처리를 위한 제비용 및 피고의 대금지급을 충당하기에 부족한 경우에는 수익자에게 청구하고, 그래도 부족한 경우에는 피고가 상당하다고 인정하는 방법 및 가액으로서 신탁재산의 일부 또는 전부를 매각하여 그 지급에 충당할 수 있다.
> 제25조(신탁종료시 신탁재산의 교부)
> 신탁계약이 종료된 경우에는 피고는 최종계산에 관하여 수익자의 승인을 얻은 후 수익권증서와 상환으로 신탁재산을 다음 각호의 방법에 따라 수익자에게 교부한다.

위 내용 중 '수익자'에게 청구한다는 점은 특별한 의미를 갖지 않는 것으로 이해된다. 이 사건의 경우 위탁자가 수익자를 겸하였으므로, 그 점은 처음부터 특별히 문제될 사항은 아니었다.

제19조는 비용 등을 수익자에게 청구하고 그래도 부족한 경우에 자조매각권을 행사할 수 있다고 되어 있다. 그 의미는 수익자에게 청구하였으나 수익자가 그 청구를 인정하지 않거나, 인정하더라도 제대로 변제하지 아니하는 경우 모두를 포함하여 부족한 경우에 자조매각권을 행사할 수 있다는 의미로 이해할 수 있다. 그러나 상술한 대로 자조매각권은 요건만 갖추어지면 수탁자가 행사하면 되는 것이므로, 자조매각권의 인정여부가 여기서 논의하는 동시이행과 선이행관계에 대해 직접 영향을 주는 것은 아니다. 또한 수익자가 제

있는 경우, 수탁자가 실제 점유와 상관없이 소유권을 보유하고 있고, 따라서 점유와 상관없이 처분하는 것이 가능하다. 이러한 점에서 등기에 의하여 공시되는 물건에 대해서는 자조매각권의 행사를 위해 점유를 취득할 필요가 없다고 생각할 수 있을 것이나, 그 점은 옳지 않다. 물건을 매도하는 것은 원칙적으로 명의만 이전해주는 것이 아니라 점유까지 이전해주어야 완전한 것이기 때문이다. 요컨대, 자조매각권에 터잡은 점유의 이전청구는 그 자체로서 본질적으로 가능한 것이지, 굳이 담보권자와 비슷하다는 논리를 구사할 필요는 없다는 것이 본인의 생각이다.

대로 변제하지 못하는 경우에 자조매각권을 행사할 수 있다는 내용에 관해서도, 물론 자조매각권을 인정하는 경우에도, 수익자에게 비용상환을 구할 필요 없이 곧바로 행사할 수 있다고 정하는 것도 가능할 것이다. 그러나 일반적으로는 수익자에게 청구하고, 그것으로 부족할 때는 자조매각권을 행사할 수 있다고 보는 것이 자연스럽다. 따라서 자조매각권의 행사를 수익자에 대한 비용상환 청구 후에 할 수 있도록 약정하였다 하더라도, 그 점이 이 글에서 논의하는 선이행관계를 명백하게 해주는 것이라 보기도 어렵다. 요컨대, 위 제19조 정도의 규정만으로는 당연히 선이행관계라 하기 어렵다.

위 계약에서의 선이행관계는 제19조가 아니라 제25조에서 근거를 찾을 수 있다고 본다. 이 사건 계약 제25조는, 최종계산이 완료되고 나서 수익권증서와 상환으로 신탁재산을 수익자에게 교부하는 것으로 규정하고 있으므로, 수탁자는 비용 등이 모두 정산되고 나서야 비로소 신탁재산을 교부할 의무를 지는 것으로 해석할 수 있다.

결과적으로 선이행관계로 본 대상판결의 결론은 옳다고 보나, 통상의 경우 동시이행관계로 보더라도 수탁자의 보호에 크게 지장이 없을 것이므로, 선이행관계로 인정하려면 그만큼 명백한 약정이 필요한 것이고, 약정자조매각권 인정사실만으로는 부족하다고 본다. 아울러 이러한 점에 의해서라도, 약정자조매각권을 양도담보권과 같은 것으로 보고, 그 점에서 선이행의 근거를 찾은 원심판결의 태도는 찬성하기 어려우며, 원심판결의 이 부분에 대해 언급을 회피한 대상판결의 태도는, 비록 그 정확한 이유는 알 수 없으나, 결론적으로 바람직하였다고 본다.

Ⅳ. 비용상환청구권의 범위

원래의 신탁과 관련된 신탁법상의 비용상환청구권은 그 신탁의 범위 내의 것에 대해서만 해당되고, 원래의 신탁과 관련된 비용과 관련하여 그것이 신탁이 종료하여 법정신탁이 된 이후에 발생한 것이라면, 법정신탁이 된 뒤에는 법정신탁과 관련된 비용상환청구권의 범위 내에 포함되지 못한다.[18] 그러

18) 대법원 2002. 3. 26. 선고 2000다25989 판결.

나 이러한 점도 강행규정적인 내용이라 할 수 없으므로, 약정에 의하여 얼마든지 달리 정할 수 있다.

대상판결은 이 사건 신탁계약 제19조를 그와 같이 해석하여, 원래의 신탁과 관련된 비용 역시 비용상환청구권의 행사대상에 포함된다고 보았는데, 위 제19조의 문언만 봐서는 명확하지 않다. 차라리 법정신탁관계의 형성 이후에 발생한 부분에 대해서는 약정하지 않았다고 보는 것이 더 타당하지 않은가 하고 생각될 정도이다.

이러한 점에서 대상판결의 이 부분 판단은 의문이 없지 않은데, 이 점에 관해서는 동일 당사자들 사이의 관련 대법원판결에서 이미 넓게 해석하는 것으로 판시가 나간 터라,[19] 이 사건에서 달리 판단할 수 없었을 것이다. 앞으로 체결될 신탁계약에서는 이 점에 관해서도 상당히 주의 깊게 규정을 두어야 하지 않은가 생각된다.

한편, 신탁법 제61조 본문의 의미에 관하여, 신탁목적 달성에 필요한 비용만 그 법정신탁 기간 중의 비용으로 귀속권리자가 상환하여야 하고, 원래의 신탁기간 중에 발생한 비용의 대출이자 등 금융비용은 신탁법 제61조에 의하여 존속하는 것으로 간주되는 법정신탁의 목적 달성에 필요한 비용이라고 볼 수는 없고 본 대법원 2002. 3. 26. 선고 2000다25989 판결은 신탁법 제61조에 터잡은 청구에 관한 것이고, 약정에 의한 경우에 적용될 것이 아니라는 이유로 원심판결이 잘못된 것이라 지적한 대상판결의 판단은 옳다. 신탁제도의 유연성이 드러나는 대표적인 경우라 할 수 있을 것이다.

19) 대법원 2005. 4. 15. 선고 2003다47621 판결의 해당 부분 원문을 소개하면 다음과 같다. 「원고와 피고가 이 사건 신탁계약을 체결하면서 작성한 신탁계약서 제19조는(이 사건의 제19조와 동일) … 수탁자인 원고가 이 사건 신탁이 존속하는 동안이나 이 사건 신탁이 종료된 이후에 신탁재산에 관한 비용 등을 수익자에게 청구하였음에도 수익자가 이를 지급하지 않을 경우에는 원고가 신탁재산을 처분하여 그 대금으로 신탁재산에 관한 비용 등의 변제에 충당할 수 있게 함으로써 신탁재산에 관한 비용 등의 회수에 편의를 도모하기 위함에 그 목적이 있다 할 것이므로 ….」

Ⅴ. 수탁자의 충실의무 관련 문제

1. 사실관계 및 원심판결의 판단

이 사건의 사안에서, 피고가 외부로부터 차입한 자금을 자신의 고유계정에 입금하였다가 이 사건 신탁사업의 신탁계정으로 대여하면서 외부로부터 차입하여 온 금리에 1.5% 내지 5%의 추가금리를 가산하였는데, 이에 대해 원고가 신탁법 제31조에 반하여 신탁재산에 관하여 권리를 취득한 것이므로 무효이고, 보상의 대상이 되는 차입원리금은 피고가 외부로부터 차입한 원금 및 이자에 한정되어야 한다고 주장함에 대하여, 여러 가지 이유를 들어 위와 같은 대여가 가능하다고 보아 원고의 주장을 배척하였다.

2. 대상판결

이에 대하여 대상판결은, 신탁법 제31조에 위반하면 무효이고, 특히 구신탁업법 제12조 제 1 항은 예외적으로 허용한 신탁법 제31조 제 1 항 단서마저 배제하고 있는 점[20]에 비추어 그와 같은 거래가 유효하다고 할 수 없고, 따라서 금리가산은 무효라고 하였다.

한편, 이 사건에서 비록 피고가 차입원리금이라는 명목으로 구하기는 하였으나, 그 실질적인 내용은 비용보상청구권을 주장하는 취지로 이해할 수 있으므로, 그 정확한 범위를 산정하여야 한다고 보았다.

3. 검　　토

신탁법 제31조에 대한 대상판결의 해석론은 모두 수긍이 가는 내용이다.

이 규정은 비교적 엄격하게 지켜져야 하며, 수탁자의 위반행위가 결과적으로 수익자에게 이로운 것이었다는 이유로 정당화될 수 없다.

한편, 대상판결을 통하여, 제42조에서 정하는 비용상환청구권의 근거가 되는 비용은 반드시 신탁재산의 계산으로 해두었을 것을 요하지 않는다는 점을 알 수 있다. 즉, 누구 명의로 계산이 되어 있는가는 묻지 않고, 그것이 신

20) 이러한 점은 구신탁업법이 폐지된 뒤에도 자본시장과 금융투자업에 관한 법률 제104조 제 1 항에 의하여 그대로 유지되고 있다.

탁을 위한 것이었으면 보상청구의 대상이 될 수 있다.

이 사건의 경우에도, 일단 가산금리 부분은 인정범위에서 배제됨이 당연하지만, 만일 파기 후 환송심에서 피고가 파기 전에 제시하지 못하였던 비용을 정확히 주장·입증할 수만 있다면, 충분히 인정될 수 있을 것이다.

Ⅵ. 맺는 말

이상 살펴본 바와 같이, 대상판결의 주요 판시내용은 신탁법 자체의 해석론이라기보다는, 그와 관련하여 신탁계약을 어떻게 해석할 것인가에 집중된 것이었다. 따라서 대상판결을 해석함에 있어 이 점을 주의하여야 하며, 대상판결이 제시한 법리가 모든 신탁관계에 당연히 적용되는 것은 아니고, 신탁계약이 해당 사항에 대해 언급하고 있다고 하더라도 그 표현에 상관없이 당연히 적용되는 것도 아니라는 점에 주의를 기울일 필요가 있다. 유사해보이는 신탁계약이 체결되었다고 하더라도 매 사건마다 그 계약사항을 면밀하게 검토할 필요가 있다. 이러한 점에서 신탁계약시 주의깊게 조항을 작성하여야 하는 점도 이해할 수 있다.

신탁법 자체의 해석론을 풍부하게 펼치지 아니한 점에서 대상판결에 대한 아쉬움이 없지 않으나, 대상판결은 자조매각권과 비용상환청구권에 관하여 비교적 많은 것을 말해주고 있는 중요한 판결이라 생각한다.

{홍익법학 10권 2호}

[7] 수탁자의 변경과 신수탁자의 책임제한에 관한 연구

(대상판결 : 대법원 2010. 2. 25. 선고 2009다83797 판결)

[사안의 개요]

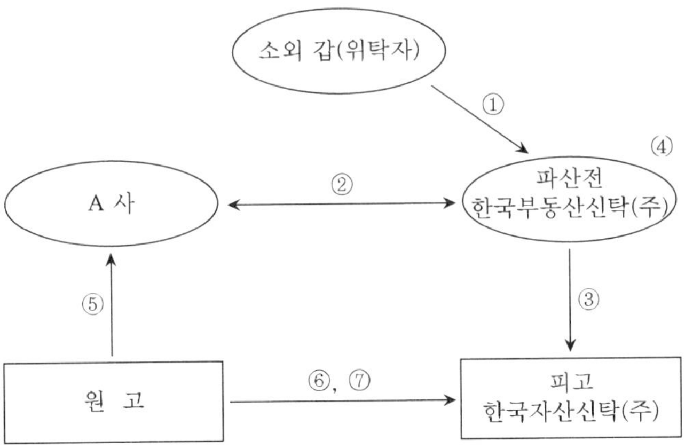

① 소외 갑과 파산전 한국부동산신탁 주식회사(이하 '파산전 회사')는, 1998. 9. 25. 소외 갑이 파산전 회사에게 소외 갑 소유의 부동산(이하 '이 사건 토지')을 신탁하고, 파산전 회사는 이 사건 토지에 ××공원묘원(이하 '이 사건 공원묘원')을 조성한 후, 타에 분양하기로 하고, 가칭 '재단법인 ××공원묘원'을 설립하여 그 수익자가 되는 것으로 하는 토지신탁계약(이하 '이 사건 신탁계약')을 체결하고,[1] 1998. 10. 12. 이 사건 토지에 관하여 신탁을 원인으로 한 소유

1) 필자는 대상판결 사안의 기초가 되는 신탁과 관련된 별개의 대법원판결에 대한 평석논문을

권이전등기가 경료되었다.

② 부동산 분양대행 및 부동산 컨설팅을 하는 회사인 A사와 파산전 회사는 1998. 10. 20. 이 사건 공원묘원의 묘지 11,000기에 관하여 A사가 그 분양업무를 대행하기로 하되, 계약기간은 체결일로부터 12개월 동안으로 하고, 계약보증금 5억원, 분양대행수수료는 묘지 1기당 100만원으로 정하고, 만일 A사가 1999. 8. 30.까지 전체 분양묘지의 60%인 6,600기를 분양하지 못할 경우 위 계약보증금은 파산전 회사에 귀속하는 것을 내용으로 하는 분양대행계약(이하 '이 사건 분양대행계약')을 체결하고, A사는 그 시경 파산전 회사에게 위 계약보증금을 지급하였으나, A사가 2000. 7. 18.까지 묘지 430기만 분양하는 등 그 실적이 저조하자, 파산전 회사는 2000. 8. 11. A사에게 이 사건 분양대행계약 도과 및 분양실적 저조 등을 사유로 한 계약해지를 통보하였다.

③ 파산전 회사는 2002. 7. 12. 피고와 사이에 이 사건 공원묘원 사업을 포함한 사업 5건을 피고에게 양도하는 내용의 토지신탁사업 양수도계약을 체결하였다.

한편, 파산전 회사(수탁자), 소외 갑(위탁자), 재단법인 ××공원묘원(수익자) 및 피고는 2002. 7. 23. 이 사건 토지신탁계약서 제27조를 변경하여 전 수탁자가 위탁자 및 수익자의 동의를 얻어 수탁자를 변경할 수 있도록 규정한 후,[2] 파산전 회사의 수탁자 지위를 피고가 포괄적으로 승계하기로 하고, 위탁자와 수익자가 동의한다는 내용의 약정을 하였으며, 이에 따라 피고는 이 사건 토지에 관하여 수탁자 경질을 원인으로 한 소유권 이전등기를 마치고, 파산전 회사로부터 그 신탁사무의 인수인계를 받았다. 그런데 파산전 회사와 피고 사이의 위 승계대상에서 이 사건 분양대행계약은 제외되었다.

발표한 바 있다{임채웅, "受託者 地位의 承繼 및 分讓代行權의 性格에 관한 研究[대상판결 : 대법원 2006. 3. 9. 선고 2004다57694 판결]"), 신탁법연구, 博英社(2009), 168면 이하. 이하 이 글을 '위 논문'이라 한다}. 그런데 위 논문에서 사안을 설명함에 있어서는 신탁 형태가 마치 자익신탁인 것처럼 기술하였다(위 논문, 169면). 그러나 위 논문 및 이 글의 각 대상판결이 다루고 있는 신탁(동일한 신탁관계이다)은 타익신탁이었다. 따라서 엄밀히 말하자면, 이 글의 설명이 옳은 것이고, 위 논문의 설명이 잘못된 것이다. 그러나 위 논문 대상판결의 사안에서 자익신탁인가 타익신탁인가 하는 점이 법률관계에 영향을 주지 않는다(이 점은 이 글의 대상판결 사안에서도 마찬가지이다). 그리하여 위 논문에서는 사안을 간략하게 설명하는 길을 택했던 것인데, 이 글에서 같은 신탁을 다시 다루게 된 점을 계기로 이 점을 여기에 밝혀둔다.

2) 신탁계약시 미리 이러한 규정을 두면, 많은 번거로움을 피할 수 있을 것이다. 신탁(계약) 설계시 주의를 요하는 점이다.

④ 2003. 6. 2. 파산전 회사가 파산하였다.

⑤ 원고는 A사에 대하여 3,600만원의 보수금 및 그에 대한 이자채권을 보유하고 있다.

⑥ 원고는 위 보수금 등 채권을 피보전권리로 하여, 서울중앙지방법원 2006카단80240호로 A사의 피고에 대한 이 사건 분양대행계약에 따른 계약보증금반환채권, 손해배상채권 및 분양대행수수료지급채권 중 45,082,000원 부분에 대하여 가압류결정을 받은 후, 2007. 11. 21. 같은 법원 2007타채18108호로 위 가압류 채권 중 40,396,438원 부분에 관하여 채권압류 및 추심명령 결정(이하 '이 사건 추심명령')을 받았다.

⑦ 원고가, 피고가 파산전 회사의 A사에 대한 5억원의 계약보증금반환채무 179,320,460원의 분양대행수수료지급채무 및 수천만원 이상의 손해배상채무 등 이 사건 분양대행계약 또는 그 종료에 따른 금원지급채무를 포괄적으로 승계하였음을 전제로, A사가 피고에 대하여 위 해당금액 상당의 채권을 가지고 있으므로, 이 사건 추심명령에 따라, 그 금액의 일부인 20,000,100원의 지급을 청구한 것이 이 사건 소이다.[3)]

* 이 사건을 이해하기 위하여 다음과 같은 점까지 밝혀두는 것이 필요하다.

○ 위 인정사실에 따르면 A사는 파산전 회사에 대해 4억 3천만원의 분양대행수수료 채권이 있었다. 한편, 파산전 회사는 위 계약보증금을 '몰수'하였으나, 실제로는 파산전 회사에게 상당한 책임이 있다고 볼 여지가 있었고, 위

---

3) 원고의 주장에 따르면 원고는 2,000만원보다 훨씬 더 많은 금원의 지급을 구할 수 있음에도 일부 금액만을 청구하고 있다. 그 이유를 단언하기는 어려우나, 승소에 대한 확신을 가질 수 없어 비용(인지대 등)을 줄이기 위하여 일부 금액만 청구한 것이 아닌가 생각된다. 일부 금액만 청구하면서도 굳이 2천만 100원의 지급을 청구한 것은, 소액사건이 되는 것을 막기 위한 것으로 이해된다. 즉, 청구금액이 2,000만원을 초과하지 않으면 소액사건으로 분류되게 되므로(소액사건심판규칙 제1조의 2), 이를 피하고자 위 금액의 지급을 청구하는 것으로 구성한 것이다. 민사사건이 소액사건으로 분류되어 심리된다고 하여 결론이 달라지는 것은 아니지만, 통상 소액사건은 신속하고 간략하게 심리되며, 원칙상 판결이유도 작성되지 않는다. 따라서 패소한 당사자 입장에서 보면 자신의 패소이유가 무엇인지 정확하게 모르게 되는 경우가 있을 수 있다. 그리하여 자신의 청구가 소액사건으로 취급되는 것을 원하지 않는 당사자는 처음부터 소액사건이 되는 것을 피하려고 하는 경향이 있다. 또한, 만일 애초의 청구가 소액사건으로 분류되면, 심리 도중 청구를 확장하여 소액사건의 범위를 초과하는 경우 재배당 절차를 밟아야 하므로 상당한 절차지연이 불가피하게 되는데, 이러한 점도 당사자들이 소액사건으로 취급되는 것을 피하려는 또 하나의 이유가 될 수도 있다.

금액은 손해배상액의 예정으로 볼 수 있어 감액의 여지가 있다. 이러한 점에 관한 원고의 상고도 이유있는 것으로 받아들여져 대상판결에 의한 파기사유의 하나가 되었다. 그러나 이 점은 신탁법리와 직접 관련이 있는 문제는 아니므로, 이 글에서는 더 이상 다루지 않는다.

○ 2002. 5. 31. 당시의 이 사건 신탁에 관한 신탁재산은 이 사건 토지가액 1,917,218,670원 및 위탁자의 출연금 600만원, 합계 1,923,218,670원이었다. 한편, 이 사건 소는 2008. 7. 3. 제기되었으며, 제 1 심의 변론종결일은 2008. 12. 11, 제 2 심의 변론종결일은 2009. 9. 10.이었다.

[이 사건 소송의 경과]

① 제 1 심 : 서울중앙지방법원 2009. 1. 8. 선고 2008가단240171 판결
　⇨ 파산전 회사의 A사에 대한 채무를 피고가 승계하지 아니하였다는 이유로 원고청구 기각.

② 제 2 심 : 서울중앙지방법원 2009. 10. 8. 선고 2009나3370 판결
　⇨ 신탁재산액 범위 내에서 원고청구 일부 인용.

③ 제 3 심 : 대상판결
　⇨ 파기환송.

④ 환송후 제 2 심 : 서울중앙지방법원 2010나10824 사건으로 계속
　⇨ 2010. 6. 25. 판결선고예정.[4)]

[판시내용]

[1] 신탁행위의 정함에 따라 전수탁자가 임무를 종료하고 신수탁자가 선임됨으로써 수탁자가 변경된 경우에도 신수탁자는 신탁법 제26조, 제48조 등이 정하는 수탁자 경질의 법리에 따라 수탁자의 지위를 포괄적으로 승계하게 되고, 이때 제 3 자는 수탁자의 경질 이전에 이미 발생한 채권에 관하여 계약

4) 이 사건의 그 뒤의 경과에 대해서는 이 글 말미의 附記 참고.

의 당사자인 전수탁자에게 이를 행사할 수 있음은 물론, 신탁법 제48조 제3항에 의하여 신탁재산의 한도 내에서 신수탁자에 대하여도 행사할 수 있다.

[2] 신탁법 제48조 제3항에서 수탁자가 경질된 경우 신탁사무의 처리에 관하여 생긴 채권을 신탁재산의 한도 내에서 신수탁자에 대하여도 행사할 수 있게 한 것은 신수탁자가 전수탁자의 채무를 승계하되 신탁재산의 한도 내에서 책임을 부담하도록 한 취지이므로, 그 경우 채권자의 신수탁자에 대한 이행판결 주문에는 신수탁자의 고유재산에 대한 강제집행을 할 수 없도록 집행력을 제한하기 위하여 신탁재산의 한도에서 지급을 명하는 취지를 명시하여야 한다.

[3] 신탁법 제48조 제3항에 따른 채권자의 신수탁자에 대한 이행판결 주문에 신탁재산의 한도를 금액으로 특정하여 표시할 경우 그 주문의 기재로는 신수탁자가 신탁재산뿐 아니라 자신의 고유재산으로도 변제해야 할 위험이 있으므로, 신탁재산의 한도를 금액으로 특정할 필요없이 그 주문에 신탁재산의 한도에서만 지급을 명하는 취지를 따로 명시하여야 한다고 본 사례.

[평 석]

Ⅰ. 들어가는 말

그간 우리나라에 신탁법리에 관한 연구는 비교적 풍부하지 못한 편이었고, 관련 판례 역시 마찬가지 실정이었으나, 근래 신탁법리의 측면에서 상당한 의미가 있는 판례들이 나오고 있다.

대상판결도 그중 하나인데, 대상판결은 수탁자가 변경된 경우의 법률관계를 다룬 것으로, 신탁법리만이 아니라 민사소송법리상으로도 의미있는 판시를 하고 있어 주목된다.[5] 이 글은 이러한 점에 착안하되 신탁법리와 관련

5) 대상판결의 판결요지에는 위에서 본 [판시내용] 이외의 것도 있으나, 모두 신탁법리와 직접 관련되지 아니한 사항이므로 이 글에서는 다루지 않는다. 한편 필자는 대상판결의 검토과정에서 착안된 민사소송법리상의 문제에 대해 別稿{임채웅, "제한을 붙여 이행을 명하는 판결주문에 관한 연구"(2010. 6월 초 현재 미공간)}를 작성하였다. 이 글 및 위 別稿는 동일한 대상판

하여 대상판결이 갖는 의미에 대해 살펴보고자 하며, 대상판결의 주요 판시요지중 신탁법리와는 직접 관련이 없는 부분에 관해서는 다루지 않는 것으로 한다.

Ⅱ. 수탁자의 변경

1. 수탁자 변경시의 법률관계의 원칙

신탁의 운용은 대개 상당한 시간에 걸쳐 이루어지기 때문에 경제상황의 변화나 신탁법률관계 당사자들의 상황변화에 대처하여야 할 필요가 있는데, 예를 들어 수탁자(통상 신탁회사)에게 사정이 생겨 수탁자를 변경할 필요성이 있을 수 있다.[6] 신탁법 자체도 전(前)수탁자, 신(新)수탁자 개념을 인정함으로써[7] 이러한 경우를 이미 상정하고 있기도 하다.

아울러 제45조는 공동수탁자에 관해 규정하고 있는데, 따라서 원래의 수탁자 1명에 새로운 수탁자를 추가하거나 원래의 수탁자는 신탁관계에서 이탈하고 새로운 공동수탁자를 선임하는 것도 가능하리라 생각된다.[8]

수탁자가 변경되는 경우의 법률관계에 대하여는 기왕의 대법원판례가 있었으며, 동 판례들에 의하여 선언된 법리의 주요 내용은 다음과 같다.

① 수탁자가 변경되는 경우 전수탁자의 지위는 수탁자에게 이전되며 이는 포괄적 승계에 해당된다.

② 신탁계약에 의하여 수탁자가 변경되더라도, 전수탁자와 제 3 자가 맺

결의 검토에서 출발한 것이다보니, 이 글의 일부 내용, 특히 판결주문의 형식에 관한 부분이 위 別稿와 겹친다. 위 두 글은 동시에 작성된 것이며, 어느 한 글이 다른 글을 참고한 것이 아니므로, 여기서는 이러한 점을 밝혀두는 것에 그치고, 별도로 인용표시를 하지는 않는 것으로 한다.

6) 실제로 대법원에까지 올라온 사건 중 수탁자경질이 문제되는 사건의 대부분은 지난 시기 발생한 부동산신탁회사들의 도산에 의한 것이었다.

7) 신탁법 제47조, 제48조 등. 이하 법령명을 적지 않고 인용되는 조문은 모두 신탁법의 조문이다.

8) 이러한 가능성을 검토한 것으로 위 논문, 183면 참고. 물론 당연히 가능한 것은 아니고, 원칙적으로는 신탁계약에서 미리 예정하여 두거나, 관련 당사자들이 모두 동의하여야 가능하게 될 것이다.

은 특정 계약관계는 그대로 제 3 자와 전수탁자 사이의 관계로 남겨두고 제 3 자가 이를 신수탁자에게 주장할 수 없다고 약정하더라도, 강행법규위반으로 효력이 없다.[9)]

이상의 법리는 지금도 여전히 유효하다. 그런데 그 내용 중 ①은 타당하나, ②는 그 타당성에 의문이 있다.[10)] 여하간에 위와 같은 법리 자체를 기초로 하여 위와 같은 경우 구체적인 법률관계가 어떻게 되는가 하는 점을 검토해 보아야 할 것이다.

이에 대해 제48조 제 1 항은 수탁자가 경질된 경우 신수탁자는 전수탁자가 신탁행위에 의하여 수익자에 대하여 부담하는 채무를 승계하는 것으로 규정하고 있고, 이 조문이 위와 같은 법률관계의 구체적인 내용을 규정하는 원칙이 된다.

원래 수탁자는 신탁사무와 관련하여 그가 책임을 져야 하는 제 3 자에 대하여 자신의 고유재산으로도 책임을 져야 하고, 신탁재산으로도 책임을 져야 한다.[11)] 신탁재산도 수탁자가 소유권자이므로 수탁자의 고유재산과 신탁재산의 소유자는 어쨌든 동일한 것이고, 따라서 두 재산에 의하여 담보되는 관계를 두고 '연대'나 '불가분'의 관계에 있다고 표현하는 것은 부적절하다. 그러나 이론적으로는 그와 유사한 관계에 있는 것처럼 인식하는 것이 편리하다.[12)]

---

9) 대표적으로는 위 논문이 다룬, 대법원 2006. 3. 9. 선고 2004다57694 판결이며, ①법리는 대법원 2007. 6. 1. 선고 2005다5812, 5829, 5836 판결에 의하여 다시 확인된 바 있다.

10) 필자는 위 논문(184면 이하)에서, ②법리와 관련하여서는, 법리 자체를 원칙적으로 반대하지는 않으나, 그 점에 관한 당사자 사이의 채권적 효력까지도 부인하여야 하는지는 의문이라는 견해를 피력하였는데, 그 뒤의 검토결과 위 ②법리는 그대로 유지될 수 없다는 결론에 이르게 되었다. 대상판결이 위 ②법리를 다시 한 번 확인한 것은 아니지만(위 대법원 2006. 3. 9. 선고 2004다57694 판결이 선고된 이후에는 ②법리에 반하는 주장을 펴기가 쉽지 아니하였을 것이다), 이 점은 신탁법리상 의미있는 내용이라 생각되고, 위와 같이 필자의 견해에도 수정이 필요하게 되었으므로, 이 글에서 이 점을 다루기로 한다.

11) 신탁채권자와의 관계에서 수탁자가 그의 고유재산으로는 책임지지 아니하고, 신탁재산만으로 책임을 지는 경우의 신탁이라는 개념도 있는데, 일본신탁법은 이를 '한정책임신탁'(일본신탁법 제 2 조)이라 한다. 우리나라에서도 현재 신탁법 개정논의가 상당히 진척되고 있는데, 법무부의 개정안에서는 이와 같은 신탁을 '유한책임신탁'이라 하고 있다. 법무부, 신탁법 개정안 해설(2010. 2.), 777면 이하.

12) 이러한 관계가 연대채무와 불가분채무 중 어느 것에 해당되는지 또는 어느 것에 더 가까운지도 문제이다. 반드시 이 점이 명백하게 해명되어야 할 필요가 있다고 보지는 않지만, 이론적으로는 생각해볼 만한 일이다. 필자의 생각으로는 연대채무는 원칙상 법률행위 또는 법률의 규정에 의하여 발생하는 것이라는 점에서, 연대채무보다는 불가분채무에 더 가까운 것이 아닌

채권자는 신탁재산에 대해 집행에 나아갈 것인가, 수탁자의 고유재산에 대해 집행에 나아갈 것인가를 아무 제한없이 선택할 수 있는데,[13] 만일 수탁자가 자신의 고유재산으로 변제하였다면, 그 후 신탁재산에서 이를 회복할 수 있다. 이것도 엄밀히 말하면 '구상'이라 할 수 없는 것이지만, 그와 유사한 것으로 생각해볼 수 있다.

이러한 관계는 수탁자가 변경되는 경우[14] 아주 잘 드러난다. 제48조 제 3 항은, '신탁사무의 처리에 관하여 생긴 채권은 신탁재산의 한도내에서 신수탁자에 대하여도 행사할 수 있다'라고 규정하고 있으므로, 전수탁자와의 관계에서 발생한 신탁채권에 관하여 신수탁자는 신탁재산에 의해서만 책임을 지고 고유재산에 의해서는 책임지지 않는다. 한편 전수탁자는 고유재산에 의해서만 책임을 진다. 수탁자의 변경에 의하여 신탁재산은 전수탁자의 지배범위를 벗어나므로, 신탁관계에서 완전히 벗어난 전수탁자가 신탁재산에 의하여 책임을 지는 경우란 논리적으로 있을 수 없다.

한편 이러한 경우, 전수탁자가 그의 고유재산으로 책임을 져야 하는 의무와, 신수탁자가 신탁재산으로 책임을 져야 하는 의무는 '불가분'의 관계에 있다고 보아야 한다. 이 경우는 '불가분에 유사한 관계'가 아니라 '불가분채무관계'가 된다. 이러한 점에서, 일반적인 신탁관계에서 수탁자의 고유재산에 의한 책임과 신탁재산에 의한 책임의 관계를 '불가분에 유사한 관계'로 보는 것이 타당하다. 이러한 관계는 신탁법률관계의 특색을 매우 잘 보여주는데, 이를 圖解하면 다음 그림과 같다.

가 한다.

13) 소송실무에서는 이 두 재산에 의한 책임이 선후관계에 있다거나 한 쪽 재산에 대한 책임추궁에 착수하였으므로 다른 재산에 대해 집행에 나아가는 것은 부당하다는 주장이 가끔 발견되나, 모두 받아들일 수 없는 주장이다.

14) 논의의 편의를 위하여 원래의 수탁자, 즉 전수탁자도 1인이고 신수탁자도 1인인 경우를 상정한다.

[수탁자 경질에 따른 법률관계의 변동]

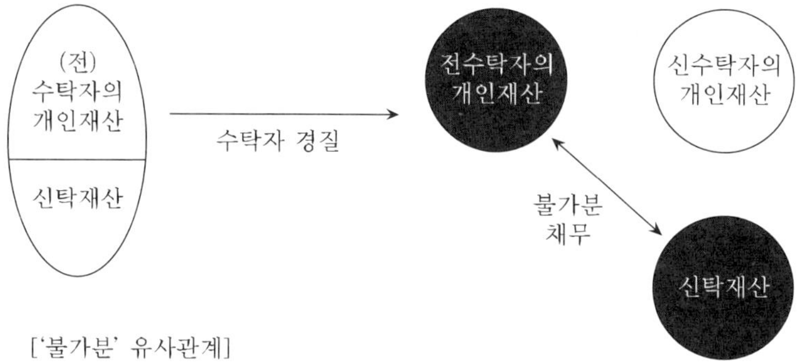

2. 전수탁자와 신수탁자 사이 약정의 효력[15)]

수탁자 경질로 인한 승계는 포괄승계인데, 前권리자가 소멸하는 자연인의 사망이나 회사의 흡수합병과 달리, 전수탁자가 소멸하지 않고[16)] 경질이 있을 때까지 발생한 신탁채권에 대해서 전수탁자가 여전히 책임을 지는 관계가 형성된다는 점이 신탁법리의 특징 중 하나이다. 포괄승계의 여러 가지 경우 중 회사분할이 수탁자경질과 비교적 유사한 점이 있다.

한편 권리의무의 포괄승계가 일어나면, 각 권리의무별로 별도의 조치를 취할 필요없이 종전의 권리의무는 당연히 원래 모습 그대로 新권리자에게 넘어가게 된다. 만일 그 권리의무가 물권이라 해도 별도의 조치가 필요하지 않고 당연히 이전되며, 채권이라 해도 마찬가지이다. 이 점은 해당 포괄승계와 관련되는 법리의 효력에서 비롯되는 것이므로, 당사자의 의사와 상관이 없고, 가령 당사자가 그에 반하는 의사표시를 했다 하더라도 그 의사표시가 독립된 행위로서 효력을 가지는지 여부는 별론으로 하고, 위와 같은 권리의무의 법리에 따른 승계효과에 영향을 미치지 않는다. 예를 들어 피상속인이 A라는 권리를 상속인에게 넘어가지 않게 하고자 한다라고 선언하였거나, 상속인과 약정을 체결하였다 하더라도, 그러한 약정이 유언 또는 유증으로서 효

15) 상술한 대로 이 점은 대상판결이 판시한 바는 아니다.
16) 경우에 따라서는 그 이후 전수탁자가 회사해산 등으로 인격이 소멸되는 경우가 있을 수 있음은 따로 설명할 필요도 없을 것이다.

력을 갖지 않는 한, 위와 같은 약정에 의해 해당 권리가 승계되는 것을 막을 수는 없다.[17)]

이상의 이유에 따라, 가령 포괄승계가 일어나는 경우에 피승계인이 승계인과 약정을 하여, 피승계인과 제 3 자 사이에 맺은 특정 계약관계는 그 두 사람 사이에 그대로 남겨두고 제 3 자가 승계인에게는 이에 따른 주장을 할 수 없다고 약정하였다고 하더라도, 그로 인해 포괄승계가 되는 것은 막을 수 없고, 이후의 법률관계는 포괄승계를 전제로 하여 정리되어야 한다.[18)]

이러한 인식에 따른다면, 피승계인과 승계인의 위와 같은 약정은 승계인에게 승계될 법률관계와 관련하여 피승계인이 그 계약관계를 인수하겠다는 약정이 되며, 그 내용 중 채무인수의 면이 담겨 있다면 채권자인 제 3 자가 동의하지 않는 한 제 3 자에게 대항할 수 없는 것이 된다. 즉, 어차피 위와 같은 계약은 무효로 보지 않더라도 약정당사자인 피승계인과 승계인 사이의 문제에 지나지 않으며, 제 3 자는 그로 인하여 불이익을 당할 이유가 없다.

위에서 본 ②법리는 전수탁자와 신수탁자의 약정에 의하여 제 3 자가 부당한 피해를 입는 것을 막기 위해 선언된 법리로 이해되는데, 이러한 우려는 실제로는 불필요한 것이었고, 결국 대법원 2006. 3. 5. 선고 2004다57694 판결은 제 3 자가 피해를 입는 일은 막아야 한다는 생각에 지나친 설시를 한 것이 되었다.

위 ②법리의 의미는, 그러한 약정으로 인하여 제 3 자가 불측의 손해를 입는 것을 막는 것에 있으며, 그러한 우려가 근거없는 것으로 판단되는 이상, 굳이 계속 유지하여야 할 법리가 되지 못한다. 어떻든 승계인이 당연히 책임을 져야 하는 상황에서 당사자, 즉 피승계인과 승계인 사이에서 제 3 자에 대해서는 피승계인이 전적으로 책임을 진다고 약정한 것을 강행법규 위반이라 하여야 할 이유를 찾을 수 없다. 이러한 정도의 약정은 일종의 이행인수형태로 우리 주변에서 매우 자주 발생한다. 그 약정에서 '제 3 자는 피승계인에게 주장

---

17) 그 약정 자체에 따른 채권채무관계가 상속되어 그에 따른 효력을 발휘하는 것은 이것과 별개의 문제이다.

18) 포괄승계효과가 발생하는 수탁자경질이 있는 경우에도 전수탁자가 법률관계에서 완전히 벗어나지 못하고 여전히 그 고유재산으로 책임을 지는 것과 같은 결과는 신탁법리 특유의 것이며, 통상 포괄승계가 일어나면 피승계인은 해당 법률관계에서 완전히 벗어나는 것이 원칙이다.

할 수 없다'고 약정하더라도 그 내용이 약정의 당사자도 아닌 제3자에게 효력을 발휘할 수 없음은 말할 것도 없다.

위 ②법리와 같이 위와 같은 약정이 애초부터 강행법규 위반으로 무효라는 것과, 이 글의 주장과 같이 제3자에게는 영향을 미치지 못하며 약정의 당사자 사이에서만 효력을 미친다는 구성에는 큰 차이가 있다.

얼핏 보기에는 위 두 가지 구성 모두 동 약정이 제3자에게 효력을 갖지 못한다는 점에서는 비슷해보이지만, 그렇더라도 위 ②법리를 따를 수 없는 이유는, 첫째, 위 법리는 위와 같은 약정으로 포괄승계를 막을 수 있다는 전제하에 놓인 것으로 그 전제가 잘못된 것이므로 이론의 면에서 취할 수 없고, 둘째, 실제 결과도 같다고 할 수 없기 때문이다. 약정당사자 사이의 직접적인 대가관계를 청산함에는 큰 차이가 없을지 몰라도, 그 외의 점에서는 큰 차이가 있을 수 있다. 즉, 이 글과 같이 구성하면, 제3자가 판단하기에 위 약정에 따르는 것이 낫겠다고 판단하는 경우, 계약인수나 채무인수의 점을 승인하면 될 것이기 때문이다. 또한 동 약정이 결국 이행되지 않아 청산을 하는 국면에서도, 계약무효의 법리가 적용되는 것과 계약은 유효하나 사후의 사정으로 청산되는 것과는 차이가 있을 수밖에 없다. 결론적으로 위 ②법리는 폐기되어야 마땅하다.

Ⅲ. 신수탁자의 책임범위

1. 원 칙

수탁자의 경질로 새로 수탁자가 된 자는 그가 수탁자가 되기 전에 발생한 신탁채권에 관하여 자신의 고유재산으로 책임지지 않는다. 이 점을 규정하고 있는 것이 제48조 제3항이다.

이와 같이 채무자가 그의 지배하에 있는 재산 전체에 의하여 책임을 부담하지 않는 경우는 위와 같은 경우만 있는 것이 아니다. 아울러 그러한 경우에도 여러 가지 형태가 있을 수 있다. 여기서 말하는 책임제한이란, 채권자가 그의 채권액과 상관없이 집행에 나아갈 수 있는 책임재산의 범위에 제한이 있는 경우를 말한다.

채무자의 채무와 책임범위가 일치하지 않는 문제는 별도로 검토하기로 하고, 이 글은 신수탁자의 책임범위를 살펴보는 데 가장 참고가 될 것으로 생각되는 限定承認의 경우만을 보기로 한다.

2. 한정승인을 한 상속인의 책임제한

피상속인의 사망으로 인하여 그의 재산은 자동적이며 포괄적으로 상속인의 재산이 된다.[19] 상속인이 한정승인을 하면 피상속인의 채권자는 상속인의 고유재산에 대해서는 책임을 물을 수 없고, 따라서 상속재산의 범위 내에서만 책임을 물을 수 있다. 엄밀히 말하자면 이 점은 집행단계의 문제이지만, 판결 주문에서 한정지어주지 않고 주문을 단순하게, 즉,

[예]

1. 피고(상속인)는 원고(피상속인의 채권자)에게 금 100만원을 지급하라.

와 같이 내면, 피상속인의 채권자는 위 주문으로 상속인의 고유재산에 대해서도 집행이 가능해지게 되므로, 주문에서 구분해주어야 한다.

따라서 아래와 같은 주문형태가 되어야 한다.

[예]

1. 피고들은 연대하여, 피고 홍길동(한정승인한 상속인)은 망 김길동(62××××-×××××××)으로부터 상속받은 재산의 범위 내에서, 원고에게 47,000,000원과 이에 대하여 2005. 1. 12.부터 갚는 날까지 연 20%의 비율로 계산한 돈을 지급하라.[20]

이러한 점은 한정승인을 한 상속인의 고유재산에 손을 대지 못하게 하는 점에 의미가 있는 것이므로, 채권자의 채권이 특정물에 대한 것이거나 기타

---

19) 물론 상속인이 복수일 경우 사후에 상속재산분할이 이루어져 구체적인 분할내용이 법정상속분과 달라질 수 있으나, 그렇더라도 그 점은 상속인 내부의 관계일 뿐, 상속인 전체로 보면 피상속인의 사망으로 인하여 당연히 포괄승계된다는 점에는 변함이 없다.

20) 수원지방법원 안양지원 2010. 4. 22. 선고 2009가단26068 판결. 이러한 형태의 주문례는 많이 발견된다. 예를 들어 대전지방법원 2010. 4. 22. 선고 2009가단56891 판결.

추상적인 의무를 구하는 것이라면 해당되지 않는다. 금원이나 기타 대체물[21]의 급부를 구하는 청구의 경우에만 해당될 수 있다.[22]

3. 이 사건의 검토 : 신탁의 경우

가. 책임한정방식

전수탁자에게 청구할 수 있었던 신탁사무의 처리에 관한 채권의 채권자는, '신탁재산의 한도 내에서' 신수탁자에 대해 채권을 행사할 수 있고(제48조 제3항), 이를 바꾸어 말하면, 신수탁자는 그와 같은 채무에 대해 그의 고유재산으로는 책임지지 아니하고, 신탁재산에 의해서만 책임을 진다.

그런데 가령 그 책임이 특정물에 관한 것이라면 그 특정물이 신탁재산의 일부이어야만 신수탁자에게 책임을 물을 수 있는 것이므로, 특별히 문제될 것이 없다. 그러나 금원의 지급을 청구하는 경우, 주문에 단순히 '피고(신수탁자)는 얼마를 지급하라'라고 하면, 그와 같은 주문으로 신수탁자의 고유재산에 대해서도 집행을 할 수 있게 되므로,[23] 제한을 붙여야 한다.

그런데, 그와 같은 제한을 한도있는 보증채무액과 같이 한도액을 부가함으로써 할 것인지(제1설),[24] 아니면 단순히 '신탁재산의 범위 내에서'라고 할 것인지(제2설)가 문제이다. 제1설을 취할 경우, 주문의 명료성이 높아지고 간명하다는 장점이 있다.

제1설을 취할 것인가, 제2설을 취할 것인가에 따라 이해관계인의 유·불리가 반드시 어느 한 쪽으로 변동되는 것은 아니다. 신탁재산의 가치는 계속 증감변동할 수 있기 때문이다. 만일 신탁재산이 채무변제에 충분하다면, 유·불리에는 영향을 미치지 않는다. 이론적으로만 보면, 가령 신수탁자가 자

---

21) 이하 '금원이나 기타 대체물'을 '금원'이라고만 한다. 그리고 실제로 대체물이 문제되는 경우는 극히 드물다.

22) 한정승인에 관한 이상의 설명은 민법 제1045조에 따른 재산의 분리가 일어난 경우에도 해당될 것으로 생각된다. 실무상 재산분리제도가 이용되는 경우는 발견하기 어렵다.

23) 판결문상 당사자표시부분에서 수탁자임이 드러나지 않는다. 게다가 수탁자임이 드러난다고 하더라도, 원래 수탁자는 신탁채권에 대해 그의 고유재산에 의해서도 책임을 지는 것이 원칙이므로, 주문에서 제한을 명확하게 드러내주어야 한다.

24) 이 사건 원심판결이 취한 입장이다. 원심판결의 주된 주문은 다음과 같다.

「2. 피고는 원고에게 1,923,218,670원의 범위내에서 16,812,347원 및 이에 대하여 2008. 7. 11.부터 2009. 10. 8.까지는 연 5%, 그 다음날부터 다 갚는 날까지는 연 20%의 각 비율로 계산한 돈을 지급하라.」

신의 고유재산에 의해 변제를 하게 되었다 하더라도 신탁재산에서 환수할 수 있는 것이므로, 신수탁자가 규범적으로는 손해볼 이유가 없다. 그러나 신탁재산이 채무변제에 부족할 수도 있는 것이며, 그러한 경우 수탁자가 손해를 입게 된다.[25]

그러나, 원심판결의 주문과 같은 판결을 선고하면, 원고(채권자)는 피고(신수탁자)의 고유재산에 대해서도 집행에 나아갈 수 있게 되어 부당하게 된다. 따라서 제 1 설은 그 간명함이라는 장점에도 불구하고, 법리상 옳지 못하며, 이 점을 지적한 대상판결의 결론은 옳다.[26] 제 2 설을 취할 경우, 법리상으로는 타당하더라도, 향후 특정 재산이 과연 신탁재산인가 아닌가를 두고 분쟁이 발생할 여지가 있으나,[27] 부득이한 일이다.

제 2 설을 취할 경우의 주문의 구성은 다음과 같은 형태가 제시될 수 있을 것이다.

[예]

1. 피고(수탁자)는 원고(신탁 전 채권자 또는 신탁채권자)에게 소외 홍길동(위탁자)과 체결한 2005. 2. 2.자 신탁계약(증서번호 제×××××호)에 따른 신탁재산의 범위 내에서 금 1천만원 및 이에 대하여 2008. 7. 11.부터 2009. 10. 8.까지는 연 5%, 그 다음날부터 완제일까지는 연 20%의 각 비율에 의한 금원을 지급하라.

---

25) 이 사건의 경우, 2002. 5. 31. 기준으로 신탁재산의 가치가 1,923,218,670원에 이름에 반해, 청구액은 2,000만원 남짓(환송 전 원심 인정액은 16,812,347원 및 이에 대한 지연이자)이고, 이 청구액이 채권의 일부이기는 하지만, 원래의 채권액 역시 위 신탁재산으로 충분히 충당할 수 있는 정도이다. 그러함에도 피고(신수탁자)가 상고를 해가면서까지 자신의 고유재산에 의해 책임지는 상황을 피하려고 했던 것은, 이 사건에서 드러난 채권말고도 신탁재산에 대한 거액의 채권이 있어 신탁재산이 실질적으로 채무초과의 상태에 있었거나, 아니면 이해관계인들과 복잡하게 얽혀서 추후에 비용상환조치가 번거롭게 될 것을 우려하였기 때문이었던 것으로 이해된다.

26) 아울러 가령 제 1 설을 취함이 옳다 하더라도, 최소한 신탁재산의 기준액은 사실심변론종결시가 되어야 한다. 이 사건의 경우, 환송 전 원심판결의 변론종결일은 2009. 9. 10.임에 반하여 판결문상 인정된 신탁재산가액의 기준일은 2002. 5. 31.로 두 시점 사이에 경과된 시간이 너무 길다. 아마도 이 사건의 경우, 청구금액이 그리 크지 않아서 당사자 및 원심법원이 이 점에 관하여 그다지 신경을 쓰지 않았던 것이 아닌가 짐작된다.

27) 특히 신탁재산을 混藏하는 경우, 다른 채권 또는 권리와 묶어 관리되는 경우 등에는 이러한 유형의 분쟁이 많이 발생할 수 있다.

이때 단순히 '신탁재산의 범위 내에서'라고 하면 특정이 충분히 되었다고 할 수 없다. 특히 신탁회사는 한 시점에 복수의 신탁을 관리하는 경우가 많을 것이므로 더욱 그러하다. 이러한 주문례는 향후 유한책임신탁이 도입되면 매우 활발하게 이용될 것이다.

나. 구체적인 책임범위

위에서 본 주문례에 따르면 일단 피고(신수탁자)가 원고의 청구에 대해서는 신탁재산만으로 부담하여야 한다는 점 및 그 부담하여야 하는 책임범위가 명백한 것처럼 보인다. 그러나 이러한 주문에 의하더라도 해명되어야 할 점이 두 가지가 있다.[28]

(1) 지연이자

위 주문에 따르면 신수탁자는 신탁재산에 의하여, 금 1,000만원이라는 돈과 이에 대하여 2008. 7. 11.부터 완제일까지 일정한 이율에 의한 금원을 지급하여야 한다. 이와 같이 지급하여야 하는 금원의 성격을 보면, 원래의 계약기간에 따른 변제기까지는 그 계약의 효력에 의한 이자 등에 속하고, 그 시각 이후의 것은 지연이자라 할 수 있다. 지연이자의 이율은 원래의 계약관계에 정함이 있으면 그 이율이 주장될 수 있고, 그렇지 않다면 법정이율인 연 5%가 적용되며, 피고가 소장을 수령한 다음날부터는 소송촉진 등에 관한 특례법이 정한 연 20%의 비율이 적용된다. 위 주문례의 표현만으로는 위 각 비율이 어떻게 하여 나온 것인지 알기 어렵다. 이자부분의 5% 및 20%는 통상 계약에 의하지 아니한 채권이나 계약에 의하더라도 따로 이율이 정해지지 않은 경우에 자주 나타나는 이율형태이다.

그런데 신수탁자가 책임질 수 없는 범위, 즉 신수탁자가 소장을 송달받은 때까지, 그리고 그 이후라도 소를 통해 다툴 만한 상황일 경우 정상적인 경위를 통하여 소송을 수행한 결과 그때까지 추가된 지연이자에 관해서는 신탁재산에 의하여 책임을 지는 것이 당연하다.

---

28) 아래 두 가지 점은 수탁자경질의 경우에만 해당되는 문제가 아니며, 수탁자가 신탁사무의 일환으로 소를 제기하거나 응소하는 모든 경우에도 해당되고, 나아가 이행주문 중 피고측의 책임을 특정재산 내로 한정하거나 금액의 한정을 두는 경우에도 해당되는 문제이다. 이 글에서는 신탁법리와 직접 관련되는 점만을 다루고, 그 외의 문제는, 임채웅, "제한을 붙여 이행을 명하는 판결주문에 관한 연구"(2010. 6월 초 현재 미공간)에 미룬다.

그러나 만약 신수탁자가 책임을 질 만한 사정에 의하여 지급이 지연됨으로써 지연이자가 가산되었다면, 그 가산된 부분에 대해서도 신탁재산으로 책임을 져야 하는가? 이 점에 대한 결론을 어떻게 내는가와 무관하게, 위 주문에 의하면 완제일까지의 지연이자는 모두 신탁재산에 의하여 책임을 지도록 되어 있다. 즉, 위와 같은 주문에서는 신수탁자의 부당한 대처로 신탁재산으로 부담하여야 할 지연이자가 증가하는 문제에 대한 고려가 되어 있지 아니한 것이다.

이 점에 관한 결론을 제시한다면, 신수탁자의 부당한 대처로 증가된 부분을 신탁재산으로 부담하게 함은 신탁재산의 입장에서는 부당하나, 현실적으로 어느 부분까지 정당하고 어느 부분은 부당한지 제 3 자와 신수탁자 사이의 소에서는 말하기 대단히 어려우므로 부득이하게 일단 신탁재산으로 모두 부담하게 하고, 위와 같은 부당한 점은 신수탁자가 수탁자로서 불법행위로 인한 손해배상 등의 모습으로 책임을 져야 하는 것으로 봄이 상당하다.

(2) 소송비용

대상판결의 환송 전 원심판결은 소송비용에 관하여 다음과 같은 주문을 선고하였다.

[예]

4. 소송총비용중 1/5은 원고가, 나머지는 피고(신수탁자)가 각 부담한다.

그런데 위 주문은 소송비용의 부담비율만을 지정하고 있을 뿐, 그것이 신탁재산에 의하여 부담하여야 할 것인지 여부가 명확하지 않다. 그러나 주문표현만 놓고 판단한다면, 위 주문만으로는 책임범위가 신탁재산에 한정되지 않는다. 위 주문을 놓고, 주된 주문에 '신탁재산의 범위 내에서'라고 되어 있다고 하여 당연히 그 점이 위 주문에 대해서도 적용된다고 하기는 어렵기 때문이다.

그렇다면 위 주문은 만일 상대방이 수탁자를 상대로 집행을 하여 온다면 신탁재산에 대해서도 수탁자의 고유재산에 대해서도 집행할 수 있다고 해석할 수밖에 없는데, 이러한 해석이 옳은가를 따져보아야 할 것이다.[29)]

29) 이 점은 반드시 신탁재산의 부담의 문제인 것도 아니다. 왜냐하면 소송비용 주문이 피고(신수탁자)쪽에 유리하게 나올 수도 있고, 그 경우 상대방으로부터 받을 소송비용액이 있을 수

신탁재산에 관한 소송이고 그로 인한 결과는 신탁재산에 의하여 책임지는 것이라면(즉, 주된 주문에 '신탁재산의 범위 내에서'라고 책임이 한정된다면), 그로 인한 소송비용도 주된 주문과 일치시켜 마땅히 신탁재산의 범위 내에서라고 함이 타당한 듯 보이기도 한다.

그러나 이 점은 반드시 그렇다고 볼 수는 없다. 수탁자경질의 경우에만 국한해서 본다면, 소송비용 전부가 신수탁자가 책임질 수 없는 성격의 것이 아니기 때문이다. 즉, 주된채무 자체는 전수탁자의 사무처리에서 비롯된 것이라 하더라도, 신수탁자가 승계하여 소에 관여한 이상 그 소와 관련된 사항은 신수탁자가 신탁사무의 일환으로 처리한 것이라 볼 수 있으므로, 이제는 더 이상 전수탁자만의 문제라 하기 어렵게 된다. 이론적인 면에서는 신수탁자가 취임하기 전까지 발생한 소송비용은 여전히 신수탁자가 그 고유재산으로 책임질 수 없는 것이라 파악할 수도 있으나, 하나의 소송에서 발생한 비용을 그와 같이 나누는 것은 현실적으로 곤란함이 대부분일 것이므로 상당한 일이 되지 못한다. 결국 수탁자경질이 있었던 경우, 전수탁자가 소송을 하던 것을 신수탁자가 승계한 경우나 해당 소가 처음부터 신수탁자를 상대로 하여 제기된 경우 모두 소송비용에 대한 부담은 일반적인 신탁채권과 마찬가지로 신탁재산은 물론이고 신수탁자의 고유재산에 의해서도 책임을 부담하여야 하는 것으로 봄이 상당하다.

나아가 검토하여야 할 점은 이러한 논리가 수탁자경질의 경우가 아닌, 유한책임신탁의 경우에도 적용될 수 있을 것인가 하는 문제이다.[30] 결론만 적는다면, 필자는 이 경우에도 마찬가지라 생각한다. 왜냐하면, 유한책임신탁이라 하더라도 최소한 거래시 그 점을 명백히 상대방에게 알려야 할 터인데, 계약관계 등을 전제로 하지 않은 채권의 경우에는 소송비용에 관해 위와 같이 알렸다고 보기 어렵고, 계약관계에서 상대방에게 고지하였다 하더라도 통상은 그 고지범위 내에 향후 발생하는 소송과 관련한 비용에 대해서도 모두 책임

있기 때문이다. 따라서 그러한 경우에는 그러한 금액이 당연히 신탁재산이 되는가 일단은 신수탁자의 고유재산이 되는가 하는 문제라 할 수 있다.

30) 필자는, 유한책임신탁 제도가 도입되기 전이라도 한 당사자가 수탁자와 신탁재산에 관한 거래를 하면서 책임추궁은 신탁재산에 한정하기로 약정한다면, 그 약정은 유효하고 최소한 당사자 사이에서는 책임한정효과가 발생하며, 따라서 그러한 경우 주문에서 당연히 '신탁재산의 범위 내에서'라고 적시해주어야 한다고 보고 있으므로, 이러한 경우에도 적용될 문제이다. 李重基, 신탁법, 三宇社(2007), 392면 이하, 同旨.

이 한정된다는 취지가 포함된다고 보기 어려울 것이기 때문이다.[31]

이상의 논의가 옳다면, 신탁재산과 관련된 소에서 발생하는 소송비용[32]에 관해서는 원칙적으로 상대방의 선택에 의하여 신탁재산이나 수탁자의 고유재산에 의하여 책임을 져야 하고, 사후에 내부적으로 조정되어야 하며, 만일 수탁자가 상대방으로부터 소송비용을 받게 되는 경우, 그 금원이 당연히 신탁재산이 된다고 할 수는 없을 것이다.[33]

Ⅳ. 나오는 말

대상판결은 수탁자 경질의 경우 신수탁자가 어떤 형태로 책임을 져야 하는가에 대해 명백히 선언한 첫 판결이다. 검토 결과 해당 형태에 대한 대상판결의 지적은 타당하다. 아울러 기존 법리 중 수탁자 경질시 포괄승계가 일어난다는 점은 옳으나, 이에 관한 당사자 사이의 약정이 무효라고 보는 내용은 폐기되어야 함을 이 글을 통해 지적해두고자 한다.

우리나라에는 신탁법리 자체에 대한 연구도 풍족하지 못한 상황이지만, 그것이 구체적으로 어떻게 실행되는가에 대한 선례도 충분하지 못한 상황이다. 이러한 상황에서, 신탁법리 운용의 구체적인 내용을 명백하게 선언하였다는 점에서 대상판결의 의의는 결코 작지 않다.

{홍익법학 11권 2호}

---

31) 더 나아가 거래시 향후 소송이 제기되어 수탁자측에서 부담하여야 할 소송비용에 관해서는 신탁재산의 범위 내에서만 책임을 진다고 약정한 경우 그러한 효력은 유효한가? 이 점은 결국 국가에 대한 사법청구권 행사 과정에서 발생한 비용을 사적 처분의 대상으로 삼을 수 있는가 하는 문제로 생각해볼 수 있다. 즉, 소송비용에 관한 당사자 사이의 사전약정의 효력문제이다. 이 점은 신탁법리 고유의 문제라 할 수 없고, 따라서 이 글에서 자세히 다루는 것은 적절하지 않다. 필자는 이러한 약정도 유효하다고 본다는 점만을 지적해두기로 한다.

32) 여기서의 소송비용은 소송과 관련하여 소요된 모든 비용을 의미하는 것이 아니라, 판결주문에 의하여 부담하여야 할 소송비용을 의미한다.

33) 이 점은 원론적으로 그렇다는 것이며, 통상은 그와 같이 하여 받은 소송비용은 신탁재산에 편입하고, 그 소송의 수행으로 인하여 수탁자가 부담한 비용은 수탁자의 비용으로 청구되는 과정을 밟게 될 것이다. 이 글의 주장에 따르면, 이와 달리 일단 수탁자의 고유재산에 편입된 다음 사후의 정산과정을 통하여 신탁재산으로 편입할 것이 있으면 편입하는 과정을 통하여 정리하는 것도 가능하다.

附記) 대상판결이 원심판결을 파기함에 따라 이 사건은 환송 후 원심이 진행되었고, 그 결과 서울중앙지방법원 2010. 6. 25. 선고 2010나10824 판결로 원고의 항소 및 항소심에서 확장된 원고의 청구가 모두 기각됨으로써 원고가 패소하였고, 원고가 상고한 결과, 대법원 2010. 11. 11. 선고 2010다57947 판결로 상고가 기각되었다. 위 판결들에서 주로 다루어진 것은, 원고의 이 사건 청구가 5년의 소멸시효기간 도과로 인정될 수 없다는 점과 그러한 소멸시효주장이 타당한 것인가에 집중되어 있다. 결론적으로 사건해결의 점만을 두고 이야기한다면, 대상판결의 판시는 불필요한 것이 되고 말았다. 소멸시효에 관한 주장은 그것이 받아들여질 경우 제일 먼저 판단되어야 했고, 따라서 다른 점에 관해서는 굳이 판단이 이루어질 필요가 없는 것이었기 때문이다.

제 3 편

신탁과 민사집행

[8] 신탁재산에 대한 민사집행의 연구

Ⅰ. 들어가는 말

우리의 일상생활에서 신탁이라는 법률관계를 의식하고 지내기는 쉽지 않지만, 신탁은 의외로 우리와 가까운 곳에서 많이 발견할 수 있다. 우리나라의 경우 민사신탁보다는 상사신탁이 주로 이루어지는데, 일반인들에게는 아파트 분양, 펀드가입 등의 모습으로만 드러날 뿐, 그 내면의 신탁관계는 잘 인식되지 않는 것이 보통이다.

여하간에 신탁이라는 도구가 갈수록 더 많이 활용될 것임은 쉽게 짐작할 수 있으며, 신탁관계가 많이 활용되는 만큼 그에 따른 법률문제도 더 많이 생길 것으로 예측된다. 법률문제가 많이 발생하면 필연적으로 그에 따른 집행의 문제도 수반될 수밖에 없을 것이다.

신탁재산에 대한 법률관계가 복잡해지는 매우 중요한 이유는, 신탁재산의 권리명의자가 수탁자이면서도 수탁자의 고유재산과 구별되기 때문이라 할 수 있다. 신탁재산과 수탁자의 고유재산의 관계에 대해 종합적으로 검토하기 위해서 가장 먼저 이루어져야 할 일이 바로 신탁법 제21조의 해석론, 즉 신탁재산에 대한 강제집행 및 경매에 관하여 검토하는 것인데, 이러한 연구는 결국 신탁재산과 수탁자의 고유재산의 관계를 밝히는 것이 되며, 이에 관한 논의의 전개를 위한 기초를 이루게 된다.

신탁법 제21조는 다음과 같이 규정하고 있다.[1)]

1) 이하 法令名을 사용하지 않고 인용하는 조문은 모두 신탁법의 조문이다.

第21條(强制執行의 禁止)

① 信託財産에 對하여는 强制執行 또는 競賣를 할 수 없다. 但, 信託前의 原因으로 發生한 權利 또는 信託事務의 處理上 發生한 權利에 基한 境遇에는 例外로 한다.

② 前項의 規定에 違反하여 行한 强制執行 또는 競賣에 對하여는 委託者, 그 相續人, 受益者 및 受託者는 異議를 申請할 수 있다. 민사집행법 제48조의 規定은 이 境遇에 準用한다. <개정 2002. 1. 26>

제21조 제 1 항에 따르면 신탁재산에 대해서는 원칙적으로 강제집행 또는 경매를 할 수 없다. 그러나 신탁재산도 재산적 가치가 있는 대상물이니 만큼 집행의 대상에서 완전히 벗어나는 것이라 할 수 없다. 제21조 제 1 항 단서에서 '신탁 전의 원인으로 발생한 권리 또는 신탁사무의 처리상 발생한 권리'[2)]

2) 이하에서는 '신탁 전의 원인으로 발생한 권리'를 '신탁전 채권'이라 하고, '신탁과 관련되어 거래를 하여 신탁재산에 의하여 책임을 져야 하는 채권'을 '신탁채권'이라 부르기로 한다. 우리나라에서는 책임재산한정신탁(신탁과 관련한 채무에 관하여 수탁자의 고유재산으로 책임을 지지 않는 경우의 신탁)이란 개념이 비교적 생소하다. 따라서 일반적으로 신탁채권은 수탁자의 고유재산 및 신탁재산에 의하여 책임을 져야 한다. 그러나 만일 책임재산한정신탁이 실제로 설정되는 경우를 상정하면, 수탁자의 고유재산에 의하여서는 책임을 지지 않는 신탁채권이 등장하게 된다. 이러한 경우를 '책임재산한정신탁채권'이라 부를 수 있을 것이다. 즉, 신탁채권에는 신탁재산 외에도 수탁자의 본래의 재산, 즉 수탁자의 고유재산에 의하여서도 책임을 져야 하는 것과 신탁재산에 의해서만 책임을 지게 되는 책임재산한정신탁채권이 있게 된다.

그런데, 제21조에서 말하는 '신탁사무의 처리상 발생한 권리'는 신탁채권에 한정된다고 할 수 없다. 신탁채권을 포함하고 그보다 넓은 의미를 가지는 채권이라 할 수 있다(이하 유치권과 관련된 설명 참고). 그러나 '신탁사무의 처리상 발생한 권리'의 대표적인 경우는 역시 신탁채권이라 할 수 있다. 따라서 간략하게 말하자면, "신탁재산에 대해 강제집행을 할 수 있는 채권에는 신탁전 채권과 신탁채권이 있다"라고 표현할 수 있게 된다. 이러한 표현이 '신탁채권이 아닌 신탁사무의 처리상 발생한 권리'의 발생가능성을 부인하는 것이 아님에 주의할 필요가 있다.

이러한 용어는 논의전개상 편의를 기하기 위한 것이지만, 본인은 이러한 용어를 학술용어로 사용할 것을 이미 제안한 바 있다. 임채웅, "受託者가 破産한 경우의 信託法律關係 硏究," 사법(제 6 호), 사법연구지원재단(2008. 12.), 122면 이하 참고. 위 글에서는 '신탁전 채권' 및 '신탁채권' 외에도 다음과 같은 용어를 사용할 것을 제안하고 있다. 이 글에서도 가급적 이러한 용어를 사용하기로 한다.

고유재산 : 신탁재산이 아닌, 수탁자의 본래의 재산
고유채권 : 고유재산에 대한 채권
고유채무 : 수탁자가 채권자에 대해 지는 채무로 고유재산에 의하여 책임을 지는 채무
고유재산의 채권 : 수탁자가 고유재산으로 갖는 채권
고유재산에 대한 채무 : 고유재산의 채권에 대응하는 채무자의 채무
신탁채무 : 신탁채권에 대응하여 신탁재산으로 책임져야 하는 채무
신탁재산의 채권 : 신탁재산으로 편입되어 신탁재산이 되는 채권
신탁재산에 대한 채무 : 신탁재산에 대한 채권에 대응하는 채무자의 채무

에 기해서는 강제집행 또는 경매를 할 수 있도록 하고 있다. 따라서 신탁재산에 대해 강제집행 또는 경매를 하는 경우가 있을 수 있다. 하지만 위 조문의 정확한 의미에 대한 종래의 연구는 풍부하지 못했다고 할 수 있다. 그래서 이 글은 신탁재산과 관련하여 어떠한 민사집행을 고려할 수 있는지에 초점을 맞추어 검토해 보려고 한다.

그리고 이 글에서 다루려고 하는 점은 기본적으로 신탁법에 따른 일반적인 신탁을 전제로 하는 것이다. 따라서 다음과 같은 두 가지 점에 관해서는 주의를 요한다.

첫째, 예를 들어 담보부사채신탁관계 등 특별한 신탁관계는 각 고유법리에 의해 달리 규율될 여지가 없는지 별도로 검토되어야 한다.

둘째, 당사자들의 특약으로 달리 적용될 여지가 없는지 별도로 고려되어야 한다.[3] 이 점은 신탁 아닌 다른 법률관계에서도 마찬가지이겠으나, 신탁의 경우 수탁자의 경질 법리 등으로 인하여 채권자들의 동의여부에 상관없이 舊 수탁자가 신탁관계에서 면책적으로 이탈하는 경우도 생길 수 있고, 또한 그러한 취지의 특약의 유효성도 널리 인정되고 있으므로, 더욱 의미가 있다고 생각된다.[4] 그러나 위 두 가지 점은 일률적으로 논의하기 어려운 것이므로 이 글에서는 다루지 않기로 하고, 제21조의 해석론을 중심으로 한 신탁재산에 대한 민사집행의 문제를 가능한 범위 내에서 검토해보고자 한다.[5]

---

3) 일본 신신탁법 제21조 제1항 제3호가 '신탁 전에 발생한 위탁자에 대한 채권으로, 당해 채권에 관한 채무를 신탁재산책임부채무로 하는 취지의 신탁행위의 정함이 있는 것'을 신탁재산책임부담채무로 들고 있는 점도 이러한 점을 반영한 것이라 볼 수 있다.

4) 대법원 2005. 4. 15. 선고 2004다24878 판결 참고. 특약의 유효성문제는 상사신탁의 경우와 민사신탁의 경우 결론이 달라질 여지가 있다. 한편, 대법원 2005. 12. 22. 선고 2003다55059 판결의 사안에서도 신탁사업의 양수 및 그로 인한 수탁자의 변경이 일어났는데, 이 사안에서도 신탁사업의 양수와 관련하여 채권자들의 동의가 있었다거나 필요하다는 논의가 발견되지 않는다. 그러한 점이 전혀 문제되지 않았던 사안으로 보이며, 아울러 신탁실무상으로도 신탁사업의 양수 및 수탁자의 변경에 관하여 신탁채권자의 동의를 요하지 않는 것으로 처리되고 있는 것으로 보인다. 위 대법원판결에 대한 평석으로, 임채웅, "受託者 地位의 承繼 및 分讓代行權의 性格에 關한 研究," BFL(17호), 서울대학교 금융법센터(2006. 5.), 104면 이하 참고.

5) 좀 더 본질적인 문제로 신탁을 어떻게 파악하느냐, 즉, 소위 채권설에 따르느냐 실질적법주체설을 따르느냐에 따라 신탁재산에 대한 민사집행의 모습은 달라질 수 있다. 이 점을 간략히 지적한 문헌으로 中野正俊, 信託法判例研究(新訂版), 酒井書店(2005), 187면~188면. 이 글에서 이러한 점까지 다루기는 어렵다. 따라서 이 글에서는 일단은 통설적 지위에 있는 것으로 생각되는 채권설에 따르기로 하되, 신탁의 본질에 관한 논의는 피하고, 현행법에 관한 해석론에 집중하기로 한다.

Ⅱ. 신탁재산과 고유재산

1. 수탁자의 분별관리의무

가. 일 반 론

신탁이 설정되어 위탁자가 수탁자에게 재산을 넘기면 그 재산은 신탁재산이 된다. 수탁자는 신탁재산과 고유재산을 엄격히 구분하여 관리하여야 한다(제30조). 등기 또는 등록이 필요한 대상물에 대해서는 신탁재산임이 드러나는 등기 또는 등록이 이루어져야만 제 3 자에 대해 대항력이 생긴다(제 3 조 제 1 항). 부동산의 경우 이 점이 특별히 문제될 여지가 없다. 우리 법체계하에서 예외적인 경우를 제외하면 부동산에 관한 등기가 이루어지지 아니하면 대항력을 따지기에 앞서 권리 자체가 이전되지 않기 때문에 신탁재산이 될 여지가 없다.

나. 금전 등의 경우

신탁재산이 금전인 경우에는 고유재산 또는 다른 신탁재산에 속하는 금전과 각각 별도로 그 계산을 명확히 함으로써 족하다(제30조 단서). 금전의 경우까지 분별관리함은 지나친 것이며 그렇게 할 필요도 없으므로 예외를 인정한 것이다. 법조문상으로는 '금전'이라고 되어 있으나 금전 이상으로 분별관리가 어려운 대상물, 구체적으로는 액체 기타 종류물에 대해서는 위 규정을 준용하자는 논의가 있다.[6]

2. 동일 수탁자의 타 신탁재산과의 관계

신탁재산과 고유재산의 구분은 복수의 신탁재산 사이에서도 지켜져야 한다. 특히 수탁자가 영업으로 수탁할 경우, 즉 수탁자가 신탁회사인 경우, 한 時點에 複數의 信託을 운용하게 된다. 동일한 위탁자라 하더라도 동일한 수탁

---

6) 李重基, 신탁법, 三宇社(2007), 319면. 이 글은 분별관리의무의 일반론에 대해 상술하고자 하는 것이 아니므로 더 자세한 논의는 하지 않기로 한다. 분별관리의무의 일반적인 내용에 관해서는, 崔東軾, 信託法, 法文社(2006), 191면 이하; 李重基, 신탁법, 三宇社(2007), 314면 이하 참고. 한편, 李重基, 신탁법, 三宇社(2007), 189면 이하에서는 신탁재산의 부합, 혼화, 가공에 대하여 상세히 언급하고 있다. 이러한 점들에 대한 자세한 검토는 추후의 연구과제로 미룬다.

자와 한 시점에 다수의 신탁계약을 체결하고 각각의 신탁재산이 존재할 수 있다. 이러한 경우에도 각 신탁재산은 서로 엄격히 구분되어야 한다.

동일한 수탁자가 관리하는 복수의 신탁재산이 있는 경우, 어느 한 신탁재산의 입장에서 보면 다른 신탁재산 역시 수탁자의 고유재산과 다를 바가 없다. 즉, 신탁법상 신탁재산과 고유재산과의 관계를 논의함에 있어 타 신탁재산은 수탁자의 고유재산으로 취급되어야 할 것이다.

예를 들자면, 제31조는 "수탁자는 누구의 명의로 하든지 신탁재산을 고유재산으로 하거나 이에 관하여 권리를 취득하지 못한다"라고 규정하고 있는데,[7] 여기서 '고유재산'을 그 수탁자가 운영하고 있는 다른 신탁재산을 제외한 고유재산으로 한정하여 해석한다면, 복수의 신탁재산 사이에는 자유롭게 권리를 주고받을 수 있다는 것이 되어버린다. 이러한 해석은 위 조문의 참뜻과 부합하지 않는 것이다.

나아가, 신탁이 관련된 민사사건의 심리과정에서 동일한 수익자를 위한 복수의 신탁재산을 취급하는 수탁자가 적절한 절차를 취함이 없이 신탁재산 사이에 재산을 임의로 옮겨 놓고 이것이 모든 신탁재산에게 유리하였다거나 일부 신탁재산에 대해 불리하더라도 그 수익자의 입장에서 종합적으로 보면 결국 유리했다는 식의 주장을 펴는 경우가 있으나, 모두 허용될 수 없는 주장이다. 신탁법에서 금지하는 바는 엄격히 지켜져야 하며, 특히 수익자의 이해관계에 영향을 줄 수 있는 내용은 더욱 그러하다. 따라서 결과적으로 수익자에게 유리했다는 이유로 그에 대한 위반이 정당화될 수 없다.

Ⅲ. 일본 구신탁법 및 신신탁법

1. 들어가는 말

현실적으로 우리나라의 신탁법에 관한 해석론을 펼침에 있어 가장 참고가 되는 입법례는 일본신탁법이다. 그런데 일본은 2006. 12. 8. 신탁법을 개정

---

7) 본인은 명문의 규정이 없더라도 이 법리에 대해 일정한 정도의 예외가 인정되어야 한다고 본다. 이러한 점에 대한 좀 더 자세한 설명은, 임채웅, "金錢信託의 硏究 ― 특정금전신탁과 불특정금전신탁을 중심으로 ―," 인권과 정의(383호), 대한변호사협회(2008. 7.), 160면 이하.

하고 2006. 12. 15. 공포하였으며, 신신탁법은 '信託法の施行期日を定める政令'에 의하여 2007. 9. 30.부터 시행되었다. 일본의 신신탁법은 구신탁법의 단순한 개정이 아니라 실질적으로는 법을 완전히 다시 만들었다고 할 정도로 크게 바뀌었다.

이러한 점을 살펴보는 것이 이 글의 이해에 도움이 되므로, 여기에서 간략히 살펴보기로 한다.

2. 구신탁법

일본 구신탁법 제16조는 다음과 같이 규정하고 있다.

제16조(신탁재산에 대한 강제집행의 금지)

① 신탁재산에 대해 신탁 전의 원인으로 인하여 생긴 권리 또는 신탁사무의 처리에 의하여 생긴 권리에 기한 경우를 제외하고 신탁재산에 대하여 강제집행, 가압류 또는 가처분을 하거나 이를 경매할 수 없다.

② 전 항의 규정에 반하여 이루어진 강제집행, 가압류, 가처분 또는 경매에 대하여는 위탁자, 그 상속인, 수익자 및 수탁자는 이의를 주장할 수 있고, 이 경우 민사집행법(소화 54년 법률 제 4 호) 제38조 및 민사보전법(평성 원년 법률 제91호) 제45조의 규정을 준용한다.[8)]

이와 같이 일본 구신탁법의 경우 우리나라의 신탁법과 거의 동일한 조문을 두고 있었는데, 금지되는 대상이 우리나라 신탁법의 경우 '강제집행 또는 경매'라고만 되어 있음에 비하여, 일본 구신탁법에서는 '가압류, 가처분'까지 금지대상으로 명백히 하여둔 점이 다르다. 본인은 아래에서 보는 바와 같은 이유로 신탁재산에 대한 가압류 및 가처분도 일반적으로 금지되어야 한다고 보는데, 그렇다면 일본 구신탁법과 같이 이 점을 명백히 규정하는 편이 더 좋을 것으로 생각한다.

일본 문헌 중 신탁과 강제집행의 관계를 정리해놓은 표로 참고될 만한 것이 있으므로 이를 소개한다.

---

8) 위 번역은 본인에 의한 것이다.

[신탁과 강제집행 등][9]

강제집행의 대상 / 강제집행을 하는 자	자익신탁		타익신탁	
	신탁재산	수익권	신탁재산	수익권
위탁자의 채권자	◎ 수익권을 압류한 채권자가 해제권의 대위행사에 의해 신탁계약을 해지할 수 있는 경우	◎	×	×
수탁자의 채권자	× 신탁법 16조	×	× 신탁법 16조	×
수익자의 채권자	◎ 수익권을 압류한 채권자가 해제권의 대위행사에 의해 신탁계약을 해제할 수 있는 경우	◎	×	◎
신탁의 채권자	◎ 신탁법 16조	×	◎ 신탁법 16조	×

◎ = 강제집행용인, × = 강제집행부정

3. 신신탁법

일본 신신탁법은 구신탁법에 비하여 조문내용이 매우 길어졌는데, 제21조에서 신탁재산으로 책임을 부담하는 채무(신탁재산책임부담채무)의 범위를 구신탁법에 비해 매우 상세하게 규정하고, 제23조[10]에서 신탁재산책임부담채무에 의한 '강제집행, 가압류, 가처분 또는 담보권의 실행 또는 경매(담보권의 실행으로 하는 것을 제외한다) 또는 국세체납처분'만 허용하는 것으로 규정하였다.

조문만 보면 커다란 변화가 있었던 것처럼 보이지만, 그 실제 내용을 보면 그 정도로 달라진 것이라 하기 어렵다. 전면적인 변화라기보다는, 구신탁

9) 新井誠, 信託法(第 2 版), 有斐閣(2005), 214면. 신신탁법에 관해서는, 동일 저자의 문헌인 新井誠, 信託法(第 3 版), 有斐閣(2008), 336면에 동일한 도표가 실려 있다. 신판에 실린 표의 경우, 제 2 판의 표(위 본문의 표)에서 '자익신탁'과 '타익신탁'이 '위탁자가 수익권의 전부를 갖는 신탁'과 '위탁자 이외에 수익자가 존재하는 상황에 있는 신탁'으로 바뀌고, '구신탁법 16조'가 '신신탁법 제23조 제 1 항 · 제 2 항'으로 바뀐 외에는 동일하다. 수익권을 중심으로 한 집행의 문제를 이 글에서 다루기는 어렵다. 이 점은 別稿에서 검토할 예정이다. 어쨌든, 일본의 신탁법 개정 전후에 걸쳐 위 도표의 실질적인 내용이 달라지지 않았다는 점은, 이 글에서 다루는 내용에 관하여 일본의 신신탁법이 구신탁법과 크게 달라지지 않았다는 점을 보여준다.

10) 일본 신신탁법 제21조 및 제23조의 번역문을 이 글의 말미에 첨부하였다.

법의 조문에 그간 논의되어 왔던 여러 사항을 조문내용으로 담은 것에 가깝다고 할 수 있다.

Ⅳ. 민사집행 종류별 허용범위

1. 강제집행과 경매

신탁재산에 대해서는 강제집행 또는 경매를 할 수 없다(제21조). 그런데 신탁법이 제정될 당시는 민사소송법에서 강제집행만을 규정하고 있던 때였는데, 당시에도 강제집행의 한 유형으로 강제경매가 규정되어 있었다. 따라서 신탁법에서 말하는 '경매'란 넓은 의미의 경매 중 강제집행의 일환인 강제경매를 제외한 경매를 의미하는 것으로 해석됨이 상당하고, 이 점은 지금도 마찬가지이다.[11)]

현재의 법규정에 따른 민사집행의 내용은 다음과 같이 분류될 수 있다.

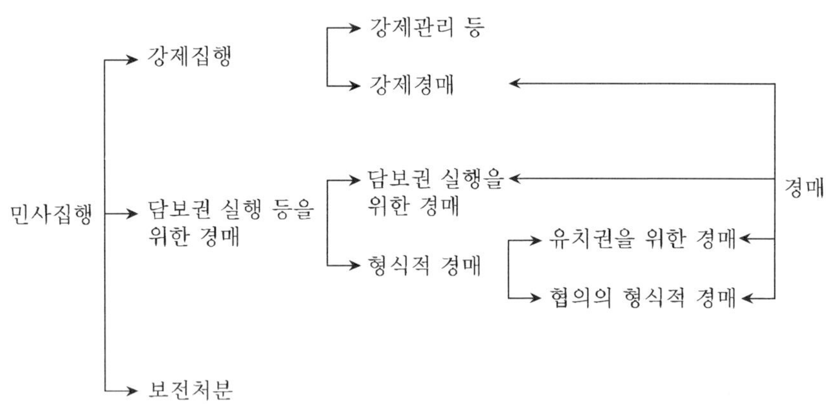

'강제집행과 경매'라는 표현을 위 그림에서 확인해보면 '강제경매'가 겹치게 된다. 그러나 어쨌든 강제경매가 금지된다는 사실 자체는 변함이 없으므

11) 이러한 점은 일본 민사집행법에서도 마찬가지이다. 동법에서도 부동산에 대한 강제집행의 일환으로 강제경매가 규정되어 있고, 이와 별도로 담보권의 실행으로서의 경매를 규정하는데, 제195조에서 유치권에 의한 경매 및 기타 형식적 경매를 들고 있다.

로 위와 같이 중복이 있다는 점이 결론에 영향을 주지는 않는다.

따라서 판단되어야 할 점은 위 표현의 의미가 아니고, 과연 위 그림에서 경매의 각 내용들이 신탁법의 규정에 의하여 금지되어야 할 것들인가, 그리고 명확히 규정되어 있지 아니한 보전처분에 대해서는 어떻게 보아야 할 것인가 하는 점이 될 것이다.

신탁재산에 대해 강제집행 또는 경매를 할 수 있는 경우란, 제21조 제1항 단서에서 정하고 있는 '신탁 전의 원인으로 발생한 권리 또는 신탁사무의 처리상 발생한 권리에 기한 경우'에 한한다. 즉, 이 글에서 말하는 신탁전 채권자와 신탁채권자만이 신탁재산에 대해 강제집행 또는 경매를 할 수 있는 것이다.[12)]

수탁자가 신탁재산과 관련하여 대외적인 행위를 하여 그 상대방이 취득한 권리가 바로 신탁사무의 처리상 발생한 권리(신탁채권)라 할 수 있는데, 이러한 상대방은 신탁재산에 대해서도 권리를 행사할 수 있고 고유재산에 대해서도 권리를 행사할 수 있다. 이러한 점은 대법원의 확고한 견해이기도 하다.[13)]

따라서 신탁채권자가 수탁자에게 책임을 추궁할 때, 신탁재산과 고유재산을 구분할 필요가 없다. 실무상으로도 수탁자에 대해 파산이 선고되지 않는 한[14)] 신탁채권자는 수탁자에 대한 일반 이행의 소를 제기하면서 청구취지상 구분할 필요가 없다. 판결선고시에도 主文에서 구별되지 않으며, 고유채권자가 수탁자에게 제기한 소에서의 주문과 동일한 주문이 선고된다.[15)]

12) 법문상 '채권'이라 하지 않고 '권리'라고 하고 있고, 아래에서 보는 바와 같이 담보권이 설정된 경우가 주요한 경우이므로 이를 '××채권'이라고 표현하는 것이 부적당한 것처럼 보일 수도 있다. 채권자의 권리라는 측면에서는 그렇기는 하나, 민사집행의 근거가 되는 것은 결국 채권에 기하는 것이다. 즉, 저당권자라 하더라도 저당권에 의하여 담보되는 채권이 집행의 근거가 되는 것이므로, '××채권'이라고 표현하더라도 무방할 것이다.

13) 대법원 2004. 10. 15. 선고 2004다31883, 31890 판결; 대법원 2004. 10. 15. 선고 2004다31906 판결; 대법원 2005. 5. 27. 선고 2005다5454 판결; 대법원 2006. 11. 23. 선고 2004다3925 판결 등.

14) 수탁자에 대해 회생절차가 개시된 경우에도 유사한 경우가 생길 수 있다. 그러나 회생절차의 경우 파산절차와 완전히 동일한 상황이 발생하는 것은 아니다. 이러한 점을 포함하여 수탁자가 파산한 경우에 관해 전반적으로 다룬 글로, 임채웅, 앞의 논문(주2), 119면 이하 참고. 이 글에서는 파산절차를 기준으로 설명한다.

15) 청구취지 및 주문에서 해당 신탁재산으로 집행범위를 한정하는 것이 실익이 없다고 할 수 없다. 즉, 수탁자가 파산하기 전까지는 수탁자의 고유재산과 해당 신탁재산을 구분할 실익은 별로 없으나, 그 경우에도 그 수탁자가 관리하고 있는 다른 신탁재산에 관해서는 집행력이 미치지 아니할 것이므로, 의미가 있을 수 있다. 또한 책임한정신탁이 이루어진다면 그 경우에도

강제집행과 경매가 허용되는 경우에 대해서는 아래에서 별도로 설명하기로 하고, 보전처분 및 형식적 경매에 대해 우선 살펴보기로 한다.

2. 보전처분

제21조는 '강제집행 또는 경매'를 할 수 없다고만 되어 있고 보전처분에 대해서는 말하지 않고 있다. 그러나 보전처분이란 결국 강제집행 또는 경매를 위한 것이라 볼 수 있고, 또한 신탁사무의 처리와 상관없이 발생한 권리에 터잡아 신탁재산에 대해 보전처분을 한다는 것도 옳지 않으므로, 비록 명문의 규정이 없더라도 신탁채권 또는 신탁전 채권이 아닌 한 보전처분을 할 수 없는 것으로 해석함이 옳다. 좀 오래된 것이기는 하지만 등기예규 중 이에 부합하는 것[16]이 있다.

역시 좀 오래된 것이기는 하지만, 이에 부합하는 대법원판결도 있다. 대법원 1987. 5. 12. 선고 86다545, 86다카2876 판결이 바로 그것인데, 이 판결문상으로는 보전처분이 금지된다고 명언하고 있지는 아니하나, 사건명이 '가압류이의'인 점에 비추어 보더라도 그 전체적인 취지는 신탁재산에 대해 강제집행이 허용되지 아니하는 채권을 피보전채권으로 하는 보전처분은 허용되지 않는다는 것임이 명백하다.

3. 형식적 경매

가. 형식적 경매의 개념

민사집행법에 따른 민사집행은 강제집행, 담보권실행 등을 위한 경매 및

청구취지와 주문에서 구분하여야 할 필요성이 인정될 수 있다. 이 경우, 한정승인에 관한 예를 참고하여 아래와 같이 구성해볼 수 있으리라 생각된다. 현재의 재판실무상으로 아래와 같은 형식을 취한 예를 발견하지는 못하였다.

주문의 예 : 피고(수탁자)는 원고(신탁전 채권자 또는 신탁채권자)에게 소외 홍길동(위탁자)과 체결한 2005. 2. 2.자 신탁계약(증서번호 제×××××호)에 따른 신탁재산의 범위 내에서 금 1천만원을 지급하라.

16) 제정 1979. 12. 3. 등기예규 제355호(신탁재산에 대한 강제집행).

신탁법 제29조 및 제31조는 수탁자가 신탁재산에 대한 이익을 향유할 수 없고, 또한 신탁재산을 수탁자의 고유재산으로 할 수 없다는 의미일 뿐 신탁을 원인으로 하는 소유권이전등기가 금지되는 것은 아니며(부동산등기법 제117조 내지 제129조 참조) 신탁재산에 대하여는 신탁 전의 원인으로 발생한 권리 또는 신탁사무의 처리상 발생한 권리에 기한 채권이 아닌 한 강제집행은 물론이고 그 전제되는 보전처분도 할 수 없는 것으로 생각된다(신탁법 제21조 참조). 1979. 12. 3. 등기 제448호 남산세무서장 대 법원행정처장 회답.

보전처분으로 나뉜다. 그 실행에 집행권원을 요하지 아니하는 담보권실행 등을 위한 경매절차를 통틀어 강제경매에 대응하는 개념으로 임의경매라고 부르는데, 임의경매 중 저당권, 질권, 전세권 등 담보권실행을 위한 경매는 채권자가 자기 채권의 만족을 얻기 위하여 실행한다는 점에서 강제경매와 공통점을 가지므로, 강제경매와 담보물권의 실행을 위한 경매를 실질적 경매라고 부르고, 이에 대응하여 재산의 가격보전 또는 정리를 위한 경매를 형식적 경매라고 부른다.

한편, 유치권은 담보물권의 일종이고 유치권자는 채권을 변제받기 위하여 경매를 신청할 권리를 갖지만 담보물권의 가장 중요한 속성인 우선변제권을 갖지 않으므로 민사집행법은 유치권에 의한 경매는 형식적 경매절차에 따라 실시하도록 하였다.

민법, 상법 그 밖의 법률의 규정에 의한 환가를 위한 경매를 협의의 형식적 경매라고 하고, 여기에 유치권에 의한 경매를 합쳐서 광의의 형식적 경매라고 한다. 협의의 형식적 경매에는 공유물분할을 위한 경매, 자조매각, 단주의 경매, 타인의 권리를 상실시키는 경매, 청산을 위한 경매가 있다.[17] 민사집행법 제274조 제 1 항에서 규정하고 있는 '유치권 등에 의한 경매'가 '광의의 형식적 경매'이다. 최소한 민사집행법 제274조가 정한 바에 따르면, 유치권 등에 의한 경매는 담보권실행을 위한 경매의 예에 따르도록 되어 있고, 목적물에 대해 강제경매 또는 담보권실행을 위한 경매절차가 개시된 경우 절차를

---

17) 형식적 경매의 종류는 다음과 같다. * 위 본문 및 이곳의 설명은, 법원행정처, 법원실무제요 민사집행[Ⅰ] — 집행총론 — (2003), 16면 이하에 따른 것이다.

① 공유물 분할을 위한 경매 : 현물분할이 어려운 경우 공유물 분할을 위한 경매(민법 제269조 제 2 항), 소유권 이외의 재산권 공유의 경우 분할을 위한 경매(민법 제278조, 제269조), 상속재산의 분할을 위한 경매(민법 제1013조 제 2 항).

② 자조매각 : 특정물의 인도의무를 부담하는 자가 그 인도의무를 면하기 위하여 물건을 금전으로 환가하는 것을 목적으로 경매를 신청하는 경우. 민법 제490조, 민사집행법 제258조 제 6 항, 상법 제67조, 제70조, 제71조, 제109조, 제113조, 제124조, 제142조, 제143조 제 1 항, 제149조 제 2 항, 제165조, 제777조, 제804조 제 1 항 등에 의한 경매.

③ 단주의 경매 : 상법 제443조 제 1 항, 제461조 제 2 항, 채무자 회생 및 파산에 관한 법률 제265조 제 3 항, 제266조 제 6 항, 제273조 제 3 항, 제274조 제 6 항.

④ 타인의 권리를 상실시키는 경매 : 어떤 물건에 대한 타인의 권리를 상실시키는 것 자체를 직접적인 목적으로 하여 그 권리에 대한 경매를 인정하는 경우. 상법 제757조 제 1 항, 집합건물의 소유 및 관리에 관한 법률 제45조 제 1 항.

⑤ 청산을 위한 경매 : 어떤 범위의 재산을 한도로 하여 각 채권자에 대하여 채권액의 비율에 따라 일괄하여 변제하기 위하여 청산을 목적으로 당해 재산을 환가하는 것. 민법 제1037조, 제105조 제 3 항, 제1056조 제 2 항.

정지하였다가 그와 같은 경매가 취소되면 재개된다는 점 외에는 임의경매와 다를 바 없다.

나. 신탁재산에 대한 형식적 경매의 가부

제21조 제 1 항은 실질적·형식적으로 구분함이 없이 신탁재산에 대한 경매를 일반적으로 금하고 있으므로, 이 표현을 그대로 해석하는 경우, 동 조항 단서에 해당되지 않는다면 형식적 경매 역시 불가능하다고 하여야 할 것이다. 그러나 과연 그렇게 해석되어야 하는지 각 경우를 생각해본다.

(1) 유치권에 의한 경매

㈎ 일 반 론

신탁설정 후 신탁재산에 대한 유치권을 갖게 된 채권자라면 당연히 신탁채권자일 것이므로 신탁재산에 대한 강제집행이나 경매가 가능하다. 채권자가 신탁재산이 되기 전에 유치권을 갖게 된 경우 그 채권은 신탁전 채권이 될 수 있을 것으로 본다.[18] 결국 유치권자는 경매에 제한이 없게 된다.

㈏ 상사유치권

상사유치권의 경우 좀 더 검토해보아야 할 점이 있다. 상사유치권은 민법상의 유치권과 달리 유치물과 피담보채권과의 개별적 견련관계의 존재를 필요로 하지 않으며, 피담보채권과 유치물은 영업을 통하여 관련되어 있으면 된다. 그런데, 수탁자의 거래상대방으로서는 수탁자의 상행위가 그의 고유재산에 관한 것인지 신탁재산에 관한 것인지 구분할 필요가 없으므로, 그 고유채권자인 거래상대방이 신탁재산을 점유하게 되는 경우 상사유치권이 발생할 여지가 있고, 이 경우 결국 신탁채권이 없이도 신탁재산에 대해 유치권을 행사할 수 있는 경우가 생기게 된다.

우선 신탁재산이 되기 전에 성립한 유치권에 관하여는, 그러한 유치권이 성립한 뒤 신탁재산이 되었다고 하여 그러한 유치권에 영향을 미친다고 할 수 없으므로, 당연히 그 유치권은 여전히 유효하고 달리 문제될 여지가 없다. 따라서 이 경우, 아래에서 상술하는 신탁전 채권에의 해당여부를 별도로 검토할 필요도 없게 된다.

---

18) 신탁전 채권에 관해서는 後述한다.

신탁이 성립한 뒤 신탁재산으로 편입되어야 할 재산[19]은, 아직 신탁재산이 아니므로 제21조의 규율대상이 아니다. 따라서 당연히 유치권성립에 문제가 없고, 여기서 논의할 문제가 아니다.

고유채권자가 신탁채권과 무관하게 신탁재산을 점유하게 되는 경우가 문제인데,[20] 이 경우 발생하는 상사유치권은 비록 신탁채권을 피담보채권으로 하는 것은 아니나, 제21조상의 '신탁사무의 처리상 발생한 권리'라 볼 수 있으므로, 역시 집행에 문제가 없다.[21] 결국 상사유치권의 경우에도 신탁재산에 대한 집행에 문제가 없다.

(2) 협의의 형식적 경매

협의의 형식적 경매에 속하는 경우 중 상속재산과 관련된 것은 적용의 여지가 없다. 신탁재산은 상속재산이 될 수 없기 때문이다. 수탁자가 사망하더라도 그의 상속재산이 될 수 없고(제25조), 수익자가 사망하더라도 수익권이 상속재산이지 신탁재산이 상속재산일 수 없다.

공유물분할과 관련하여 보면, 다른 공유자나 수탁자가 공유물분할의 소를 제기함은 가능할 터인데, 그냥 분할하는 것이 가능한데 유독 경매에 의한 분할이 불가능하다고 할 이유가 없다.

민법 제490조에 의한 자조매각의 경우를 생각해보면, 그 재산이 멸실되거나 훼손될 상황에서 신탁재산이라는 이유로 경매를 금지한다는 것은 옳지 못하다. 단주처리 등도 일종의 사무처리를 위한 것이므로 마찬가지이다.

요컨대 협의의 형식적 경매는 재산의 가격보전 또는 정리를 위한 경매이므로 신탁재산에 대해 害가 될 리 없는 것이다. 경우에 따라서는 형식적 경매의 요건이 되어 경매를 실시한 뒤 결과적으로 수익자에게 불리하게 되는 경

19) 수탁자에 대해 채권이 있는 금융기관이, 신탁재산에 편입되어야 할 금전을 송금받는 경우를 상정해볼 수 있다. 이 경우, 수탁자가 그 금전을 인출하여 신탁재산으로 편입하기 전까지는 신탁재산이라 할 수 없다.

20) 자동차정비업자가 수탁자의 고유재산인 자동차를 수리하고 그 수리비를 받지 못하고 있다가, 수탁자가 신탁재산인 자동차의 수리를 맡기고 그 수리비는 변제하였으나, 고유재산인 자동차의 수리비를 변제하지 못하여 자동차정비업자가 신탁재산인 자동차에 관하여 상사유치권을 행사하는 경우를 상정해볼 수 있다.

21) 이와 같이 '신탁사무의 처리상 발생한 권리'에는 신탁채권 외에도 신탁채권이 아닌 권리도 있을 수 있다. 그러나 신탁사무의 처리상 발생한 권리는 대부분 신탁채권이 된다고 볼 수 있다. 원칙적으로는 신탁재산과 관련한 법률관계에서 신탁채권의 범위를 넓게 해석하여야 한다고 본다.

우도 있을 것이나, 그것은 우연한 결과에 지나지 않는다. 형식적 경매가 이루어지는 시점에서 규범적인 차원에서 판단하면 신탁재산에게도 유리한 것이다. 따라서 비록 신탁법의 文言에 반하는 듯한 면이 있기는 하나, 그 의미를 축소해석하여 협의의 형식적 경매는 금지되지 않는다고 보아야 할 것이다.

다. 소 결 론

이상의 결론에 아래에서 보는 신탁전 채권에 관한 검토를 종합하면, 신탁재산에 대해 담보권이 설정되면 당연히 담보권실행을 위한 경매를 할 수 있는 것이고,[22] 유치권에 의한 경매도 이론적으로 항상 가능하게 되며, 협의의 형식적 경매도 가능하다고 하여야 하므로, 만일 신탁법에서 말하는 경매가 강제경매를 제외한 나머지 경매만을 의미하는 것이라면, 결국 종류별로 볼 때, 경매가 불가능한 경우는 없게 된다.

굳이 신탁재산에 대해 경매를 금지한 의미를 살리려면 '신탁 전 원인이기는 하나 무언가 특별한 이유가 있어 신탁법에서 말하는 신탁 전 원인으로 발생한 권리라 하기 어려운 경우에 해당되는 담보권' 또는 '신탁사무와 상관이 없으나 수탁자에 의하여 신탁재산에 설정된 담보권'에 의한 경매로 인정되는 경우가 있어야 하는데, 그러한 경우가 존재할 수 있는지 매우 의문스럽다.

前者는 통상은 상정하기 어려우며,[23] 後者에 관해서 보더라도 실질적으로는 신탁사무와 관련이 없다 하더라도 수탁자가 담보권을 설정한 이상 신탁사무와 관련이 있는 것이 될 것이므로,[24] 결국 이 글의 결론에 따르면 제21조에

---

22) 신탁성립 전에 설정되었다면 신탁전 채권에 관한 것이 되고, 신탁성립 후에 설정되었다면 신탁채권에 관한 것이 되므로, 담보권실행을 위한 경매는 당연히 된다고 보아야 한다.

23) 아래에서 보는 바와 같이 '신탁전 채권'의 의미를 완전히 밝혀내기 어렵기 때문에, 향후 그에 해당되는 것이 밝혀질 수는 있다.

24) 엄밀히 말하자면 이 점은 제21조의 '신탁사무의 처리상 발생한 채권'의 해석문제로 볼 수도 있다. 즉, 이 점을 넓게 보아 수탁자가 신탁재산과 관련하여 행한 결과에 따라 발생한 채권이면 이에 해당된다고 볼 수도 있고(제 1 설), 실질상으로도 신탁재산을 위하여 이루어진 행위의 결과에 따라 발생한 채권만 이에 해당된다고 볼 수도 있을 것이다(제 2 설). 그러나 비록 수탁자가 신탁재산에 해가 됨을 알면서도 신탁재산의 처리와 직접 관련되지 않은 채무에 관하여 신탁재산에 담보권을 설정해주었다고 하더라도 제21조에서 말하는 '신탁사무의 처리상 발생한 채권'으로 봄이 옳다(제 1 설 찬동). 제21조의 위 내용이 '신탁재산과 직접 관련이 되는 경우' 또는 '신탁재산에 유익한 결과를 가져오는 경우' 등으로 한정되게 해석할 이유도 없을뿐더러, 제 3 자의 보호라는 면을 생각하면 더욱 그러하다. 수탁자가 어떤 의도로 담보권을 설정하였든지 그 담보권을 설정받은 채권자로서는 상관할 바가 아니며 제 3 자의 입장에서는 모두 '신탁사무의 처리상 발생한 채권에 관한 담보권'으로 볼 수 있기 때문이다.

서 '경매'는 적용될 여지가 없다. 즉, 상정가능한 범위 내에서는 경매가 불가능한 경우를 찾기 어렵기 때문이다.[25] 따라서 강제집행만 검토될 여지가 있는 것이 된다. 이러한 결론이 옳다면, 신탁법에서 경매에 관하여 언급한 것은, 그와 같이 언급함으로써 새로운 내용의 법리가 창설되었다기보다는, 신탁재산에 대해 일반적으로 강제집행과 경매를 금지시키는 구조를 취하려다보니 규정된 것이라 볼 수 있게 되며, 그 이상의 큰 의의를 찾기 어렵다.

Ⅴ. 신탁전 채권

상술한 바와 같이 신탁재산에 대해 민사집행이 허용되는 경우 중 하나가 바로 신탁전 채권자의 경우이다. 그런데 '신탁전 채권'이 과연 무엇을 의미하는가는 상당히 답하기 어려운 문제이다.

1. 기존의 논의

가. 이론적인 논의

(1) 국 내

신탁전 채권의 의미에 관한 국내의 대표적인 논의를 살펴보면, "신탁 전의 원인이란 신탁행위 전이란 뜻이 아니고, 신탁재산구성물인 개개의 재산권에 대해 신탁관계가 발생하기 이전이란 뜻이다. 예컨대, 신탁관계가 성립하기 이전부터 저당권이 붙어 있는 부동산을 신탁재산으로 수탁하는 경우와, 신탁행위 당시에는 저당권이 설정되어 있지 아니하였으나 신탁재산을 관리 또는 처분하는 과정에서 저당권이 설정된 부동산을 신탁재산으로 취득한 경우의 저당권도 포함된다"고 해설하는 견해가 있는가 하면,[26] "위탁자의 채권자가 신탁재산에 대해 신탁설정 전에 저당권설정등기를 한 경우 혹은 임차

---

25) 물론 실제로는 경매가 가능한 경우가 있을 것이고 가능하지 않은 경우가 있을 것이다. 그러나 경매가 불가능하다 하더라도, 그러한 경매를 신청하기 위한 원래의 요건을 갖추지 못하여 경매가 불가능한 경우일 것이다. 즉, 그와 같은 경우 제21조의 적용여부를 따질 필요도 없을 것이라는 것이 이 글의 주장이다.

26) 洪裕碩, 信託法(全訂版), 法文社(1999), 115면. 이 문헌은 이러한 설명을 하면서 大阪谷公雄, 信託法セミナー, 信託研究会(1990), 312면을 인용하고 있다.

인이 대항력있는 임차권을 갖는 경우 등을 생각할 수 있다. 이러한 경우 신탁재산은 담보물권 혹은 임차권이 붙은 채로 수탁자에게 이전된다. 하지만, 신탁재산에 대해 발생한 조세채권은 이러한 권리에 포함되지 않는다고 한다. 또 영업의 신탁과 같이 신탁설정시에 적극재산과 함께 소극재산을 인수한 경우, 소극재산으로 인수한 채무도 채권자의 입장에서는 신탁 전의 원인으로 인하여 신탁재산에 발생한 권리에 포함되게 된다. 위탁자가 신탁재산의 소유자로서의 부담하게 된 손해배상책임(민법 제758조의 공작물소유자의 책임)에 기한 채무도 이러한 권리의 예가 된다"라고 해설하는 견해가 있고,[27] "신탁 전에 이미 신탁부동산에 저당권, 가압류, 가처분, 압류가 이루어진 경우 등 신탁재산 그 자체를 목적으로 하는 채권이 발생한 경우를 말하는 것이고, 신탁 전에 위탁자에 대하여 생긴 모든 채권이 포함되는 것은 아니다"라고 설명하는 견해가 있다.[28]

(2) 일 본

본인이 검토한 범위 내에서는 일본에서는 구신탁법 때도 그렇고 신신탁법하에서도 이 점에 관해 상세히 논의되고 있지 아니하다. 구신탁법 때의 문헌들은 신탁재산이 되기 전에 저당권이 설정된 경우 정도만을 간략하게 예로 들고 있었으며, 그 이상의 설명은 찾기 어렵다.[29] 신신탁법에 관한 해설서에서도 이 점에 관해서는 달라진 것이 없다고 해설되고 있다.[30]

---

27) 李重基, 신탁법, 三宇社(2007), 177면.

28) 윤경, 민사집행(부동산경매)의 실무, 육법사(2008), 324면.

29) 구신탁법하의 해석론은 다음과 같다.

① 四宮和夫, 信託法(新版), 有斐閣(1989), 183면 : 예, 저당권, 선취특권에 기한 경우.

② 新井誠, 信託法(第 2 版), 有斐閣(2005), 212면 : 신탁 이전에 저당권이 설정되어 있는 경우.

③ 中野正俊, 信託法講義, 酒井書店(2005), 81면 이하 : '신탁재산에 대하여 신탁 전의 원인에 의하여 생긴 권리에 기한 경우'란, 신탁관계가 성립하기 전에(개개의 신탁재산인 재산에 대하여 신탁행위로서 수탁자에게 이전하기 이전에) 우선적으로 변제를 받을 권리를 갖는 경우인 바, 예를 들어 신탁설정 전에 저당권을 설정한 재산을 신탁재산으로 한 경우, 저당권자는 그 저당권에 기하여 당해 신탁재산에 대하여 강제집행을 할 수 있는 것이다.

30) 신신탁법하의 해석론은 다음과 같다.

① 寺本昌広, 逐条解説新しい信託法, 商事法務(2007), 84면 : 예를 들면 이미 저당권이 설정되어 있는 부동산에 대해 신탁행위 또는 신탁사무의 처리에 의하여 당해 부동산이 신탁재산이 된 경우에 있어서의 당해 저당권을 말한다.

② 福田政之 外, 新信託法, 清文社(2007), 151면 : 위 ①과 설명이 동일하다.

③ 新井誠, 信託法(第 3 版), 有斐閣(2008), 333면 : 예를 들어 저당권부 토지를 신탁재산으로 하는 토지신탁을 설정한 경우, 이 신탁설정 이전부터 존재하는 저당권을 실행하여 경매절차를 행하는 것은 허용하는 것으로 된다.

나. 대법원판례

한편 대법원판례로는 "신탁전에 이미 신탁부동산에 저당권이 설정된 경우 등 신탁재산 그 자체를 목적으로 하는 채권이 발생된 경우를 말하는 것이고 신탁전에 위탁자에 관하여 생긴 모든 채권이 이에 포함되는 것은 아니다"라고 한 것이 있고,[31] "위탁자에 대한 조세채권에 기하여 신탁재산을 압류할 수 없고, 위탁자가 상속재산을 신탁한 경우, 위탁자에게 부과된 상속세 채권이 신탁전 채권에 해당되지 않는다"라고 한 것이 있다.[32]

2. 검　토

가. 신탁전 채권의 개념 검토

(1) 범위 한정의 필요

이상과 같은 기존의 논의와 판례는 서로 일관되는 것으로 이해되나, 신탁전 채권의 엄밀한 의미를 밝혀주고 있다고 하기에는 부족하며, 일부 잘못된 이해도 있는 것으로 생각된다.

신탁에 의한 권리의 이전도 엄연히 일반적인 권리이전의 성격을 갖는 것이니 만큼, 위탁자의 일반채권자들은 신탁재산에 대해 강제집행을 할 수 없음이 원칙이다. 위탁자의 채권자가 담보권자이거나 신탁 전에 압류나 가압류, 가처분을 해놓은 경우에는 대외적인 명의자가 바뀐 경우에도 바뀌기 전 채무자에 대한 집행을 계속할 수 있음은 당연하다.

신탁재산에 대해 강제집행 또는 경매를 일반적으로 금지해 놓은 체제를 취하고 있기 때문에 신탁전 채권에 의한 예외를 명백히 인정한 것으로 볼 수 있고,[33] 그 점에서 제21조 단서 중 신탁전 채권 부분의 의미를 찾을 수 있기

---

④ 天野佳洋 外, 一問一答改正信託法の実務, 経済法令研究会(2007), 85면 : 이하와 같이 신법에서는 규정이 새롭게 되었지만, 그 취지는 유지되고 있다.

31) 대법원 1987. 5. 12. 선고 86다545, 86다카2876 판결.

32) 대법원 1996. 10. 15. 선고 96다17424 판결.

33) 이러한 문제는 일반 민사법리와 신탁법리 사이에서 발생하는 일종의 충돌문제로 파악할 수도 있는데, 신탁법리의 특수성을 강조하는 견해에서는 신탁법에서 신탁전 채권에 기한 강제집행과 경매를 허용하는 규정을 두지 않았더라면 가령 신탁 전에 설정된 담보에 의한 신탁재산에 대한 경매도 불가능하다고 볼 수 있을 것이다.

그러나 본인은 이러한 견해는 지나치다고 본다. 신탁법리가 특수한 것은 사실이지만, 일반민사법리에서 지나치게 벗어날 수는 없다. 따라서 제21조가 일반민사법리를 완전히 새로 구성하는 조문이 아니라, 일반민사법리에 따라 구성된 조문으로 이해하고자 한다. 즉, 신탁법률관

는 하나, 위에서 본 해석론에 따르면 위탁자의 채권자가 담보권자이거나 신탁 전에 압류나 가압류, 가처분을 해놓은 경우에는 제21조 자체가 없더라도 결과는 마찬가지라고 할 수 있다. 이러한 점에서 담보권이 이미 설정되어 있는 경우나 압류, 가압류 또는 가처분이 이미 이루어져 있던 경우에는 위 규정의 의미는 그다지 크지 못하다고 볼 수 있다.[34)]

결국 '신탁재산에 관하여 신탁 전의 원인으로 발생한 권리'의 의미가 무엇인가가 문제인데, 신탁 전의 원인으로 발생하였다고 하더라도 위탁자의 채권자가 위탁자에 대해 갖는 모든 권리가 이에 해당된다고 할 수는 없을 것이다.[35)] 따라서 신탁 전의 원인으로 발생한 권리 중 어느 정도 범위내로 한정할 수밖에 없으며, 그 범위를 밝히는 것이 이 글의 주요과제이기도 하다. 이러한 점을 고려한다면, 조문상의 '신탁 전의 원인으로 발생한 권리'의 의미를 일단은 '신탁재산에 관하여 신탁 전의 원인으로 발생한 권리'라고 국한하여 해석하여야 한다.

(2) 밀접한 관련성

지금까지의 본인의 검토결과로는 이 점을 의문없이 명확하게 설명한 문헌을 발견하지 못하였다. 이 글에서의 논의전개의 편의를 위하여, '신탁 전의 원인으로 발생한 권리' 중 신탁재산에 대해 집행을 할 수 있게 하는 특성을 '밀접한 관련성'이라 부르기로 한다. 현 단계에서 '밀접한 관련성'은 위 내용과 같은 事象을 효과적으로 지칭하기 위한 편의상의 것이며, 또한 假說的인 것이라 할 수 있다.[36)]

이러한 개념의 내용은 그것을 어떻게 정의하는가에 따라 다양하게 구성될 수 있다. 예를 들자면, 어떤 권리 또는 채권이든 신탁행위 이전에 발생한

계의 특성을 고려하여 제21조 제 1 항 제 1 문과 같은 금지규정을 두었으나, 일반민사법리를 완전히 배제할 수 없었으므로 제 2 문을 둔 것이며, 가령 신탁법을 개정하더라도 제 2 문에서 허용하는 정도의 민사집행조차도 허용하지 않는 내용으로 입법할 수는 없다고 본다.

34) 일본문헌 중 이 조문의 時的 範圍에 착안하여 의미를 부여하는 견해가 있으며, 이에 대해서는 아래에서 언급하기로 한다.

35) 위에서 본 대법원 1987. 5. 12. 선고 86다545, 86다카2876 판결취지도 이에 부합된다.

36) 이 글의 집필단계에서는, 아래에서 보는 바와 같이 몇 가지 가능성이 있는 경우들을 검토하여 잠정적인 결론을 제시하는 것이 최선의 결과인데, 이러한 결과만으로는 '밀접한 관련성'을 명확하게 정의하기에 부족한 것은 말할 것도 없다. 따라서 '밀접한 관련성'을 완전히 해명하는 것은 이 글만으로는 달성할 수 없다. 밀접한 관련성이 있으나 본인이 현재로서는 상정하지 못한 경우가 있는지 여부에 대해 확신을 가질 수 없기 때문에 현단계로서는 위와 같은 불확정개념을 계속하여 사용하는 수밖에 없다.

것으로 그에 터잡아 민사집행이 가능한 모든 경우를 대상으로 할 수도 있고, 그렇지 아니하고 이 규정에 의하지 않더라도 민사집행이 가능한 경우를 제외하고 이 규정의 의미가 살아나는 경우만을 한정하여 그 대상으로 삼는 것도 가능하다. 위에서 본 기존 문헌들의 설명이 차이가 나는 것은, 각 설명이 잘못된 것이라기보다는, 이러한 범위설정이 다르기 때문인 것으로 보아야 한다.

하여간 위 개념을 추상적이며 간명하게 정의할 수 없다면, 최소한 그에 해당되는 경우와 해당되지 않는 경우를 명백히 하여, 그 뜻을 최대한 명확히 하여 두는 것이 최선의 결과가 될 것이다.

밀접한 관련성이 있는 가장 대표적인 경우로는 해당 재산에 담보권, 압류, 가압류 또는 가처분(이하 '담보권 등')이 이루어져 있는 경우를 들 수 있다. 그런데, 담보권 등의 경우, 그것들을 신탁전 채권으로 보지 않는다고 하더라도 고유의 법리 및 효과에 의하여 신탁재산에 대하여 집행할 수 있는 것이므로 개념상으로는 이들을 반드시 신탁전 채권으로 보지 않을 수도 있다. 게다가 이들의 법적 지위도 매우 다르다. 즉, 담보권의 경우 채권자에게 그러한 실체법적인 특별한 권리가 있는 것임에 반하여, 압류, 가압류 및 가처분의 경우에는 절차법적 권리가 있는 경우이다.[37)]

그러나 현재까지의 본인의 검토결과로는 이들 외에는 신탁전 채권에 포함될 만한 것이 거의 없는 상황이고, '신탁전 채권'이란 어떤 이유로든 위탁자를 채무자로 하여 발생된 권리에 터잡아 신탁재산에 대해 집행을 할 수 있는 경우를 의미하는 것으로 보아야 할 것이므로 위와 같은 권리들도 신탁전 채권에 포함하는 것이 타당하다.[38)]

이러한 논의에 따른다면, '밀접한 관련성'이란 실체법적인 것에 한정되지 않고, 어떠한 이유로든 신탁 전의 원인으로 발생하였으나 신탁재산에 대한 집

---

37) 앞에서 본 바와 같이 일본문헌에서도 이러한 점을 자세히 다룬 것은 발견하기 어렵다. 그러나, 본인이 검토한 범위 내로 국한한다면, 신탁전 채권의 예로 담보권만을 들고 있을 뿐, 압류, 가압류 또는 가처분의 예를 거론한 예가 없는데, 이러한 점에 미루어 일본학자들은 이 글에서 말하는 '밀접한 관련성'을 실체법적인 것으로 생각하고, 절차법에 의하여 집행할 수 있는 경우는 밀접한 관련성의 문제가 아니라 절차법 자체가 효력을 발휘하는 것이라 보고 있는 것이 아닌가 하는 생각이 들지만 명백한 것은 아니다.

38) 한편, 대법원 1996. 10. 15. 선고 96다17424 판결은, "신탁이 이루어지기 전에 압류를 하지 아니한 이상, 그 조세채권이 위 신탁법 제21조 제1항 소정의 '신탁 전의 원인으로 발생한 권리'에 해당된다고 볼 수 없다"라고 하여, 압류가 이루어진 채권을 신탁전 채권에 해당되는 것으로 보고 있어, 이 글의 견해와 일치된다.

행을 가능하게 해주는 요소라고 볼 수 있다.

(3) 시적 범위

신탁전 채권이라 볼 수 있는 경우의 時的 範圍에 관해서는 몇 가지를 생각해볼 수 있다. 즉, 조문상의 '신탁 전'의 의미를 '신탁행위 전'이라 해석할 수 있고(제 1 설), '신탁행위로 인한 權利移轉 以前'이라 해석할 수도 있다(제 2 설). 이에 더 나아가 신탁행위 및 그와 관련된 때에 한정할 필요가 없고, 신탁행위와 무관하게 신탁설정이 완전히 끝난 뒤 수탁자가 별도로 신탁재산으로 편입한 재산과 관련하여 그 재산에 관하여 신탁관계가 발생하기 전이라 해석할 수도 있다(제 3 설). 제 3 설은 일본의 유력학자가 취하고 있는 견해이며,[39] 우리나라에서도 이에 따르는 견해가 있다.[40][41]

제 3 설은 예를 들자면 수탁자가 저당권이 이미 설정된 부동산을 신탁재산으로 취득하는 경우도 이에 해당된다고 보는 것인데, 그러한 경우 경매신청이 가능함은 말할 것도 없고, 법문상의 표현에도 크게 어긋나 보이지는 않지만, 이러한 경우는 '신탁사무의 처리상 발생한 권리'로 볼 수도 있을 것이다. 위와 같은 권리변동으로 근본적으로 새롭게 발생한 권리라 할 수는 없으나, 그 권리의 대상자가 종전 소유자로부터 수탁자로 바뀌었다는 점에서 새롭게 발생하였다고 파악할 수 있는 것이다.

이에 관해 어떠한 견해를 취하더라도 그러한 저당권부채권에 의하여 신탁재산에 대하여 집행할 수 있음에는 의문의 여지가 없다. 결국 이러한 논의는 이론상의 문제라 할 수 있는데, 본인은 가급적 해당 용어의 의미를 다른 경우와 명료하게 구분되게 정의내리는 것이 타당하다고 생각하므로, 제 3 설이 제기하고 있는 경우는 신탁사무의 처리상 발생한 권리로 보고, 동 견해를 취하지 않기로 한다.

한편 제 1 설과 제 2 설의 차이는, 신탁행위 후 실제로 수탁자에게 소유권

---

39) 四宮和夫, 信託法(新版), 有斐閣(1989), 183면 : '신탁 전의 원인'이라고 하는 것은, '신탁행위 전'이라고 하는 의미가 아니라, '어떤 신탁재산에 대하여 신탁관계가 발생하기 이전'이라는 의미이며, 따라서 예를 들어 신탁사무의 처리에 의하여 저당권을 부담하는 부동산을 신탁재산으로서 취득하는 경우, 그 저당권은 여기에서 말하는 권리에 해당한다.

40) 洪裕碩, 信託法(全訂版), 法文社(1999), 115면.

41) 한편, 中野正俊, 信託法講義, 酒井書店(2005), 81면 이하에서는, 신탁전 채권에 관한 규정이 일견 불필요한 규정같이 생각된다고 하고, 이어 四宮和夫의 위 견해를 소개하면서, 그러한 의미에서 불필요한 규정이라고 할 수 없을 것이라고 기술하고 있다.

이 넘어가기 전 기간에 담보권이 설정되거나 압류 등이 이루어진 경우에 대해 어떻게 보느냐 하는 것인데, 위 기간에 위와 같이 이루어진 경우는 신탁사무의 처리상 발생한 경우라 볼 수 없으므로, 이를 신탁전 채권으로 보지 않으면 집행을 허용할 수 없는 것이 되어 제 2 설을 취할 수밖에 없다.

나. 각 경우의 검토

(1) 신탁전 채권이라 하기 어려운 경우

㈎ 소극재산

만일 소극재산이 신탁재산이 될 수 있고 실제로 신탁이 이루어졌다면,[42] 그 소극재산은 신탁재산으로 이미 편입된 것이므로 당연히 그에 기한 강제집행은 허용되어야 한다. 이 경우는 굳이 신탁전 채권이라 할 필요도 없다. '신탁사무의 처리상 발생한 권리'로 볼 수도 있을 것이다.

㈏ 대항력있는 임차권

위에서 본 대로, 국내의 학설상의 논의로는 임차인이 대항력있는 임차권을 갖는 경우가 이에 해당된다고 해설하는 경우가 있으나, 임차권에 대해 대항력이 발생한 후 임차목적물에 대해 신탁이 설정되면, 그 임차인에 대한 관계에서 수탁자는 임대인의 승계인이 되므로, 수탁자가 新賃貸人으로 당연히 책임을 지는 것이고,[43] 제21조가 문제될 여지가 없다. 반면, 대항력이 없는 임차권은 임차목적물의 양수인에게 대항할 수 없는 것이므로, 신탁전 채권이 될 수 없다. 결국 신탁재산이 되기 전 이미 성립한 임차목적물에 대한 임차권에 관해서는 제21조가 문제될 여지가 없게 된다.

㈐ 사해신탁의 경우[44]

위탁자의 채권자가 신탁행위를 사해신탁임을 이유로 취소를 구하는 경우,

---

42) 본인은 현행 신탁법으로는 소극재산의 신탁은 불가능하다고 보고 있다. 이 점은 입법이 되어야 가능한 사항이다. 신탁이 설정된 다음, 신탁재산에 관한 거래로 소극재산을 인수하는 것은 가능하다고 본다. 위에서 본 일부 견해는 영업을 신탁재산으로 하는 경우에 관해 언급하고 있는데, 만일 인수대상인 영업에 소극재산이 포함되어 있다면, 역시 현행법하에서는 신탁재산으로 삼을 수 없다.

43) 대법원 2002. 4. 12. 선고 2000다70460 판결 참고.

44) 신탁행위가 사해에 의하여 이루어진 경우, 신탁법상의 취소권을 행사할 수도 있고, 민법상의 취소권을 행사할 수도 있다. 이 글에서 말하는 '사해신탁'이란 이 두 가지 경우 모두를 포함한다. 사해신탁에 관한 일반적인 검토로, 임채웅, "詐害信託의 硏究," 법조협회, 法曹(55卷 9號, 通卷), 법조협회(2006. 9.), 11면 이하 참고.

그로 인하여 신탁재산에 대하여 원상회복의 일환으로 집행을 할 수 있게 된다. 사해신탁을 주장하려면 피보전채권, 즉 위탁자에 대한 채권은 당해 목적물에 대한 신탁행위 이전에 존재하여야 하는 것이고,[45] 그 채권에서 비롯되는 것이라는 점을 강조한다면 신탁전 채권이라 볼 여지도 있을 것이다.

이러한 경우의 채권이 신탁 전에 발생한 채권으로 신탁재산에 대해 집행을 할 수 있는 다른 경우와 비교하여 가장 큰 차이는, 그 채무자가 위탁자가 아니라 사해신탁의 수익자(신탁법상의 수익자가 아니다)인 수탁자를 채무자로 하는 채무라는 점이다.

만일 가액배상의 문제가 된다면, 이제는 수탁자의 고유재산에 대해 금전채권에 의한 집행을 할 수 있게 된다. 이때 신탁재산에 대한 집행도 가능한가가 문제이다. 사해신탁의 목적물이었던 물건은 물론이고, 그 물건이 아닌 다른 신탁재산에 대한 집행도 문제될 수 있다.

이 점에 관하여 신탁법은 특별한 정함을 두고 있지 않으므로, 제21조의 해석문제로 파악하여 결론을 도출할 수밖에 없다. 생각건대, 위와 같은 가액배상에 의한 채권은, 신탁행위 이전에 발생한 채권의 효력에서 비롯된 것이기는 하나, 가액배상청구권이 피보전채권 그 자체라 할 수 없고, 엄연히 신탁설정 이후에 발생된 채권이라 하여야 한다. 따라서 이러한 채권은 신탁전 채권이 아니고, 당해 목적물을 포함하여 신탁재산에 대하여 집행할 수 없다고 해석함이 상당하다고 본다.

한편, 위와 같은 권리를 신탁사무의 처리상 발생한 권리로 볼 수 있는가도 문제이다. 본인은 위와 같은 청구권은 수탁자가 신탁을 수락한 점에서 기인하는 것일 뿐, 수탁자가 수행하는 신탁사무와 관련되는 것이라 할 수 없으므로 위와 같은 권리에 포함되지 않는 것으로 본다. 가령 가액배상이 명해지는 이유가 수탁자에 의한 위탁자 채무의 변제로 인한 것이라 하더라도 그로 인하여 발생한 권리는 수탁자가 위탁자 또는 신탁재산에 대하여 구할 수 있는 구상권이나 비용상환청구권이지, 그 때문에 위탁자의 채권자가 취득하게 되는 가액배상청구권은 이에 해당되는 것이 아니라 본다. 이러한 가액배상청구권은 사해신탁취소청구에 따른 원상회복청구권을 갈음하는 것으로, 그 발

45) 물론, 사해행위취소의 법리에 따라 예외적으로 신탁행위 이후에 구체화된 채권인 경우일 수 있다.

생과정에서 수탁자가 관여한 바 있다 하더라도 근본적으로 신탁사무의 처리상 발생한 권리라 할 수 없기 때문이다. 이렇게 보지 않으면, 가액배상청구권이 발생되는 경위에서 수탁자가 관여한 경우와 제 3 자가 관여한 경우의 결론이 달라지게 되어 부당하다.

이러한 점에서 신탁재산에 관한 사해행위취소는 여타 재산에 관한 그것과 차이가 발생하게 된다. 여타 재산에 관한 경우, 가액배상을 명한 판결에 기한 집행권원으로 사해행위의 목적이 된 재산 그 자체에 대해서 금전채권에 기한 강제집행이 가능하다. 그러나 신탁재산에 관한 경우에는, 사해신탁의 목적이 된 재산 그 자체를 포함한 신탁재산 전체에 대해 위와 같은 집행이 불가능하다.[46)]

㈑ 소 결 론

위 각 경우를 검토해보면, 신탁 전에 발생한 권리로 신탁재산에 대해 집행할 수 있는 모든 경우를 신탁전 채권이라 할 필요가 없다는 생각을 하게 된다. 즉, 위 앞의 두 가지의 경우는 신탁전 채권이 아니라 이미 신탁채권이 되고, 채권자는 위탁자가 아닌 수탁자를 채무자로 하는 집행권원을 얻어 집행에 나아가게 된다. 사해신탁의 경우는 그 발생도 신탁 전의 것이 아니다. 따라서 이 점을 반영하여 집행의 상대방이 수탁자인 경우는 신탁전 채권에서 제외하는 것으로 개념짓는 것이 가능하게 되고, 그렇게 정의내리는 것이 상당하다고 본다. 이에 의하면 사해신탁의 경우는 수탁자를 채무자로 하는 집행의 문제라는 점에 의해서라도 신탁전 채권이 아니라고 말할 수 있게 된다.

(2) 위탁자가 신탁재산의 소유자로서 부담하게 된 손해배상책임

위에서 본 대로, 민법 제758조의 공작물소유자의 책임에 따른 채권이 신탁전 채권에 해당된다고 보는 견해가 있으나, 부당하다. 공작물소유자의 책임은 그 소유자가 공작물의 소유자인 점에서 발생하는 채권으로 일견 신탁 전에 발생한 채권이며, 신탁재산이 된 물건에 대해 발생한 채권으로 보이나, 그것은 채권발생요건으로서 그러한 것이고, 채권 자체가 그 목적물에 대한 것이 아니다. 일단 발생한 이상 공작물소유자의 재산 전체에 의하여 책임을 지게

46) 이와 같은 해석의 결과 한 가지 문제점은, 만일 수탁자의 고유재산이 매우 적고 가액으로 배상받아야 할 금액이 클 경우 그 취소권을 행사한 자의 권리가 제대로 확보되지 못할 우려가 있다는 점이다.

되는 채권이다. 따라서 신탁전 채권의 한 예로 보기에 부적당하다.[47]

요컨대, 신탁전 채권이 되려면 그 채권의 발생과 관련하여 신탁재산과 밀접한 관련이 있는 것만으로는 부족하고, 그 효력의 면에서 밀접한 관련성이 있어야 한다.

(3) 당 해 세

당해세의 경우 해당 납세의무자에 대한 징세과정에서는 우선적 효력을 가지지만, 압류되기 전에 대상재산에 대한 소유권자가 변경되었을 경우에까지도 그 효력이 유지되는 것은 아니다. 신탁의 경우, 상당한 특성을 갖기는 하나, 엄연한 소유권이전에 해당되는 것이므로, 위 점에 의해서라도 당해세인 것만으로는 신탁전 채권이 될 수 없다. 대법원판례도 같은 입장이다.[48]

(4) 우선권이 있는 채권들

우리나라에는 일본법에서의 선취특권이라는 개념을 두고 있지 않다. 대신 여러 가지 유형의 우선특권 또는 우선권이 있는 권리가 인정되고 있다.[49] 그러나 그 개념은 매우 다양한 것으로 하나로 파악하기 어렵다. 그 우선적 효력의 내용도 대물적인 것이 있는가 하면, 집행가능대상은 채무자의 일반재산 전체가 되며 특정 물건에 대한 우선적 권리가 있는 것은 아닌 경우도 있다.

이러한 채권 또는 권리 중 담보물권으로서의 효력이 인정되는 것은 당연히 신탁전 채권이 된다. 그러나 그 외의 권리들은 원칙적으로 신탁전 채권이 될 수 없다. 왜냐하면 이러한 채권들은 대상물에 대한 소유권 이전이 일어나기 전, 즉 원래의 채무자가 계속하여 소유권을 보유하고 있는 경우에는 소정

---

47) 이러한 채권을 신탁전 채권으로 본다면, 이러한 채권자는 공작물소유자의 재산에서 이탈되어 신탁재산이 된 해당 목적물에 대해 제21조에 의하여 집행을 할 수도 있고, 공작물소유자의 다른 채권에 대해서도 여전히 집행할 수 있는 반면, 위탁자의 다른 일반채권자들은 신탁재산에 대해서는 집행을 할 수 없고, 위탁자의 재산으로 잔존한 재산에 대해서만 집행을 할 수 있다. 이러한 결과는 신탁을 통하여 위탁자의 여타 일반채권자들에 비하여 공작물과 관련된 불법행위채권자를 특별히 우대하는 것이다. 이러한 불법행위채권자를 이와 같이 우대하여야 할 필요가 있는지 의문이며, 부당한 결과라 생각한다.

48) 상속세에 관한 대법원 1996. 10. 15. 선고 96다17424 판결 참조. 이 판결에 대한 평석으로는, 한강현, "위탁자가 상속받은 재산을 신탁한 경우, 그 재산상속에 따라 위탁자에게 부과된 상속세 채권이 신탁법 제21조 제 1 항 소정의 '신탁 전의 원인으로 발생한 권리'에 해당하는지 여부," 대법원판례해설(27호), 법원도서관, 302면 이하.

49) 이러한 개념에 대한 간략한 검토로, 임채웅, "회생절차상 리스료채권의 지위에 관한 연구," 인권과 정의(356호), 대한변호사협회, 법원도서관(2006. 4.), 79면 이하 참고.

의 우선적 효력이 인정되나, 당해 물건에 대한 소유권자가 변경되는 경우에까지 우선적 효력이 미치는 것이 아니기 때문이다. 그러한 내용의 우선적 효력은 법률상 특별한 정함이 있기 전에는 인정되기 어렵다.

(5) 기판력의 주관적 범위가 확장되는 경우

위탁자에 대한 일반채권자가 집행권원도 갖추지 않은 경우에는 당연히 신탁전 채권자가 될 수 없다. 집행권원을 갖춘 후 압류를 하였다면 당연히 신탁전 채권자가 된다. 일반채권자의 경우, 채무자의 재산이 타인에게 양도되었다고 하여 승계집행의 문제가 일어날 수 없을 것이므로, 문제될 여지가 없다.

따라서 검토대상이 되는 것은 금전채권 외의 채권자와 관련하여 기판력의 주관적 범위가 확장되는 경우이다. 예를 들자면, 특정물의 인도청구권을 갖는 채권자가 채무자(위탁자)를 상대로 하여 소를 제기하였고 결과적으로 승소하여 집행권원을 얻게 되었으나, 그 변론종결 뒤 압류 전에 신탁행위에 의하여 권리자가 수탁자로 바뀐 경우이다.[50] 이러한 경우에는 승계집행문의 부여를 통한 집행이 가능할 것이므로, 해당 채권은 신탁전 채권이 될 수 있다.[51]

이 문제를 달리 표현하면, 금전채권 외의 채권에 기하여 대상물의 권리자(소유자, 위탁자)를 상대로 가처분함이 없이 소를 제기하고 승소하였으나, 변론종결 후 집행 이전에 그 대상물을 신탁재산으로 삼아 수탁자에게 이전한 경우, 수탁자를 대상으로 한 승계집행문을 발부받을 수 있는가 하는 문제이다. 이 점도 결국 신탁법리와 민사소송법리의 충돌문제로 볼 수 있다.

본인은 이러한 경우에도 기판력이 확장되어 승계집행문을 받을 수 있다

50) 수탁자에 대한 이전은 신탁행위에 의한 것일 수도 있고, 신탁행위가 아닌 수탁자의 신탁사무 처리에 의한 것일 수도 있다. 이 글에서는 후자의 경우에 해당되는 경우는 신탁전 채권으로 보지 아니하므로, 여기서 다룰 문제가 아니다.

한편, 신탁법리의 특수성을 강조하는 견해를 취하더라도, 신탁행위가 아닌 수탁자에 대한 일반적인 권리이전의 경우까지 신탁법리의 특수성을 강조하기는 어려울 것이다. 따라서 수탁자가 신탁사무의 일환으로 권리를 이전받는 경우에 그에 대하여 집행을 불허하는 것은 온당하지 않다. 한편, 신탁사무의 처리에 의하여 이전되는 경우 집행을 거부할 수 없는 것이라면, 그 이전이 신탁행위에 의한 경우라 하여 달리 보는 것은 부당하다. 그 이전이 신탁행위에 의한 것인지, 신탁설정 후 수탁자가 신탁사무의 일환으로 이전받은 것인지 여부는 신탁관계 내의 문제에 지나지 않는다. 그러한 차이에 비롯하여 제3자의 이해에 영향을 받게 하는 것은 옳지 않다고 본다. 따라서 채권자가 승소한 후 신탁행위에 의하여 권리가 이전된 경우에도 기판력이 확장되고 집행에 나아갈 수 있다고 보아야 한다.

51) 이 경우도 승계 이후에는 수탁자를 채무자로 볼 여지도 있을 것이나, 수탁자가 이에 관여하는 것은 목적물의 승계에서 비롯된 것일 뿐, 채무자가 되는 것이 아니므로, 여전히 신탁전 채권에 의한 집행이라 파악할 수 있다.

고 본다. 본인의 지금까지의 검토결과로는 담보권, 압류, 가압류 또는 가처분이 개재되는 경우를 제외하고 신탁전 채권이 될 수 있는 유일한 경우이다.

(6) 집행을 필요로 하지 않는 채권의 경우

이 글의 주요 논의대상은 신탁재산에 대한 집행의 문제이다. 그런데, 채권 중 상당수는 그 실행을 위하여 별도의 집행을 요하지 않는다. 따라서 신탁전 채권이 문제될 여지가 없다.

이러한 채권에 해당되는 대표적인 경우가 등기이전을 청구하는 것으로, 채권의 실행, 즉 등기를 실행하기 위하여 별도의 집행절차를 요하지 아니하고 채무자의 의사표시를 갈음하는 확정판결이나 그에 준하는 것(화해조서 등)을 얻는 것으로 충분하다.

이러한 채권의 경우, 그 실행을 위해서는 등기의무자의 의사에 갈음하는 확정판결을 얻어야 하는데, 해당 부동산에 대해 신탁이 설정되어 수탁자에게 소유권이 이전된 경우에는, 수탁자에 대한 확정판결을 얻기 전에는 실행할 수 없음이 당연하게 되므로, 역시 문제되지 않는다.

3. 소 결 론

여기까지의 논의를 종합하면, 신탁전 채권이란, '신탁재산에 관하여 신탁행위의 결과로 인한 수탁자에 대한 權利移轉 以前에 발생한 권리로서 신탁재산과 밀접한 관련성이 있어 위탁자를 채무자로 하여 신탁재산에 관하여 집행을 할 수 있는 권리'라고 정의내릴 수 있고, 구체적으로는, 그 채권에 담보권이 있거나, 그 채권에 기하여 가압류, 압류 또는 가처분이 이루어져 있는 경우, 신탁행위에 의하여 권리가 이전되었으나 집행권원을 얻고 수탁자에 관하여 승계집행문을 부여받을 수 있는 경우가 이에 해당된다고 할 수 있다. 그 외의 것으로 이에 해당되는 것은 현 단계로서는 상정하기 어려우나, 향후 그러한 候補가 나타나게 된다면, 위 각 예와 비교하여 그 이상의 밀접한 관련성을 인정할 수 있을 때 비로소 신탁전 채권으로 인정할 수 있을 것이다.

이상의 논의를 전제로 한다면, 지금의 표현, 즉 '신탁 전의 원인으로 발생한'이라는 표현이 지나치게 넓고, 이에 해당되는 경우는 그 표현에 비해 지나치게 줄어드는 느낌이 든다. 그러나 소유권이 이전되면 신소유자에 대해 집행하지 못하는 것은 원래 당연한 것이므로, 그 인정범위가 상당히 좁혀지더라도 결코 부당한 것은 아니다.

Ⅵ. 신탁사무의 처리상 발생한 권리

1. 일 반 론

제21조 제 1 항 제 2 문은 '信託事務의 處理上 發生한 權利'에 의한 집행을 허용하고 있는데, 수탁자가 신탁사무를 처리하는 과정에서 신탁재산에 의하여 부담하게 되는 채무가 이에 해당된다. 수탁자가 신탁사무와 관련한 행위를 함으로써 발생된 권리라면 널리 이에 해당되는 것으로 해석함이 상당하다. 원칙적으로 해당 재산이 신탁재산인지 고유재산인지, 해당 사무가 고유재산에 대한 사무인지 신탁사무인지 여부는 제 3 자가 쉽게 알 수 있는 것도 아니고, 제 3 자가 거래시마다 일일이 이를 확인하여야 할 의무가 있다고 할 수도 없기 때문이다. 따라서 수탁자와 신탁재산(또는 수익자)의 사이에서 궁극적으로는 수탁자가 부담하여야 할 내용의 것이라 하더라도, 일단은 위 권리에 해당되는 것이라 봄이 상당하다.

일본의 문헌 중, 이에 관하여, "일반적으로는, (a) 수탁자의 처리행위에 의하여 생긴 권리(예, 신탁재산의 수리에 의한 채권, 선취특권)만이 고려되지만, 신탁재산 자체에서 유래하는 권리 — 예를 들어 신탁재산에 관한 조세(예 : 고정자산세), 공과, 신탁사무의 처리로서 매각된 신탁재산의 숨겨진 하자에 의한 담보책임, 신탁재산에 속하는 공작물의 하자에 기한 소유자책임, 신탁재산과 타인의 재산과의 첨부에 의하여 생긴 물건이 수탁자에게 귀속한 경우에 있어서의 상금지급의무에 대응하는 상대방의 권리 등과, (b) 신탁목적 수행을 위해 적법하게 차재한 경우의 상대방의 채권도 포함하여야 한다"라고 해설하는 것이 있는데, 모두 따를 수 있는 내용이라 생각된다.[52)]

---

52) 四宮和夫, 信託法(新版), 有斐閣(1989), 183면 이하. 다만, '선취특권'은 우리나라에 없는 제도이므로 해당되지 않는다. 주의를 요하는 점인데, 여기서 선취특권을 열거한 것에 특별한 의미가 있는 것은 아니다. 따라서 우리나라의 제도로 이와 유사한 각종 우선권 또는 우선특권도 당연히 이에 포함된다.

2. 수탁자의 불법행위로 인한 채권

수탁자의 불법행위로 인한 제 3 자의 손해배상채권에 관해 신탁재산으로 책임을 진다고 하면 수익자의 입장에서는 부당하게 느껴질 수도 있을 것이나, 원래 고유재산과 관련된 행위를 하였을 경우 그 행위에서 비롯된 책임을 고유재산에 의하여 진다는 점을 생각해보면, 신탁사무처리과정에서 일어난 불법행위에서 비롯된 채권에 관해 신탁재산에 의해 책임을 지는 것 역시 당연한 일이라 생각된다.

분양형 토지신탁계약에 있어서 수탁자의 허위·과장의 분양광고로 인하여 수분양자에게 손해가 발생한 경우, 수분양자가 가지는 불법행위에 기한 손해배상채권이 비록 위자료청구권이라 할지라도 '신탁사무의 처리상 발생한 채권'에 해당한다고 본 대법원판결이 있다.[53]

위 대법원판결은 이에 더하여, '신탁재산에 기인하지 않은 불법행위로 인한 손해배상채권' 중에서 그 불법행위로 증가된 신탁재산의 가치와 채권자의 손실 사이에 어떠한 대가적인 관련이 없는 경우에도 신탁재산에 대하여 강제집행이 허용된다고 본 점이 주목된다.[54]

---

53) 대법원 2007. 6. 1. 선고 2005다5843 판결. 한편, 대법원 2003. 5. 16. 선고 2003다11134 판결도 참고.

54) 원심판결인 서울고등법원 2004. 12. 7. 선고 2004나22607 판결의 판결문 40면 이하에서, "불법행위의 효과로 신탁재산의 가치증가를 가져오지 않는 경우까지 수탁자의 불법행위 등에 신탁재산으로 책임을 지게 하면 신탁재산의 보전이라는 신탁법의 취지를 몰각하게 되고, 한편 위와 같이 대가적인 관련이 있는 경우에만 강제집행을 허용하는 것으로도 채권자들의 이익을 상당한 정도로 보호할 수 있으므로, 이와 달리 신탁재산의 가치증가를 가져오지 않는 불법행위로 인한 손해배상채권에 기한 강제집행은 허용되지 않는 것으로 해석함이 상당하다"라고 한정한 것에 대해 위 대법원판결이 원심판결의 잘못을 지적하여 파기환송하였다. 위 사건은 이러한 파기환송에 의하여, 서울고등법원 2007나52975호 사건으로 계속되었으나, 2008. 3. 4. 소취하로 확정되었다.

본인의 생각으로는, 해당 불법행위에 의하여 신탁재산에 대하여 집행이 가능한가가 문제일 뿐, 일단 집행이 가능하다고 보는 이상, 신탁재산의 가치증가여부에 따라 집행의 범위를 제한하는 것은 옳지 못하다. 위 원심판결의 논리는 신탁재산의 보호에 치중한 것이기는 하나, 부당이득의 법리에서나 가능한 논리를 근거없이 펼쳤다는 점에 잘못이 있고, 따라서 이 점에 관한 위 대법원판결의 결론이 타당하다.

Ⅶ. 제 3 자이의 관련

1. 일 반 론

신탁재산에 대해 강제집행을 할 수 있는 자 중 신탁사무의 처리상 발생한 권리를 갖는 자, 즉 신탁채권자는 고유재산에 대해서도 강제집행을 할 수 있음이 원칙인데,[55] 신탁재산에 강제집행을 할 수 없는 자(고유채권자)는 당연히 고유재산에 대해서만 강제집행을 하여야 한다.

그러나 재판실무상 신탁재산에 대해 강제집행을 할 수 있는 자가 청구한 소에서도 주문상 신탁재산과 고유재산을 구분하지 않고 있으므로, 고유재산에 대해서만 강제집행을 할 수 있는 경우와 주문상으로는 구별되지 않는다. 따라서 고유채권자가 신탁재산에 대해서도 강제집행을 시도할 우려가 있고, 이 경우 제21조 제 2 항은 민사집행법 제48조의 규정에 따른 절차, 즉 제 3 자이의의 소를 제기할 수 있도록 하고 있다. 이러한 소는 위탁자, 그 상속인, 수익자 및 수탁자가 제기할 수 있다.

이와 같은 경우 외에도 신탁전 채권에 기하여 집행을 하여 오는 경우 위 각 이해관계인들은 제 3 자이의의 소를 제기할 수 있을 것이다.

우리나라에서는 신탁재산에 대해 별도의 인격을 부여하고 있지 아니하므로, 신탁재산의 권리귀속자도 어쨌든 수탁자이다. 따라서 수탁자가 제 3 자이의의 소를 제기한다는 것은 부자연스럽게 보이기도 하나, 신탁재산의 특수성을 인정하여 특별규정을 둔 것으로 보아야 할 것이다. 다른 이해관계인들도 일반적인 제 3 자이의의 소제기자들과는 다른 면이 있으나 특별히 인정한 것으로 볼 수 있다.

2. 집행이 이루어진 경우

가. 기존문헌의 견해

그런데 이해관계인이 제 3 자이의의 소를 제기하지 아니하여 집행이 이루어진 경우에는 어떠한가? 이 경우에 대해 신탁공시된 제 3 조 제 1 항의 재

---

55) 신탁 전의 원인으로 발생한 권리를 갖는 자, 즉 이 글에서 말하는 신탁전 채권자가 고유재산에 대해 강제집행할 수 없음은 당연하다.

산에 관해서는 수익자는 경락인에 대해서 반환청구를 할 수 있고, 공시방법이 갖추어지지 않은 제 3 조 제 2 항의 재산이 집행된 경우, 통상 경락인은 선의취득할 것이므로 수익자는 수탁자의 일반채권자가 취득한 부당이득에 대해 부당이득반환청구만 할 수 있다고 풀이하는 문헌이 있다.[56] 이 점을 생각해본다.

나. 검 토

(1) 강제집행의 경우

위 견해 중 제 3 조 제 1 항에 따른 공시가 된 재산에 관한 부분은 옳다. 등기 또는 등록이 되어 있는 재산에 관한 집행절차는 무효이다.[57] 다만 단순히 '반환청구'를 할 수 있는 것이 아니라, 기본적으로 등기 또는 등록의 말소를 구할 수 있고, 그 점유마저 경락인에게 넘어갔다면 그 점유의 반환을 청구할 수 있을 것이다.

그리고 위 문헌에서는 '공시방법이 갖추어지지 않은 제 3 조 제 2 항의 재산'에 관하여 언급하고 있으나, 이 문제를 제 3 조 제 2 항의 재산에 국한하여 고찰할 문제는 아니고, 제 3 조 제 1 항에 따라 공시되어야 하나 공시가 이루어지지 아니한 경우와 공시제도 자체가 마련되어 있지 아니한 경우로 나누어 검토하여야 한다.

먼저 제 3 조 제 1 항에 따라 공시되어야 하나 공시가 이루어지지 아니한 재산에 관하여는, 집행절차에서의 경락인뿐 아니라 채권자도 제 3 자일 것이므로, 그에게 신탁임을 들어 대항할 수 없다. 따라서 부당이득을 청구할 여지가 없다. 선의취득여부를 따질 필요도 없다.

공시제도가 마련되지 않은 신탁재산의 경우 이러한 대항력으로 따질 수 없다. 비록 채권자 및 경락인이 그러한 사실을 몰랐다고 하더라도 신탁재산임을 주장하는 것 자체는 막을 수 없다. 그러나 그렇다고 하여 그 강제집행이 당연히 무효가 되는 것은 아니다.

---

56) 李重基, 신탁법, 三宇社(2007), 172면.

57) 신탁에 있어 '신탁사무의 처리상 발생한 권리'라는 개념이 아직 확립되어 있지 않은 것이 있다는 것을 고려하면, 그 점에 관해 결과적으로 잘못된 판단을 하였다는 이유로 사후에 절차를 무효화하는 것에 약간의 저항감도 느껴지지만 부득이하다고 생각된다.

동산의 경우를 예로 들어본다면, 민사집행법 제205조 제2항의 취지에 따라 매수인이 대금과 서로 맞바꾸어 매각물을 인도받을 때 소유권을 취득한다고 보아야 하는데,[58] 이때 신탁법 제21조의 규정에 어긋난 강제집행이 실시되었을 경우의 소유권이전효력에 관해서는 특별한 정함이 없다. 매각물이 제3자 소유인 경우 매수인이 소유권을 취득하여야 하는가에 대해 매수인의 소유권을 원시취득으로 보고 매각물이 누구의 소유인가 여부 및 매수인의 선·악의를 불문하고 매수인이 소유권을 취득한다는 견해(제1설)와 매수인의 소유권취득은 승계취득이고 매수인은 적법하게 소유권을 취득할 수 없다고 하는 견해(제2설)가 있는데, 제2설이 다수설이나 판례 중에는 제1설을 따르는 듯한 것도 있다고 한다. 다만 제2설의 경우, 매수인은 민법상의 선의취득의 법리에 의해 보호될 수 있다고 본다.[59]

이러한 법리가 신탁의 경우에도 가급적 준용되어야 할 것으로 생각되는데, 그렇다면 제2설에 따르더라도 통상 매수인은 보호되고 소유권을 취득한다고 볼 수 있다. 한편, 원래 채무자 이외의 자의 소유에 속하는 동산을 경매한 경우, 그 동산의 매득금을 배당받은 채권자는 동산의 전 소유자에 대하여 부당이득반환의무를 부담하는 것이지만,[60] 이러한 법리가 신탁의 경우에도 그대로 적용될 수 있는가 하는 점이 문제이다.

위 문헌에서는 수탁자의 일반채권자가 강제집행한 경우에 대하여 수익자가 그에 대하여 부당이득반환청구권을 행사할 수 있다고 풀이하고 있으나, 이 견해는 그대로 받아들일 수 없다. 즉, 수익자는 신탁관계에 기초하여 수탁자에게 청구할 수 있을 뿐이며, 그 관계를 대외적으로 주장할 지위에 있지 아니하다. 신탁관계가 종료되고 수익자가 잔여신탁재산에 대한 최종적인 권리자가 된 경우에야 비로소 그 가능성을 검토해볼 수 있을 뿐이고, 그 경우에도 당연히 제3자에 대해 부당이득반환청구권을 행사할 수 있게 되는 것은 아니다. 경제적인 관점에서 수익자의 손실과 연결되어 누군가 이득을 보고 있다고 하여 당연히 부당이득반환청구권이 인정되는 것은 아니기 때문이다.

신탁이 존속하는 한, 신탁재산의 소유자는 수탁자이다. 따라서 그 재산과

---

58) 법원행정처, 법원실무제요 민사집행[III] — 동산·채권등 집행 — (2003), 223면.

59) 법원행정처, 법원실무제요 민사집행[III] — 동산·채권등 집행 — (2003), 223면 이하. 이 문헌에서 들고 있는 대법원판결은 대법원 1972. 4. 25. 선고 72다52 판결이다.

60) 대법원 1998. 6. 12. 선고 98다6800 판결.

관련하여 제 3 자에 대해 어떤 청구를 할 수 있는 자는 수익자가 아니라 수탁자이다. 강제집행을 하고 잉여가 있을 경우 그 잉여금을 수령할 자도 수탁자이며, 집행과 관련하여 누군가 부당이득을 얻었다면 그 부당이득의 반환을 청구할 수 있는 자도 수탁자이다.

경우에 따라 나누어 생각해보기로 하되, 먼저 수탁자의 고유채권자가 수탁자에 대한 집행권원을 취득하여 신탁재산에 대해 강제집행을 하였고, 아무도 제 3 자이의의 소를 제기하지 아니하여 경락이 되고, 그 채권자가 매각대금을 배당받은 경우를 생각해본다. 이 경우는 목적물이 채무자(즉, 수탁자) 아닌 제 3 자의 물건이라 할 수 없으므로, 위에서 본 대법원판결이 그대로 적용될 수는 없다. 이 경우에 대해서는 쉽게 답하기 어려운데, 신탁재산의 독립성을 강조한다면, 제 3 자의 물건에 대해 집행한 경우에 준하는 것으로 보아 수탁자가 부당이득반환청구권을 행사할 수 있다고 볼 수 있을 것이고,[61] 반대로 신탁재산의 독립성이 그러한 경우까지 관철되어야 할 성질의 것이 아닌 것으로 보아 위 청구권을 인정하지 않을 수도 있다고 본다. 본인은, 후자의 견해가 옳다고 보는데, 왜냐하면 외부적으로 신탁재산임이 표시되지 아니한 대상물에 대하여 집행을 하였고,[62] 이에 대하여 이해관계인들 특히 수탁자가 제 3 자이의의 소를 제기할 수 있었음에도 불구하고 제기하지 아니하였다면, 그로써 수탁자가 신탁재산임을 들어 이의를 제기하지 않겠다는 의사를 표명한 것으로 볼 수 있고, 사정이 그러하다면 이제는 보호되어야 할 대상은 채권자를 포함한 제 3 자가 되어야 하기 때문이다.[63]

---

61) 만일 이러한 청구가 인정된다면, 수탁자의 고유채권자는 수탁자로부터 받아야 할 고유채권을 자동채권으로 하고, 신탁재산이 반환받아야 할 부당이득반환채권을 수동채권으로 하여 상계할 수 없다. 이러한 상계는 전형적으로 고유채권을 신탁재산으로 변제받는 경우에 해당되기 때문이다.

62) 외부적으로 신탁재산임이 표시된 경우에는, 이를 무시하고 이루어진 집행의 하자가 매우 크므로 무효가 되어야 할 것으로 본다.

63) 수탁자를 제외한 다른 이해관계인들은 집행사실을 몰랐을 수도 있고, 경우에 따라서는 수탁자도 알지 못하는 경우가 있을 수 있다. 그러나 이해관계인들의 선의·악의에 따라 결론을 달리하는 것은 지나치다고 생각하며, 나아가 일반적인 제 3 자이의의 소의 적용을 확장하여 이해관계인들에게 그러한 기회를 부여하였던 것으로 신탁보호에 충분한 것이고, 그 이상의 경우에도 무한정 신탁을 보호할 수는 없다고 보기 때문이다. 수탁자를 제외한 다른 이해관계인들에 대한 보호는 수탁자에게 책임을 묻는 것으로 이루어져야 할 것이다. 이러한 점들은 신탁공시의 문제와 관련지어 좀 더 심도있게 검토되어야 한다. 위 결론은 현단계로서는 잠정적인 것이다.

다음, 위탁자의 일반채권자가 신탁전 채권임을 주장하여 강제집행을 한 경우를 생각해본다. 이 경우, 위에서 검토한 바에 따르면, 신탁전 채권임은 맞으나 그 대상이 아닌 다른 목적물에 대해 집행을 하는 경우는 상정하기 어렵다. 신탁전 채권이 아닌 데도 신탁전 채권으로 인정되어 집행이 이루어진 경우[64]를 상정할 수 있을 것이다. 이 경우는 채무자(위탁자)가 아닌 수탁자의 재산에 대해 집행을 한 것이므로, 위 대법원판결이 적용될 수 있다. 제대로 집행을 하였을 경우에도 물론 채무자(위탁자)가 아닌 수탁자의 재산에 대해 집행하는 것이 되기는 하지만, 그것은 법이 허용하는 바이고, 부당하게 집행된 부분은 분명히 채무자 아닌 제3자의 재산에 대해 집행을 한 경우에 해당된다. 따라서 수탁자는 그 채권자를 상대로 배당금 상당액에 관해 부당이득반환청구권을 행사할 수 있다.

(2) 담보권을 위한 경매의 경우

이러한 경매의 경우 위와 같은 복잡한 문제가 생기지 않는다. '신탁 전의 원인으로 발생한 권리'의 경우 신탁설정 이전에 이미 담보권이 등기되어 있을 것이고, '신탁사무의 처리상 발생한 권리'의 경우에도 그 채권에 터잡아 담보권이 등기가 되어야 하는 것이므로, 역시 위와 같은 문제점이 생길 여지가 없다.

Ⅷ. 맺는 말

이상 신탁재산에 대해 민사집행을 할 수 있는 여러 경우를 검토해보았는데, 현행법의 조문은 지나치게 간략한 것으로 신탁관계에 관한 심도있는 검토 없이 입법된 것이라는 생각을 지우기 어렵다. 게다가 우리나라 법이 모범

64) 신탁전 채권 또는 신탁채권인지 여부는 집행법원이 심사하여야 할 문제이고, 채권자에게 강제집행을 신청할 수 있는 권리가 있는지의 여부는 등기관이 판단할 사항이 아니다. 이러한 점 때문에 신탁등기사무처리에 관한 예규 등기예규 제1211호(2007. 9. 27. 개정) 제5항 나.는 "나. 처분제한 등기 등, 등기공무원은 수탁자를 등기의무자로 하는 처분제한의 등기, 강제경매등기, 임의경매등기 등의 촉탁은 이를 수리하고, 위탁자를 등기의무자로 하는 위 등기의 촉탁은 이를 수리하여서는 아니된다. 다만, 신탁전에 설정된 담보물권에 기한 임의경매등기 또는 신탁전의 가압류등기에 기한 강제경매등기의 촉탁에 있어서는 위탁자를 등기의무자로 한 경우에도 이를 수리하여야 한다"라고 규정하였다. 同旨, 법원행정처, 부동산등기실무[III], 48면.

으로 삼은 일본의 구신탁법에서는 '가압류 및 가처분'에 관하여 명백하게 규정하고 있었는데, 우리 법에서는 이 점에 대해 규정하지 않은 이유도 짐작하기 어렵다.

우리의 신탁법도 제정된 뒤 상당한 시간이 흘렀고, 급속한 사회변화에 비추어 적절한 내용이 되지 못한다는 지적에 따라 그 개정에 관한 논의가 시작되었다.[65] 앞으로의 신탁법 개정논의에 이 글이 작은 참고가 되었으면 한다.

[일본 신신탁법][66]

제21조[신탁재산책임부담채무의 범위]

(1) 다음에 든 권리에 관한 채무는 신탁재산책임 부담채무가 된다.

1. 수익채권
2. 신탁재산에 속한 재산에 대해 신탁전의 원인에 의해 발생한 권리
3. 신탁전에 발생한 위탁자에 대한 채권으로, 당해 채권에 관한 채무를 신탁재산책임부채무로 하는 취지의 신탁행위의 정함이 있는 것
4. 제103조 제 1 항 또는 제 2 항의 규정에 의한 수익권취득청구권
5. 신탁재산을 위한 행위로 수탁자의 권한에 속한 것에 의해 발생한 권리
6. 신탁재산을 위한 행위로 수탁자의 권한에 속하지 않은 것 중 다음에 든 것에 의해 발생한 권리
   ① 제27조 제 1 항 또는 제 2 항(이들 규정을 제75조 제 4 항에서 준용하는 경우를 포함한다. ②에서 동일하다)의 규정에 의해 취소할 수 없는 행위(당해 행위의 상대방이 행위 당시에 그 행위가 신탁재산을 위한 것을 알지 못한 것(신탁재산에 속한 재산에 대해 권리를 설정하거나 이전하는 행위를 제외한다)을 제외한다)
   ② 제27조 제 1 항 또는 제 2 항의 규정에 의해 취소할 수 있는 행위로 취소되지 않은 것

65) 법무부가 2008. 12. 29. 대통령에게 한 2009년 업무계획보고내용에 신탁법 개정이 거론되고 있다. 연합뉴스 2008. 12. 30.자 기사 참고.

66) 이곳의 번역은 최수정, 일본신신탁법, 진원사(2007)에 따른 것이다.

7. 제31조 제 6 항에 규정한 처분과 그 외의 행위 또는 동조 제 7 항에 규정한 행위 중, 이들 규정에 의해 취소할 수 없는 행위 또는 이들 규정에 의해 취소할 수 있는 행위로 취소되지 않은 것에 의해 발생한 권리
8. 수탁자가 신탁사무를 처리함에 있어 불법행위에 의해 발생한 권리
9. 제 5 호부터 전호까지 든 것 외에 신탁사무의 처리에 의해 발생한 권리

(2) 신탁재산책임부담채무 중 다음에 든 권리에 관한 채무에 대해 수탁자는 신탁재산에 속한 재산만을 가지고 그 이행의 책임을 진다.
1. 수익채권
2. 신탁행위에 제216조 제 1 항의 정함이 있고 또한 제232조의 정함에 의해 등기가 된 경우의 신탁채권(신탁재산책임부담채무에 관한 채권으로 수익채권이 아닌 것을 말한다. 이하 동일하다)
3. 전 2 호에 든 경우 외에 이 법률규정에 의해 신탁재산에 속한 재산만을 가지고 그 이행책임을 부담하는 경우의 신탁채권
4. 신탁채권을 갖는 자(이하 신탁채권자라고 한다)와의 사이에 신탁재산에 속한 재산만으로 그 이행의 책임을 지는 취지의 합의가 있는 경우 신탁채권

제23조 [신탁재산에 속한 재산에 대한 강제집행 등의 제한 등]

(1) 신탁재산책임부담채무에 관한 채권(신탁재산에 속한 재산에 대해 발생한 권리를 포함한다. 다음 항에서 동일하다)에 근거한 경우를 제외하고, 신탁재산에 속한 재산에 대해서는 강제집행, 가압류, 가처분 또는 담보권의 실행 또는 경매(담보권의 실행으로 하는 것을 제외한다. 이하 동일하다) 또는 국세체납처분(그 예에 의한 처분을 포함한다. 이하 동일하다)을 할 수 없다.

(2) 제 3 조 제 3 호에 든 방법에 의해 신탁이 이루어진 경우, 위탁자가 그 채권자를 해함을 알고 당해 신탁을 한 때는 전항의 규정에도 불구하고 신탁재산책임부담채무에 관한 채권을 갖는 채권자 외에 당해 위탁자(수탁자임에 한한다)에 대한 채권으로 신탁전에 발생한 것을 갖는 자는, 신탁재산에 속한 재산에 대해 강제집행, 가압류, 가처분 또는 담보권의 실행 또는 경매 또는 국세체납처분을 할 수 있다. 단 수익자가 현존하는 경우 그 수익자의 전부 또는 일부가 수익자로 지정을 받은 것을 안 때 또는 수익권을 양수한 때에는 채권자를 해함을 알지 못한 때는 그러하지 아니하다.

(3) 제11조 제 7 항 및 제 8 항의 규정은 전항의 규정 적용시에 준용한다.

(4) 전 2 항의 규정은 제 2 항의 신탁이 행해진 때로부터 2년을 경과한 때는 적용하지 아니한다.

(5) 제 1 항 또는 제 2 항의 규정에 위반한 강제집행, 가압류, 가처분 또는 담보권의 실행 또는 경매에 대해서는 수탁자 또는 수익자는 이의를 주장할 수 있다. 이 경우 민사집행법 제38조 및 민사보전법 제45조의 규정을 준용한다.

(6) 제 1 항 또는 제 2 항의 규정에 위반한 국세체납처분에 대해서는 수탁자 또는 수익자는 이의를 주장할 수 있다. 이 경우 당해 이의의 주장은 당해 국세체납처분에 대한 불복신청의 방법에 의한다.

{법조, 2009. 8.}

[9] 신탁수익권에 관한 민사집행의 연구

Ⅰ. 들어가는 말

근래 우리나라에서도 신탁에 관한 관심이 많이 늘어났고, 또한 법원에 신탁과 관련된 소의 접수도 꾸준히 증가하고 있다. 지금까지 우리나라의 상황은 신탁문제 전반에 관해 연구성과가 충분하였다고 하기 어려운데, 특히 신탁과 민사집행 문제가 얽히는 경우가 더욱 그러하다.

이 글에서 다루려고 하는 신탁수익권은 명백히 재산상의 권리이므로 당연히 민사집행의 대상이 되어야 하는데, 그것이 중요한 이유가 따로 있다. 즉, 신탁재산에 대해서는 신탁법 제21조에서 정한 예외적인 경우를 제외하고는 집행이 금지되고 있고,[1] 이에 따라 신탁수익권에 대한 집행의 문제는 매우 중요하게 된다. 특히 자익신탁의 경우, 위탁자의 재산에 대해 신탁이 설정됨으로써 그 재산은 수익권으로 轉化되는 것이므로, 이후 위탁자의 채권자들은 수익권에 대한 집행에 집중하여야 한다.[2]

이와 같이 신탁수익권은 집행대상재산으로 매우 중요하나, 한편 최종적으로 구체화되지 아니한 권리라는 점 등의 고유의 특성이 있어 그것이 집행대상이 될 때의 법률관계에 명확하지 않은 점이 있다.

---

1) 그런데, 최근 신탁법 제21조가 적용되지 않는 경우로서, 특히 신탁관계 해소시의 귀속권리에 터잡은 보전처분이 가능한가에 대해 실무상 혼란이 빚어지고 있다. 이 점에 관한 자세한 검토는 추후의 연구과제로 미룬다.

2) 자익신탁의 경우 위탁자 겸 수익자의 채권자는 수익권에 대해 집행할 수 있으므로 통상은 신탁설정행위에 관해 사해행위 취소의 소를 제기할 수 없다고 보아야 한다. 물론 실무에서 흔히 보이는 바와 같이 위탁자가 후순위수익자가 되는 경우나 신탁 자체는 합리적이나 그것을 핑계로 하여 터무니없는 금액을 신탁보수로 정하여 수탁자에게 재산을 빼돌리는 경우 등에는 당연히 사해행위 취소의 소를 제기할 수 있다.

이 글은 이러한 점에 착안하여 신탁수익권의 민사집행과 관련된 여러 논점에 대해 검토하려고 한다.3) 한편 신탁수익권은 대부분 금전채권의 형식을 취할 것이므로, 이하에서는 원칙적으로 금전채권의 형식을 취하는 신탁수익권에 관해서 논의하기로 한다.4)

Ⅱ. 신탁수익권에 관한 일반적인 검토5)

1. 수익권의 내용

수익권이란 신탁설정에 따라 수익자에게 부여된 권리인데,6) 일반적인 권리와 다른 특별한 점이 있다. 수익권에 대한 민사집행 문제를 검토하기 위해서는 이 점을 먼저 검토할 필요가 있다.

'수익권'이라고 간략히 표현되는 권리의 내용에는 실로 다양한 권리 또는 권능들이 포함되어 있다. 수익권이 단순히 금전 등을 교부받을 권리만이 아닌 매우 광범위한 권리 또는 권능의 묶음임을 보여주는 좋은 자료가 있으므로 소개한다.

[수익자의 권리]7)

번호	유 형	권리의 내용	(일본)구신탁법의 관련규정
1	이익을 누릴 권리 등	신탁이익 수령권(배당을 받을 권리)	제19조
2		수익권취득청구권	×
3	법원에 대한 청구권	신탁변경청구권	제23조
4		신탁병합(가칭)청구권	×

3) 이 점에 관한 국내의 선행연구로, 辛鍾信, "信託受益權의 强制執行方法"{韓國産業銀行, 調査月報 420(1990. 11.), 31면 이하}이라는 문헌이 있다.

4) 좀 오래된 일본문헌에서, '실무상 수익권에 대한 강제집행이 행해지고 있는 것은 「금전의 신탁」 중에서도 한정된 종류의 수익권에 머무르고 있는 것이 현상인 듯하다'라는 설명이 발견된다. 中央信託銀行信託研究会, "信託受益権と強制執行(下)," 金融法務事情 No. 1257(1990. 6. 25.), 23면.

5) 이 글에서 검토하고자 하는 신탁수익권의 내용은 집행대상으로서 범위를 설정하고 그에 따른 성격을 규명하기 위한 부분에 관한 것이다. 따라서 그 이외의 신탁수익권 내용 일반에 관해서는 다루지 않는다.

6) 현행 신탁법은 '수익권'이라는 용어를 제51조 제 2 항 및 제 3 항 등 2회만 사용하고 있다.

7) 別冊NBL編輯部編, 信託法改正要綱試案と解說, 株式会社商事法務(2005), 48면. 아래 표는 일

5	법원에 대한 청구권	신탁분할(가칭)청구권	×
6		수탁자해임청구권	제47조
7		수탁자선임청구권	제49조 제 1 항, 제 2 항
8		신탁재산관리인 등 선임청구권	제48조
9		신탁재산관리인 등 해임청구권	×
10		신탁재산관리인 등의 임무종료에 관한 청구권	×
11		수탁자감독인(가칭)선임청구권	제 8 조
12		수탁자감독인(가칭)해임청구권	제 8 조
13		수익자대리(가칭)해임청구권	제 8 조
14		검사역선임청구권	제41조 제 2 항
15		신탁종료청구권	×
16	신탁에 관한 정보입수권	장부 등 열람청구권	제40조
17		신탁재산의 상황에 관한 서류열람 등 청구권	제40조
18		수탁자에 대한 설명청구권	제40조
19		신탁재산의 상황에 관한 정보수령권	×
20		수익자가 된 사실의 통지수령권	×
21		수익자명부 열람 등 청구권	×
22	신탁위반행위의 시정권	손실전보청구권	제27조, 제29조
23		원상회복청구권	제27조, 제29조
24		소위 利益吐出責任追及權	×
25		수탁자의 위법행위 금지청구권	×
26		권한위반행위취소권	제31조
27	신탁재산에 관한 권리	파산관재인에 의한 신탁재산처분행위 등의 금지청구권	×
28		수탁자의 고유채권자에 의한 강제집행 등에 대한 이의신청권	제16조 제 2 항
29	기타 권리	수탁자 교대시의 수익자 계산승인권	제55조 제 2 항
30		수탁자 임무종료시 통지수령권	×
31		이익상반행위 등에 관한 통지수령권	×
32		신탁변경에 관한 통지수령권	×
33		신탁종료시의 수익자계산승인권 등	제65조
34		수탁자에 대한 인수최고권	×

본의 구신탁법하에서 개정논의를 하는 과정에서 작성된 것이므로, 작성 당시 신설이 논의되는

물론 일반적인 채권, 가령 금전지급을 구하는 채권에 의해서도 부수적인 권리나 권한이 파생될 수 있으나, 통상의 채권에서는 그러한 것들이 별로 문제되지 않는다. 주요한 내용의 급부만이 문제될 뿐이다. 그러나 신탁수익권은 단순한 1회성의 채권이 아니라 신탁관계가 유지되는 한, 그리고 신탁관계가 종료된 후에도 완전히 청산될 때까지 많은 점에서 특히 수탁자와 유기적으로 관련을 맺는 관계이다. 신탁수익권은 채권에 가까운 모습이기는 하나,[8] 일반적인 채권과는 이러한 점에서 크게 다르다.

2. 신탁수익권과 주주의 권리

수익자의 입장에서 보면 신탁재산의 운용에 관하여 수익을 얻는 한편, 그로 인한 책임은 수익권의 상실을 한도로 하는 것이어서 일종의 책임제한효과를 얻는다. 이러한 점에서 신탁은 회사와 비교되며, 법제도로서 어느 정도는 경쟁관계에 있다. 이러한 점은 미국에서 주로 두드러진다. 반면 애초에 신탁이라는 법전통이 없는 나라에서는 신탁이 활발하게 운용되는 나라에서 신탁이 담당하는 역할을 회사를 포함한 법인이 담당하는 것이 가능해진다. 우리나라에서는 신탁과 법인을 활발하게 비교 검토하고 있지는 않으나, 두 제도를 각각 발달시켜가는 한편, 두 제도 사이에 균형을 유지할 필요도 있을 것으로 생각된다.

이 글에서 신탁과 법인, 특히 주식회사를 비교하고자 하는 이유는, 그러한 비교를 통하여 신탁수익권을 더 잘 이해할 수 있기 때문이다.

요컨대 수익권 자체는 주식회사에서 주주의 권리에 해당되며, 수익자는 주주의 지위에 있다고 비교해볼 수 있다. 종래 우리나라에서 신탁에 관련된

사항에 대해서는 '가칭'이라 표시되어 있다. 한편 위 표의 내용 중에는 강학상의 '권리'에 속하는 것도 있고 '권한'에 속하는 것도 있음에도 이들 용어를 엄밀히 구분하지 않고 사용하고 있는 면이 있다. 그러나 여기서는 이 점에 따른 수정을 가하지 아니하고, 原文대로 소개하기로 한다.

8) 수익권이 채권인가 아니면 채권이 아닌 다른 것인가, 또는 특수한 채권인가 하는 점은 신탁의 본질을 어떻게 보느냐와도 관련되는 문제이며 쉽게 단정짓기 어렵다. 그러나 최소한 민사집행의 대상으로서의 국면에서는 채권으로 보지 않을 수 없다. 따라서 여기서 '수익권은 채권이다'라고 기술하는 것은 민사집행의 대상으로서 기술적인 면에서 그렇게 본다는 점을 전제로 한다. 현 단계에서 필자는 수익권을 채권의 일종으로 파악하며, 그 내용과 성질에 상당한 정도의 특성이 있는 것일 뿐, 본질적으로 물권이거나 물권에 준한 권리로 볼 수 없다는 입장을 취하고 있다. 이러한 점에 대해서는 앞으로도 많은 연구가 필요하다.

집행문제는 주로 수익자가 정기적으로 지급받는 수익에 관심이 집중되어 왔다. 그런데 이를 주식회사와 비교하면, 주주의 권리 자체가 아니라 주주가 매회기마다 배당받는 배당금에 대한 집행만이 주로 문제되어 왔다고 할 수 있다. 그 외에는 주로 외면상 예금과 비슷한 형태로 은행에 예치되어 있는 신탁원금에 대한 집행이 문제되어 왔다. 이는 신탁재산에 대한 집행이라 할 수 있으며, 수익권 자체에 대한 집행이 아니다.

종래 수익권 자체에 대한 집행이 별로 문제되지 않은 것은, 그러한 수익권을 처분하여 환가하는 것이 쉽지 않았기 때문이다. 활발한 시장이 형성되어 있지 않으므로 제 3 자에 대한 매각도 쉽지 않다. 따라서 눈에 보이는 금전형태로 존재하고 있는 신탁재산이나 정기적인 금원 형태로 지급되는 수익권에만 주로 관심이 집중되었던 것이다.

그러나 신탁수익권 그 자체도 재산으로서 가치있는 것이므로 집행의 대상에서 제외될 수 없다. 게다가 정기적인 금원 형태로 지급되는 것이 없는 경우[9]에는 신탁수익권 그 자체의 집행에 관심을 돌려야 한다.

3. 용어 문제

이상에서 본 바와 같이 수익권을 이루는 구체적인 내용은 매우 다양하며, 수익권의 일부를 지칭하는 용어들도 통일되어 있다고 하기 어렵기 때문에, 이 글에서의 논의를 더 전개해가기 위해서는 용어 문제를 언급하지 않을 수 없다.

수익권의 모습은 여러 가지 형태를 취할 수 있는 것이지만, 일반적인 경우를 상정해보면 다음과 같다.

[예 1]

위탁자 A가 2008. 1. 1. 수탁자 B에게 그의 부동산을 신탁하고, 10년간 그

9) 예를 들어 신탁을 통한 에스크로(escrow, 상거래시에, 판매자와 구매자의 사이에 신뢰할 수 있는 중립적인 제 3 자가 중개하여 금전 또는 물품을 거래를 하도록 하는 것, 또는 그러한 서비스를 말한다)를 할 경우(실무상 에스크로가 반드시 신탁을 통하는 것은 아니다), 수탁자는 일정한 조건이 충족될 때까지 해당 금원을 보유하고 있고, 수익자에게 금원을 지급하지 않는다. 그러다가 조건이 성취되면 일시에 동 금원을 수익자에게 교부한다. 이러한 경우 그 수익자의 수익권을 압류하는 수밖에 없다.

수익에서 월 100만원을 수익자인 C에게 지급하고, 매월 발생하는 수익 중 100만원을 넘는 부분은 신탁재산에 편입하며, 10년 후 신탁기간이 종료되면 잔존 신탁재산을 C에게 인도하도록 하였다.

* 논의의 전개를 위하여 수탁자가 수익자에게 아무것도 지급하지 않은 상태에서 2009. 1. 1.이 되었다고 가정한다.

가. 원본수익권과 수익수익권

종래 강학상 및 신탁실무상 '元本受益權'이라는 용어가 사용되어 왔고, 이는 '신탁종료시에 잔여 신탁재산을 收受하는 권리'를 의미한다. 이러한 원본수익권은 '收益受益權'(신탁계약에 따라 배당받을 권리)에 대응하는 개념이다.[10] 위 [예 1]에서 C가 월 100만원씩 받을 권리가 수익수익권이고, 잔존 신탁재산을 받을 권리가 원본수익권이다.

이러한 원본수익권과 수익수익권은 신탁실무상으로도 종종 사용되기는 하나, 위에서 본 원본수익권의 개념은 현행법하에서 엄밀히 말하자면 신탁종료 이후의 문제이므로, 귀속권리자의 권리가 되고, 원래의 신탁상의 수익권의 문제가 아니다.[11] 그러나 원본 자체의 교부를 의미하는 '원본수익권'의 개념을 반드시 신탁종료시를 전제로 할 필요는 없다. 신탁관계가 유지되고 있을 때에도 신탁재산의 원본을 분할하여 수익자에게 교부하도록 할 수도 있기 때문이다.[12] 따라서 원본수익권을 '수익자의 지위에서 신탁재산을 收受할 권리'로 정의함이 옳다. 원본수익권과 수익수익권을 이와 같이 정의하면, 신탁을 도구로 하는 통상의 에스크로에는 원본수익권만 있고 수익수익권은 존재하지 않는 것이 된다.[13]

---

10) 예를 들어, 中央信託銀行信託研究会, "信託受益権と強制執行(下)," 金融法務事情 No. 1257 (1990. 6. 25.), 28면.

11) 일본의 신신탁법에서와 같이 '수익채권'이라는 개념이 도입되면 이러한 이론적 구조에 변화가 생기게 된다. 이 점에 관하여는 아래에서 다시 다룬다.

12) 다만 신탁재산이 존재하지 않는 신탁을 상정하기는 어려우므로, 신탁 종료 전에 신탁재산 전부를 수익자 또는 제 3 자에게 교부하는 것은 곤란하다. 신탁재산이 전혀 남지 않게 되면 어떤 이유로든 신탁은 종료된다고 보아야 한다.

13) 에스크로에 관하여 이 글에서 詳論하기는 어려우나, 외면상 신탁을 통한 에스크로는 위와 같이 보지 않을 수 없다. 에스크로업자의 서비스는 에스크로재산(신탁재산)을 운용하여 수익을 내는 것이 아니라, 위탁자의 이익을 위하여 일정 시기까지 그 재산을 보유해주는 것이다. 이와 같이 신탁을 통한 에스크로에서는 신탁수익자의 수익권과 에스크로계약 자체가 추구하는 이익이 일치하지 않게 된다.

나. 신탁이익 수령권

위 용어는 널리 쓰이는 용어라 하기는 어렵다. 위 표에서는 '배당을 받을 권리'라는 내용으로 사용하고 있다. 얼핏 보기에 위에서 본 수익수익권에 해당되는 것처럼 보이나, 통상 그러한 것이고 반드시 그렇다고 할 수는 없다. 무엇보다도 '이익'이나 '배당'의 개념이 명시되어 있지 않기 때문이다. 위 [예 1]에서 C가 월 100만원씩 받을 권리가 수익수익권이다.

다. 수익권 자체(기본적인 수익권)와 구체화된 수익권

위 [예 1]에서 수익자가 갖는 권리 중 금전 내지는 재산의 급부와 관련되는 주된 내용, 즉 민사집행의 대상이 될 만한 것들을 분석해보면, 수익권의 여러 모습 전체를 포괄하는 권리로서의 수익권 그 자체가 있고, 그 개별 내용으로 수탁자가 지급하여야 할 의무가 이미 발생한 1년분 수익금 1,200만원[14]이 있으며, 앞으로 신탁종료시까지 매월 100만원씩 받을 권리가 있고,[15] 신탁이 종료되고 나서 귀속권리자로서 남은 신탁재산을 교부받을 권리가 있다. 그런데 신탁이 종료되고 나면 종래의 신탁은 일종의 법정신탁으로 바뀌게 되고, 귀속권리자는 그 법정신탁의 수익자가 되므로 신탁종료 전후의 수익자의 지위 및 수익권의 의미가 달라지게 된다. 신탁이 종료된 후 실질적으로 종래의 신탁관계가 그대로 유지되는 것으로 보아도 무방하다고 하더라도, 어쨌든 법적으로는 원래의 수익권은 아니다.

한편 신탁이 종료되기 전까지 수익자가 매월 받을 금원은 이미 구체화된 부분이 있고, 앞으로 구체화될 부분이 있다. 이것은 기본적인 수익권에서 파생되어 나오는 것이기는 하지만, 그 법적 의미가 달라질 수 있다. 구체화된 수익권은 물론이고 수익권 자체도 재산의 일부이고 집행의 대상이 되어야 할 필요가 있기 때문이다.

이 글에서는 수익권 자체와 그 수익권 자체의 내용 중 일부이면서 동시에

---

14) 논의를 간단히 하기 위하여 지연손해금은 생각하지 않기로 한다.

15) 물론 수탁자는 신탁재산의 운용실적에 따라 그 의무를 다하면 되는 것이므로, 만일 해당 달에 100만원에 미치지 못하는 수익이 발생하였고, 신탁계약상 기본재산 또는 그 시점까지 신탁재산에 편입된 재산에서는 월정금을 지급하지 못하도록 되어 있다면, 수탁자는 실제로 발생한 수입금액만을 수익자에게 지급하면 된다. 이하에서는 이러한 경우에 대해서도 더 이상 생각하지 않기로 한다. 하여간 위와 같이 특정 시점을 기준으로 하면 '구체화된 수익권'에는 '이미 구체화된 수익권'이 있고 '앞으로 구체화될 수익권'이 있을 수 있다.

신탁이 유지되는 동안 신탁계약의 내용에 따라 수익자에게 교부되는 것에 대한 권리를 '구체화된 수익권'이라 부르기로 하며, 수익권 자체는 '기본적인 수익권'이라 부르기로 한다. 이러한 용어를 사용하는 이유는 일차적으로 편의를 위한 것이기는 하나, 그 실제 이유는 위에서 본 기존의 용어들이 신탁수익권의 집행대상을 논의함에 있어 그 유형을 분석하기 위한 도구로 정확히 들어맞지 않기 때문이다.

이를 좀 더 설명하면, 위에서 본 '원본수익권' 및 '수익수익권' 개념이 이 글에서 말하는 '기본적인 수익권'과 '구체화된 수익권'과 일치되는 개념은 아니다. 이 글에서 말하는 '기본적인 수익권'은 수익권을 이루는 모든 권리를 합한 개념이며, 원본수익권, 수익수익권, 구체화된 수익권 모두가 포함된다. 즉, 수익권 그 자체를 의미한다. 한편 구체화된 수익권은 보통은 수익수익권과 동일한 개념이라 할 수 있으나, 엄밀히 말하자면 일치하는 개념이 아니고,[16] 게다가 수익수익권이라고 하면 원본수익권과 대비되는 개념으로 이해될 우려가 있으므로 이 글에서는 '구체화된 수익권'이라는 용어를 사용하기로 한다.

한편, 기본적인 수익권과 구체화된 수익권은 개념상으로는 구분되나 後者는 前者에 완전히 포함된다. 따라서 원본과 이자의 관계에 있는 것도 아니다. 이러한 점은 다양한 권리의 묶음인 저작권과 그 내용을 이루는 개별권리의 관계와 비교될 수 있다. 특정 저작권 자체가 한 단위의 재산권이 되면서도 동시에 그 내용을 이루는 각각의 권리도 한 단위의 재산권이 될 수 있는 것과 마찬가지이다.

필자가 검토한 범위 내에서는 이러한 '기본적인 수익권 또는 수익권 그 자체'와 '구체화된 수익권'으로 구분하여 전개된 논의를 접하지 못하였으나, 특히 민사집행 문제와 관련하여서는 이러한 구분에 의미가 있다고 보는 것이 이 글의 주장 중 하나이다. 최소한 국내에서의 지금까지의 논의는 주로 구체화된 수익권에 대한 것이 많았고, 기본적인 수익권에 대한 논의는 부족하였

16) 수익수익권이라고 하면 원칙적으로 신탁재산의 운용에서 발생하는 수익에 터잡은 수익권을 의미한다. 이 글에서 말하는 이러한 수익수익권도 이 글에서 말하는 구체화된 수익권에 포함되나, 구체화된 수익권에는 꼭 그러한 경우만 있는 것은 아니다. 예를 들어 신탁원본으로 현금 1,000만원이 교부되고, 신탁재산에 대한 운용 없이 월 100만원씩 수익자에게 교부하기로 하는 경우에는 수익수익권이라 하기 어려우나, 이 글에서 말하는 구체화된 수익권에는 포함되는 개념이다.

다. 바로 이러한 점들이 이 글이 논의하는 대상이지만, 이러한 논의의 필요성을 다시 한 번 간략히 정리하면 다음과 같다. ① 집행대상으로 명확히 표시하기 위하여 위와 같은 구분이 필요하고, ② 각 경우를 나누어 가능한 집행방법을 고찰하여야 할 필요가 있다.

라. 정기적인 금원급부의 다른 예와의 비교

신탁수익권의 특징은 매월 정기금으로 금전을 교부받는 다른 경우들과 비교해보면 쉽게 이해할 수 있다. 다음과 같은 예를 들어 본다.

[예 2]

채무자 A는 甲회사의 회사원으로 월 100만원의 월급을 받는다.

[예 3]

채무자 A는 공무원으로 근무하다가 정년퇴직하였고, 사망시까지 월 100만원을 연금으로 받는다.

[예 4]

채무자 A를 어려서부터 존경해왔던 조카 B는 채무자 A의 생활이 어렵지 않음에도 불구하고[17] 호의를 나타내고자 2008. 1. 1.부터 A의 사망시까지 월 100만원을 지급하기로 약속했다.

[예 5]

채무자 A는 2008. 1. 1. 乙은행에 현금 1억원을 10년간 예금하였고, 乙은행은 예금계약이 만료될 때까지 A에게 월 100만원씩을 지급하기로 약정하였다.

위 [예 2] 내지 [예 4]의 경우, A가 매월 받는 돈의 성격상 압류가 제한될 수는 있으나, 기본적으로 집행대상이 된다. 그러나 회사원으로서의 지위, 연금수급자로서의 지위 자체는 경제적 의미는 있으나 그것이 집행대상으로서의

17) 부양료에 해당되어 압류금지가 되는 경우가 되지 않도록 하기 위한 부가조건이다.

권리가 된다고 보기는 어렵다. 집행대상이 될 수 없는 여러 가지 이유를 생각해볼 수 있으나, 최소한 양도불가능한 지위라는 점에서도 그러하다. [예 4]의 경우 삼촌이라는 지위가 집행대상이 될 수 없음은 당연하지만, 이 경우에는 매월 받을 100만원 그 자체가 권리이지, 사망시까지 100만원을 받을 종합적인 지위를 별개의 권리로 파악하여 집행대상으로 삼기는 어렵다. 그러나 [예 5]의 경우는 원금과 이자로 명백히 구분하여 파악할 수 있고, 둘 다 별개로 집행대상으로 삼을 수 있다.

위 각 예를 통하여 매월 정액으로 금원을 받는 상황도 여러 가지 경우가 있을 수 있음을 알 수 있는데, [예 1]과 같은 신탁의 경우는 [예 5]와 비슷한 경우이다. 즉, 수익자로서 갖는 수익자로서의 지위, 말하자면 수익권 자체가 양도가능한 권리이고[18] 따라서 그 수익권 자체의 집행을 모색할 수 있을 것이나, 굳이 그 수익권 자체를 집행대상으로 할 필요가 없는 경우에는 신탁계약에 따라 매월 받을 금원(이 글에서 말하는 구체화된 수익권)만을 집행대상으로 할 수도 있다.

이렇듯 [예 1]과 [예 5]를 비교해보면, 마치 신탁재산이 원본이고 매월 받을 수익금이 이자와 같아 보인다. 경제적인 의미에서는 그와 같은 파악이 가능하나, 이론적으로는 꼭 그와 같은 것이라 볼 수 없다. [예 5]에서의 원본과 이자는 완전히 다른 권리이므로 그것을 특정할 필요가 있을 경우 엄밀히 구분하여 특정을 하여야 하나, [예 1]에서 '수익권'이라고 하면 기본적인 수익권을 의미하는 것이 되어 매월 받을 수익금도 포함하게 된다. 따라서 매월 받을 수익금만을 지칭하려면 그에 대해 정확히 표현하는 수밖에 없다.

[예 6]

위탁자 A, 수탁자 B, 수익자 C인 ×××신탁계약에 의하여 수익자 C가 수탁자 B로부터 2009. 10. 1.부터 매월 말일 받을 금 100만원의 채권으로 청구채권 금 1,000만원에 이르는 금액.

만일 압류대상을 위 [예 6]과 같이 특정하였다면, 수익자의 기본적인 수

18) 여기서의 기술은 일반적인 경우에 대한 것이다. 다른 사정으로 해당 수익권이 양도불가능한 권리가 될 가능성은 별개로 검토하여야 한다.

익권은 압류대상으로 하지 아니함이 명백하게 표시되었다고 할 수 있다.

4. 수익권과 수익채권

가. '수익채권' 개념

한편 일본 구신탁법은 우리나라의 현행법과 거의 같은 내용이었으나, 신신탁법은 수익권과 수익채권을 구분한다. 즉, 동법 제 2 조 (7)항은, '이 법률에서 「수익권」이란, 신탁행위에 기초하여 수탁자가 수익자에 대해 부담하는 채무로서 신탁재산에 속한 재산의 인도와 그 외 신탁재산에 관한 급부와 관련된 채권(이하 「수익채권」이라 한다) 그리고 이것을 확보하기 위하여 이 법률의 규정에 의하여 수탁자와 그 외의 자에게 일정한 행위를 구할 수 있는 권리를 말한다'라고 규정하였다. 즉, 수익채권이란 '수익자의 권리로서 신탁재산에 속한 재산의 인도와 그 외 신탁재산에 관한 급부와 관련된 채권'을 말하며, 수익권에는 수익채권 외에 기타의 권리가 포함되게 된다. 한편 동법 제100조 이하에서는 수익채권에 대한 특별한 정함을 두고 있는데, 예를 들자면 제100조는 '수익채권에 관한 채무에 대해 수탁자는 신탁재산에 속한 재산만을 가지고 이것을 이행할 책임을 진다'고 하고, 제101조는 '신탁채권은 수익채권에 우선한다'라고 규정하였으며, 제102조 (4)항은 '수익채권은 이를 행사할 수 있는 때부터 20년이 경과한 때 소멸한다'라고 규정하고 있다.[19] 일본 신신탁법에서 말하는 수익채권이란 수익권 중 재산의 인도나 급부를 구할 수 있는 권리를 말하는 것이며, 수익권과 다른 별개의 것은 아니다.

나. 수익채권 개념의 도입에 따르는 결과에 대한 검토

한편 우리나라의 신탁법 개정논의에서도 별다른 이견없이 일본의 신신탁법과 같은 수익채권 개념의 도입을 예정하고 있다.[20] 따라서 우리나라에서는

19) 이와 같이 '수익채권'이라는 개념을 도입함으로써 일정한 事象을 표현하기 편리해졌으나, 아래에서 살펴보는 이론적인 내용을 제외하고는, 그 도입으로 인하여 법리에 변화가 있었다고 하기는 어려운 듯하다. 현재까지 필자가 검토한 바만으로는 일본 신신탁법이 왜 '수익채권'이라는 개념을 도입하였는지에 대해 상세히 알기 어렵다.

20) 법무부에서 주관하여 신탁법 개정작업이 이루어졌고 그 공청회가 지난 2009. 9. 25. 개최되었다. 법무부의 개정안에도 일본 신신탁법과 같은 수익채권 개념을 예정하고 있다. 한편 이와 별도로 그 이전부터 법원 내에서 신탁제도연구반이 구성되어 개정논의를 거친 끝에 그 검토결과를 2009. 9월에, 법원행정처(대법원 신탁제도연구반), '신탁법 개정을 위한 입법자료'라는 책자를 발간함으로써 대법원에 보고한 바 있는데, 이 개정안에서도 마찬가지로 '수익채권'이

아직은 현행법의 문제는 아니지만, 필자가 보기에는 신탁법이 개정된다면 일본 신신탁법에서의 수익채권 개념이 그대로 도입될 가능성이 있고, 이로 인하여 중대한 법리변경은 예상되지 않으나 이론적인 면에서 약간의 변화가 예상되고 이 점이 수익권에 대한 집행문제에 영향을 줄 여지가 있으므로 이번 기회에 검토해보기로 한다. 다만 우리나라에서는 아직 개정이 검토되는 단계이므로 일본 신신탁법을 기준으로 하여 검토한다.

종래(우리나라의 경우 현행 신탁법에 따를 경우) 수익자와 귀속권리자 개념은 구분되어 왔다. 수익자가 귀속권리자가 될 수도 있으나, 그 지위는 원래의 신탁에서의 수익자가 아니라 신탁종료로 인하여 발생하는 법정신탁의 수익자인 귀속권리자이다.[21] 따라서 신탁행위에 의하여 신탁권리자를 수익자로 지정한 경우에도 이론적인 면에서는 귀속권리자로서의 권리는 원래의 수익권이라 할 수 없다.[22]

그러나 일본의 신신탁법에 의한 수익채권은 그 내용으로 잔여재산의 급부를 내용으로 할 수도 있게 되었으므로, 일본의 구신탁법(및 우리나라의 현행 신탁법)에 의할 경우 수익자가 신탁행위에 의하여 귀속권리자가 되는 경우도 일본의 신신탁법하에서는 신탁행위에 따른 수익권의 일부가 되었다. 이로써 종래와 이론적인 면에서는 변화가 생긴 것으로 파악된다. 일본 신신탁법 제182조 (1)항은 '잔여재산수익자'와 '귀속권리자'를 구분하고 있다. 한편 반드시 잔여재산수익자가 일반적인 수익자의 지위를 겸하여야 할 필연성도 없는

라는 용어를 사용하고 있다. 법무부 개정안의 경우, 제61조에서 "… 수익자가 수탁자에게 신탁재산에 속한 재산의 인도와 그 밖에 신탁재산에 관한 급부를 요구할 청구권(이하 "수익채권"이라 한다) …"이라고 하고 있다.

21) 위에서 본 대로 종래 강학상 원본수익권이라는 용어가 사용되고 있다고 하여, 그 원본수익권에 관하여 신탁법 제61조가 배제된다고 할 수는 없다. 그리고, 신탁의 통상적인 모습은 신탁재산을 신탁하여 그 재산에서 나오는 수익을 수익자에게 교부하는 것이라 할 수 있다. 따라서 만일 수익권을 원본수익권과 수익수익권으로 나눈다면, 수익권의 본래의 모습은 수익수익권이라 할 수 있을 것이다.

22) 따라서 엄밀히 말하자면 현행법하에서 수익권을 압류할 때 단순히 수익권만을 표시하면 원래의 신탁(대개는 계약신탁)의 수익권만을 압류하는 것이 되고 말 우려가 있으므로, 수익자가 귀속권리자가 되는 경우 그 귀속권리자의 권리도 압류하기 위해서는 그 권리도 압류함을 명백히 표시하여야 한다.

한편, 일본의 구신탁법에 관해 이 글의 견해와 달리 수익권의 내용을 '신탁재산의 운용에 의하여 생기는 수익을 수수하는 권리 및 신탁종료시 잔여신탁재산을 수수할 권리'라고 하는 견해도 발견된다. 中央信託銀行信託研究会, "信託受益権と強制執行(上)," 金融法務事情 No. 1256(1990. 6. 15.), 7면.

것으로 판단된다. 따라서 신탁행위에서 일반 수익자와 잔여재산수익자를 따로 둘 수도 있을 것이다. 만일 잔여재산 모두가 잔여재산수익자에게 가는 것이 아니라면, 잔여재산수익자와 귀속권리자 둘 다 있는 경우도 상정할 수 있다. 한편, 귀속권리자도 신탁행위에 의하여 지정할 수 있다.[23)]

이와 같은 이해를 전제로 하면, 신탁이 종료된 후 청산이 완료될 때까지의 법률관계의 성격에도 변화가 있는 것으로 이해되어야 한다. 즉, 지금까지는 신탁법 제61조에 따라 신탁이 일단 종료되면 그 이후로는 법정신탁이 성립되고 귀속권리자가 그 수익자가 되는 것으로 이해하였으나, 수익채권제도 하에서는 잔여재산수익자가 있는 경우에는 원래의 신탁관계가 그대로 유지되는 것이고,[24)] 귀속권리자에 대해서는 여전히 법정신탁이 성립되는 것으로 보아야 할 것이다.

이상의 검토내용에 따르면, 수익채권 개념이 도입되면 종래에 비해 수익권이 의미하는 범위가 늘어나게 되며, 수익권에 대해 민사집행을 할 경우에도 이에 맞추어 대상물을 엄격히 표시하여야 한다.[25)]

---

23) 이렇게 되면 잔여재산수익자와 귀속권리자의 구분이 문제가 될 수 있다. 왜냐하면 잔여재산수익자가 반드시 신탁행위에 특정되어야 하는 것은 아닐 것이기 때문이며, 반대로 귀속권리자를 신탁행위에 의하여 특정함도 가능할 것이기 때문이다. 결국 위 두 지위의 차이는 그 지정된 자 또는 지정될 자가 신탁이 존속하는 동안에 수익자의 지위를 누리게 할 것인가(잔여재산수익자) 그렇지 않은가(귀속권리자)에 관한 위탁자의 의사에 따라 구분되어 결과적으로 그 지위가 달라진다고 보는 것이 현재까지의 필자가 내린 잠정적인 결론이다. 이 점에 관한 더 정밀한 검토는 추후의 연구과제로 미룬다.

24) 엄밀히 말하자면, '신탁이 종료된 경우에도 청산완료시까지 원래의 신탁이 유지된다'는 표현은 모순된 표현이다. 따라서 이 표현의 참뜻은 '신탁행위에서 정한 신탁종료예정사유가 발생한 경우에도 청산완료시까지 원래의 신탁관계가 유지되다가 청산이 완료되면 신탁이 최종적으로 종료하게 된다'라는 것으로 이해되어야 한다.

25) 수익채권 개념이 도입되었다고 하여 집행과 관련하여 실질적인 의미에서 큰 변화가 있는 것은 아닌 듯하나, 종래 귀속권리의 일부였던 것이 수익권으로 변화됨에 따라 신탁재산에 대한 집행가능성에 영향을 줄 여지가 있다. 이 점은 신탁이 종료되지 않은 상태에서 귀속권리자가 귀속권을 보전채권으로 하여 신탁재산에 대해 가처분을 할 수 있는가 하는 문제와 관련이 있는데, 이와 관련된 판례가 대법원 2008. 10. 27.자 2007마380 결정이다. 위 결정에서 법원은 위와 같은 가처분이 가능하다고 할 여지를 남겨 두었다. 그런데 만일 이 글에서 파악하고 있는 바와 같이 종래에는 원래 신탁에 따른 수익권에 해당되지 않는다고 보는 것이 그러한 수익권이 되는 것이라면 위 대법원결정이 제시하고 있는 법리에 영향을 줄 여지가 있을 수 있다고 생각된다. 이 문제는 신탁재산에 대한 집행의 문제이며, 이 글의 주제인 신탁수익권에 대한 집행에 관한 문제는 아니다. 이 글에서 이러한 점들에 대해 더 자세히 설명하는 것은 적당하지 않다. 別稿의 과제로 미룬다.

Ⅲ. 압류금지여부

1. 가 능 성

민사집행법리에 의하여 신탁수익권에 대한 집행이 저지될 가능성은 다음과 같은 두 가지 경우를 상정해볼 수 있다. 첫째는 성질상 양도가 금지된 채권에 해당될 가능성이고, 둘째는 민사집행법 제246조가 정하는 압류금지채권에 해당될 가능성이다. 신탁수익권이 본질적으로 양도가 금지된다거나 압류금지채권에 해당된다고 보기는 어렵다. 신탁수익권이 위 법리에서 말하는 특정 성질을 겸하고 있는 경우 문제가 될 수 있다. 첫째의 경우와 관련하여 말하는 성질상 양도가 금지되는 경우란, 그 채권의 성질이 그에 해당되어야지 관계인들, 예를 들어 위탁자나 수탁자 또는 수익자 사이에 수익자가 수익권을 타인에게 양도하는 것을 금지하였다고 하더라도 이에 해당되지 않는다.

2. 성질상 양도가 금지된 채권

가. 일 반 론

성질상 양도가 금지된 채권이란, ① 국가나 지방자치단체와 같은 공권력 주체만이 행사할 수 있는 공법상의 채권이나 부양료청구권(민법 제979조), 유류분반환청구권(민법 제1115조) 등 일신전속적 권리, ② 상호계산에 편입된 채권(상법 제72조)이나 수임인의 비용선급청구권(민법 제687조)과 같이 그 채권의 목적 내지 성질상 특정의 채권자에게 변제하여야 하는 채권, ③ 종신정기금채권(민법 제725조 이하)과 같이 전적으로 당사자 간의 개인적 관계에 기초하는 채권으로서 채권자가 달라지면 그 채권의 내용도 달라지는 것이고, 따라서 채무자의 승낙없이는 양도하거나 압류할 수 없는 채권을 말한다.[26] 위와 같은 각 사항 중 신탁수익권이 부양료청구권이나 종신정기금채권에 해당될 가능성이 엿보인다.

나. 부양료청구권

부양료의 지급방식에는 특별한 제한이 없는 것으로 이해되므로, 신탁수

26) 법원행정처, 법원실무제요 민사집행[III] ― 동산·채권 등의 집행 ― (2003), 296면.

익권의 부여 형식으로 부양료를 지급하는 것도 가능하다고 볼 수밖에 없다.27) 수익권의 형태가 반드시 매월 정액을 지급하는 방식이 아니라 하더라도 그 점만으로 부양료에 해당되지 않는다고 할 수는 없다. 부양료인가 아닌가는 그 실질에 의하여 판단되어야 한다. 수익권을 부여하는 형식으로 부양료를 지급한다 하더라도 신탁계약상에 그 취지를 반드시 명백히 기재하여야 한다고 할 수도 없다. 이러한 점에서 수익권의 취득을 부양료를 받는 방법으로 인정하는 것에는 법적 불안정성이 엿보이지만 부득이하다. 수익권에 대해 집행할 수 있는 자는 수익자의 채권자이고, 해당 수익권이 부양료청구권으로 인정되면 집행이 안 되는 것이기는 하지만, 원래 수익자에게 없던 돈이 들어오는 것이므로 수익자의 채권자의 입장에서는 부양료로 인정되는 수익권의 가치가 크더라도 불리하게 되는 것은 아니다. 수익자의 재정상태가 좋아지는 것이므로 반대로 유리한 일이다.28)

그리고 여기서 말하는 성질상 양도가 금지된 채권으로서의 부양료는 당사자의 계약이나 유언에 의한 부양료를 말한다. 민법 제974조에 따른 부양료

27) 실제로 부양을 목적으로 한 신탁상품이 선전되고 있기도 하다. '에이블 뉴스' 2008. 11. 17.자 기사 "삼성생명, 장애인 특별부양 신탁상품 출시" 참고, 「삼성생명, 장애인 특별부양 신탁상품 출시, 부모 생전·사후에 생활자금으로 활용토록 관리 : 삼성생명이 장애인 부양을 위한 '특별부양신탁' 상품을 국내 최초로 출시했다. 이 상품은 '자산관리형 신탁상품'으로 재산증식을 목적으로 금융상품에 투자하는 기존의 '투자형 특정금전신탁'과 달리 고객의 의사에 따른 재산관리에 목적을 두고 있다는 점이 특징이다. 정신적·신체적 장애로 인해 재산관리가 어려운 사람들이 가족이나 친족으로부터 받은 재산을 신탁할 경우, 수익자의 생활안정과 재산보호에 도움을 줄 수 있도록 설계됐다. 삼성생명 측은 "지적장애나 발달장애 자녀를 둔 부모가 생전 또는 사후에 자녀에게 장기적·안정적으로 생활자금을 마련해주고 싶을 경우 유용하게 이용될 것으로 기대된다"고 밝혔다. 또 삼성생명은 "이 상품은 현행 세법에서 피상속인이 생전에 장애인 자녀 등에게 사전 증여한 재산을 신탁하게 되면 5억 원까지 증여세를 면제해주기 때문에 증여세 감면 혜택까지 일석이조의 효과를 얻을 수 있다"고 전했다」, http://happylog.naver.com/gjrehab/post/PostView.nhn?bbs_seq=18492&artcl_no=123456933818 참고(2009. 9월 초 현재. 이하 각 검색시기는 동일함).

28) 부양료로 과다한 액수가 책정되는 것은 수익자의 채권자가 아니라 위탁자의 채권자들에게 문제이다. 과다 부양료의 문제는 신탁 고유의 문제는 아니다. 민법 제978조는 부양을 할 자 또는 부양을 받을 자에게 부양관계의 변경 또는 취소를 법원에 청구할 권한을 인정하고 있는데, 위탁자의 채권자에게는 이러한 권한이 인정되지 않는다. 이 글에서 위탁자의 채권자의 문제를 詳論할 여유는 없으나, 간략히 필자의 소견을 적어둔다면, 부양료가 과다책정된 경우에도 위탁자의 채권자는 채권자취소권을 행사할 수 있다고 보며, 채권자취소권에 의하여 구제되지 않는 한, 다른 구제방법은 인정되기 어렵다고 본다. 부양료과다의 문제는 법원이 정한 부양료에 대해서는 일어날 가능성이 낮고 당사자들이 합의에 의하여 정한 경우에는 생길 수 있다. 한편, 수익자가 받는 부양료 명목의 구체적인 수익권이 지나치게 과다할 경우, 수익자의 채권자는 그 과다한 부분에 관해 부양료에 해당되지 않는다는 이유로 집행을 시도할 수 있을 것이다.

는 민사집행법 제246조 제 1 항에 의한 압류금지채권이 된다.[29] 단, 여기서의 설명은 그러한 채권에 관해서도 그대로 적용될 수 있다.

다. 전적으로 개인적 관계에 기초하는 채권

위 설명에서는, '전적으로 당사자 간의 개인적 관계에 기초하는 채권'의 예로 종신정기금채권을 들었지만, 종신정기금채권에 한정하는 취지로 보기는 어렵다. 다른 형태의 채권이더라도 위와 같은 특질을 갖추고 있다면 역시 집행대상이 되지 않는다고 보아야 한다. 문제는 특히 민사신탁관계의 수익권은 이러한 성질을 갖는 것이 많을 것이라는 점에 있다.

예를 들어 민법 제725조는 종신정기금을, '당사자 일방이 자기, 상대방 또는 제 3 자의 종신까지 정기로 금전 기타의 물건을 상대방 또는 제 3 자에게 지급할 것을 약정한 것'으로 정의하고 있는데, 가족관계에 관련된 신탁은 이러한 성질을 갖는 경우가 많을 것이다. 게다가 민법 제730조는 유증에 의한 종신정기금채권도 가능한 것으로 규정하고 있어 더욱 그러하다.

[예 7]

위탁자가 자신의 생존중에는 위탁자 자신이, 사망 후에는 처인 甲이, 甲의 사망 후에는 그 아들인 乙이 성년이 될 때까지 각 수익자가 되는 신탁을 설정하였다.

위 신탁에서 위탁자 생존중에는 위탁자 자신이 수익자가 되므로 문제될 것이 없으나, 甲의 수익권은 그 실질이 종신정기금과 동일하다. 결국 이 문제도 실질적인 비교를 하여 종신정기금적인 성질을 갖는 것은 집행대상에서 제외된다고 할 수밖에 없다. 이러한 경우, 위탁자의 채권자는 사해행위 또는 사해신탁 취소의 문제로 대처하는 수밖에 없고, 수익자의 채권자는 수익권에 대해 집행하지 못한다는 결과가 된다.

3. 압류금지채권

민사집행법 제246조는 압류금지채권을 규정하고 있는데, 신탁수익권이

29) 법원행정처, 법원실무제요 민사집행[III] — 동산·채권 등의 집행 — (2003), 297면.

본질적으로 압류금지되는 경우는 상정하기 어렵고, 신탁수익권이 위 조문에서 규정하는 각 경우에 해당되는 경우 압류금지채권이 될 가능성이 있다. 위 조문의 내용 중 그 가능성이 엿보이는 것은 다음과 같은 것들이다.

가. 제1항 제1호: 법령에 규정된 부양료

신탁을 통한 부양료의 경우에 관하여 위에서 설명한 바와 같다.

나. 제1항 제2호: 채무자가 제3자의 도움으로 계속 받는 수입

조문상 위 내용은 '구호사업으로 도움을 받는 수입'에 이어 열거되어 있는 것인데, 따라서 구호사업으로 도움을 받는 정도의 내용의 것만 이에 한정되는 것으로 보아야 할 것인지가 문제이다. 필자는 위에 해당되는 수입을 무한정 확대할 수는 없다고 보며, 일단은 조문상 '구호사업이나'와 '제3자의 도움'은 균형을 이루어야 하는 내용으로 보고자 한다. 이렇게 해석한다면, 위 조문에 해당되는 수입은 어느 정도 기간 내로 한정되어야 하는 것이고, 비일상적인 것이 되어야 한다. 그 수준을 넘는 것은 위에서 본 전적으로 개인적 관계에 기초하는 채권에 해당된다고 보아야 한다.30)

다. 제1항 제4호: 연금, 그 밖에 이와 비슷한 성질을 가진 급여채권의 2분의 1에 해당하는 금액

연금이 신탁으로 관리되는 경우가 있을 수 있고, 이 경우 그 수익권은 위 규정에 해당된다. 이 경우는 제5호의 '퇴직금 그 밖에 이와 비슷한 성질을 가진 급여채권'에 해당될 여지도 있다. 신탁수익채권은 운용실적에 따라 기간별 금액이 달라질 수 있으며, 위 조문에서의 2분의 1은 현실화된 금액의 2분의 1로 해석되어야 한다.31)

---

30) 辛鍾信, "信託受益權의 强制執行方法," 韓國産業銀行, 調査月報 420(1990. 11.), 40면에서는, 신탁 중 압류금지채권 해당 여부, 특히 민사집행법 제246조 제1항 제2호, '제3자의 도움으로 계속 받는 수입'에의 해당 여부에 관해 근거규정을 두자는 주장을 펴고 있으나, 신탁이 워낙 다양한 형식으로 설정될 수 있기 때문에 그와 같은 입법을 하기는 어려울 것이다.

31) 일본에서는 신탁과 관련된 압류금지채권의 예로, '세법에서 정한 일정한 요건에 해당하는 특별장해자의 생활안정을 목적으로 하여 설정된 신탁'인 '특별장해자부양신탁수익권'과 '기업을 위탁자, 당해기업의 퇴직연금규약에 의한 수급권자(퇴직종업원)를 수익자로 하는 타익신탁'인 '적격퇴직연금신탁수익권' 등이 논의되었다. 中央信託銀行信託研究会, "信託受益権と強制執行(上)," 金融法務事情 No. 1256(1990. 6. 15.), 9면 이하 참고.

Ⅳ. 집행방법

1. 특정 및 표시의 문제

수익권은 일반적으로 채권으로 인식되고 있으므로, 통상 채권집행방법에 따를 것이다. 만일 수익증권이 발행된 경우에는 동산압류의 예에 의한다. 여기서의 수익증권은 증권법리 등에 따라 발행된 경우를 말하고,[32] 당사자 사이에 임의로 '수익증권'이라는 제목의 문서를 발행한 경우까지 포함하는 것은 아니다.

민사집행 대상으로서의 수익권은 위에서 본 바대로 기본적인 수익권과 구체화된 수익권으로 나누어 보지 않을 수 없다. 기본적인 수익권은 그 실질가치가 시점에 따라 계속 증감된다고 하더라도 현재 확정된 권리이다. 이에 반해 장래에 특정한 방식으로 지급될 구체화된 수익권은 장래의 채권으로서의 성격을 띠고 있다. 따라서 아직 구체화되지 않은 장래의 구체화된 수익권을 압류하는 것은 장래에 발생할 채권을 압류하는 것이 된다.[33]

이미 지급시기를 도과하여 구체화된 채권은 위와 같은 채권과 약간 성격을 달리 한다. 압류 이전에 그 구체화된 채권이 변제되었다면(수익자가 수령하였다면) 더 이상 압류가 문제되지 않고, 아직 변제되지 않았다면 압류의 대상이 되나, 이것은 수익권에 터잡아 발생한 구체적인 금전채권을 압류하는 것이지 원래의 의미에서 수익권을 압류하는 것이라 하기 어렵다. 이러한 점들을 종합하면, 수익권을 압류함에 있어 압류대상채권의 표시 등에 상당한 주의를 기울여야 한다. 이 점은 아래에서 살펴보는 집행방법과도 관련되기 때문이다.

만일 '… 수익권을 금 … 원 한도에서 (가)압류[34]한다'라는 결정이 내려진

---

32) 금융상품설정을 위해 신탁이 이용되는 경우 그 수익권이 증권으로 발행되는 경우가 있을 수 있다. 그리고 현행 신탁법에는 수익증권에 관한 조문이 없으나, 수익증권에 관한 조문을 신탁법에 두어야 한다는 논의가 있다. 이 점은 아직 문헌에 의하여 뒷받침하기 어렵다. 법무부 및 대법원에서 내놓은 개정안에는 모두 수익증권에 관한 규정을 두고 있다. 일본의 신신탁법은 제185조 이하에서 수익증권에 관한 조문을 두고 있다.

33) 기본적인 수익권을 압류하면 이러한 장래의 채권도 포함하여 압류하게 된다는 점, 기본적인 수익권에서 파생되는 권리로 장래의 채권의 성격을 갖는 것도 포함되지만 기본적인 수익권 자체는 현재 확정되어 있는 채권으로 보아야 한다는 점이 신탁수익권의 큰 특징이다.

34) 이하 압류와 가압류를 구분하여야 할 필요가 없는 경우에는 '압류'라고만 한다.

경우, 기본적인 수익권을 압류하는 취지로 이해하여야 하며,[35] 기본적인 수익권에는 구체화된 수익권도 포함되는 것으로 볼 수밖에 없으나, 구체화된 수익권에 관해서는 그 결정의 효력이 발생된 때 이후분에 대해 압류한 것으로 보는 것이 옳다. 그 결정의 효력발생 전에 이미 구체화된 부분은 수익권에 터잡아 수익자가 취득한 권리이기는 하나 수익권 그 자체라고 할 수 없으므로, 별도로 표시하여 압류하여야 한다. 이것은 표시의 문제라 할 수 있으므로, 가령 위 [예 6]에서 '2009. 10. 1.'에 압류를 신청하면서 기준시점을 앞당겨 아래와 같이 압류를 신청하였다면, 2009. 3. 1. 이후의 것으로 이미 발생한 부분에 대한 압류도 신청한 것으로 이해함이 옳을 것이다.

[예 8]

위탁자 A, 수탁자 B, 수익자 C인 ×××신탁계약에 의하여 수익자 C가 수탁자 B로부터 2009. 3. 1.부터 매월 말일 받을 금 100만원의 채권으로 청구채권 금 1,000만원에 이르는 금액.

2. 특정금전신탁[36]에서의 위탁자의 지시권

특정금전신탁의 경우 위탁자가 상당한 정도의 지시권을 갖게 되는데, 만일 수익권이 압류되는 경우에 위탁자가 지시권을 계속하여 행사할 수 있는가가 문제될 수 있다. 이에 대하여, 수익권의 압류에 의하여 위탁자의 지시권은

35) 위와 같은 표시에 의한 압류의 효력은 신탁재산 자체에는 미치지 않는다고 해석되어야 한다. 신탁재산 자체에 대한 집행은 신탁법 제21조에 의하여 금지된다. 수익권이 실질적으로 신탁재산에 터잡은 권리이고, 수익자가 수익권을 취득함으로써 신탁재산에 대한 귀속자로서의 권리까지 취득한다고 하더라도(수익자가 반드시 그러한 권리를 보유하여야 하는 것은 아니다), 신탁재산 자체가 수익권의 일부에 포함된다고 할 수는 없다. 이러한 논리는 수익권의 내용에 원본에 대한 것이 포함된다고 하더라도 마찬가지이다. 따라서 가령 위탁자가 수탁자에게 금 1억원을 교부하고 그 수익에 의해 수탁자가 수익자에게 월 100만원씩 지급하기로 하는 신탁과 관련하여 수익자의 채권자가 '… 수익권을 금 5천만원의 한도에서 압류한다'는 결정을 얻은 경우에도, 신탁재산에 해당하는 원본 1억원에 대해서는 압류효과가 미치지 않는다고 볼 수밖에 없다. 금전과 관련된 신탁에서 이러한 원본에 대한 압류의 점에 관해서는 아래에서 조금 더 다루게 된다.

36) 특정금전신탁에 대한 기본적인 검토로는, 임채웅, "金錢信託의 硏究 — 특정금전신탁과 불특정금전신탁을 중심으로 — (대상판결 : 대법원 2007. 11. 29. 선고 2005다64552 판결)," 신탁법연구, 博英社(2009), 235면 이하 참고.

정지되며, 압류채권자의 승낙을 얻어 위탁자의 지시권 행사를 인정하는 것이 바람직하다는 견해가 있다.[37)]

이는 수익권의 압류에 의하여 채무자 측의 신탁재산에 대한 관여권이 정지된다고 보는 것인데, 특히 자익신탁의 경우 수익권이 압류되었음에도 수익자이며 동시에 위탁자인 채무자가 계속하여 그 수익권에 영향을 미치는 행위를 하는 것이 부당하다고 생각될지도 모른다.

그러나 필자는 위와 같은 견해에 찬성하지 않는다. 무엇보다도 위탁자의 지시권은 수익권의 내용이 아니다. 위탁자와 수익자가 다른 사람인 경우를 생각해보면, 수익자의 수익권이 압류되었다고 하여 위탁자가 영향을 받을 이유가 없다. 위탁자와 수익자가 다른 사람일 경우가 그러하다면, 동일인이라고 하여 달라져야 할 이유가 없다. 동일인인 경우 다르게 취급하여야 한다라고 하려면, 그 점에 관한 근거가 제시되어야 한다. 위탁자와 수익자가 동일인이건 그렇지 않건 간에, 위와 같은 견해는 위탁자가 여전히 지시권을 행사함으로써 신탁재산 나아가 수익권에 해를 끼칠 우려가 있다는 생각을 염두에 두고 있는 듯하다. 그러나 반드시 그렇다고 하기는 어렵다. 위탁자의 입장에서는 신탁재산이 잘 관리되어 압류권자의 채권을 변제하고도 남는 것이 있어야 유리하다. 오히려 그 반대로 위탁자의 입장에서는, 압류 이후에는 실질적으로 자신의 이해관계가 없다고 생각하여 신탁재산에 대한 지시권행사에 무관심해질 우려가 있다.

요컨대, 위탁자의 지시권은 수익권과 관련은 있으나 엄연히 별개의 것이며, 수익권에 대한 압류에 의하여 당연히 영향을 받아야 한다고 생각되지는 않는다. 채권이 압류되었다고 하더라도 원래의 채권자 및 채무자 사이의 계약해제 문제는 여전히 남는 것과 비교될 수 있을 것이다. 아울러 위탁자가 압류채권자의 승낙을 얻어 지시권을 행사한다는 것도 매우 비현실적인 견해이다. 간략한 신탁의 경우에도 그것이 결코 쉽지 않을 것이며, 관계인이 다수인 상사신탁의 경우를 생각해보면 더욱 그러하다. 따라서 수익권에 대한 압류에 의하여 위탁자의 지시권이 영향을 받을 이유는 없으므로, 위탁자의 지시권 행사

37) 辛鍾信, "信託受益權의 强制執行方法," 韓國産業銀行, 調査月報 420(1990. 11.), 46면. 中央信託銀行信託研究会, "信託受益権と強制執行(下)," 金融法務事情 No. 1257(1990. 6. 25.), 25면도 같은 견해를 보이고 있다.

가 부당하다면, 압류채권자는 가처분 등에 의하여 대처하는 수밖에 없다. 자익신탁의 경우에는 위탁자가 수익자의 지위도 겸하고 있으므로, 지시권을 부당하게 행사하는 경우 채권자의 채권을 침해하는 행위로 불법행위 등의 책임을 물을 수 있을 것이다.[38)]

3. 구체적인 집행방법

가. 기본적인 수익권

기본적인 수익권의 내용은 실로 다양할 수 있다. 가령 그 내용이 온통 금전의 급부에 관한 것이라 하더라도 그러한 기본적인 수익권이 곧 금전채권이라 할 수도 없다. 구체화된 수익권이 금전급부를 내용으로 하는 경우에도 기본적인 수익권 자체가 금전채권이라 할 수도 없다. 신탁재산이 부동산이라 하여 그 수익권이 민사집행법리에서 말하는 부동산에 대한 권리라 할 수도 없다. 이상과 같은 이유로 수익권은 유체물인도청구권이라 할 수도 없으며, 유체동산에 대한 청구권이라 할 수도 없다. 결국 수익권, 특히 기본적인 수익권은 민사집행법 제251조에서 말하는 '그 밖의 재산권'이라 볼 수밖에 없고,[39)] 그 밖의 재산권에 대해서도 만일 그 성질이 허용하면 추심명령이나 압류명령 등이 가능할 것이나, 기본적인 수익권은 본질적으로 그에 해당될 가능성이 없다고 본다. 따라서 보통의 신탁에 있어서는 민사집행법 제241조의 특별한 현금화방법을 통할 수밖에 없다.[40)]

나. 구체화된 수익권

구체화된 수익권의 내용도 다양할 수 있으며, 위에서 본 기본적인 수익권

38) 이 문제는 특정금전신탁에서의 위탁자의 지시권의 문제만으로 생각할 수는 없고, 위탁자 권한의 제한에 관한 일반론으로 처리되어야 한다. 권리의 범주와 개념도 계속하여 변화해가고 있으므로, 위탁자의 지시권이 독립하여 재산상의 가치가 있는 경우도 있을 법하다. 그러한 경우에는 그 지시권 자체가 별도의 압류대상이 되어야 할 것이며, 이러한 점을 생각해보더라도 수익권의 압류로 위탁자의 지시권이 제약을 받는다는 주장은 수긍하기 어렵다.

39) 中央信託銀行信託研究会, "信託受益権と強制執行(下)," 金融法務事情 No. 1257(1990. 6. 25.), 24면, 同旨.

40) 신탁재산이 금전예금에 가까운 경우, 신탁재산이 예금의 원본과 유사하게 되고, 따라서 이에 대한 추심명령이나 전부명령이 가능할 수 있고, 아래에서 보는 바와 같이 이에 대한 전부명령이 판례상 허용되고 있기도 하다. 그러나 이러한 전부명령은 신탁종료시의 잔여신탁재산에 대한 것이지 이 글에서 말하는 기본적인 수익권에 대한 것이라 할 수 없다.

에 관한 설명이 그대로 적용될 수 있다. 다만 위 [예 1]에서 보는 바와 같이 외형상 일반적인 금전채권의 형태를 띠는 경우에만 다른 가능성을 모색해볼 수 있다. 압류시점에 이미 구체화된 수익권으로 금전에 관한 것은 일반 금전채권과 같은 방법으로 집행할 수 있으므로 더 이상 검토하지 않고, 아래에서는 금전급부를 내용으로 하는 장래에 확정될 구체화된 수익권에 관해 생각해 보기로 한다. 이러한 권리에 대해서도 추심명령은 가능할 것으로 생각되므로, 실제로 여기서 검토되어야 할 점은 위와 같은 권리에 대해 전부명령을 할 수 있느냐 하는 점이다.

이 점에 관해, 신탁은 실적배당주의가 원칙이며 수익권의 가치는 미확정 상태이므로 전부명령이 불가능하다는 주장도 있다.[41] 이는 가치가 확정되어 있지 아니한 채권은 전부명령의 대상이 될 수 없는가 하는 문제로 바꾸어 생각할 수 있다.

장래의 급여나 정기로 지급되는 채권도 당연히 전부될 수 있다. 이러한 채권은 신탁수익권과는 좀 다르다. 즉, 이러한 채권들은 이미 확정되어 있는 것들이다. 가령 그 채권이 지급되어야 할 시점에 제 3 채무자의 사정으로 일부 또는 전부가 지급되지 않는다 하더라도 전부명령 자체의 효력에는 상관이 없고, 지급되지 않은 부분에 관해 전부효과만 나지 않는 것에 지나지 않는다.

이 점에 관해 논의를 더 진척시키기 위해서는 전부명령에 관한 일반적인 이해가 필요하다. 일반적으로 전부명령의 대상이 되려면 券面額을 가질 것이 요구된다. 그러나 금전채권 중 장래의 채권, 조건부채권, 반대급부에 걸린 채권 등과 같이 채권의 확정적 실현이 의문시되어 권면액의 존재를 인정하기 어려운 채권을 전부명령의 대상으로 할 수 있는가에 대하여 이를 부정하는 견해가 다수이나 견해가 일치하지 아니하며, 판례 중에는 전부명령의 요건으로서 권면액의 존재가 필요하다는 입장을 취한 것[42]도 있으나, 대체로 권면액

41) 辛鍾信, "信託受益權의 强制執行方法," 韓國産業銀行, 調査月報 420(1990. 11.), 51면. 다만 이 문헌은 이 글에서 말하는 기본적인 수익권과 구체화된 수익권을 구분하여 논의하고 있지는 않다.

42) 이 점에 관한 판례로 대법원 1973. 1. 24.자 72마1548 결정(공탁공무원각하결정에대한재항고)을 드는 견해가 있으나{법원행정처, 법원실무제요 민사집행[III] — 동산·채권 등의 집행 — (2003), 373면}, 위 판례의 해당부분 설시는, '압류한 금전채권을 지급에 갈음하여, 권면액으로 압류채권자에게 이전시켜 우선적 변제의 효과를 주는 전부명령은 압류가 경합한 때에는 허용되지 않는다고 하여야 되리니'라고 하고 있고, 그 뜻은 전부되어 채권자에게 이전하는 금액에 관한 것이지 전부되는 채권 자체에 관한 것이라 하기 어렵다. 따라서 위 판례를 위와 같이 보

에 대한 언급없이 위 장래의 채권, 조건부채권, 반대급부에 걸린 채권의 대부분에 관하여 전부명령을 허용하고 있다.43)

이상과 같이 신탁수익권이 미확정상태임을 이유로 전부명령의 대상이 될 수 없다고 보는 견해는 전부명령을 위해서는 권면액이 필요하다는 원칙적인 입장에 충실한 견해이다.

기본적인 수익권은 현재 확정적으로 발생한 권리이지만, 위 견해가 지적하는 대로 권면액이 없다고 봄이 옳다. 따라서 비록 현재에도 가치가 있기는 하지만, 그 가치는 實價이지 권면액이 아니다. 원론적으로 말하자면, 장래 얼마 정도의 금액으로 확정될 수 있을지 알 수 없는 상태인 것이다. 이러한 견해에 따른다면, 신탁수익권은 마치 부동산이전등기청구권 등의 채권과 같은 방법으로 환가하여야 한다.

그런데 이상의 일반론이 과연 장래 확정될 구체화된 수익권에 대해서도 타당한가 의문이 없지 않다. 특히 상사신탁이나 영업신탁의 경우 상당한 공신력을 갖춘 신탁회사가 수탁자가 되는 관계로 극단적인 경우가 아니면 수익권의 가치가 영(零)이 되는 경우는 거의 없다고 해도 과언이 아니다. 게다가 상당히 많은 경우 실질적으로 정기이자를 지급하는 형태로 수익권이 실현되고 있고, 당사자들 또한 일반 예금처럼 인식하고 있는 경우가 많다. 즉, 현실적으로 전부명령을 내려도 크게 부당하지 않고 결과적으로도 채권자의 채권이 만족을 얻을 수 있는 경우가 많을 것임에도, 권면액이 요구된다는 이유로 전부명령을 허용하지 않을 필요가 있는가 하는 의문이 드는 것이다.

나아가 수익권의 내용이, '신탁재산의 운용에서 얻은 이익 중 수익자에게

는 데에는 약간 문제가 있다.

43) 대법원판례로 장래의 채권에 관한 것으로 교육공무원에게 지급할 장래의 봉급에 관한 대법원 1977. 9. 28. 선고 77다1137 판결이 있고, 조건부채권에 관한 것으로 장래 경매가 취하될 것으로 조건으로 한 경매보증금의 반환청구권에 관한 대법원 1976. 2. 24. 선고 75다1596 판결이 있으며, 반대급부가 있는 채권에 대한 것으로 공사대금채권은 도급계약 성립과 동시에 발생하므로 공사완성 전이라도 압류하고 전부할 수 있다고 본 대법원 1965. 4. 27. 선고 65다142 판결 등이 있다.
이상의 일반론은 법원행정처, 법원실무제요 민사집행[III] — 동산·채권 등의 집행 — (2003), 372면, 373면의 설명에 따른 것이다. 이 글의 초고를 검토해준 어떤 실무가는, 일본에서는 이러한 권리들에 대한 전부명령을 허용하지 않고 있는데, 우리나라에서는 허용되는 이유로 특히 임대차종료시 공제 후 액수가 특정되기 이전에 임대차보증금 반환채권에 관한 압류·전부명령을 허용할 수밖에 없는 현실을 감안하여 형성된 실무인 것으로 생각된다는 견해를 제시하여 주었다. 일본에는 우리나라와 같은 거액의 임대차보증금을 교부하고 사후에 돌려받는 제도(채권적 전세제도)가 없기 때문에, 위와 같은 점이 문제되지 않는다.

매월 말일 금 100만원을 지급하고, 나머지 금액은 신탁재산에 편입한다'라고 하는 경우에는 실질적으로 권면액이 있는 것과 다름없는 것이 아닌가 하는 생각을 해보게 된다. 물론 이 경우에도 실적배당주의에 의하여 운용이 원활하지 않았던 결과 수익자가 받을 돈이 월 100만원을 밑도는 경우가 있을 수 있으나, 그것은 권면액이 확정된 채권이지만 채권내용대로 지급되지 않는 경우와 다를 바 없다고 볼 수 있다.[44]

우리나라 판례에서도 신탁수익권에 관한 전부명령을 인정한 사례를 찾아볼 수 있다.

* 대법원 1999. 10. 6. 자 99마4857 결정【채권압류및전부명령】

위 결정의 사안을 보면, 채권자는 채무자(학교법인)의 제 3 채무자(은행)에 대한 채권 중 「보통예금, 정기예금, 정기적금, 저축예금, 자유저축예금, 금전신탁, 가계당좌예금, 기업자유예금, 별단예금의 각 채권 중 위 기재된 채권의 순서로, 수개의 동종 신탁에 있어서는 신탁 잔액 또는 예금 잔액, 적금 잔액이 많은 것부터 순차로 청구채권 금 162,045,785원에 이르는 금액에 대한 이 사건 채권압류 및 전부명령」을 받았다.

* 광주지법 1993. 11. 10. 선고 93가합106 제 5 민사부 판결 : 확정【전부금】

위 판결은, 채권자가 제 3 채무자(은행)에 관하여 '채무자가 제 3 채무자에 대하여 가지는 예금채권 중 0원'이라고 되어 있어 채권예금이나 예금종류가 특정되지 않았고 전부명령상 채무자의 주소와 예금계약상 채무자의 주소가 달랐던 사안에서, 채무자가 제 3 채무자에 대하여 다른 예금을 가지고 있지 않다면 제 3 채무자로서는 전부명령의 기재상 채무자가 제 3 채무자에 대하여 가지고 있는 예금반환청구채권이 전부되었음을 용이하게 알 수 있으므로 전부명령은 유효하다고 하였는데, 그 존재하는 채권이 '기업금전신탁금'이었던 사안이다.[45]

---

44) 이러한 점을 다른 각도에서 검토하면, 전부명령의 요건으로서의 권면액이라 함은 집행대상으로 확정될 수 있는 정도의 권면액임을 요구하는 것이지, 반드시 그 이상으로 사전에 엄밀하게 확정될 필요는 없지 않은가 생각된다. 이렇게 본다면, 위에서 본 사례에서 월 100만원이라는 금액을 권면액으로 보는 것도 충분히 가능한 立論일 것이다.

45) 신탁의 특성을 잘 고려하지 않으면, 위 두 사건에서의 집행대상과 같이 신탁재산이 예금형

위 결정 및 판결에서의 집행대상은 장래에 정기적으로 지급될 구체화된 수익금이 아니다. 그렇다고 하여 이 글에서 말하는 기본적 수익권 그 자체를 말하는 것도 아니지만, 前者보다는 後者에 가까운 것이다.[46] 기본적 수익권, 즉 수익권 전체에 대해 압류함도 가능할 것이나, 그중 일부만 압류하는 것도 가능하리라 생각된다.

한편, 위 두 사건에서 사건당사자들은 물론이고 법원도 신탁관계에 대해 특별히 인식하였던 것 같지는 않고, 일반예금 정도로 취급하였던 것으로 이해된다. 즉, 위 두 사건 모두 신탁수익권에 관한 전부명령의 유무효가 핵심쟁점은 아니었으며, 따라서 위 판례들을 두고 우리나라의 판례가 신탁수익권에 대한 전부명령을 허용하고 있다고 단정하기에는 부족하다. 신탁과 예금을 잘 구별하지 않는 것은 어디까지나 신탁에 대한 이해부족에서 기인하는 것이므로, 그것이 올바른 것이라 할 수도 없다. 그러나 신탁관계를 명확히 인식하지 못하는 견해가 통용되어 왔다는 점을 다른 각도에서 고려해보면, 신탁의 본질을 해하지 않는 한, 금전급부를 내용으로 하는 신탁수익권을 일반금전채권에 준해서 생각해도 크게 무리가 없다는 점, 따라서 전부명령의 대상으로 한다고

식으로 존재하는 경우 마치 권면액이 있는 것처럼 보일 수도 있다.

46) 위 두 사건을 보면, 애초에 신탁재산이 금전인 경우, 금전이 아닌 경우와 다른 특징이 있음을 알 수 있다. 가령 부동산을 신탁한 경우에는 그 부동산에 대한 소유권이 수탁자에게 넘어가기는 하지만, 부동산 자체는 신탁재산으로 여전히 존재한다. 그러나 금전의 경우 금전이 갖는 특성 때문에 애초의 신탁재산 형태로는 존재하지 않게 된다. 그렇다고 신탁재산이 존재하지 않는다고 할 수는 없다. 그렇다면 이 경우 각 해당 예금 형식의 예치금 원본이 신탁재산이라 할 수 있고, 수익자는 그에 대한 수익권을 갖는다고 할 수 있다. 통상은 이자형식으로 지급되는 구체화된 수익권을 누릴 것이고, 신탁관계가 종료하면 원본에 해당되는 위 예치금을 귀속재산으로 돌려받는 형식이 될 것이다. 그렇다면 이 경우 원본 그 자체에 대한 집행은 신탁수익권에 대한 압류라 할 수 없다. 원본과 관련된 권리가 수익권이기 때문이다. 그런데 부동산과 달리 금전이 채권화되어버린 뒤에는 추상적으로만 존재하는 것이 되어 그 권리 자체에 대해 절대적인 압류를 할 수는 없고, 결국 그 권리와 관계된 자의 권리를 압류하는 형식을 취할 수밖에 없다. 이런 사정 때문에 신탁재산으로서의 예금원본을 압류하는 것과 귀속권리에 터잡아 권리귀속자 권리를 압류하는 것은 외면상으로는 차이가 없게 된다.

위 두 사건의 결정문 및 판결문만 봐서는 이러한 신탁의 측면으로 검토하면 불분명한 점이 있다. 만일 신탁재산 자체를 압류한 것이라면 신탁법 제21조의 제한과 관련한 점은 어떻게 된 것인지 해명이 필요하다. 게다가 엄밀히 말하자면, 수익자는 신탁재산 그 자체에 대한 권리를 갖고 있지 않다. 이러한 점들을 고려한다면, 일단 위 각 신탁에서의 압류는 귀속자의 권리를 압류한 것으로 봄이 상당하며, 그러한 측면에서는 원래의 수익권을 압류한 것은 아니나, 귀속권리 역시 법정신탁관계에서의 수익권이라 볼 수 있으므로, 역시 위 각 사건의 결정 및 판결을 신탁수익권에 관해 전부명령을 허용한 예로 볼 수 있게 된다. 법정신탁하에서의 집행문제까지 이 글에서 다루기는 어려우므로, 더 다루지 않기로 한다.

하여 크게 불합리하지 않다는 점을 보여주는 것이라 할 수 있다.

결론적으로, 신탁수익권 전반에 대해 전부명령을 허용하지 않는다는 견해에 따를 수 없고, 기본적인 수익권 자체에 대해서는 허용될 수 없으나, 잔여재산에 대한 권리 또는 구체화된 수익권으로 금전으로 표시될 수 있는 것에 대해서는 허용하되, 특별한 사정이 있어 수익권의 내용이 전부명령의 대상으로 삼기 어려운 내용일 경우에는 그러한 점을 이유로 하여 전부명령을 허용하지 않는 것이 타당하다.[47]

다. 채권자의 신탁해지 청구가능여부

수익권을 압류한 채권자가 추심권의 행사로 신탁을 해지할 수 있는가에 관하여 타익신탁에서는 안 되지만 자익신탁에서는 허용되어야 한다는 견해가 있다.[48]

채권을 전부받으면 전부채권자가 그 채권의 채권자가 되므로, 그 채권자의 지위에서 할 수 있는 권한을 행사할 수 있음이 당연하겠으나, 추심명령을 얻은 경우도 이와 같이 볼 수 있는지 의문이다. 추심명령의 법리 일반론에 따르면, 추심채권자가 해제권·취소권을 행사할 수 있다고 보는 것이 통설적 견해[49]인데, 정기예금을 압류하고 추심명령을 얻어 만기 전에 해약하는 경우가 바로 이러한 견해들이 들고 있는 예이다.[50] 신탁수익권에 관해 추심명령을 얻

---

47) 劉載寬, 信託法實務 — 理論·登記·强制執行·非訟節次 —, 법률출판사(2008), 200면 및 866면에서는, 특별한 설명없이 신탁수익권에 관한 강제집행방법으로 전부명령을 들고 있다. 한편, 中央信託銀行信託研究会, "信託受益権と強制執行(下)," 金融法務事情 No. 1257(1990. 6. 25.), 29면에서는 집행방법의 하나로 전부명령을 들고 있다. 위 문헌이 전부명령의 가능성에 대해 논의하고 있지는 않으나, 가능함을 전제로 논의하고 있다고 볼 수 있다.

48) 辛鍾信, "信託受益權의 强制執行方法," 韓國産業銀行, 調査月報 420(1990. 11.), 47면. 中央信託銀行信託研究会, "信託受益権と強制執行(下)," 金融法務事情 No. 1257(1990. 6. 25.), 26면 同旨.

49) 손진홍, "추심명령에 관한 제 문제," 한국사법행정학회, 재판실무연구(2) 민사집행소송, 515면 이하 등. 이에 반대하는 견해도 있다. 추심채권자나 전부채권자가 기본 계약관계에 대한 처분을 할 수 있는가 하는 점은 또 다른 큰 논점이다. 이 글에서는 그러한 점만을 지적해두고 그 점에 관해서는 더 다루지 않기로 한다.

50) 최근 선고된 대법원판결 중에서도 추심채권자가 해지권을 행사할 수 있음을 보여주는 듯한 것이 있다. 대법원 2009. 6. 23. 선고 2007다26165 판결(해약환급금청구권에 대한 추심명령을 얻은 채권자가 추심명령에 기하여 제 3 채무자를 상대로 추심금의 지급을 구하는 소를 제기한 경우 그 소장에는 추심권에 기초한 보험계약 해지의 의사가 담겨 있다고 할 것이므로, 그 소장 부본이 상대방인 보험자에 송달됨에 따라 보험계약 해지의 효과가 발생하는 것으로 해석함이 상당하다) 참고.

어 해지하려면, 당연히 수익권 전체에 관해 추심명령을 얻었어야 할 것이다.

필자는, 추심명령이 이루어진 일반적인 경우 추심권에 해제(해지)권이나 취소권이 포함되는가에 대해 논란의 여지가 있으나, 일반적인 경우 어느 쪽의 결론을 취하더라도, 신탁수익권은 일반 채권과 달리 단순한 금전급부관계가 아니라는 점에서 해제권·취소권을 행사할 수 없다고 본다. 즉, 신탁관계는 위탁자, 수탁자 및 수익자의 관계가 단순히 금전을 대여하고 차용하는 관계 등과는 달리 고도의 신뢰관계를 바탕으로 하여 결합된 법률관계라 할 수 있고, 따라서 추심권을 얻은 것만으로는 해지할 수 없다고 보는 것이다.

위와 같은 점 외에도 신탁수익권과 관련한 추심채권자의 해제권·취소권 문제가 발생하기 어려운 구조적인 문제가 있다고 생각된다. 즉, 기본적인 수익권에 대해서는 추심명령이 허용될 수 없고, 귀속재산에 대한 권리나 구체화된 수익권 중 금전급부를 내용으로 하는 것만 추심이 가능한데, 그러한 권리는 수익권의 일부에 지나지 않는다. 그런데 권리의 일부에 대해서만 추심명령을 얻은 자가 계약관계 전체의 해제나 취소를 할 수는 없을 것이다.[51)]

따라서 신탁의 해지까지 염두에 두고 있는 채권자는 기본적인 수익권 전체를 취득하는 방안을 모색하여야 하며, 전부명령이나 추심명령은 불가능하다고 보는 이 글의 견해에 따르면, 수익권 전부에 대해 매각명령을 얻은 다음 매수를 하거나 양도명령에 따라 양도받아야 한다.[52)]

V. 수탁자에 의한 수익권 압류

수익권은 수익자의 재산이고 따라서 원칙상 수익자의 채권자에 의한 민사집행대상이 된다. 통상 수탁자는 은행을 비롯한 금융기관인 경우가 많고, 따라서 수탁자는 신탁관계와 별도로 수익자와 금융거래를 하는 경우가 상당

51) 따라서 금전신탁에서 어떤 경위로든 원본 및 구체화된 수익권 전부에 관해 추심명령을 받았다고 하더라도 수익권 전체에 대한 추심채권자라 할 수 없다. 이 경우에도 추심채권자가 해제권이나 취소권을 행사할 수 없다고 본다.

52) 수익권이 압류된 이상 수익자도 수익권을 행사할 수 없음이 당연하며, 압류의 본질상 압류채권자를 해하는 행위를 할 수 없음도 당연하다. 그러나 그 채권(수익권) 자체와 직접 관련이 없는 별개의 해제(해지) 또는 취소사유가 있는 경우, 압류되었다는 이유만으로 그 권한을 당연히 행사할 수 없다고 하는 것은 옳지 않은 것으로 생각된다.

히 많다. 그 필연적인 귀결로, 수탁자가 자신이 수탁자로서의 의무를 지는 수익권에 대해 집행할 수 있는가가 문제될 수 있다.

원래 채무자는 채권자의 자신에 대한 채권을 당연히 압류할 수 있다. 즉, 채무자는 자신의 별도의 채권을 확보하기 위하여 자신을 제 3 채무자로 한 압류를 할 수 있음이 원칙이다. 신탁관계에 이러한 점을 대입해보면 수탁자도 수익권에 대해 압류할 수 있음이 당연하다 하겠는데, 수탁자는 수익자에 대한 단순한 채무자가 아니며 그 이상의 높은 정도의 의무를 지는 자라는 점에서 위와 같은 원칙과 달리 보아야 할 여지가 있는가 하는 점이 문제된다. 이 문제를 좀 더 생각해보면, 수탁자가 수익권을 담보로 제공받을 수 있는가 하는 점까지 생각해볼 수 있다.

1. 담보목적물로서의 수익권에 관한 판례

양도가 가능한 신탁수익권은 당연히 담보물이 될 수 있다. 통상은 권리질권이 설정될 수 있을 것이다.[53] 그런데, 수익자의 채권자인 수탁자가 수익권에 대한 질권을 취득할 수 있는가?

우리나라와 일본의 판례는 이를 긍정하고 있다. 일본판례는 다음과 같다.

昭和8年3月14日 大審院昭7(オ)108号(大民集 12巻 350면)

신탁회사가 자기에 대한 수익자의 수익권에 대하여 다른 채권을 위하여 질권을 취득하는 것은 신탁법 제 9 조, 제22조[54]의 규정에 저촉하는 것이 아니며 유효하다.

한편, 우리나라의 대법원판례 중에서도 수탁자가 자신이 수탁자인 수익권으로 하여 질권을 설정받은 사안에 관한 것이 있다.[55] 이 판례에서는 위 일본판례와 같이 그 유효성이 정면에서 다루어진 것은 아니지만, 당연히 유

53) 신탁수익권에 대한 담보권의 설정에 관한 기본적인 문헌으로, 秋山朋治, "信託受益権に対する担保権の設定 — 不動産流動化信託を中心として —," 信託法学会, 信託法研究 27号(2007. 12.), 5면 이하 참고.

54) 여기서 들고 있는 조문은 일본의 구신탁법 조문인데, 각각 우리나라 신탁법 제29조 및 제31조와 일치하는 조문이다.

55) 대법원 2005. 6. 10. 선고 2004다42296 판결. 이 판결에 대한 간략한 설명으로, 임채웅, "擔保信託의 硏究," 신탁법연구, 博英社(2009), 117면 이하 참고.

효한 것을 전제로 하고 판시되었다고 볼 수 있다. 그 결론에 미루어 보면, 이러한 판례들은 수탁자에 의한 신탁수익권에 대한 질권취득을 허용했다고 볼 수 있으나, 신탁법리의 차원에서 명확한 검토를 밑바탕으로 하고 있는지는 의문이다.

2. 검 토

이 점에 관해서는 민사집행법리상으로는 별다른 제약이 발견되지 않고, 신탁법상 특유한 법리, 즉 수탁자의 충실의무 등이 위 점에 적용되느냐 하는 문제라 할 수 있고, 여기서 검토되어야 할 조문은 신탁법 제29조에서 정하는 수탁자의 이익향수금지, 제31조에서 정하는 수탁자의 권리취득제한에 관한 규정이다. 질권취득을 허용한 위 일본판례의 취지는, 질권취득이 위 조문상의 제한에 해당되지 않는다고 보는 것이다.[56] 그리고 국내에도 이에 찬성하는 견해가 있다.[57]

살피건대, 민사집행의 방식이나 그 밖의 다른 방법으로라도 수탁자가 수익권 자체를 취득하는 것은 허용되지 않는다고 보아야 한다. 수탁자 자신이 집행을 하여서도 불가능하고, 제 3 자의 집행으로 이루어진 매각절차에서 수탁자가 매수하는 것도 불가능하다고 보는 것이 옳다.

위에서 본 허용하는 견해는, 신탁재산과 수익권은 별개이므로 수탁자가 수익권에 대해 질권을 설정하는 것은 신탁재산에 대해 권리를 취득하는 것이 아니라고 본다. 그러나 이러한 견해는 지극히 형식적인 견해로, 수탁자가 수익권의 질권자가 되면 그 질권을 통하여 당연히 신탁재산에 대한 지배권을 갖게 되는 것이고, 따라서 위 규정에 위반하는 것이라는 것이 필자의 견해이다.

전부명령과 추심명령도 수탁자의 충실의무와 충돌할 가능성이 매우 높으므로 허용되어서는 아니 된다. 따라서 수탁자는 자신이 수탁자인 신탁관계의 수익권에 관해서는 그 수익권을 압류한 후 매각명령 등의 방법으로 채권을 회수하여야 한다. 그렇지 않다면 추심이나 전부가 가능한 부분, 즉 구체화된

56) 일본에서 이러한 결론에 찬성한 예로, 中央信託銀行信託研究会, “信託受益権と強制執行(上),” 金融法務事情 No. 1256(1990. 6. 15.), 11면.
57) 辛鍾信, “信託受益權의 强制執行方法,” 韓國産業銀行, 調査月報 420(1990. 11.), 41면.

수익권에 대해 전부명령이나 추심명령을 허용하지 않고 기본적인 수익권에 대한 매각명령만 가능하다고 하면 수탁자로서는 대단히 불편할 것이다. 그러나 어떠한 형식으로든 수탁자가 신탁재산을 지배하여서는 아니 되고 신탁재산으로부터 직접 이익을 취해서는 안 된다는 점을 강조한다면 이러한 결론은 부득이하다.[58]

Ⅵ. 맺는 말

이상 신탁수익권을 둘러싸고 발생할 수 있는 민사집행의 여러 문제에 관하여 검토하여 보았다. 그러나 아직까지 우리나라에서는 이 점에 관한 논의나 실례[59]가 많이 축적되어 있지 못한 상태라 대부분의 내용이 이론적인 차원의 것에 머무르고 있다.

게다가 法制의 차이로 인하여 일본을 제외한 다른 나라의 사정을 충분히 검토하지 못하였다. 이 글에서 다루고 있는 논점들을 제대로 검토하기 위해서는 그 나라의 신탁제도뿐 아니라 일반 민사법, 신탁법 및 집행법과 관련된 사항에 대한 전반적인 이해가 필요한데, 이러한 점들을 이 글에서 모두 다루기는 어려웠고, 게다가 신탁제도가 없는 나라에 대해서는 더욱 그러하였다.

앞으로 이러한 외국의 법제에 대한 심도있는 검토와 더불어 신탁수익권의 성격을 더 정밀히 분석하고, 신탁수익권의 내용별로 어떤 형태의 민사집행이 가능한지 검토하여야 하는 과제가 남는다.

{서울대학교 법학 50권 4호}

---

58) 이 부분은 한국과 일본의 법제 및 판례를 전제로 한 것이며, 영미법의 사정은 고려되지 아니하였음을 밝혀둔다. 영미법에서 이와 관련된 수익자에 대한 고지의무나 '공정하여야 한다는 원칙'(fair dealing rule) 등의 문제는 추후의 검토과제로 미룬다.

59) 필자는 신탁수익권에 관한 집행도 실제로는 상당히 이루어지고 있을 것으로 생각한다. 그러나 신탁수익권의 특성은 대개 무시되고 있고 그래서 그것이 쟁점화되지 않는 것이 아닌가 하는 생각을 해본다.

[10] 신탁재산에 대한 가처분에 관한 연구
(대상결정 : 대법원 2008. 10. 27.자 2007마380 결정)

[사안의 개요]

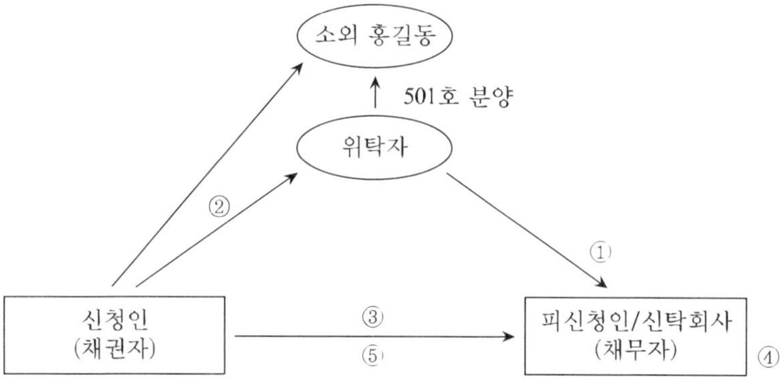

① 위탁자와 채무자 사이에 2003. 3. 31. 이 사건 부동산(아래 오피스텔 501호 및 1309호, 이하 '이 사건 부동산'이라 한다)을 비롯한 오피스텔 건물에 관하여 신탁기간은 2003. 3. 31.부터 우선수익자의 채권 소멸시까지로 하고, 우선수익자는 ××상호저축은행 등 위탁자에 대한 4인의 대출은행, 수익자는 위탁자로 하는 부동산담보신탁계약(이하 '이 사건 신탁계약'이라 한다)이 체결되었고, 이 사건 신탁계약에 따라 위 건물에 관하여 채무자 앞으로 신탁을 원인으로 한 소유권이전등기가 마쳐졌다.

② 채권자는 위탁자와 홍길동에 대한 대여금채권에 기하여 그 담보조로 위탁자로부터는 위 건물 내 1309호의, 홍길동으로부터는 위탁자의 동의 아래

그가 분양받은 501호의, 각 수분양권을 취득 혹은 양수하였다.

③ 채권자는 위탁자에 대한 이 사건 부동산에 관한 소유권이전등기청구권을 보전하기 위하여 위탁자를 대위하여 위탁자의 채무자에 대한 '신탁해지에 따른 신탁재산 귀속을 원인으로 하는 소유권이전등기청구권'[1])을 피보전권리로 하여 서울중앙지방법원 2004카단108342호로 이 사건 부동산에 대한 처분금지가처분신청을 하였고, 위 법원은 이를 받아들여 2004. 8. 20. 이 사건 가처분결정을 하였다.

④ 채무자는 위탁자가 우선수익자들에 대한 대출채무를 연체함에 따라 신탁계약 제18조, 제19조에 기한 우선수익자의 권리행사로서 신탁부동산의 공매절차에 착수하였으나, 이 사건 부동산의 경우 가처분등기 때문에 공매절차에 착수하지 못하고 있고, 우선수익자의 대출금채권 회수를 위하여 신탁부동산을 공매로 처분할 경우 그 처분대금은 신탁계약 관련비용 및 보수채무와 우선담보채권에 뒤이어 우선수익자의 채권까지 변제한 다음 잔액이 있으면 비로소 수익자(수익자가 없으면 위탁자)에게 지급·정산하기로 되어 있었다.

⑤ 위와 같은 가처분결정에 대해 채무자가 이의신청을 한 것이 이 사건 신청이고, 위 법원은 심문을 거쳐 2006. 3. 23. 이 사건 가처분결정을 취소하고 채권자의 가처분신청을 기각하는 제 1 심 결정(서울중앙지방법원 2005카단104495 결정)을 하였다.

[이 사건 신탁계약 내용]

이 사건 신탁계약에 의하면, 이 사건 신탁의 목적은 신탁부동산의 소유권관리 및 위탁자가 부담하는 채무 내지 책임의 이행보장을 위하여 수탁자가

1) 위탁자의 신탁해지권의 근거는 여러 가지가 있을 수 있다. 이 사건에서의 각 결정문에서는 그 근거에 대해 명확히 밝히고 있지는 않으나, 각 결정문의 전체적인 취지로 보아, 이 사건 신탁계약 제25조에 따라 '신탁기간 중 위탁자가 우선수익자에게 채무를 변제하고 할 수 있는 해지권'으로 보아야 한다. 이 사건 신탁계약의 내용으로 보아 이 사건 신탁은 담보신탁의 성격을 갖고 있는데, 피담보채권은 채권자를 우선수익자로 하고 채무자를 위탁자로 하는 채권이다. 신탁실무상 이러한 경우에 위탁자를 후순위수익자(또는 그냥 '수익자')로 해두는 경우가 많다. 담보신탁에 대해서는, 임채웅, "擔保信託의 硏究," 신탁법연구, 博英社(2009), 106면 이하 참고.

신탁부동산을 보전·관리하고 위탁자의 채무불이행시 이를 환가·정산하는 데에 있고, 위탁자는 신탁부동산에 대한 점유·사용과 실질적인 관리행위 및 이에 소요되는 일체의 비용부담을 책임지되 수탁자의 사전 승낙이 없는 한 신탁부동산에 대하여 임대차·저당권설정·전세권설정 등 소유권을 제한하는 행위나 그 현상을 변경하는 등의 방법으로 가치를 저감하는 행위를 하지 못하며, 수탁자는 위탁자가 우선수익자와 채무자 간에 체결한 여신거래계약이나 신탁계약을 위반하거나 기타 경제사정의 변화 등 상당한 사유로 신탁부동산으로부터 우선수익자의 채권확보가 불가능하다고 판단할 때에는 신탁기간 만료 전에도 우선수익자의 요청으로 공개시장에서 경쟁을 통해 신탁부동산을 처분할 수 있으며(제18조, 제19조),[2)] 위탁자는 천재지변 기타 부득이한 사정 이외에는 원칙적으로 신탁해지를 할 수 없는 반면, 수탁자는 신탁의 목적달성이나 신탁사무의 수행이 불가능하거나 현저히 곤란한 상당한 사유가 있는 때에는 위탁자와 협의하여 신탁해지가 가능하고(제24조), 신탁은 신탁기간 만료,

2) 재판실무상, 우선수익자 등 채권자가 신탁회사를 상대로 하여 '… 신탁재산에 관하여 공매절차를 이행하라'라는 청구를 하는 경우가 있다(예를 들어 서울중앙지방법원 2009가합130469호 사건의 청구취지는, '피고는 별지 목록 기재 부동산에 관하여 2007. 7. 6.자 부동산담보신탁계약, 2008. 3. 4.자 및 2008. 12. 16.자 각 신탁원부변경계약을 원인으로 한 공매절차를 이행하라'라고 되어 있다). 이런 청구가 가능한지 문제인데, 이 점은 신탁법리의 문제라기보다는 민사소송법리상의 문제로 이해되어야 한다. 만일 위 청구의 내용이 특정 절차를 지칭하지 아니하고 단순히 '공개시장에서 경쟁을 통하여 처분하는 것'을 의미하는 것이라면 그러한 이행을 명하는 주문은 불가능하다고 생각한다. 그와 같은 판결이 선고되더라도 집행이 불가능할 것이지만(이 경우가 간접강제의 방식에 의한 집행이 허용되는 비대체적 급부에 관한 것인지도 의문이다) 그 점 때문이 아니라(집행이 가능한 주문만 선고가능한 것은 아니기 때문이다) 주문의 의미가 명확하지 못한 것으로 생각되기 때문이다. 단순히 '처분하라'라고 명하는 것은 그 의미가 지나치게 넓게 해석될 수 있는 것이어서 주문으로서는 불가능하다고 본다. 따라서 처분방법이 계약에 명시되어 있거나 그렇지 않더라도 어느 정도 특정이 가능한 경우에는 그 점을 특정하여 주문을 낼 수 있다고 본다. 이러한 점에서 신탁계약을 해석함에 있어 신탁실무상 널리 이용되고 있는 '공매'라는 용어가 해당 계약에서 어떠한 의미를 갖는지 따져볼 필요가 있다.

만일 위에서 본 이유에 따라 공매나 처분을 구하는 청구를 할 수 없다면, 채권자로서는 신탁회사에게 공매나 처분을 할 것을 독촉하고, 신탁회사가 정당한 이유없이 이에 응하지 않는 경우 이로 인하여 발생한 손해를 배상할 책임을 물을 수밖에 없을 것이다. 앞으로 신탁(계약)을 설계함에 있어 주의를 기울여야 할 점이다.

한편 채권자가 신탁회사의 처분권을 대위행사할 여지도 없을 것이다. 왜냐하면 신탁회사는 채권자에 대한 관계에서 신탁계약에 따른 처분 및 그에 따른 청산의무를 지게 되지만, 그것이 대위권행사의 기본요건인 피보전채권이 되기 어렵기 때문이다. 처분은 그로 인하여 채권자의 채권을 이행하는 과정을 이루는 것이지, 처분이 채권자의 위와 같은 권리를 보전하기 위한 것으로 보기 어렵다. 게다가 대위의 객체가 되어야 할 권리가 구체적으로 확정되어 있지도 않기 때문에, 대위행사는 어느 모로 보나 어려울 것이다.

신탁기간 중 위탁자가 우선수익자에게 채무를 변제하고 신탁계약을 해지할 때, 위탁자나 수탁자가 신탁계약 제24조에 의해 신탁계약을 해지할 때, 신탁 전의 원인으로 발생한 권리실행 또는 우선수익자의 요청에 의한 수탁자의 신탁부동산 처분으로 종료하고, 신탁기간 만료 또는 신탁해지로 신탁계약이 종료하는 경우 수탁자는 위탁자에게 신탁부동산을 현상대로 인도하도록(제25조) 규정되어 있다.

[이 사건 소송의 경과]

* 2005. 9. 15. 접수

① 서울중앙지방법원 2006. 3. 23.자 2005카단104495 결정
⇨ 가처분 기각, 채권자 항고

② 서울고등법원 2007. 2. 23.자 2006라470 결정
⇨ 항고인용, 채무자 재항고

*** 환송 전 원심결정의 요지**

이 사건 채권자가 이 사건 신탁계약의 위탁자 겸 수익자를 대위하여 그들의 귀속권을 피보전권리로 하여 그 처분금지가처분을 구하는 이 사건 신청에 대하여, 신탁법 제55조, 제60조 및 이 사건 신탁계약에 따라 장래 신탁계약이 해지 등의 사유로 종료될 경우 위탁자 겸 수익자는 이 사건 부동산에 관한 소유권이전등기절차의 이행을 청구할 권리를 가지고, 이러한 장래의 조건부·부담부 청구권도 가처분의 피보전권리가 될 수 있으므로 이 사건 가처분신청은 그 피보전권리에 대한 소명이 있고, 나아가 신탁 종료 이후 채무자가 이 사건 부동산을 처분하는 것을 방지하기 위해 그 보전의 필요성도 인정된다고 판단함으로써, 이와 달리 신탁법 제21조 제 1 항을 근거로 이 사건 신청을 기각한 제 1 심결정을 취소하고, 가처분결정을 인가하였다.

③ 대법원 2008. 10. 27.자 2007마380 결정으로 파기환송(대상결정)

④ 서울고등법원 2009. 1. 6.자 2008라2212 결정으로 채권자의 항고 기각.
⇨ 이 결정이 2009. 1. 20. 확정됨.

[판시내용]

[1] 신탁법상의 신탁재산은 수탁자에게 귀속되면서도 그 고유재산과 구별되는 독립적인 성질을 가지는 것이어서, 신탁법 제21조 제1항 본문의 규정에 따라 원칙적으로 강제집행이나 경매 등이 금지되고, 다만 그 단서의 규정에 따라 신탁 전의 원인으로 발생한 권리 또는 신탁사무처리상 발생한 권리에 기한 경우에 한하여 예외적으로 강제집행이 허용되는 것이긴 하다. 그렇지만 이 사건 가처분의 피보전권리는 이 사건 신탁관계의 성립을 전제로 신탁계약에서 정한 신탁종료사유의 발생에 따라 신탁관계가 적법하게 해소될 경우 위탁자가 수탁자로부터 반환받게 되는 신탁부동산의 소유권이전등기청구권이라 할 것이어서, 이 사건 신탁계약에 기한 신탁관계의 성립·유지 및 신탁사무의 처리와 모순관계에 있지 아니하다. 따라서 이 사건 가처분은 신탁계약상 수익자나 수탁자의 권리 혹은 신탁부동산의 독립성을 침해하는 내용의 신탁법 제21조 제1항 본문에서 정한 신탁부동산 자체에 대한 강제집행의 사전 조치로서의 보전처분에는 해당하지 아니한다고 보아야 할 것이다.

[2] 위탁자의 채권자가 신탁종료에 기한 신탁부동산 반환청구권을 피보전권리로 하여 처분금지가처분을 구한 사안에서, 우선수익자의 채권회수를 위해 신탁계약에서 정한 바에 따라 신탁부동산의 처분절차에 착수한 이상 위 가처분의 피보전권리의 발생을 기대하기 어렵다고 본 사례.3)

---

3) 결국 대상결정은, 환송 전 원심결정에 대해, 동 결정이 귀속권에 기한 신탁재산에 대한 가처분이 가능하다고 본 점에 관해서는 나름대로의 논리를 제시하면서 옳은 것으로 보면서도, 구체적인 피보전이익이 있는가에 관해서는 입장을 달리 하여 환송 전 원심결정의 결론이 잘못되었다고 보았다.

[평 석]

Ⅰ. 들어가는 말

신탁이 설정되면 신탁법 제21조[4)5)]에 의하여 신탁재산에 대하여 원칙적으로 강제집행 또는 경매를 할 수 없다.[6)] '원칙적으로' 할 수 없다는 것은 예외적으로는 가능한 경우가 있다는 의미가 되는데, 신탁법 내용이 매우 간단한 데다가, 그간 이 문제를 검토한 연구성과가 비교적 풍부하지 못하였기 때문에[7)] 실무상으로도 신탁재산과 관련하여서는 일체의 강제집행이나 보전처분이 불가능한 것으로 생각하는 경우도 많고, 이와 반대로 제21조에 의하여 집행을 할 수 없는 상황임에도 집행이 가능한 것으로 오해하는 경우도 적지 않다.[8)]

대상결정은, 신탁재산과 관련하여 위탁자의 채권자에 의한 가처분이 문제된 사안에 관한 것으로, 제21조의 해석론과 가처분에 관해 음미할 만한 내용을 보여주고 있다. 이에 착안하여 이 글은 대상결정이 신탁법상 의미하는

4) 이하 法令名을 표시하지 아니하는 경우 모두 신탁법 조문이다.

5) 필자는 다른 논문에서, '신탁 전의 원인으로 발생한 권리'를 '신탁전 채권', '신탁과 관련되어 거래를 하여 신탁재산에 대해 강제집행할 수 있는 채권'을 '신탁채권' 그에 대응하여 신탁재산으로 책임을 져야 하는 채무를 '신탁채무'라고 칭하자는 제안을 한 바 있다. 임채웅, "受託者가 破産한 경우의 信託法律關係 硏究," 신탁법연구, 博英社(2009), 322면 참고. 이 글에서도 편의상 '신탁채권'과 '신탁전 채권'이라는 용어를 사용하기로 한다. 다만 '신탁채권' 개념의 재검토가 필요한데, 이 점에 관해서는 아래에서 좀 더 다룬다.

6) 제21조는 '강제집행 또는 경매'를 할 수 없다고 할 뿐, 보전처분에 대해서는 명확히 하고 있지 아니하다. 그러나, 위 조문에 의하여 보전처분도 제한된다고 봄이 타당하다. 이 점에 관하여는, 임채웅, "信託財産에 대한 民事執行의 硏究," 법조협회, 法曹, 통권635호(2009. 8.), 105면 이하 참고.

7) 제21조의 해석을 통한 신탁과 강제집행에 관한 일반적인 문제에 대해서는, 임채웅, 주5) 前揭論文, 91면 이하 참고.

8) 甲이 乙에게 연립주택을 분양하고 나서, 해당 연립주택을 신탁회사인 丙에게 신탁해버린 사안에서, 乙은 신탁 전에 그 연립주택을 분양받았으므로 신탁법 소정의 '신탁전 채권'이라고 보는 경우도 있다. http://blog.naver.com/yeominlaw?Redirect=Log&logNo=110023079991 참고. 이러한 견해는 신탁재산에 관하여 신탁재산이 되기 전 모든 채권이 신탁법 소정의 '신탁전 채권'이 되는 것으로 오해한 데서 비롯되는 주장이다. 아울러 위 인터넷 같은 곳에는 신탁재산을 둘러싼 가처분에 관한 법원실무의 혼란상을 엿볼 수 있는 내용이 실려 있다. 위 인터넷 어드레스를 포함하여 이 글의 각 검색결과는 모두 2010. 4월 초 현재를 기준으로 한다.

바에 집중하여 검토하여 보고자 한다.

Ⅱ. 신탁법 제21조 해당여부

1. 귀속권에 따른 집행 및 보전처분의 필요성

이 사건 가처분에서의 피보전권리는 신탁해지를 전제로 한 귀속권리자(이 사건에서는 위탁자 겸 수익자)의 권리[9]인데, 귀속권리자는 그의 귀속권이 현실화되는 단계에서는 어쨌든 신탁재산에 대한 권리가 있는 자이고 따라서 그에 터잡은 신탁재산에 대한 강제집행이 가능한 자이므로, 어떠한 이론전개를 통해서라도 그 전제로서 가처분을 비롯한 보전처분도 인정될 수밖에 없고, 남용가능성 등의 부작용은 다른 방식으로 통제되어야 한다. 여기서 '가능하다' 함은 원론적인 차원에서 그 가능성을 부인할 수 없다는 의미이고, '언제나 가능하다'라는 의미로 볼 수는 없다.

그렇다면, 대상결정과 같이 귀속권리자의 권리가 신탁채권이 아니고 그에 터잡은 가처분은 제21조 제1항에 따른 가처분이 아니라고 보아 인정하는 논리이든, 귀속권도 신탁채권의 하나로 보고 따라서 이에 터잡은 가처분도 가능한 것으로 구성하는 논리이든, 어떤 논리로든 이를 허용하는 논리가 구성되어야 한다. 그런데 이 글은 후자와 같이 구성함이 옳다고 주장한다.

2. 대상결정의 내용

대상결정은 신탁계약에서 정한 귀속권에 터잡은 가처분은 제21조 제1항에서 금지하는 보전처분에 해당하지 아니한다고 하면서, 그 논거로 신탁계약에 기한 신탁관계의 성립·유지 및 신탁사무의 처리와 모순관계에 있지 않기 때문이라고 하고 있다.[10]

---

9) 신탁법에서 '귀속권'이라는 용어가 사용되고 있지는 아니하다. 그러나 제60조와 제61조에서 '귀속권리자'라는 용어가 사용되고 있으므로, '귀속권리자의 귀속에 관련된 권리'를 '귀속권'이라 부를 수 있을 것이다.

10) 정확히 말하자면 대상판결은, '이 사건 가처분은 제21조 제1항에서 정한 강제집행의 사전조치로서의 보전처분에는 해당되지 않는다'고 하였다. 우리나라 신탁법 위 조문에서 '강제집행 또는 경매'만 규정하고 있고, '보전처분'을 따로 명언하고 있지는 않다. 그러나 보전처분도 당연히 강제집행에 포함되는 것으로 이해되어야 하므로, 이하 이 글에서는 이러한 점에 따른

이 사건 가처분은 해지(신탁종료)가 되기도 전에 신탁재산에 대해 한 것이므로, 당연히 신탁재산에 대한 가처분이다. 따라서 표면상으로는 위와 같은 결론은 제21조 제 1 항에 어긋난다. 제21조는 명백히 신탁재산에 관한 집행은 '신탁전의 원인으로 발생한 권리' 또는 '신탁사무의 처리상 발생한 권리'에 터잡아서만 가능하다고 하고 있으므로, 그에 해당되지 아니한 채권에 터잡은 집행은 허용되지 않는다고 해석함이 옳다.

또한 신탁계약의 성립·유지 및 신탁사무의 처리와 모순관계에 있지 않다는 논리에도 허점이 있다. 즉, 위와 같은 점은 의문의 여지없이 신탁재산에 대한 강제집행이나 보전처분이 허용되는 여타의 채권, 즉 수탁자의 행위로 인하여 신탁재산에 의하여 책임을 지는 계약상 또는 불법행위 등에 의한 채권도 마찬가지이기 때문이다. 따라서, 신탁관계와 모순되지 않는다는 점 자체는 좋은 이유가 될 수는 있으나 그 이유만으로 충분하다고 하기는 어렵고, 위와 같은 모순관계가 없다는 이유만으로 곧바로 가처분을 허용하는 논리는 약간 성급한 결론이 아닌가 한다. 만일 이 논리가 그대로 유지될 수 있다면, 신탁관계를 전제로 하기만 하다면 신탁재산에 대한 모든 집행이 가능하다고 하여야 하는데, 이러한 논리는 신탁재산에 대한 강제집행을 제한하려는 신탁법의 규정취지와도 부합하지 않는다.

대상결정은, 이 사건 가처분은 신탁계약상 수익자나 수탁자의 권리 혹은 신탁부동산의 독립성을 침해하는 내용의 가처분이 아니므로, 제21조 제 1 항에 해당하는 가처분이 아니라고 밝히고 있으나, 신탁재산에 가해지는 가처분을 '수익자나 수탁자의 권리 혹은 신탁부동산의 독립성을 침해하는 내용의 가처분'과 '그렇지 않은 가처분'으로 나눌 수 있는 구분기준이 무엇인지 명확하지 않다. 신탁계약의 성립·유지 및 신탁사무의 처리와 모순관계에 있지 않다는 논리를 고려하면서 이러한 구분이 가능한 기준을 설정해본다면, 해당 가처분이 '신탁관계를 해치거나 신탁에서 비롯된 지위에 있는 자의 신탁에서 비롯된 권리를 침해하는 것인가' 여부가 검토될 수 있을 것이나, 이러한 구분이 현실적인 것인지 매우 의문이다.

예를 들어 수탁자의 권리를 침해한다는 것은 무엇을 의미하는 것인가? 수탁자가 신탁에서 비롯되어 취득하는 비용상환청구권을 해치는 결과를 초래

구분은 하지 않는다.

하는 가처분이어야 이에 해당되는 것인가? 수탁자의 비용상환청구권에는 직접 영향을 미치지 아니하나, 가처분이 됨으로써 수탁자가 신탁계약에 따른 처분 등을 하는 데 현실적인 제약을 주는 것은 이에 해당되지 않는 것인가? 그 어떤 경우를 상정해보더라도 위와 같은 구분론은 근거도 없고, 현실적인 것이 되지도 못한다.

위와 같은 논거는 결국 대상결정이 귀속권은 '신탁사무의 처리상 발생한 채권'에 해당되지 않는다고 전제하고 나니, 제21조 제 1 항을 문리적으로 해석하면 귀속권에 터잡은 가처분 역시 금지되게 되는데, 그러한 가처분을 무조건 금지하는 것은 부당하다고 인식하였음을 보여준다. 대상결정은 이러한 문제점에 관해 이 사건과 같은 가처분은 제21조 소정의 것이 아니라고 간략하게 처리하고 말았으나, 필자는 이러한 결론에 쉽게 찬성하기 어렵다.

3. 신탁사무의 처리상 발생한 채권

가. 검 토

이 사건 가처분의 피보전채권이 과연 제21조 제 1 항에서 말하는 권리에 해당되지 않는 것인지를 검토해볼 필요가 있다. 귀속권이 위 조문에서 정하고 있는 것 중, '신탁전의 원인으로 발생한 권리'에는 해당될 여지가 없으므로, 동 권리는 논의의 대상이 될 수 없고, 제 2 문 후단의 '신탁사무의 처리상 발생한 권리'에 해당되는지 여부가 문제이다.[11)]

얼핏 생각하면 귀속권의 문제는 고유의 신탁사무에 해당되지 않는 것처럼 보이기도 한다. 그러나 그렇게 볼 이유가 없다는 것이 이 글의 주장이다. 즉, 신탁의 종료로 원래의 신탁사무는 더 이상 필요하지 않게 되고 청산사무가 필요하게 된다. 그러나 종료의 효과가 발생하였다고 그 즉시 신탁사무가 완전히 종료한다고 볼 수는 없다. 수탁자는 종료 당시의 신탁재산으로 신탁채무를 변제하여야 한다. 따라서 이러한 청산이 끝날 때까지 신탁재산에 관해 수탁자가 하는 사무는 신탁사무이고 해당 재산은 신탁재산의 성격을 잃지 않는다.[12)] 만일 청산과정에서 비용이 발생하는 경우, 그 비용은 어떤 경로를 통

11) 이 글은 '신탁사무의 처리상 발생한 권리'의 내용을 빠짐없이 검토하는 것을 목적으로 하지 않으며, 신탁종료로 인한 귀속권이 이에 해당하는가 여부에 국한하여 검토한다. '신탁사무의 처리상 발생한 권리'의 내용에 대한 검토로는, 임채웅, 주5) 前揭論文, 128면 이하 참고.

12) 현행 신탁법에 따르면, 신탁이 종료되면 신탁재산이 그 귀속권리자에게 이전할 때까지는 신

해서라도 신탁재산에 의하여 담보되어야 할 것이라는 점도 이와 같은 주장에 대한 논거가 될 수 있다.

청산이 끝나고 귀속권리자에게 이전이 완료된 때 비로소 신탁사무가 완전히 종료되고 해당 재산은 신탁재산의 지위에서 벗어나는 것으로 보아야 한다. 이렇게 구성한다면 신탁해지에서 비롯되는 귀속권에 의해 신탁재산에 대해 강제집행을 할 수 있고,[13)] 일정한 경우 그에 따른 보전처분도 가능한 것으로 볼 수 있게 된다.

나. '신탁채권' 개념의 재구성

'신탁채권'은 법령상의 용어는 아니며, 강학상 종종 사용되는 용어인데, 上述한 대로 필자는 이 용어를 명확하게 정의하여 사용할 것을 이미 제안한 바 있으며, 원래는 '신탁채권'을 '신탁과 관련되어 거래를 하여 신탁재산에 대해 강제집행할 수 있는 채권'으로 정의하고자 하였다. 그러나, 위와 같은 정의에는 문제점이 있어 수정될 필요가 있다. 즉, 위와 같은 정의에 따르면, 반드시 계약 등 적법한 방식을 통하여 발생한 채권에 한정하는 듯한 느낌을 준다. 그러나 이렇게 한정하면 '신탁전 채권이 아닌 것으로 신탁재산에 대해 곧바로 강제집행을 할 수 있는 채권'의 모든 경우를 담지 못하게 된다. 수탁자가 신탁재산의 관리에 관하여 행한 불법행위로 인한 채권에 터잡아 신탁재산에 대해 강제집행을 하는 것도 가능하기 때문이다. 따라서 귀속권이 신탁채권의 일종인가에 대한 견해차이와 상관없이, 신탁채권을 최소한 '신탁설정 이후의 원인으로 신탁재산에 대해 곧바로 강제집행을 할 수 있는 채권'으로 정의함이 상당하다.

한편, 귀속권도 신탁채권의 일종으로 파악하는 것이 이 글의 주장인데, 이 점을 검토해보면, 귀속권에 의하여 신탁재산에 대해 강제집행을 할 여지가 있다 하더라도, 귀속권이 곧 '신탁사무의 처리상 발생한 권리'라고 하는 데에

탁은 존속하는 것으로 간주되며, 이 경우 귀속권리자를 수익자로 간주한다(제61조). 이 조문에 따라 신탁이 종료되면 기존의 신탁은 그 성질이 변화하여 법정신탁관계에 들어가게 되고, 기존의 수탁자는 이러한 법정신탁의 수탁자가 된다. 실질적으로는 수탁자로서의 지위에는 변함이 없고, 이 글에서 논의하고 있는 신탁채권에 관하여서는 일반적으로는 이러한 신탁 성질의 변화가 영향을 미칠 이유는 없다.

13) 이 사건 가처분에서의 피보전채권은 신탁해지를 원인으로 한 귀속권인데, 이 문제는 반드시 해지의 경우로 한정할 필요는 없고, 널리 신탁종료로 인한 귀속권의 문제로 논의할 수 있다.

는 약간의 저항감이 느껴지기도 한다. 즉, 귀속권은 통상은 신탁설정 자체에 의하여 그 구체적 법률관계가 형성되는 것이지 신탁이 설정된 후 그 사무의 처리상 발생한 권리는 아닌 것처럼 보이기도 하기 때문이다. 그러나 법조문상의 위 표현을 꼭 그와 같이 한정되게 해석할 필요는 없다. 즉, 신탁설정에 의하여 발생하는 것은 귀속권 발생을 위한 기본적인 법률관계이며, 구체적인 귀속권은 신탁관계의 청산단계에서 비로소 발생하는 것으로 인식할 수 있고, 그렇다면 귀속권 역시 신탁사무의 처리상 발생한 권리로 볼 수 있게 된다. 즉, 위 조문상의 '발생'을 권리나 법률관계가 애초에 창설된다는 의미의 발생이 아니라 좀 더 넓게 '신탁사무와 관련하여 신탁재산에 의하여 책임을 지게 된' 이라는 의미로 읽을 수 있는 것이다.[14]

필자의 검토 결과만 국한하여 본다면, 한일 양국의 論者 中 귀속권이 '신탁사무의 처리상 발생한 권리'에 속하는가에 관해 언급한 견해를 찾기는 어려웠다. 일본의 신탁법 제 2 조 제 9 항은, '이 법률에서 「신탁재산책임부담채무」란, 수탁자가 신탁재산에 속한 재산을 가지고 이행할 책임을 지는 채무를 말한다'라고 규정하고, 이어 제21조 제 1 항[15]에서 '신탁재산책임부담채무'의 범

---

14) 귀속권과는 약간 차이가 있지만 하나의 예를 들어본다면, 수탁자가 신탁사무로 타인의 채무를 인수하였다면, 그에 따른 채권은 신탁사무와 상관없이 '발생'하였지만, 신탁관계에 편입됨으로써 '신탁사무의 처리상 발생한' 것으로 볼 수 있는 것이다.

15) 「다음에 든 권리에 관한 채무는 신탁재산책임부담채무가 된다.
1. 수익채권
2. 신탁재산에 속한 재산에 대해 신탁전의 원인에 의해 발생한 권리
3. 신탁전에 발생한 위탁자에 대한 채권으로, 당해 채권에 관한 채무를 신탁재산책임부담채무로 하는 취지의 신탁행위의 정함이 있는 것
4. 제103조 제 1 항 또는 제 2 항 규정에 의한 수익권취득청구권
5. 신탁재산을 위한 행위로 수탁자의 권한에 속한 것에 의해 발생한 권리
6. 신탁재산을 위한 행위로 수탁자의 권한에 속하지 않은 것 중 다음에 든 것에 의해 발생한 권리
① 제27조 제 1 항 또는 제 2 항(이들 규정을 제75조 제 4 항에서 준용하는 경우를 포함한다. ②에서 동일하다)의 규정에 의해 취소할 수 없는 행위{당해 행위의 상대방이 행위 당시에 그 행위가 신탁재산을 위한 것을 알지 못한 것(신탁재산에 속한 재산에 대해 권리를 설정하거나 이전하는 행위를 제외한다)을 제외한다}
② 제27조 제 1 항 또는 제 2 항의 규정에 의해 취소할 수 있는 행위로 취소되지 않은 것
7. 제31조 제 6 항에 규정한 처분과 그 외의 행위 또는 동조 제 7 항에 규정한 행위 중, 이들 규정에 의해 취소할 수 없는 행위 또는 이들 규정에 의해 취소할 수 있는 행위로 취소되지 않은 것에 의해 발생한 권리
8. 수탁자가 신탁사무를 처리함에 있어 불법행위에 의해 발생한 권리
9. 제 5 호부터 전 호까지 든 것 외에 신탁사무의 처리에 의해 발생한 권리」
* 이상의 번역은, 최수정, 일본신신탁법, 진원사(2007), 240면 이하에 의함.

위를 규정하고 있는데, 이는 우리 신탁법상으로는 '신탁전의 원인으로 발생한 권리 또는 신탁사무의 처리상 발생한 권리'를 모두 포함하는 내용이지만, 귀속권에 대해서 명확히 언급하고 있지는 않다.

이 사건에서의 피보전권리, 즉 신탁재산에 대한 귀속권리자가 갖는 귀속권도 명백히 신탁재산에 대한 권리이므로, 그에 터잡은 집행이 가능하여야 함은 당연하겠는데, 이러한 점과 제21조를 어떻게 모순없이 설명할 수 있는가에 관해, 위에서 지적한 점에 비추어 대상결정의 논리보다는, 이 글의 주장과 같이 귀속권을 신탁채권의 하나로 보는 것이 이론적으로 더 완전한 整合性을 달성할 수 있는 이론구성인 것으로 생각된다.[16]

귀속권도 '신탁사무의 처리상 발생한 권리'에 포함된다는 필자의 견해가 옳다면, 그리고 나아가 여타의 권리들과의 차이를 고려하여 다음과 같은 이론구성이 가능할 것이다.

* 신탁채권의 정의

신탁 전의 원인으로 발생한 권리가 아닌 것으로 신탁재산에 대해 곧바로 강제집행을 할 수 있는 채권

* 신탁채권의 범위

신탁채권 → 귀속권

신탁채권 → 협의의 신탁채권: 수탁자에 의한 계약 또는 불법행위에 의하여 발생한 권리

한편 일본의 문헌에서는, 위 제 9 호를 '구신탁법 제52조 제 3 항의 「신탁사무의 처리에 관하여 생긴 채권」을 계승한 것이라고 해설하는 것이 있으며{新井誠,信託法(第 3 版), 有斐閣(2008), 340면}, 그 예로 신탁재산인 토지의 공작물의 하자에 의하여 생긴 손해배상채권을 들 수 있다고 해설한 것이 있다{鈴木正具, 大串淳子, コンメンタール信託法, ぎょうせい(2008), 81면}.

16) 여기서의 논의는 강학상의 개념인 '신탁채권'의 범위를 명확히 하고자 함이다. 논리적으로 '신탁채권'을 어떻게 정의하느냐가 우선하는 것이 아니라, 신탁 전의 원인으로 발생한 권리가 아니면서도 신탁재산에 강제집행을 할 수 있는 경우가 무엇인가를 먼저 규명하고, 그 결과를 바탕으로 위 정의가 이루어져야 한다. 따라서 귀속권이 신탁채권이기 때문에 신탁재산에 대해 강제집행을 할 수 있는 것이 아니라, 신탁재산에 대해 강제집행을 할 수 있기 때문에 신탁채권의 일종으로 파악하여야 한다는 것이 이 글이 주장하는 논리이다.

Ⅲ. 피보전권리에 관한 검토

1. 피보전권리에 관한 검토

이 사건 가처분에서의 피보전권리는 신탁해지를 전제로 한 귀속권리자(이 사건에서는 위탁자 겸 수익자)의 권리이다. 이 사건의 채권자는 위탁자에 대한 부동산소유권이전등기청구권의 보전을 위하여, 위탁자를 대위하여 이 사건 가처분을 신청하였다. 그런데 위 피보전권리는 이 사건 신탁의 해지를 전제로 하는 것이나, 채권자는 위 해지권을 행사하지는 아니하였다.[17] 먼저 이러한 대위관계 및 피보전채권에 관하여 검토해본다.

신탁계약에 따른 해지권은 대위의 대상이 된다.[18] 한편, 가처분의 피보전권리가 되는 권리는 청구권의 이행기가 현실적으로 도래할 필요가 없고, 기한부, 조건부 청구권이라도 무방하다. 특정 피보전채권에 기하여 가처분이 이루어진 다음, 그 가처분의 취지에 반하여 대상물건이 처분된 이후, 특별한 사정으로 그 특정 피보전채권이 소멸된 경우에는, 당해 가처분에 의하여 위와 같은 처분이 무효가 되지 않는다.[19]

---

17) 대상결정의 사안을 검토해보면, 채권자의 이 사건 가처분 신청 이래 이 사건 대상결정이 확정될 때까지 위 해지권 행사를 위한 요건은 충족되지 않았던 것으로 보인다. 따라서 해지권을 행사하였더라도 유효한 것이 되지 못하였을 것이다.

18) 대법원 2003. 8. 19. 선고 2001다47467 판결; 대법원 2007. 10. 11. 선고 2007다43894 판결 등.

19) 채무자들의 차용금채무를 담보하기 위하여 부동산에 관하여 채권자 명의의 가등기 및 본등기가 경료된 경우에 채무자들이 아직 그 차용금채무를 변제하지 아니한 상태라 할지라도, 채무변제를 조건으로 한 말소등기청구권을 보전하기 위하여 그 담보목적 부동산에 관하여 처분금지가처분을 신청할 수도 있다 할 것이며, 그 경우 채권자가 담보목적 부동산에 대한 담보권행사가 아닌 다른 처분행위를 하건, 피담보채무를 변제받고서도 담보목적 부동산을 처분하는 것을 방지하는 목적범위 내에서는 보전의 필요성도 있는 것이지만(대법원 2002. 8. 23. 선고 2002다1567 판결), 이러한 가처분을 허용한다고 하여도 피담보채무가 변제되지 아니한 경우에는 채권자의 담보목적부동산에 대한 담보권행사로서의 처분행위를 방지할 효력이 없고, 그 후 채권자가 담보권을 행사하여 위 부동산을 처분하고 그 등기까지 마쳤다면 채무자가 차용금채무의 변제를 조건으로 가등기 및 본등기의 말소를 구하는 것은 이행불능상태에 빠졌고, 따라서 위 처분금지가처분의 피보전권리는 소멸한다(대법원 1991. 5. 14. 선고 91다8678 판결; 대법원 1993. 7. 13. 선고 93다20870 판결 등). 법원행정처, 법원실무제요 민사집행[IV] — 보전처분 — (2003), 37면 이하 참고.

이러한 법리에 의하면, 이 사건 가처분에서와 같이 가령 신탁해지를 원인으로 한 가처분결정이 내려졌다 하더라도, 수탁자가 신탁계약에 따라 이 사건 부동산을 타에 처분하고 그 결과 위탁자가 우선수익자에게 채무를 변제할 가능성이 사라졌다면, 피보전권리가 사라지게 되어 이 사건 가처분은 그 점을 이유로 하여 말소되어야 할 것이 된다. 즉, 위 법리에 의하면, 수탁

그러나 그와는 별개로, 애초부터 위와 같은 가처분이 허용되어야 했는가 하는 점이 문제이다. 위에서 본 바와 같이 가처분의 피보전채권은 조건부라도 가능한 것이므로, 원칙적으로는 이 사건에서와 같이 해지권을 행사하지 아니하고도 해지권 행사를 전제로 하는 권리를 피보전채권으로 하는 것도 가능하다.

그러나 위와 같은 권리를 피보전채권으로 하는 보전처분이 항상 가능하다는 것은 아니고, 보전의 필요성이 인정되어야 하므로, 현재 그 권리의 특정이 가능하고 가까운 장래에 발생할 것임이 상당 정도 기대되는 경우에 비로소 가능하다고 보아야 한다.[20)]

2. 대상결정에 관한 검토

대상결정은 이 점에 관하여 위와 같이 추상적인 법리를 적시하지는 아니하였으나, '우선수익자의 채권회수를 위해 신탁계약에서 정한 바에 따라 신탁부동산의 처분절차에 착수한 이상 가처분의 피보전권리의 발생을 기대하기 어렵다'고 보았다. 이러한 내용은 크게 본다면 결국 위에서 본 법리와 궤를 같이 하는 내용이다.

그러나 위 대상결정을 해석함에 있어, 대법원이 법리상 '신탁부동산의 처분절차에 착수하여야' 비로소 피보전권리의 발생을 기대하기 어려운 것으로 보았다고 해석함은 적절하지 않다. 대상결정은, 이 사건의 사안에서는 처분절차에 착수하기까지 하였으므로 그러한 점이 확실하였던 것으로 본 것으로 이해하여야 한다. 즉, 이 사건에서 사실인정을 함에 있어 그와 같은 특수한 사정이 있어 이를 지적하여 해결한 것일 뿐, 대상결정을 근거로 하여, 처분절차에 착수하지 아니하였다면 가처분이 가능하다고 이해하는 것은 적절하지 못하다.

게다가 사실 '신탁부동산의 처분절차에 착수하였으므로, 신탁해지에 따른

자는 이 사건 가처분에도 불구하고 신탁계약에 터잡아 타에 처분하더라도 아무런 상관이 없었던 것이다. 그러나 현실적으로 부동산에 어떤 이유로든 가처분이 되어 있으면 처분하기 매우 어렵게 된다는 점이 문제이다. 위와 같은 법리가 있더라도 매수인이 그와 같은 위험의 인수를 꺼리는 것이 당연하기 때문이다.

20) 대법원 1982. 10. 26. 선고 82다카508 판결; 대법원 2001. 9. 18.자 2000마5252 결정; 대법원 2009. 6. 11. 선고 2008다7109 판결 등 다수, 同旨.

귀속권에 터잡은 가처분의 피보전권리가 없다'는 논리에는 상당한 허점이 있다. 수탁자가 처분절차에 착수한 이후라도 위탁자 또는 위탁자를 위한 자가 우선수익권자의 채권을 변제하면 수탁자가 처분절차에 더 나아갈 필요가 없고, 따라서 채권변제를 전제로 한다면 처분절차가 착수된 이후에도 가처분을 신청할 수 있다고 보아야 한다. 만일 처분절차의 착수가 피보전권리의 발생을 저지하는 결정적인 요소라고 한다면, 時點의 면에서 볼 때 채권자는 수탁자가 처분절차의 착수 전에는 가처분을 신청할 수 있으나 착수 후에는 신청할 수 없다는 것이 되는바, 이러한 결론은 두 가지 점에서 상당히 부자연스럽다. 즉, 첫째, 이러한 결론에 따르면 신탁관계의 종료시를 기준으로 할 때 더 오래전에는 가능했던 가처분이 종료시점에 가까워지면서 불가능하게 된다는 점에서 그러하고, 둘째, 계약 등에 의한 제약이 없다면 처분절차 착수 이후에도 해지권자는 해지권을 행사할 수 있을 터인데, 그러함에도 그에 터잡은 가처분은 안 된다는 결론이 되어 역시 그러하다.

이러한 점들을 종합해보면, 수탁자가 처분절차에 착수하였는지 여부는 가처분이 허용되어야 하는가 하는 점에 대한 결정적인 요소로 보기는 어렵고, 해지권의 발생가능성이 어느 정도에 이르렀는가 하는 점이 더 결정적인 요소라고 하여야 한다. 결국 대상결정의 취지는 수탁자의 처분절차 착수를 규범상의 의미있는 요건으로 파악하였다기보다는, 그러한 사실관계에 비추어보면 결국 이 사건의 경우 피보전권리가 희박하다는 취지를 표현한 것으로 이해함이 마땅하다.

'현재 그 권리의 특정이 가능하고 가까운 장래에 발생할 것임이 상당 정도 기대된다는 사정'은 가처분을 신청하기 위한 요건이고, 가처분채권자가 이 점을 적극적으로 소명하여야 한다. 따라서 이 사건에서는, 해지권 행사가 임박하였다는 사정을 가처분채권자가 소명하거나, 최소한 해지권을 행사할 수 있는 요건이 어느 정도 충족되어가고 있다는 점까지는 소명하여야 한다.

그렇다고 하여 해지권 행사의 요건 모두가 완벽히 충족되었을 것을 요구하는 것은 가처분의 취지와 부합하지 않는다. 해지권의 행사요건이 완전히 구비된 경우, 즉 우선수익권자의 채권이 모두 변제된 경우에는 당연히 가처분요건이 구비된 것이고, 그렇지 않더라도 그러한 상황에 매우 근접한 경우여야 비로소 요건이 구비된 것으로 볼 수 있다. 구체적으로는, 전액 변제가 되지 않았더라도 상당한 금액이 변제되었다거나, 채무자[21]나 신청인측이 변제할 재원을 확보하고 변제에 나아가고자 하나 특별한 사유[22]가 있어 신청 당시에 실제 변제에 나아가지 못하고 있다거나, 변제의 면에서는 그에 이르지 못하였더라도 수탁자가 순전히 귀속권을 침해하려는 의도에서 상당한 이유없이 비정상적으로 처분절차에 나아가려고 한다는 경우 등에 비로소 피보전채권에 관한 요건이 구비되었다고 볼 수 있을 것이다.

요컨대 가처분심리과정에서 이러한 요건이 소명되었는지 여부가 심리되어 가처분이 발령되거나 그 신청이 기각되어야 옳은 것이고, 일단 가처분을 발령한 다음, 채무자[23]가 이의 등의 방법으로 가처분의 말소를 구하게 하는 것은 옳지 못하다.

위와 같이 해석하여야 하는 신탁실무상의 이유가 하나 더 있다. 즉, 실무상 자익신탁은 매우 많으며, 이 사건에서와 같이 우선수익자가 따로 있고 위탁자는 후순위 수익자인 경우도 자익신탁이라고 보아야 한다. 그런데 특별한 정함이 없으면 위탁자가 귀속권리자가 되는 법리에 따라, 자익신탁의 경우 위탁자의 채권자는 귀속권리에 터잡아 가처분을 할 수 있다[24]는 결론에 이르게 되어, 실질적으로는 위탁자의 채권자들이 신탁재산에 대해 일반적으로 가처분을 할 수 있다는 것이 되고 만다. 이 점에 비추어 보더라도 귀속권리에 터잡은 집행은 상당히 엄격한 심사를 통과하는 경우에만 허용되어야 한다. 다만 이러한 점은 집행실무 차원에서 그와 같이 실천됨이 타당하다. 비록 신탁법률관계가 여타의 법률관계에 비해 더 많은 이해관계자가 관여하는 경우가 많고 따라서 더 엄격한 심사를 통과하여야 가처분을 허용할 수 있다고 하더라도, 다수 당사자가 이해관계인으로 관련되는 법률관계는 신탁 외에도 많이 있을 수 있으므로, 신탁재산에 대한 가처분의 요건이 더 엄격하게 충족되어야 한다는 점을 실무처리차원이 아닌 원칙적인 법리로까지 승격시켜 위치지우는 것은 무리이기 때문이다.

이러한 점에서 대상결정의 해당 판시사항은 약간 오해의 여지를 남기기

---

21) 여기서의 '채무자'는 원래의 채권채무관계상의 채무자(통상은 위탁자일 것이다)를 의미한다.
22) 예를 들어 변제에 나아가고자 하였으나 제 3 자에 의하여 채권가압류가 이루어진 경우를 들 수 있다.
23) 여기서의 '채무자'는 보전처분상의 채무자, 즉 이 사건의 경우 신탁회사를 의미한다.
24) 물론 위탁자를 대위해서이다.

는 하였으나, 그 결론은 타당하다.[25)]

Ⅳ. 맺는 말

이상 신탁해지를 원인으로 하는 귀속권에 터잡은 신탁재산에 대한 가처분에 관하여 살펴보았는데, 이 글의 주요 결론은, ① 신탁종료 후 청산절차에 따른 귀속권도 제21조 제1항이 규정하는 신탁채권에 해당하므로 원칙상 가처분이 가능하나, ② 이러한 가처분은 '현재 그 권리의 특정이 가능하고 가까운 장래에 발생할 것임이 상당 정도 기대되어야' 비로소 인정할 수 있다는 것인바, 위 ②의 점에 의하여 남용가능성이 통제되어야 하므로, 법원이 쉽게 가처분을 발령함으로써 보전처분상의 채무자가 채무자이의를 제기하는 등의 방법으로 다투게 할 것이 아니라, 애초부터 가처분 발령 자체를 엄격하게 하는 쪽으로 실무를 운용하여야 한다는 것이다.

이상의 점에 비추어 대상결정의 결론은 타당하나, 이론적 구성에 약간 만족스럽지 못한 점이 발견된다. 그러나 이론적인 문제에 관해 어떤 견해를 취하든, 대상결정은 신탁재산에 대한 가처분이 쉽게 이루어져서는 아니 된다는 점을 명백히 보여준 의미있는 결정이라 생각되며, 신탁재산에 대한 가처분 가능성을 명확히 인식하고, 그에 맞는 실무를 운용하여야 한다는 과제를 제시해 주는 판례이기도 하다.[26)]

{저스티스, 2010. 6}

25) 사해신탁을 이유로 한 가처분은 이와는 별개의 문제로 당연히 가능하다.

26) 한 가지 더 덧붙이고 싶은 내용은, 이 사건의 심리에 소요된 기간에 관한 점이다. 즉, 이 사건은 2005. 9. 15. 법원에 신청이 접수된 이래 2009. 1. 20. 확정될 때까지 꼬박 3년 4개월이 소요되었다. 각 결정문을 검토해보면, 끝까지 우선수익자의 채권이 변제되었다는 내용이 나오지 않는 것으로 보아, 위 확정시까지 동 채권은 변제되지도 아니한 상태로 이 사건 가처분으로 신탁재산의 처분도 이루어지지 아니한 상태가 지속되었던 것으로 보인다. 결과적으로 부당한 가처분으로 인하여 우선수익자와 수탁자는 그 채권과 권한을 제대로 행사할 수 없었던 것이다. 결국 실질적으로 신탁재산의 처분을 상당 기간 막고자 하였던 이 사건 채권자의 의도는 달성된 것이나 다름없다. 이러한 점에서 훨씬 더 신속한 심리가 되었어야 했다는 생각을 지울 수 없다.

제 4 편

신탁적용의 확장

[11] 환경보호수단으로서의 신탁에 관한 연구
―공공신탁, 공익신탁 및 국민신탁을 중심으로―

Ⅰ. 들어가는 말

환경을 보호하여야 할 필요성에 대한 논의는 더 이상 필요없을 것이다. 그런데 환경을 구체적으로 보호하기 위해서는 법적 제도가 필요하다. 환경은 그것을 어떻게 정의하느냐에 따라 여러 가지 범주로 생각해볼 수 있을 것이나, 일반적으로는 매우 방대한 범주를 포함할 수밖에 없고, 그에 따라 다른 이해관계와 충돌을 일으키는 것은 피할 수 없는 일이다.

환경보호에 관한 법리를 논의하는 경우, 대부분 공법적 규제를 생각한다. 이러한 생각이 틀린 것은 아니다. 그러나 보통 생각할 수 있는 공법적 규제 외의 다른 제도도 경우에 따라서는 환경보호의 기능을 할 수 있다. 제도 자체가 환경보호를 위한 것이 아니더라도 그것이 구체적으로 기능함에 있어 환경보호 효과를 낼 수도 있다. 예를 들어 어떤 자산가가 자신의 재산인 토지를 私立公園으로 만들었다면, 이 경우에는 그 재산을 보호하기 위한 민사법제가 환경보호의 효과를 내기도 한다.

이러한 논의가 필요해지는 이유는, 공법적 규제만으로는 환경보호에 미흡한 경우가 상당히 많고, 그것과 다른 또는 그것을 보완하는 다른 방법이 필요하기 때문이다. 환경보호의 중요성에 대해서는 누구나 인정하면서도 막상 그것이 자신의 이익에 영향을 미치게 되면 대부분의 사람들은 극렬히 저항한다. 자본주의 사회에서 개인의 이익은 철저히 보호되어야 하므로, 보호되어야 할 특정 상황의 환경과 특정인의 私益이 충돌하는 경우, 최종적으로 그 개인의 이익이 소멸할 때까지 분쟁은 끊이지 않게 된다.

이와 같이 환경을 보호하면서도 私益과 조화를 꾀하는 방법의 하나로 信託이 검토될 수 있다. 아울러 환경과 관련하여 信託은 반드시 私益과 관련해서뿐 아니라, 다른 방법에 의하여는 바람직한 결과를 가져오기 어려울 경우에 적용할 수 있는 법리가 될 수도 있다.

우리나라에서의 신탁에 관한 기본법이라 할 수 있는 신탁법 제 2 조 제 2 항은, 신탁을 "본법에서 신탁이라 함은 신탁설정자(이하 '위탁자'라 한다)와 신탁을 인수하는 자(이하 '수탁자'라 한다)와 특별한 신임관계에 기하여 위탁자가 특정의 재산권을 수탁자에게 이전하거나 기타의 처분을 하고 수탁자로 하여금 일정한 자(이하 '수익자'라 한다)의 이익을 위하여 또는 특정의 목적을 위하여 그 재산권을 관리, 처분하게 하는 법률관계를 말한다"라고 정의하고 있다.[1)]

환경과 관련하여 신탁을 거론함에 있어 대표적인 것은 공공신탁과 국민신탁이라 할 수 있다. 우리나라에서도 2000년경부터 내셔널트러스트 운동이 시작된 바 있고, 2007. 3. 25. 문화유산과 자연환경자산에 관한 국민신탁법(이하 '국민신탁법')이 시행되었다. 따라서 환경보호를 위한 신탁의 문제는 우리나라에서도 현행법의 해석문제가 되었다.

이 글은 이 점에 착안하여 환경보호에 관한 대표적인 신탁제도 또는 법리인 미국의 공공신탁(II)과 신탁법상의 공익신탁(III) 및 국민신탁에 대해서 살펴보기로 하되(IV), 국민신탁에 관해서는 먼저 영국의 국민신탁과 우리나라의 국민신탁제도를 개관한 다음, 그에 대한 문제점을 살펴보고, 마지막으로 이상의 검토에 바탕을 두고 신탁제도에 관한 소견을 피력하고자 한다(V). 다만 미국의 공공신탁과 영국의 국민신탁 자체를 상세하게 소개하는 것은 다른 참고문헌으로 미루고 이 글에서는 간략히 소개하는 것으로 한다.[2)]

---

1) 다만, 환경보호를 위해서 거론되는 신탁개념은 신탁법상 신탁에 한정되지 않는다. 이 점에 관해서도 이 글의 말미에서 가능한 범위 내에서 간략하게 언급해보고자 한다.

2) 한편, 일본 문헌 중에는 '環境保全設備信託' 개념을 설명하고 있는 것이 있다. 井上重幸·来栖良樹, "環境保全設備信託," 経済法令研究会, 手形研究(17권 17호, 205호)(1973. 10.), 64면 이하 참고. 위 문헌은 동 신탁을 상품화한 安田信託銀行의 담당자들이 위 신탁을 설명하는 내용인바, 환경과 관련하여 신탁이 구체적인 상품화에 이용된 좋은 모델이기는 하나, 이 글에서 다루는 대상들과 같은 차원의 법리적인 문제와 직접적인 관련은 없는 것으로 이해되므로, 이 글에서는 이에 대해 더 다루지 않는다.

Ⅱ. 공공신탁

1. 미국의 공공신탁법리

환경보호를 위한 신탁과 관련하여 미국에서 돋보이는 이론이 공공신탁(public trust)법리이다.[3] 공공신탁이론의 골자는 "공동체의 존속과 번영에 필수적인 자원은 일반 국민의 이익을 위하여 그 소유자에게 신탁되어 있다"는 이론이다.[4] 이 이론의 연원은 로마법과 영국의 보통법(common law) 등에서까지 찾을 수 있다고 하나,[5] 주로 미국에서 판례이론으로 꽃피웠고,[6] 현재는 미국의 일부 州의 헌법[7]이나 법률에서도 실현되고 있는 이론이다. 이 이론은 비록 이론적인 측면에서의 논의단계이지만, 국제환경보호의 차원에서까지도 적용가능성이 논의되고 있다.[8]

미국에서 이 이론이 적용된 판례로 대표적인 것으로 꼽히는 것은 미국 연방대법원의 Illinois Central Railroad v. Illinois(1892) 판결(이하 '일리노이 판결')

3) 미국환경법을 간략히 소개한 문헌은 다음과 같은 것들이 있다. ① Findley W. Roger · Farber, Daniel A., Environmental Law, 7th Ed., Thomson West(2008), ② Jefferey M. Gaba 저, 김형진 역, 미국환경법, 형설출판사(2005). 위 ①문헌의 302면 이하에 공공신탁이론이 소개되어 있다.

4) 趙弘植, "公共信託理論과 한국에서의 適用可能性," 法曹(45권 5호, 통권488호), 법조협회, 6면.

5) 이와 같이 설명하는 것이 일반적이나, 그렇지 않다고 하는 견해도 있다. 이러한 점에 대해 언급한 문헌으로, 이상돈, "환경보호법리로서의 공공신탁이론과 해안 및 강안지역의 환경법적 문제에 관한 소고1," 법조(32권 9호)(1983. 9.), 29면 및 33면. 이 문헌은 Patrick Deveney의 견해를 소개하고 있는데, 이 견해에 따르면 로마법이나 영국의 보통법에는 공공신탁의 개념이 존재하지 않고, 존재한다는 견해는 위 법제에 대해 몰이해하거나 또는 너무 이상화시킨 것에 불과하다고 한다.

6) 판례로서의 역사는 100년을 훨씬 넘는다. 그런데 이 이론은, Joseph L. Sax, "The Public Trust Doctrine In Natural Resource Law. Effective Judicial Intervention"{68 MICH. L. REV. 471(1970)}라는 논문이 기폭제가 되어 본격적으로 논의되게 되었다.

7) 미국 하와이주 헌법 Art. Xl, 1.

"For the benefit of present and future generations, the State and its political subdivisions shall conserve and protect Hawaii's natural beauty and all natural resources, including land, alr, water, minerals, and energy sources, and shall promote the development and utilization of these resources in a manner consistent with their conservation and in furtherance of the self-sufficiency of the State. All public natural resources are held in trust by the State for the benefit of the People."

8) 이 점을 다룬 문헌으로, 조홍식, "公共信託理論과 地球共有地에서의 適用可能性"{서울국제법연구(6권 2호, 통권11호) : 송현 백충현 교수 화갑기념호, 서울국제법연구원, 323면 이하}이 있다.

이다. 이 판결의 개요를 간략하게 설명하면, 1869년 일리노이주 의회는 1,000 에이커(4,047,000㎡, 약 120만평)가 넘는 토지를 Illinois Central Railroad라는 회사에 양도하는 결정을 내렸는데, 양도된 토지는 시카고 항구 내에 있는 河床과 미시간湖의 호변 상업지구의 거의 전부에 해당하는 것이었고, 그 크기가 프랑스의 마르세이유 항구지역의 두 배, 영국 런던시의 템즈강을 따라 늘어선 상가지역 전부 또는 미국 뉴욕시의 해변을 따라 늘어선 항구지역 전부와 맞먹는 크기였다. 일리노이주 의회는 4년의 논란 끝에 위 양도를 스스로 취소하였고, 이에 위 회사가 그 취소의 무효를 구하여 위 소를 제기하였다. 이에 대해 미국 연방대법원은, 이 사건과 관련된 河床과 湖岸의 소유권이 일리노이주 정부에 주정부 구성 당시에 묵시적으로 이전되었다는 위 회사의 주장을 받아들였으나, 그렇다 하더라도 시카고와 같은 대도시의 호변 전부를 일개 사기업에 양도하는 것은 航行에 관하여 규율할 수 있는 주의회의 권한을 포기한 것과 같다고 판단한 후, 주정부는 항행가능한 물 및 그 밑의 땅과 같은 전체 국민의 이익이 관련된 재산 위에 형성된 신탁관계를 포기할 수 없으며, 이러한 신탁재산의 사용과 관리를 전적으로 私人의 손에 넘기는 것은 그 신탁관계를 포기하는 것에 해당되고, 이런 종류의 양도는 항상 그 취소가 가능하다고 판시하였다.[9)]

한편, 1983년 캘리포니아 대법원은 소위 모노湖 사건에 관한 판결(이하 '모노 판결')[10)]을 선고하였는데, 이 판결이 공공신탁법리를 현실에 적용한 최근의 것이자 대표적인 판결로 꼽힌다. 모노湖는 미국 캘리포니아주에서 네바다주 경계선 가까운 곳이며 요세미티국립공원의 동쪽, 모노카운티에 위치한 넓이 약 2,030㎢의 호수이다.[11)] 당시 LA시는 모노湖로 들어가는 4개 지류의 유수에 대해 확립된 先取專用權(prior appropriation system)을 갖고 무한정 물을 뽑아 쓸 수 있었다. 그러나 이러한 과다한 물 사용은 호수의 수위를 현저하게

---

9) 이러한 판결의 배경에는 연방국가이자 신생국가로서의 미국에서 새로운 州의 형성과 그에 따른 토지 소유권의 주정부로의 이전문제가 개재되어 있다. 한편 우리나라에서는 河床과 만조시를 기준으로 한 水邊地域은 私人이 소유할 수 없으므로, 이러한 대상에 대해서는 위와 같은 문제가 발생할 여지가 없다.

10) National Audubon Society v. Suprerior Court, 33 Cal. 3d 419, 189 Cal. Rptr. 346, 658 P. 2d 709, cert. denied, 464 U.S. 977(1983).

11) http://en.wikipedia.org/wiki/Mono_lake#cite_note-mlchist-2(2009. 7월 초 현재, 이하 검색시점은 모두 동일하다).

낮아지게 하였고, 호수 주변의 야생상태를 해하는 결과가 초래되었다. 이에 민간환경단체가 소를 제기하였고, 이에 대해 주대법원은 일반국민이 야생생태계를 보호하는 데 가지고 있는 공익이 유수전용권보다 더 보호할 가치가 있다고 판시하였다. 이에 대해 학계에서는 이러한 판결로 인하여 공공신탁이론이 현대의 다양한 수요를 충족시키기에 충분할 만큼 유연하다는 평가가 나왔다.[12)]

2. 공공신탁법리의 국내적용 가능성

가. 기존의 논의

공공신탁법리는 법리 그 자체로서뿐 아니라, 나아가 신탁의 유연성을 환경보호를 위해 활용할 수 있다는 점에서 큰 가치가 있다. 그러나 공공신탁법리를 우리나라에 도입할 수 있는가에 관해, "行政法상 여러 제약도 예컨대 개발제한구역제도나 토지거래허가제도 역시 그 제한 규정 위반을 이유로 일반대중의 한사람이 소유자를 상대로 대상 토지에 관한 賣買契約의 無效를 구할 수 없을 뿐만 아니라, 政府가 스스로 이 제도를 철회하였을 때 政府를 상대로 訴訟을 제기할 수 없다는 점에서 공공신탁이론으로 보기는 어렵다. 또한, 우리나라의 어떠한 法令도 소위 일반대중 또는 일정 요건을 갖춘 단체에게 當事者適格을 인정하는 市民訴訟(citizen suit)이나 團體訴訟(Verbandsklage)을 인정하지 않는다. 따라서, 현실적으로 볼 때 우리나라에는 현재 공공신탁이론이라고 볼 수 있는 法理論이나 制度가 존재하지 않는다고 보아야 할 것이다"라고 하면서, 현실적으로 입법을 거치지 않고는 그대로 적용되기 어려울 것이라는 견해가 발견된다.[13)]

---

12) 일리노이 판결 및 모노 판결의 개요 및 미국학계의 이에 대한 설명에 관해서는 趙弘植, 앞의 논문(주4), 法曹(45권 5호, 통권488호), 법조협회, 11면 이하의 내용을 인용하였다. 한편 모노湖 사건의 개요는 인터넷상으로도 쉽게 확인할 수 있다. 예를 들어 http://www.1.american.edu/ted/mono.htm나 http://www.monobasinresearch.org/timelines/publictrust.htm 참고.

13) 趙弘植, 앞의 논문(주4), 16면 이하, 31면 등. 이 문헌 29면은, '현재까지 국내에 위 이론을 소개하는 글이 다수 있었으나, 국내법 체계에서의 지위에 관하여 언급한 것은 없었다고 본다. 이 이론이 우리나라 실정법상 아무런 법효력을 가지고 있지 않다고 생각하였기 때문에 그 언급의 필요성조차 느끼지 못했던 듯하다'라고 설명하고 있다. 金泓均, 環境法 ― 問題·事例 ―, 弘文社(2007), 436면 및 金南勳, "환경보호를 위한 토지이용규제법 및 토지공개념의 개안에 대한 고찰 : 공공신탁이론과 국민신탁(National trust)," 석사학위논문, 서울大學校(2005), 73면, 同旨.

나. 검 토

필자는, 미국에서 공공신탁이론이 발전된 데에는 국가의 성립과정, 연방제 특히 연방정부와 주정부의 관계 등과 깊은 연관이 있다고 보는데, 공공신탁의 법리를 헌법 등에 선언적으로 포함시키는 것은 가능하나, 구체적이며 적극적인 내용으로 입법하기에는 적당하지 않다고 생각한다. 공공신탁의 법리에 관해 현실적으로 구체적인 요건을 규정하고 적극적으로 법률효과를 내게 하는 것은 어렵고, 어떤 행위나 결과에 대해 사후에 규제하기 위한 근거법리로 활용할 수 있는 것이 아닌가 생각하는 것이다. 따라서 공공신탁이론을 적용하기 위하여 입법이 필요하다는 주장은 적절하지 못하다고 본다.

공공신탁이론의 이러한 점을 고려할 때, 공공신탁의 법리가 국내에는 입법이 이루어지지 아니하여 적용할 수 없다고 하는 것은 속단이며, 기존의 법률현상에 대해서도 그 요건을 추출하여 공공신탁이론으로 파악할 여지가 있는지 검토해 볼 필요가 있다. 미국에서의 공공신탁 이론도 결국 입법으로 뒷받침되지 못한 상황에 대해 대처하기 위하여 제기된 이론이라 할 수 있다.

필자는 미국의 예를 보더라도 공공신탁이론이 반드시 지금까지는 존재하지 않았던 새로운 것을 창설하는 것이라기보다는, 그것이 아니라 종래에도 같은 취지의 생각을 해오고 있었으나 그것을 공공신탁이라는 개념으로 추출해서 인식하지 못하고 있다가 특정 사건을 계기로 비로소 공공신탁이라는 개념으로 인식되어 표현된 것이 아닌가 하는 생각을 해보게 된다.

미국법을 자세히 알지 못하는 한국의 법률가인 필자로서도 위에서 본 두 건의 미국판결의 결론에 대해서는 쉽게 수긍할 수 있는데,[14] 바로 이와 같이 쉽게 수긍할 수 있다는 점은 우리나라의 법률가들도 해당 사항에 대해 미국인들과 비슷한 사고를 할 수 있다는 점을 나타내주는 것이다.

아래와 같은 예가 있다고 가정해본다.

---

14) 필자의 공공신탁에 대한 이해가 아직 충분하다고 하기 어려우므로 현 단계에서는 잠정적인 견해이나, 지금까지 검토한 바로는 위 모노 판결이 일리노이 판결에 비해 공공신탁법리를 발전적으로 진화시켰다거나 특별히 더 유연하다는 주장에 대해 쉽게 수긍할 수 없다. 필자의 위 견해는 두 사건 사이의 시간차이, 그로 인한 미국의 법제와 법리의 변경 등을 상세하게 고려하지 않은 잠정적인 것이다.

[가상의 예]
정부가 국립공원 한라산을 甲기업에게 매도하였다.

해당 부동산이 국립공원인 한 국유재산법 제20조 제1항에 의하여 처분할 수 없을 것이나, 정부가 자연공원법에 따라 국립공원 지정을 해제하고 처분하는 경우를 생각해볼 수 있다. 위와 같은 예에서 국민의 반대여론에 직면한 정부가 위 계약이 무효라고 주장하거나 취소하는 경우, 법원은 위 매도과정에 법적 하자가 없었더라도 틀림없이 위 계약이 공공질서나 사회상규에 반하는 것으로 보아 정부의 손을 들어줄 것이다.

그런데 위 경우 공공질서나 사회상규란 무엇인가? 바로 다음 세대를 포함한 국민 전체가 국립공원의 혜택을 누릴 수 있게 해주어야 할 국가의 의무와 이에 협조할 국민 전체의 의무를 의미할 것이다. 이러한 의무들이 추상적이며 선언적인 것에 지나지 않는다고 할 수는 없다. 바로 이러한 의무들이 구성하는 법률관계를 공공신탁이라 파악할 수 있는 가능성은 충분히 있다.

공공신탁 개념 자체가 실정법상 명백한 것이 아니고, 판례로서 구체화된 사례도 갖고 있지 못한 우리나라에서 현단계에서 우리나라의 법제가 공공신탁 개념을 갖고 있다고 단언하기 어려운 면은 있다. 그러나 이 점에 관해서도 우리나라는 우리나라 독자적인 법률체계를 비교적 늦게 갖춘 탓에 상대적인 의미에서 완비된 법률체계를 갖고 시작하였고, 그래서 미국의 일부 판례에서 보는 바와 같은 문제가 생길 여지가 아예 없었던 점을 고려하여야 한다. 그 점 때문에 상대적으로 공공신탁 개념을 인식할 필요가 없었던 것일 뿐이며, 미국법제에서 말하는 공공신탁의 개념은 우리나라에서도 충분히 인식할 수 있다고 생각한다. 물론 그것을 구체적인 사안에서 실제로 적용할 것인지 여부는 매우 신중하게 결정하여야 한다. 필자의 생각으로는 최소한 국민 전체나 해당 지역 사회 구성원들이 일반적으로 누릴 수 있는 권리에 관한 것이어야 비로소 적용여지가 있다고 본다.

이러한 관점에서 본다면, 우리나라 법제에서도 공공신탁의 개념을 인정할 수 있으며, 입법조치없이도 필요하다면 재판을 통해 적용할 가능성도 없지 않다. 현 단계에서는 공공신탁의 법리를 적용하여 매우 구체적이며 적극적인 특정 권리의무의 실행을 명하는 내용의 판결은 불가능하다.[15] 공공신탁 이론이 그만큼 다듬어져 있지 못하기 때문이다. 지금으로서는 위 미국의 판례와 같이 옳지 못한 중요국민자산의 이전을 무효화하는 법리로서 작용할 수 있을 것이다.

미래세대에 대한 배려는 우리나라의 법률에도 이미 반영되어 있다. 환경정책기본법 제 2 조(기본이념)는 "… 현재의 국민으로 하여금 그 혜택을 널리 향유할 수 있게 함과 동시에 미래의 세대에게 계승될 수 있도록 함을 이 법의 기본이념으로 한다"라고 하고 있고, 지속가능발전 기본법 제 1 조(목적)는 "이 법은 지속가능발전을 이룩하고, 지속가능발전을 위한 국제사회의 노력에 동참하여 현재 세대와 미래 세대가 보다 나은 삶의 질을 누릴 수 있도록 함을 목적으로 한다"라고 규정하고 있으며, 국민신탁법 제 2 조는 국민신탁을 "제 3 조의 규정에 따른 국민신탁법인이 국민·기업·단체 등으로부터 기부·증여를 받거나 위탁받은 재산 및 회비 등을 활용하여 보전가치가 있는 문화유산과 자연환경자산을 취득하고 이를 보전·관리함으로써 현세대는 물론 미래세대의 삶의 질을 높이기 위하여 민간차원에서 자발적으로 추진하는 보전 및 관리 행위"로 정의내리고 있다.

비교적 최근에 널리 알려진 사건으로 공공신탁의 법리가 적용될 여지가 발견되는 두 건에 관한 대법원판례가 있다.

* 대법원 2006. 3. 16. 선고 2006두330 전원합의체 판결(새만금사건) : 다수의견에 대한 보충의견

「다만, 자연환경은 그 속성상 한번 파괴되면 이를 회복하는 것이 어려울 뿐만 아니라, 자연환경은 현재 세대의 생존의 기초가 되는 동시에 장래 세대에 대하여도 역시 생존의 기초로 유지되어야 할 자산이다. 새만금간척종합개발사업과 같이 환경 훼손의 우려가 있는 대규모의 국책사업의 경우 신중한 판단을 위하여 사전에 환경피해의 범위 및 정도 등에 대한 철저한 조사 등이 우선되어야 한다.」

---

15) 위에서 설명한 대로 이러한 것은 입법으로도 불가능에 가깝다.

* 대법원 2006. 6. 2. 자 2004마1148, 1149 결정(도롱뇽사건)

위 헌법정신을 구체화한 환경정책기본법은, 환경보전이 국민의 건강한 생활의 향유뿐 아니라 국토의 보전과 항구적인 국가발전에 필수불가결한 요소로서 국가 및 환경관련 사업의 시행자가 환경을 보다 양호한 상태로 유지·조성하도록 노력하고, 환경을 이용하는 모든 행위를 할 때에는 환경보전을 우선적으로 고려함으로써 현재의 국민으로 하여금 그 혜택을 널리 향유할 수 있게 함과 동시에 미래의 세대에게 계승될 수 있도록 함을 기본이념으로 천명하고(제2조),」[16]

이와 같이 우리나라의 법률과 판례들은 이미 미래세대에 대한 배려를 기성법리로 이해하고 있다. 물론 법률상으로는 이념이나 목적에 관한 내용이고, 판례상으로도 구체적인 권리의무의 직접적인 근거라기보다는 특정 내용을 정당화하는 기본 요소의 하나로 반영되어 있는 것이므로, 공공신탁의 법리에 바탕을 둔 구체적인 신탁법률관계가 형성되어 있다고 하기에는 부족하다 하겠으나, 이 점은 미국의 공공신탁의 법리에서도 마찬가지이다.

결론적으로, 공공신탁의 법리는 아직까지 우리나라에서 구체적인 기능을 발휘한 사례는 없으나, 법원칙이나 이념 차원의 법원리로서는 충분히 기능하고 있다고 볼 수 있다. 법리가 반드시 적극적인 의미에서 구체적인 요건을 갖추고 그에 대한 법률효과가 확정되어 있어야만 하는 것은 아니기 때문이다.

이상의 이유로 필자가 보기에는 우리나라에서도 공공신탁법리를 인정할 여지는 충분히 엿보이나 아직까지 전면에 드러나지 않고 있는 이유를 정리

16) 위 결정은 도롱뇽사건 중 공사착공금지가처분사건에 관한 것이고, 그 제1심 결정은 울산지방법원 2004. 4. 8.자 2003카합959 결정이며, 원심은 부산고등법원 2004. 11. 29.자 2004라41 결정이다. 같은 사실관계에 관하여 울산지방법원 2004. 4. 8.자 2003카합982 결정이 있었고, 부산고등법원 2004. 11. 29.자 2004라42 결정이 있었는데, 이 두 사건이 대법원에서 병합되어, 위 본문의 결정이 나왔다.

그런데, 金泓均, 앞의 책(주13), 437면에서는, 공공신탁을 설명하면서 그 말미에 위 울산지방법원 2004. 4. 8.자 2003카합982 결정문의 일부를 소개하고 있다. 위 문헌이 이 결정의 의미에 대해 명확히 설명하고 있는 것은 아니나, 그 바로 앞에서, "우리나라와 같이 정부의 부작위에 대하여 강제하는 기능을 갖는 의무이행소송이나 시민소송(citizen suit) 제도가 구비되지 못한 상태에서는 자연 그 자체를 보호하기 위한 제도적 장치를 마련한다는 것이 큰 의미를 갖게 될 것이다"라고 설명하고 있는 점에 미루어 보면, 위 결정에서 공공신탁법리의 片鱗을 추출할 수 있다고 본 듯하다.

해보면, 첫째, 공공신탁법리가 아직은 우리나라에 생소하고 그래서 공공신탁법리로 표현할 수 있는 경우에도 그러한 법리를 인식하지 못했기 때문이고, 둘째는, 실제로 공공신탁이 적용될 만한 사건이 드물었기 때문이라고 할 수 있다.

필자는 위에서 우리나라에서는 가령 공공신탁의 법리를 의식하지 않더라도 공공질서나 사회상규의 일부로 드러날 수도 있을 것으로 보았으나, 그렇다 하더라도 그와 별개로 공공신탁개념을 인정할 의의가 있다. 공공질서나 사회상규는 환경에만 국한되는 개념이 아니기 때문이다. 이러한 점에 착안한다면, 공공신탁의 개념이 공공질서나 사회상규를 좀 더 구체화하는 도구로 기능할 여지도 있다.

필자가 위와 같이 우리나라에서도 공공신탁 개념을 인정할 수 있음을 주장하는 데에는 다른 이유가 있다. 필자는 위에서 주장한 대로, 공공신탁법리가 기존의 법률관계를 바꾼다는 의미에서의 적극적인 기능을 갖기는 어렵다고 생각하며 소극적인 면에서 어떤 상황을 사후에 규율하는 국면에서 작용하리라 생각하는데, 이러한 측면에서 공공신탁을 긍정적으로 인식하는 것은 상당한 의미가 있기 때문이다. 즉, 공공신탁개념을 인정함으로써 친환경적인 결론에 훨씬 더 쉽게 도달할 수 있으리라 생각되는 것이다.

Ⅲ. 신탁법상의 공익신탁[17]

신탁이란 용어에 포괄되는 범위는 다양하게 파악될 수 있으나, 현재의 우리나라의 법체계상으로는 신탁법상의 신탁제도가 가장 기본적인 것이라 할 수 있다.

신탁법에 따른 일반적인 신탁도 경우에 따라서는 환경보호기능을 할 수도 있으나, 일반적인 신탁이 환경보호를 위한 제도라고 할 수는 없다. 신탁법에서 규정한 내용 중 환경보호의 측면에서 의미있는 것은, 신탁법 제65조 이

17) 환경과 공익신탁 문제에 관한 일본에서의 논의와 상황을 비교적 잘 설명하고 있는 문헌으로, 雨宮孝子, "環境問題と信託," ジュリスト(No. 1164)(1999. 10. 1.), 112면 이하. 특히 이 문헌 114면, 116면에 당시의 환경관련 공익신탁의 상황이 잘 정리되어 있다. 이 문헌에 따르면 일본에서는 우리나라에 비해 공익신탁이 훨씬 많이 활용되고 있음을 알 수 있다.

하에서 규정하고 있는 공익신탁제도이다.[18] 공익신탁제도 역시 환경보호만을 위한 것은 아니나, 신탁법이 들고 있는 공익신탁의 신탁목적은 '학술, 종교, 제사, 자선, 기예 기타 공익'인데, 여기서의 '기타 공익'에 환경보호가 포함될 수 있다.

일반적인 신탁이 환경보호를 위해서 사용되는 데 적절하지 않은 이유는 수익자 지정에 관한 문제도 있으나, 영속성에 관한 점이 가장 크다. 즉, 영미에서는 永久權禁止原則(rule against perpetuity)에 의해 신탁설정 당시 현존하는 자의 일생 동안 및 그들 중 최후의 생존자의 사후 21년간을 넘어서서는 신탁이 유효하지 않는 것으로 본다.[19] 그러나 공익신탁에 관해서는 그렇지 아니하다.[20]

일본의 경우 구신탁법에서는 유효기간의 제한에 관한 규정을 두지 않았으나, 신신탁법 제91조는 소위 유언대용신탁에 관하여 당해 신탁이 설정된 때부터 30년을 경과한 이후에 현존하는 수익자가 당해 정함에 의하여 수익권을 취득한 경우 당해 수익자가 사망하기까지 또는 당해 수익권이 소멸하기까지 그 효력을 갖는다고 규정함으로써, 일반적인 유효기간의 제한을 두고 있다. 그러나 이러한 규정은 공익신탁에 대해 적용되지 않는 것으로 보아야 할 것이다.

우리나라의 경우 명문의 규정은 없으나, 일반적인 신탁에 관해서는 대략 일본의 신신탁법에 따른 정도의 제한이 적용되어야 한다고 보는데, 공익신탁에 관해서는 일본과 마찬가지로 그 제한이 적용되지 않는다고 보아야 한다.

그렇다면 공익신탁의 경우 실질적으로 영구적으로 운영될 수 있으므로, 제도상으로는 큰 문제가 없어보이나, 실제로는 거의 이용되지 않고 있다. 그 이유는 여러 가지가 거론될 수 있으나, 우리나라에서는 ① 종교적 전통이 서구 여러 나라와 달라 공익활동이 활발하지 못했던 점, ② 일제의 영향하에 민

18) 이 글은 환경보호의 측면에서 신탁제도를 살펴보는 것을 목적으로 하고 있으므로, 공익신탁에 대한 일반적인 설명은 하지 않기로 한다. 참고로 일본은 2006년 신탁법을 전면 개정하였으나, 공익신탁 부분은 개정하지 않고 그대로 두되, 구신탁법 중 공익신탁에 관한 부분만으로 '公益信託ニ関スル法律'이라는 단행법으로 만들었다. 2009. 7월 현재 우리나라에서도 신탁법 개정작업이 진행되고 있으나, 공익신탁에 관한 논의는 거의 이루어지지 않고 있다.

19) 이에 대한 예외적 상황도 물론 존재한다. 崔東軾, 信託法, 法文社(2006), 78면 이하 참고.

20) 미국의 Restatement(Second) of Trusts에서는 이 점을 명시적으로 규정하고 있다. * 原文 §365. Duration Of Charitable Trusts : A charitable trust is not invalid although by the terms of the trust it is to continue for an indefinite or an unlimited period.

간의 자발성을 존중하여 공익활동을 육성하는 환경이었다기보다는 관료주도형 공익활동에 더욱 친숙하였다는 점, ③ 세제상의 배려부족, ④ 소득수준이 낮았다는 점 등으로 인하여 공익활동 자체가 적었다는 점과 ① 재단법인에 비하여 늦게 시작됨에 따른 後發의 不利, ② 법체계상의 불비, ③ 영업신탁을 위주로 신탁이 발달해온 점, ④ 금융기관이 수탁자로서 부적합하다는 분위기, ⑤ 입법 및 행정당국자의 불성실 등을 공익신탁제도의 부진을 이유로 드는 견해가 있다.[21)]

필자가 보기에는 위 견해가 설득력이 있는데, 특히 구체적으로 신탁을 설정하는 경우를 상정해놓고 보면, 그간 환경보호를 위해 신탁을 설정하려고 해도 누구를 수탁자로 할 것인지 정하기 어려웠을 것으로 생각된다. 그러나 이제는 국민신탁운동이 꾸준히 전개되고 있는 상황이고, 그에 따라 한국내셔널트러스트나 국민신탁법에 따른 특수법인이 적절한 수탁자가 될 수 있으므로, 국민신탁운동은 이러한 측면에서도 공익신탁의 활성화를 위하여 중요한 역할을 담당할 가능성을 갖고 있다고 생각된다.

Ⅳ. 국민신탁

영국에서 시작된 국민신탁은 이미 세계 여러 나라에서 운영되고 있고, 우리나라에서도 민간운동으로 시작된 이후 관련법률이 제정되기에 이르렀다. 이 제도는 환경보호수단으로서 매우 중요한 의미를 가진다.

---

21) 李濬成, "公益信託에 관한 硏究," 博士學位論文, 東國大學校大學院(1991), 175면 이하. 참고로, 이 문헌 180면 아래에서 서울신탁은행의 전신인 한국신탁은행이 1970. 11. 10.부터 재무부장관의 허가를 얻어 실시해오고 있는 공익신탁을 소개하고 있다. 이 문헌에서 소개하는 국내의 실제 공익신탁의 유일한 예이다. 한편, 崔東軾, 信託法, 法文社(2006), 436면은 위 문헌에서 소개하는 공익신탁사례를 그대로 설명하고 있다. 여기서 소개된 공익신탁 외에 우리나라에 실제 공익신탁이 있었는지는 조사하지 못하였으나, 15년을 사이에 둔 두 문헌의 소개에 변함이 없는 것만 보아도 공익신탁의 활용은 극히 부진하였음을 엿볼 수 있다.

1. 영국의 국민신탁[22)]

영국에서는 1894년 7월부터 사회운동가인 Octavia Hill 여사, 변호사인 Robert Hunter 경, 사회사업가인 Hardwicke Rawnsely 신부 등 세 사람이 무분별한 개발과 산업화로 인해 역사적 가치가 있는 건물이나 전원지역이 소멸

22) 이 부분의 설명은, 이동희, "국민신탁의 활성화를 위한 법제정비 : 문화유산과 자연환경자산에 관한 국민신탁법안을 중심으로," 법제개선연구(9집), 법제처(2005. 12.), 19면 이하에 의존하였다. 동 문헌의 30면 이하에서는 호주 및 일본의 사정에 대해서도 설명하고 있다. 아울러, 金南勳, 앞의 논문(주13), 85면 이하 참고.

한편, 국내외 내셔널트러스트 운동의 사례를 잘 요약정리한 논문으로, 李相敦, "내셔널 트러스트 운동과 관련법제에 관한 연구," 중앙법학(11집 1호)(2009. 4.), 615면 이하 참고. 이 논문에서 들고 있는 사례를 보면, 영국에서는 '歷史的·自然美的 重要性을 갖고 있는 地點을 위한 내셔널 트러스트', '잉글리시 헤리티지'가 있었고, 미국에서는 '마운트 버논을 보존하기 위한 여성들의 모임', '保存 수탁자들', '역사적 뉴잉글랜드', '歷史保存을 위한 내셔널 트러스트', '네이쳐 컨저번시', 기타 '랜드 트러스트 단체'(현재 미국에는 이런 민간단체가 1,700개 이상 있다고 한다)가 있고, 1966년 '國家歷史保存法'(The National Historic Preservation Act)이 있다고 한다. 한편 우리나라에서는 '광주 무등산 共有化 운동', '대전 오정골 宣教師村 보전운동', 서울 서초구의 '우면산 내셔널 트러스트' 및 사단법인 '한국 내셔널 트러스트'가 있다고 설명하고 있다.

참고로, 최근에 무등산공유화재단 활동에 관한 언론보도가 있었으므로 이를 소개한다.

「"광주시민 5만6천명이 무등산을 샀다?" : 무등산공유화운동 5만6천명 모금 … 53만여㎡ 등기

"광주의 상징이자 시민들의 쉼터인 무등산을 지키기 위해 5만명이 넘는 시민·사회단체가 '땅 한평 갖기'에 동참했다. 재단법인 무등산공유화재단은 20일 무등산공유화운동에 시민 5만6천여명과 사회단체 등이 모금에 동참하고 기부해 무등산 땅 53만3천여㎡의 등기를 마쳤다"고 밝혔다. 서울 등 일부지역에서 공유화 운동(내셔널 트러스트)이 추진되고 있지만 무등산 처럼 많은 토지를 확보한 경우는 드물다. 이 무등산공유화운동은 "시민 모두가 주인이 돼 무등산 자락의 아름다운 경관과 조망권을 보존하고 지키자"라는 취지로 무등산보호협의회 창립 10주년인 1999년부터 본격적으로 시작됐다. 무등산을 무분별한 난개발에서 막고 보전하기 위해 출발한 이 운동은 8월말 현재 모인 금액은 6천700여만원. 재단은 그동안 시민들의 정성이 모이면 무등산 골짜기를 사고 산을 사들였다. 자연과 역사가 배어 있고 희귀동식물, 상수원 보존지역 등이 토지매입의 최우선 대상이었다. 평두메계곡 13만여㎡, 화암계곡 11만여㎡, 화순군 이서면 일대 1만8천843㎡ 등 시민의 정성으로 사들인 땅만 45만2천366㎡에 달했다. 시민들의 기부도 적지 않아 지난 2000년 김복호씨(사업가)가 기증한 동조골 일대 땅 1천408㎡를 시작으로 2003년에는 진재량씨(사업가)와 조건국(의사)씨가 원효계곡과 용추계곡에 각 3만1천835㎡와 1만6천여㎡를 내놓았다. 2004년에는 우산학원 설립자인 고(故) 최기영씨가 화암계곡 1만9천여㎡를 기증하는 등 모두 8만847㎡의 토지를 기증받았다. 공유화운동 이후 무등산 정상 일대 군부대가 이전(41만여㎡)하고 원효사지구 원주민촌 철거(3만7천여㎡), 광주호 생태공원 조성(18만4천여㎡) 등으로 63만여㎡가 복원되기도 했다. 곽화진 무등산보호단체협의회 운영이사는 "무등산 사랑 운동은 세계적으로도 유례를 찾기 어려운 산 사랑 운동"이라며 "광주를 문화 중심도시로 가꿔가는 데도 한몫을 할 것으로 기대된다"고 말했다.」

http://news.chosun.com/site/data/html_dir/2009/09/20/2009092000164.html?Dep0=chosunmain&Dep1=news&Dep2=headline1&Dep3=h1_06 참고. 보통은 우리나라의 기부문화가 활발하지 못하다고 이야기되나, 위 기사를 보면 명분만 인정되면 꼭 그런 것도 아니라는 생각을 해보게 된다.

또는 훼손되는 것을 막기 위하여 이들의 매입운동을 전국적으로 전개하기 시작하였고, 1895년에 회사법에 근거하여 'The National Trust'[23]라는 단체를 설립하였다. 그 후 1907년에 이르러 이러한 운동을 제도적으로 뒷받침하기 위하여 '국민신탁법'(National Trust Act)이 제정되었고, 이를 계기로 국민신탁 운동이 전국적으로 활성화되어 오늘날 영국의 대표적인 환경운동의 방식으로 자리잡게 되었다.

위와 같은 영국 국민신탁의 정식 명칭은 '보전·쾌락 및 여가신탁'(CART : Conservation, Amenity and Recration Trust)이며, 자연보전과 환경개선, 공중의 레크리에이션을 위한 쾌적함과 기회의 제공, 자연경관유산의 보전을 통하여 광범위한 공공의 이익을 증진시킬 목적을 지닌 토지를 소유, 임차하거나 장기적 관리책임을 지는 대규모 비영리 또는 자선 조직을 말하는데, 2004년 현재 잉글랜드, 웨일즈 및 북아일랜드에 2,480㎢의 토지, 960㎞의 해안선, 성 및 대저택 등 200채 이상의 건축물을 보유하고 있고, 회원은 300여만명, 2003년도 예산은 3억 파운드에 이르고 있다.

영국의 국민신탁은 ① 목표에 있어 환경가치를 사회자본(Social Capital)으로 전환시키는 운동이며, ② 방법에 있어서 시민의 현금 내지 자산기부를 매개로 하는 운동이고,[24] ③ 활동영역에 있어서 환경가치를 적극적으로 구현해내는 종합적·지속적 운동이며, ④ 조직관리에 있어서 지속적으로 전개해 나갈 수 있는 조직의 네트워크 및 법적 지위와 권한이 확립되어 있는 운동이라는 네 가지 구성원리를 가지고 있다고 한다.

2. 우리나라의 내셔널트러스트와 국민신탁제도

영국에서 시작된 위와 같은 국민신탁운동은 세계적으로 퍼져 우리나라에서도 2000. 1월 사단법인 '한국내셔널트러스트'가 창립되어 활동을 하기에 이르렀는데,[25] 한국내셔널트러스트는 자연환경보호뿐 아니라 문화유산보호도

23) 이 단체는 현재 National Trust for Places of Historic Interest or Natural Beauty로서 잉글랜드, 웨일즈 및 북아일랜드에서 활동중이다. 스코틀랜드에서는 National Trust for Scotland라는 별도의 단체가 활동하고 있다.

24) '한 사람의 10,000파운드보다 1만명의 1 파운드씩을'이 영국 국민신탁 운동의 원칙이라 한다.

25) 2000. 1월에 창립되었다면, 그 이전에 이미 어느 정도의 논의와 활동이 있었을 것으로 이해되나, 이 글에서는 더 이상 다루지 않는 것으로 한다. 한국내셔널트러스트의 홈페이지 어드레

목표로 하고 있다.

한편, 국민신탁법의 제정 결과 자연환경국민신탁[26]과 문화유산국민신탁[27]이 창립되었고, 따라서 우리나라의 국민신탁운동은 국민신탁법에 따른 두 개의 특수법인[28]에 의한 것과 특수법인에 의한 것이 아닌, 순수한 민간운동 차원의 것으로 이원화되게 되었다.

국민신탁법은 국민신탁을 추상적으로 정의하여 국민신탁운동 전반에 대해 규율하는 것이 아니라, 동법에 의하여 설립되는 국민신탁법인에 의한 활동에 대해서만 규정하고 있다. 따라서 한국내셔널트러스트에 의하여 대표되는 순수한 민간차원[29]의 국민신탁운동은 국민신탁법의 적용을 받을 수 없고, 일반적인 법리에 의하는 수밖에 없다. 이에 따라 한국내셔널트러스트에서는 국

스는 www.nationaltrust.or.kr이며, 같은 곳에서는 한국내셔널트러스트 운동의 경과를 다음과 같이 소개하고 있다.

- 2000년 1월 내셔널트러스트운동 정착을 위한 워크숍
- 2000년 1월 한국내셔널트러스트 주최 국회환경포럼
- 2001년 7월 전국내셔널트러스트 네트워크 회의
- 2001년 7월 한국내셔널트러스트 주최 국회환경포럼
- 2002년 1월 제1회 내셔널트러스트운동 전국대회 개최
- 2002년 5월 내셔널트러스트 전국 네트워크 모임
- 2002년 12월 내셔널트러스트 운동단체 실무자 워크숍 개최
- 2003년 3월 내셔널트러스트 전국 네트워크위원회 진행
- 2003년 8월 '내셔널트러스트운동 활성화를 위한 법제연구' 연구용역 계약 체결
- 2003년 11월 내셔널트러스트법 제정을 위한 연구용역 중간보고대회
- 2003년 12월 내셔널트러스트법 연구용역 점검회의
- 2004년 2월 내셔널트러스트법 연구용역 최종 보고대회
- 2004년 7월 내셔널트러스트법 입법을 위한 시민단체 워크숍(총 8회 개최)
- 2004년 10월 내셔널트러스트법 입법을 위한 환경단체-환경부 간담회
- 2004년 10월 '문화유산과 자연환경자산에 관한 국민신탁법'(이하 국민신탁법) 입법예고
- 2004년 11월 국민신탁법 입법을 위한 내셔널트러스트 전문가 공청회
- 2006년 3월 법률 제7912호 국민신탁법 입법
- 2007년 3월 국민신탁법 시행령 공포

26) 홈페이지 어드레스는 'www.trustnature.org'이며, 환경부장관이 감독관청이고(국민신탁법 제4조 제2항), 2007. 3. 21. 설립되었다. * 이하 법령명을 인용하지 않는 경우는 모두 국민신탁법 조문이다.

27) 홈페이지 어드레스는 'www.nationaltrustkorea.org'이며, 문화재청장이 감독관청이다(제4조 제2항).

28) 이하 특히 국민신탁법에 관해 서술함에 있어 위 두 법인을 모두어 표현할 때는 '특수법인'이라고 한다.

29) 국민신탁법은, 특수법인에 의한 것만 규정하면서도, '민간차원'이라고 규정하고 있다. 따라서 위 본문에서 말하는 '순수한 민간차원'이란, '국민신탁법에 의하지 아니한'이라는 의미이다.

민신탁법의 미비점, 위 특수법인들과의 불공평 문제 등을 지적하여 국민신탁법 개정을 요구하고 있다.30)

2009. 7월 현재까지는 한국내셔널트러스트가 신탁법상의 신탁에 의하여 자산을 취득한 예는 없는 듯하다. 또한 문제점 중 하나로, 농지가 환경보호를 위한 자산일 경우, 위 법인이 법적으로 그 자산을 취득할 수 없다는 점이 있다. 그와 같은 자산에 관해서는 소유권을 넘겨받지 못하고, 위 법인명의로 가등기를 하거나 등기부상 소유주와 협약을 체결하는 방법을 취하고 있다.31)

2009. 7월 현재 위 법인이 확보32)한 환경관련 자산으로는 다음과 같은 것들이 있다.33)

구분	명 칭	소 재 지	면 적	확 보 일
1	강화 매화마름 군락지	인천시 강화군 길상면 초지리	3,009㎡	2002. 5. 12.
2	연천 DMZ 일원 임야	경기 연천군 중면 적거리 민간입출입통제선 내부 (산 145, 산 343, 산 363)	총 39,372㎡	2007. 11. 9.
3	원흥이 방죽 두꺼비 서식지34)	충북 청주시 흥덕구 산남동 205	1,008㎡	2009. 5. 14.

국민신탁법에 의한 특수법인의 활동이 시작되고 나서 아직 충분한 시간이 흐르지 아니하였으므로 그 성과를 판단하기에는 이르다고 생각되며, 아울러 국민신탁을 위와 같이 순수한 민간활동영역으로 두고 그에 대한 지원 및 규제제도를 두는 것이 좋은지, 아니면 특수법인에 의해서만 가능하게 할 것인

30) http://www.nationaltrust.or.kr/board/board.asp?bid=faq 참고.

31) 여기서 소개하는 내용은 홈페이지의 설명과 관계자와의 비공식 면담결과에 의한 것이다. 따라서 필자가 잘못 이해한 내용이 있을 수도 있다. 한편 농지취득이 불가능하다는 점은 특수법인들에 대해서도 마찬가지이다.

32) '확보'하였다 함은 소유권을 취득한 경우, 취득하지 못한 경우를 모두 포함한다.

33) 아래의 내용은 한국내셔널트러스트의 홈페이지에 소개된 내용이다. 그런데, 필자가 이 글의 집필과정에서 입수한 한국내셔널트러스트의 안내팸플릿, '시민의 기증과 기부로 만들어가는 자연과 문화유산이 아름다운 나라'에는 위 각 자산 외에 '동강 제장마을'(강원 정선군 신종읍 덕천리 제장마을, 면적 17,166㎡)도 열거되어 있다.
　한편, 위 자산 중 연천 DMZ 일원 임야 3필지는 기증자가 한국내셔널트러스트에 증여하였다. 원흥이 방죽 두꺼비 서식지는 아직 한국내셔널트러스트로 소유권이 넘어오지 못한 상태이다. 강화 매화마름 군락지와 동강 제장마을의 소유명의는 확인하지 못하였다.

34) 이 자산은 '(사)두꺼비친구들'이 관리하고 있다.

지, 민간운동 및 특수법인에 의한 활동을 併置하는 것이 바람직한 것인지 등 국민신탁 전반에 대해 다루는 것은 이 글의 범위를 벗어난다. 따라서 위와 같은 전반적인 검토는 추후의 과제로 미루고, 이 글은 이미 법제화된, 특수법인에 의한 국민신탁에 관한 연구에 집중하는 것으로 하며, 특히 자연환경국민신탁을 주요한 고찰대상으로 삼는다.

3. 국민신탁법에 따른 국민신탁제도의 개요

2007. 3. 25. 국민신탁법이 시행되었는데, 자연환경자산 보호를 직접적인 입법목적으로 하고 있는 제도가 창설되었다는 데 큰 의의가 있다.

국민신탁법 본문은 총 23개 조문으로 구성되어 있는데, 제 1 조(목적)에서 국민신탁법의 목적을, "문화유산 및 자연환경자산에 대한 민간의 자발적인 보전·관리 활동을 촉진하기 위하여 문화유산국민신탁 및 자연환경국민신탁의 설립 및 운영 등에 관한 사항과 이에 대한 국가 및 지방자치단체의 지원에 관한 사항을 규정함"이라고 하고 있으며, 환경에 관한 활동대상인 '자연환경자산'이란 다음의 어느 하나에 해당하는 지역의 토지·습지 또는 그 지역에 서식하는 「야생동·식물보호법」 제 2 조 제 2 호의 규정에 따른 멸종위기야생동·식물을 말한다(제 2 조 제 3 호).

가. 「자연환경보전법」 제12조 제 1 항 각 호[35]의 규정에 따른 지역

나. 「습지보전법」 제 8 조 제 1 항 각 호[36]의 규정에 따른 지역

---

35) 제12조(생태·경관보전지역)

① 환경부장관은 다음 각호의 어느 하나에 해당하는 지역으로서 자연생태·자연경관을 특별히 보전할 필요가 있는 지역을 생태·경관보전지역으로 지정할 수 있다.

1. 자연상태가 원시성을 유지하고 있거나 생물다양성이 풍부하여 보전 및 학술적 연구가치가 큰 지역
2. 지형 또는 지질이 특이하여 학술적 연구 또는 자연경관의 유지를 위하여 보전이 요한 지역
3. 다양한 생태계를 대표할 수 있는 지역 또는 생태계의 표본지역
4. 그 밖에 하천·산간계곡 등 자연경관이 수려하여 특별히 보전할 필요가 있는 지역으로서 대통령령이 정하는 지역

36) ① 환경부장관·국토해양부장관 또는 시·도지사는 습지 중 다음 각호의 1에 해당하는 지역으로서 특별히 보전할 가치가 있는 지역을 습지보호지역으로 지정하고, 그 주변지역을 습지주변관리지역으로 지정할 수 있다. <개정 2005. 3. 31, 2008. 2. 29>

1. 자연상태가 원시성을 유지하고 있거나 생물다양성이 풍부한 지역
2. 희귀하거나 멸종위기에 처한 야생동·식물이 서식·도래하는 지역

다. 「야생동·식물보호법」 제27조 제 1 항[37]의 규정에 따라 멸종위기야생동·식물의 보호 및 번식을 위하여 특별히 보전할 필요가 있는 지역과 동법 제33조 제 1 항[38]의 규정에 따라 야생동·식물특별보호구역에 준하여 보호할 필요가 있는 지역

국민신탁법인은 장기적인 계획(기본계획)을 10년마다 수립하여야 하며(제 5 조 제 1 항), 매년 연도별 시행계획을 수립하여야 하고(제 6 조), 다음과 같은 사항이 기본계획에 포함되어야 한다(제 5 조 제 2 항).

1. 문화유산 및 자연환경자산의 취득 및 보전·관리를 위한 목표·추진전략에 관한 사항
2. 보전재산의 기준·분류에 관한 사항
3. 보전재산으로 취득할 필요가 있는 대상물의 조사 및 목록작성에 관한 사항

국민신탁법인의 재산은 보전재산(문화유산 또는 자연환경자산)과 일반재산(보전재산을 제외한 자산)으로 나뉘는데(제 2 조 제 4 호, 제 5 호), 국민신탁법인은 재산을 신의에 따라 성실하게 보전·운용하여야 하고, 보전재산은 매각, 교환, 양여, 담보 또는 신탁하거나 출자의 목적으로 제공하지 못하며, 위반한 행위는 무효가 된다(제10조 제 1 항, 제 2 항).

문화유산 및 자연환경자산의 매입·보전 또는 관리로 용도를 지정하여 기탁된 현금·유가증권 또는 부동산 등의 재산을 "지정기탁재산"이라 하며, 지

---

3. 특이한 경관적·지형적 또는 지질학적 가치를 지닌 지역

37) 제27조(야생동·식물특별보호구역의 지정)
① 환경부장관은 멸종위기야생동·식물의 보호 및 번식을 위하여 특별히 보전할 필요가 있는 지역에 대하여 토지소유자 등 이해관계인 및 지방자치단체의 장의 의견을 듣고 관계 중앙행정기관의 장과 협의를 거쳐 야생동·식물특별보호구역(이하 "특별보호구역"이라 한다)으로 지정할 수 있다.

38) 제33조(야생동·식물보호구역의 지정 등)
① 시·도지사는 멸종위기야생동·식물 등을 보호하기 위하여 특별보호구역에 준하여 보호할 필요가 있는 지역을 시·도야생동·식물보호구역(이하 "시·도보호구역"이라 한다)으로, 시장·군수·구청장은 야생동·식물의 보호를 위하여 필요한 지역을 야생동·식물보호구역(이하 "보호구역"이라 한다)으로 각각 지정할 수 있다.

정된 용도별로 다른 일반재산과 구분하여 계리하여야 하고, 지정기탁재산은 기탁자와 합의한 경우를 제외하고는 그 용도를 변경할 수 없으나, 기탁자의 사망 등의 사유로 합의할 수 없는 경우에 한하여 이사회 및 총회의 의결을 거친 때에는 그러하지 아니하다(제11조).

국민신탁법인에는 회원으로 구성되는 총회를 두고 이와 별도로 이사회를 두어야 한다(제17조). 국민신탁법인에 관하여 국민신탁법인이 규정한 것을 제외하고는 민법 중 사단법인에 관한 규정을 준용한다(제18조). 자연신탁법인의 경우 신탁재산을 출연하는 사람·기관 또는 단체 등을 회원으로 한다(자연신탁법인 정관 제4조 제1항). 자연신탁법인 정관 제12조는 총회의 운영기관으로서 신탁평의회를 두도록 하고 있는데, 이는 이사회와 별개의 것이다. 자연환경국민신탁 홈페이지에 '회원탈퇴'에 관한 사항이 있는 것을 보면, 재산을 출연하였더라도 회원자격을 갖지 않을 수도 있는 것으로 이해된다.

특수법인은 자산의 소유권을 취득하지 아니한 형태의 활동도 할 수 있는데, 즉 문화유산 및 자연환경자산의 효율적인 보전·관리를 위하여 문화유산 및 자연환경자산의 소유자·점유자 또는 대리인과 협약(보전협약)을 체결하고, 소유자·점유자 또는 대리인이 당해 문화유산 및 자연환경자산을 성실하게 보전·관리할 수 있도록 필요한 지원을 하거나 당해 문화유산 및 자연환경자산을 대차하여 직접 보전활동을 할 수 있다. 보전협약을 체결한 자는 당해 재산의 권리관계가 변동되었거나 변동될 것으로 예상되는 때에는 그 사실을 지체없이 특수법인에게 통지하여야 한다(제19조, 제20조).[39)]

관계 중앙행정기관의 장, 시·도지사 및 시장·군수·구청장은 특수법인의 보전재산에 직접적인 영향을 미치는 행정계획을 수립·확정하거나 개발사업을 허가·인가·승인·면허·결정·지정 등을 하고자 하는 때에는 그 영향을 미리 검토하여 해당 중앙행정기관의 장에게 협의를 요청하여야 하는데, 행정계획의 경우 당해 계획의 수립·확정 전에, 개발사업의 경우 당해 사업의 허가 등을 하기 전에 하여야 한다. 다만, 당해 행정계획 또는 개발사업이 「환경정

39) 이러한 규정의 취지는 권리변동이 있기 전에 특수법인이 그 사정을 알고 필요한 조치를 할 기회를 얻기 위한 것으로 이해된다. 그러나 위 규정을 강제할 아무런 정함도 없다. 제23조에서 정하고 있는 과태료 규정에도 해당되지 않는다. 보전협약은 대개는 선의로 이루어지는 것이므로, 관계인이 절차규정에 위배하였다고 제재를 가하는 것은 부적절한 면이 있다. 그러한 점에서 위와 같이 규정할 수밖에 없었을 것이라는 점이 이해되기도 한다.

책기본법」 제25조의 2의 규정에 따른 사전환경성검토대상 또는 「환경영향평가법」 제 4 조 제 1 항에 따른 환경영향평가대상사업인 경우에는 환경부장관과의 협의를 생략할 수 있다(제21조 제 1 항, 제 2 항).

4. 자연환경국민신탁의 활동 현황

자연환경국민신탁은 그 홈페이지에 2008. 11월 현재의 신탁 현황을 토지, 현금 및 물품으로 나누어 고지하고 있는데, 가장 중요한 재산이라고 할 수 있는 토지 현황의 고지내용은 다음과 같다.[40][41]

구 분	신탁 현황	신 탁 자
해안선	제주 서귀포 강정마을[629㎡]	문국현[42]
백두대간	전북 무주 하오동(덕유산 자락) [68,790㎡]	허병섭, 이정진
비무장지대	DMZ 신탁 입법화(준비중)	
제주 곶자왈	제주 서귀포 오조리[1,164㎡]	문국현
강변·습지	부산 둔치도[8,691㎡]	(사) 부산 백만평 문화공원조성 범시민협의회
녹지	전북 진안 까막골(대둔산 자락) [5,851㎡]	김병종
전통마을	충남 연기 전의면[7,933㎡]	송정숙
계	93,058㎡	

앞서 본 대로, 자연환경국민신탁은 설립된 지 약 2년 반이 되었는데, 그 성과를 판단하기에는 아직 이르다. 가령 현 단계에서 문제점이 있다고 하더라도, 새로운 제도이기 때문에 오는 제반 조치의 미비와 재정부족 등에 기인하는 경우가 대부분일 것이다. 이 글에서 인용한 자료 및 주어진 여건을 고려할 경우, 비교적 좋은 성과를 내고 있는 것이 아닌가 하는 생각을 해본다.[43]

40) 한편 아래 표에 기재된 자산 중 부산 둔치도의 것은 보전협약을 체결한 경우이다. 현물신탁의 경우, 신탁하는 기업이나 개인들과 MOU를 체결하는 형식을 취하는 경우가 있고, 후원영수증으로 처리하는 경우가 있다. 본인이 입수한 자료에 따른 2009. 3월 현재의 토지 및 건물 신탁재산 현황은 별지와 같다.

41) 참고로, 문화유산국민신탁은 그 홈페이지에서 현재 옛 보성여관과 울릉도 이영관 가옥을 보전 문화유산으로 들고 있다.

42) 자연환경국민신탁 이사장이기도 하다.

43) 이 글은 제도에 대한 분석에 중점을 두고 있고, 구체적인 운영실태까지 조사한 결과에 바탕

5. 국민신탁의 정의

가. 정 의

한국내셔널트러스트에 의한 국민신탁활동은 특별히 법적인 정함이 없으므로, 그 법적 성격을 규정하는 것이 쉽지 않다. 게다가 국민신탁법이 정한 국민신탁개념의 그것과 일치되지도 않는다.

국민신탁법의 정의를 살펴보면, 동법 제2조는 국민신탁을 "제3조의 규정에 따른 국민신탁법인이 국민·기업·단체 등으로부터 기부·증여를 받거나 위탁받은 재산 및 회비 등을 활용하여 보전가치가 있는 문화유산과 자연환경자산을 취득하고 이를 보전·관리함으로써 현세대는 물론 미래세대의 삶의 질을 높이기 위하여 민간차원에서 자발적으로 추진하는 보전 및 관리 행위"로 정의내리고 있다.

한편, 한국내셔널트러스트는 내셔널트러스트 운동을, "시민들의 자발적인 자산기증과 기부를 통해 보전가치가 높은 자연환경과 문화유산을 확보하여 시민의 소유로 영구히 보전하고 관리하는 시민운동"이라고 정의하고 있다.

위 두 가지 정의를 비교해보면, 문화유산과 자연환경 자산을 취득(또는 확보)하여 보전한다는 점에서 일단 닮은 점이 있다. 그러나, 국민신탁법은 국민신탁을 민간차원에서 자발적으로 추진하는 것이라고 하면서도 특수법인에 의한 것이라고 하고 있는데, 특수법인이 곧바로 정부의 일부가 아니라는 점에서는 민간차원이라 할 수 있을 것이나, 그 행위자를 한정하였다는 점에 비추어 보면 순수한 민간차원이라 보기 어려운 점이 없지 않다.[44] 국민신탁법은 규율대상이 되는 행위자를 한정하고 있으므로, 제2조의 표현 중 '민간차원에서'라는 부분은 법률적인 면에서는 의미가 크지 않다.

하여간 국민신탁법은 동법에 따른 특수법인만의 활동으로 정의하고 있고, 한국내셔널트러스트는 시민운동으로 정의내리고 있으므로 위 두 정의는 그 대상이 완전히 다르다.

한편 국내문헌에서의 정의를 살펴보면, '자연환경 및 문화유산을 보전하기

을 둔 것이 아니라는 점에 주의를 요한다.

44) 이 점은 결국 '민간차원'이라는 규정의 의미를 어떻게 정의할 것인가의 문제이다.

위한 시민운동'으로 정의내린 경우[45]가 있는가 하면, 'National Trust'를 '보전가치가 있는 자연 및 문화유산을 시민들의 자발적인 기부 등에 의하여 매입하거나, 증여, 유증 등의 방법에 의하여 이를 취득하여 보전 및 관리하는 환경·문화운동'을 지칭한다고 해설하는 견해가 발견된다.[46] 이러한 학술상의 견해는 국민신탁법 제정 이전의 것으로, 영국의 국민신탁 정의를 따른 것이며, 한국내셔널트러스트의 정의와 같은 내용이라 할 수 있다. 위 정의에서 '취득'이라는 부분은 넓게 해석하여야 할 것이며, 소유권의 취득만을 의미하는 것은 아닌 것으로 보아야 한다. 관리권만을 취득하는 경우도 포함된다고 본다.

이와 같이 민간운동으로서의 국민신탁과 국민신탁법에 의한 그것은 기능의 면에서는 동일하나,[47] 개념상으로는 구분될 수밖에 없는데, 이러한 점은 국민신탁법이 특수법인에 의하지 아니한 일반적인 민간운동으로서의 국민신탁을 규율대상에서 배제한 것에서 초래되는 점이다. 특수법인에 의한 활동도 민간차원의 것이라고 한다면, 개념상 국민신탁법의 국민신탁은 일반적인 국민신탁에 포함되는 개념이라고 볼 수 있다.

위 두 가지 국민신탁은 개념상 구분되나 기능상으로는 겹치는 것이고, 연혁의 면에서도 결코 완전히 다른 것이라 하기도 어려우니, 이론의 면에서는 전부를 포괄하도록 국민신탁개념을 설정하는 것이 타당하다.[48] 역시 이론의 면에서는 국민신탁을 환경에 대한 것으로 국한시킬 수도 없다. 즉, 운영의 면은 물론이고 목적의 면에 관해서도 문화유산은 물론이고 앞으로 추가될 여지가 있는 것들까지 포괄되도록 정의되어야 한다.

이러한 점들을 종합하면, 넓은 의미의 국민신탁을

45) 이동희, "국민신탁의 활성화를 위한 법제정비 : 문화유산과 자연환경자산에 관한 국민신탁법안을 중심으로," 법제개선연구(9집), 법제처(2005. 12.), 14면.

46) 金南勳, 앞의 논문(주13), 78면.

47) 한편 특수법인에 대해서는 제18조에 의해 국민신탁법이 규정하는 사항을 제외하고는 민법 중 사단법인에 관한 규정을 적용하고, 한국내셔널트러스트를 비롯한 순수한 민간단체에 대해서는 법에 명백히 정함은 없으나 같은 규정이 적용될 것이므로, 위 두 가지 종류의 국민신탁기관의 조직법적 문제에 대해 적용되는 법령은 동일하다. 이러한 점도 위 두 가지 국민신탁기관의 실질적 유사성을 보여준다. '국민신탁기관'이라는 용어에 관하여는 後述한다.

48) 국민신탁법에 의한 국민신탁과 동법에 의하지 아니한 국민신탁을 별개로 인식할 필요가 있는지에 대한 결론은 지금으로서는 내리기 어렵다. 특히 국민신탁법에 의한 국민신탁제도가 출범한 지 얼마 되지 않았기 때문이다. 앞으로 두 시스템에 의한 실제 사례가 많이 축적되어야 비로소 그 필요성에 관해 분명히 판단할 수 있을 것이다.

'시민, 기업, 단체 등의 자발적인 기부나 증여, 신탁 또는 기타 방법으로 보전가치가 있는 자연 및 문화유산 등을 확보하여 현재의 세대뿐 아니라 미래의 세대를 위하여 이를 보전·관리하는 비정부활동'

이라고 정의내릴 수 있다.[49]
좀 더 간략하게는,

'보전가치가 있는 자연 및 문화유산 등을 확보하여 이를 보전·관리하는 비정부활동'

이라고 정의할 수 있다. 국민신탁개념의 핵심은

① 보전가치가 있는 자산을 확보하고 이를 보전·관리하는 점과
② 비정부활동이라는 점

에 있으며, 그 사업을 위한 財源의 염출방법이나 자산취득방법, 그리고 어느 세대를 위하는가 하는 점 등에 대해서는 비교적 넓게 인정해도 무방하다. 즉, 비록 정부에 의하여 어느 정도 지원이 이루어진다 하더라도 핵심적인 활동이 비정부활동이면 국민신탁으로 볼 수 있고, 활동하는 단체가 현재 세대만을 위한 것이라고 주장한다고 하더라도 국민신탁의 핵심적인 내용을 잃었다고 볼 수는 없다.

위와 같은 정의가 광의의 국민신탁이 되며, 그 내부에 포함되는 개념으로 국민신탁법에 의한 국민신탁을 협의의 국민신탁으로 정의내릴 수 있다.

---

49) 한편, 국민신탁운동을 (환경보호를 위한) 국·공유화와 같은 맥락으로 이해할 수 있다고 보는 문헌도 있는데{金泓均, 앞의 책(주13), 148면}, 수긍되는 견해이다.

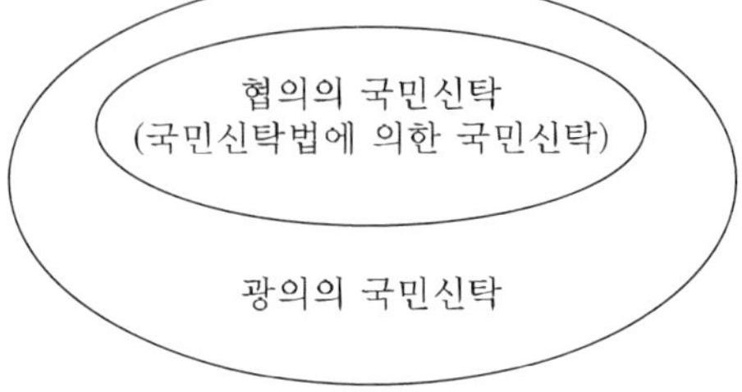

나. 관련개념의 제안

지금까지 필자의 검토결과로는 국민신탁이란 그 목적과 취지에 중점이 있는 것으로 이해되고, 그 행위의 면에서 여타의 행위 또는 법률행위와 구분되는 독자성이 있는 것으로 판단되지는 않는다. 국민신탁제도란 기존의 여러 법률수단들을 동원하여 문화유산과 자연환경을 보호하려는 종합적인 도구라고 볼 수 있다. 따라서 법률의 면에서 국민신탁과 관련한 독자적인 하부 개념을 새롭게 창출하여야 할 필요성은 그리 크다고 할 수는 없으나, 국민신탁을 행하는 주체들의 행위를 정확히 지칭하고, 나아가 최소한 논리전개상 편의를 기하기 위해서라도 몇 가지 개념을 정하는 것이 좋을 것으로 생각된다.

먼저 국민신탁을 위한 관련 행위자의 활동을 '국민신탁활동'으로 지칭하고자 한다. 현재로서는 활동내용 중 구체적인 대상을 '국민신탁행위'로 정의내릴 필요는 없는 듯하다. 그만큼 국민신탁으로서의 고유성이 인정되는 대상으로서 기존의 행위개념과 별개의 것을 구성할 필요성이 인정되지 않기 때문이다. 한편, 국민신탁활동을 펴는 기관을 '국민신탁기관'이라 칭하기로 한다. 국민신탁법에 의하지 아니한 국민신탁활동의 영역도 있으므로 '특수법인'으로는 충분하지 않다.

특수법인의 재산은 보전재산과 일반재산으로 나뉘는데, 두 재산에 대한 활동 모두가 국민신탁활동의 범주에 들어갈 수 있는 것이지만, 일반재산에 대한 행위는 보통의 민사법상 행위와 다를 것이 없다. 보전재산에 관해 특수법인이 하는 행위 중 국민신탁법과 관련하여 의미있는 것은 '보전', '관리' 및 '운용'이 있다. 제10조 제 2 항에 의하여 보전재산은 매각, 교환, 양여, 담보 또는 신탁하거나 출자의 목적으로 제공하지 못하나, 일반재산에 대해서는 이러한 행위도 가능하다.

국민신탁법에서의 용례를 보면 다음과 같다.

제 2 조(정의) : 보전·관리함으로써 … 보전 및 관리 행위
제 3 조(국민신탁법인의 설립) : (자연환경자산을) … 보전·관리하기 위하여
제 5 조(기본계획) : 보전·관리를 위한 목표·추진전략에 관한 사항
제10조(재산의 보전 및 운용) : 보전재산 및 일반재산을 보전·운용하여야
제17조(총회 및 이사회) 제 3 항 제 6 호 : 보전재산 및 일반재산의 운용계획

위 각 용례를 보면, 보전 및 운용은 보전재산과 일반재산 모두에게 적용되는 개념이다. 일반재산에 대한 관리를 특별히 규정하고 있지는 아니하나, 일반재산이라고 하여 관리개념이 없을 수 없다. 위 보전, 관리, 운용은 서로 완전히 구분되는 개념이 아니라, 의미가 일부 겹치기도 한다. 예를 들어 보전이나 관리의 방법으로 운용을 할 수도 있으므로 그렇게 볼 수밖에 없다. 따라서 '보전·관리'라고만 규정하였다고 하여 '운용'이 제외되는 것이라 해석할 수는 없다. 예를 들어 제 5 조에서 보전·관리를 위한 사항을 기본계획에 넣도록 규정하였다고 하여 운용계획은 넣지 않아도 되는 것은 아니다. 위 세 개념은 서로에게 개방적인 개념이며 넓게 해석되어야 한다. 이러한 점을 고려하여, 위 세 개념을 모두 포괄하는 의미로 '보전행위'라는 용어를 사용하고자 한다.

6. 신탁법리 측면에서의 검토

가. 신탁법상 신탁과의 관계

한편, 광의 및 협의의 국민신탁 모두 최소한 신탁법상의 신탁을 기본 전제로 하는 것이 아닌 점은 명백하다.[50] 즉, 보호를 위한 자산을 확보함에 있어

50) 자연환경국민신탁 정관 제 4 조 제 3 항은 자연신탁법인에 신탁재산을 출연한 자가 될 수 있는 회원은 신탁자로서의 지위를 지닌다고 규정하고, 제 7 조에서는 신탁계약을 체결한다고 하면서 '신탁행위'라는 표현도 사용하고 있다. 이런 내용만 얼핏보면 신탁법상의 신탁에 관한 것처럼 보이기도 하나, 결코 신탁법상의 신탁의 뜻으로 한정하여 해석할 수는 없다. 국민신탁법에서 특수법인의 활동을 신탁법에 기초하는 것으로 규정하고 있지도 아니하며, 필자가 실무자와 비공식적으로 면담한 결과에 따라 엿볼 수 있는 실제 운영실태에 비추어 보더라도 그러하다.

신탁법상의 신탁형식을 취할 수도 있고, 일반적인 소유권취득의 형태를 취할 수도 있다.[51] 이 점은 국민신탁법 규정을 보더라도 명백하다. 즉, 제2조 제1호는, '기부·증여를 받거나 위탁받은 재산 및 회비 …'[52]라고 하고 있고, 제12조는 '자산을 매입하고자 하는 때'라고 하고 있다.

따라서 여기서 말하는 국민신탁이 곧 신탁법상 신탁의 일종이라 할 수도 없다. 그 점에 착안한다면, 국민신탁운동에 있어서의 신탁법상 신탁은 자산취득 방법의 일환에 불과하고, 따라서 신탁법상의 신탁과는 개념상 필연적인 관련은 존재하지 않는 것으로 볼 수도 있다. 그러나 필자는 두 가지 형태의 국민신탁은 모두 넓은 의미의 신탁의 일환으로 파악할 수 있다고 생각한다. 이러한 파악을 위해서는 신탁개념의 재정립이 필요하다(後述).

나. 공공신탁 및 공익신탁과의 관계

제2조 제1호에서 '현세대는 물론 미래세대의 삶을 질을 높이기 위하여'라고 규정하고 있는데, 이러한 표현은 우리나라 환경관련 법제에 이미 반영되어 있는 개념이므로, 국민신탁법의 제정을 통하여 공공신탁개념의 우리나라에서의 의미에 관하여 특별한 변화가 초래되었다고 보기는 어렵다. 위에서 본 정도의 의미가 여전히 유지되고 있는 것으로 이해할 수 있다.

공익신탁과의 관계는 신탁법상 신탁과의 관계와 마찬가지이다. 보전재산의 취득을 신탁법상의 신탁을 통하여 할 것이 강제되어 있지도 아니하며, 신탁법상의 신탁을 통할 경우에도 공익신탁을 통하여 할 것이 강제되어 있지도 아니하다. 공익신탁의 취지를 생각하면 국민신탁기관이 신탁으로 보전재산을 취득할 때 공익신탁의 형식을 취하는 것이 가장 바람직해보이는 것은 사실이다.

다. 실제 신탁사례의 검토

그러나 자연환경국민신탁은 재산 중 상당수를 신탁법상의 신탁을 통하여 취득하였다.[53] 그중 두 건의 실제 신탁사례를 살펴보면 다음과 같다.

---

51) 신탁법상의 신탁형식을 취할 경우 신탁법의 정함에 따라 위탁자와 수익자에 의한 통제가 가능해진다. 그러나 국민신탁법 자체에서는 이러한 장치를 생각하지는 않았던 것으로 이해된다. 아마도 행정기관에 의한 통제만을 염두에 두고 입법하였을 것이다.

52) 이 조문의 해석론상의 문제점에 관해서는 後述한다.

53) 별지 목록 중 토지 일렬번호 2 내지 4, 13 내지 18, 20 내지 25, 30, 건물 중 1, 2는 자연환

* 자연환경자산 신탁원부의 예[54)]

[신탁원부 A]

* 등기원인 : 2008. 11. 17. 신탁, 소유권이전등기 접수 2008. 11. 19.

1	위탁자의 성명	홍길동 전라북도 ×××군 … 번지
2	수탁자의 성명 주소	자연환경국민신탁(전재경) 경기도 과천시 별양동 1-12호 영덕빌딩 3층
3	신탁목적물	전라북도 ×××군 … 토지(582㎡) 대지
4	신탁관리인의 성명 주소	김갑동 전라북도 ×××군 … 번지
5	신탁조항	① 이 계약에 의한 신탁재산이 「문화유산과 자연환경자산에 관한 국민신탁법」(이하 "국민신탁법"이라 한다)의 규정에 의한 지정기탁재산 또는 일반재산에 해당하는 경우에는 수탁자의 정관이 정하는 바에 따라 관리한다. ② 최초의 목적물에 대한 공용수용 등으로 수탁자가 보상을 받거나 신탁의 취지와 부합하는 대체가 행해질 때에는 그 보상금 또는 대체물을 목적물로 본다. ③ 수탁자는 목적물에 관하여 선량한 관리자의 주의의무를 이행한다. ④ 신탁자와 수탁자는 이 계약체결 후 신탁자의 의견을 존중하여 신탁물의 점유·보전 등에 관한 관리계약을 체결할 수 있다.

위 신탁원부를 보면, 신탁원부의 내용이 너무 간략하다는 느낌을 지울 수 없다. 소위 永久信託을 상정한 것인지 신탁기간이나 종료사유 등도 일체 규정되어 있지 아니하다. 신탁조항에 수탁자의 정관이 정하는 바에 따라 관리한다고 되어 있고, 자연환경국민신탁 정관 제 7 조 제 1 항에 "자연신탁법인은 출연자와 영구 신탁계약을 체결할 수 있다"라고 규정되어 있기는 하나, '체결할 수 있다'라고 되어 있을 뿐이므로, 그 내용에 의해 신탁기간이 확정되는 것도 아니다. 게다가 공익신탁이 아니라면 영구신탁은 허용되지 아니하므로 문제이다.

경국민신탁이 신탁법상의 신탁재산으로 취득한 것이고, 건물 3은, 신탁법상 신탁재산이 아닌 형태가 아니라, 일반적인 매매를 통해 취득하였고, 나머지 토지들은, 매매로든 신탁법상 신탁으로든, 아직 소유권을 취득하지 못한 상태이다. 취득하지 못한 대상을 보면, 농지취득이 불가능한 점과 관련이 있는 것으로 생각된다.

54) 여기서 제시하는 두 가지 예가 정형화된 두 유형을 의미하는 것은 아닌 것으로 판단된다. 한편 아래의 내용은 모두 실제의 신탁원부이나, 주소는 부분적으로 생략하였고, 전재경(현재 자연환경국민신탁 대표이사)을 제외한 人名은 모두 假名으로 대체하였다.

한편, 수익자는 아예 기재되어 있지 아니하고 신탁관리인이 선임되어 있다. 신탁관리인이란 신탁법 제18조 제1항에 의하여 수익자가 특정되어 있지 아니하거나 아직 존재하지 아니하는 경우에 선임하는 것으로 사익신탁이나 공익신탁 어느 한 쪽에 국한되는 것은 아니므로, 신탁관리인의 선임에 의하여 신탁의 성질이 결정되지는 않는다.

신탁원부에 공익신탁이라는 취지가 명확하게 나타나 있지 아니한 이상 제대로 된 공익신탁이라 하기는 어려울 것으로 생각된다. 그렇다면 이 신탁은 강학상의 '목적이 공익성을 가지는 사익신탁', '공익적 신탁', '허가없는 공익신탁' 혹은 '자주적 공익신탁'이라 할 수 있다. 여기에는 공익신탁의 규정을 유추적용하여 타익신탁으로서의 법리를 적용하여야 할 것이라는 견해가 있고,[55] 필자도 이에 찬동하지만, 그 정도의 법리로 앞으로 발생할 수 있는 신탁 관련 법률문제를 어떻게 해결해나갈 수 있을지 짐작하기 어렵다.

[신탁원부 B]

* 등기원인 : 2009. 3. 24. 신탁, 소유권이전등기 접수 2009. 6. 1.

1	위탁자의 성명 주소	홍길서 전라남도 ×××군 … 번지
2	수탁자의 성명 주소	자연환경국민신탁 경기도 과천시 별양동 1-12호 영덕빌딩 3층
3	수익자의 성명 주소	신탁자를 포함한 일반 국민
4	신탁관리인의 성명 주소	자연환경국민신탁 경기도 과천시 별양동 1-12호 영덕빌딩 3층
5	신탁조항	「문화유산과 자연환경자산에 관한 국민신탁법」에 의한 영구신탁
6	신탁목적	국민신탁 및 동법 시행령의 규정에 따라 국가적 이익을 지닌 자연환경을 발굴 조사하여 미래 세대에게 넘겨주는 한편 공공이익을 목적으로 하는 민간 부문의 자산공유화 또는 신탁 운동과 정부부문의 자연환경보전, 관리사업에 협력함을 목적으로 함.
7	신탁재산의 관리방법	1. 수탁자는 전라남도 ×××군 … 66㎡ 목적물에 관하여 선량한 관리자의 주의의무를 다한다. 2. 문화유산과 자연환경자산에 관한 국민신탁법의 규정에 의한 지정기탁재산 또는 일반재산에 해당하는 경우 수탁자의 정관이 정하는 바에 따라 관리한다.

55) 李濬成, 앞의 논문(주21), 161면 이하.

		3. 신탁자와 수탁자는 이 계약체결 후 신탁자의 의견을 존중하여 신탁물의 점유·보전 등에 관한 관리계약을 체결할 수도 있다.

신탁원부 B는 신탁원부 A에 비하여 약 6개월여 이후에 작성된 것으로 상대적으로 신탁원부 A보다 나아보이지만, 여전히 많은 문제점을 갖고 있다. 그 성격과 공익신탁과 관련된 점 등은 신탁원부 A와 동일하다. 신탁원부 A와 달리 '신탁조항'과 '신탁재산의 관리방법'을 구분하고 있으나, 이 두 가지가 구분되는 것인지 의문스럽다. 하여간 신탁조항에서는 '국민신탁법에 의한 영구신탁'이라고 하고 있는데, 앞부분의 '국민신탁법에 의한'이란 부분은 신탁법리 또는 여타의 법리면에서는 특별한 의미를 갖지 않는다. 가령 정식의 공익신탁은 아니라 하더라도 공익적 신탁임을 나타내주는 정도의 의미만 갖는다.

신탁법리의 측면에서 신탁원부 B의 문제점으로 가장 두드러지는 점은 수탁자를 신탁관리인으로 선임한 점이다. 신탁관리인은 수익자의 지위에 갈음하는 자이므로, 수탁자가 그 지위를 겸하는 것은 옳지 못하다. 신탁원부 내용 중 이 점은 무효로 보아야 한다.[56]

신탁원부 A, B 모두 신탁목적과 관리방법 등이 구체적이지 못하다. 마치 국민신탁법에 의한 법인 설립취지를 그대로 옮겨 적어 놓은 듯한 느낌이 든다. 결론적으로 현재 자연환경국민신탁을 수탁자로 하여 설정된 신탁계약은 내용상 불비한 점이 지나치게 많다. 그 보완조치가 시급하다.

7. 국민신탁법의 문제점

이상 살펴본 대로, 국민신탁법이 제정된 점은 큰 의의가 있으나, 제정 당시부터 문제점을 지적하면서 개정 필요성이 주장되고 있기도 하다.[57] 여기서

---

56) 신탁원부, 신탁계약 또는 신탁설정행위의 일부가 무효라 하여 해당 대상이 당연히 전부 무효라 할 수는 없다. 그 내용에서 일부 무효인 경우에 대비한 정함이 있으면 그에 따르게 되고, 그렇지 않다면 일부무효의 법리가 적용되어야 한다. 즉, 신탁원부 B와 관련된 신탁에서도 자연환경국민신탁이 신탁관리인이 될 수 없다면, 신탁을 도저히 더 유지해나갈 수 없는 상황이라면 그 신탁 전체를 무효로 보아야 하고, 그러한 취지가 아니라면 신탁관리인 부분만 무효로 보아야 한다. 위 신탁은 후자에 해당되는 것으로 봄이 상당하다.

57) 위 법에 관하여 매우 비판적인 견해를 보이고 있는 예로, 李相敦, 앞의 논문(주22), 635면 이하 참고. 이 논문은 특히 시민단체의 자율적 활동으로 이루어져야 할 국민신탁운동을 규율대상으로 삼아 여러 제약을 가한 점이 잘못되었다고 비판하면서, 그 결론에서, 더 늦기 전에

는 국민신탁법의 규정상의 문제점을 검토해보기로 하되, 본격적인 입법론은 추후의 연구과제로 미룬다.58) 한편 아래의 논의는 자연환경국민신탁 및 자연환경자산을 중심으로 검토하였으나, 그 성질에 반하지 않는 한 문화유산국민신탁과 문화유산에도 적용되는 내용이다.

가. 국민신탁의 범위 및 정의

(1) 범 위

국민신탁법은 두 개의 특수법인에 의한 활동만을 규정하고 있으므로 행위주체의 면에서는 명료하게 정의할 수 있으나, 활동의 면에서는 더 정밀하게 검토해보아야 할 점이 있다.

제 3 조 제 1 항은 "… 을 취득하고 이를 보전·관리하기 위하여…"라고 되어 있는데, 이러한 표현만 보면 마치 취득 및 이에 대한 보전·관리가 모두 이루어져야 하는 것처럼 읽히기도 하나, 그와 같이 한정되게 해석하는 것은 옳지 못하다. 위 규정을 "… 을 취득하거나 이를 보전·관리하기 위하여 …"로 해석하는 것이 옳다.

국민신탁운동의 연혁을 보면 민간차원에서 대상물의 소유권을 취득하여 보전·관리하는 것이 원래의 모습이기는 했으나, 이제는 국민신탁활동을 반드시 대상물을 취득하는 경우에 한정할 필요가 없기 때문이다. 제 2 조와 제 3 조에 따르면, 국민신탁활동의 기본적인 개념은 [자산]을 취득하여 이를 [보전·관리]하는 것을 염두에 두고 있는 것으로 이해되나, 자산으로의 취득을 전제로 하는 경우만으로 한정할 이유가 없다. 제 2 조 제 3 항이 들고 있는 것 중 '습지'는 대개 국가 이외의 자가 소유할 수 없는 경우일 것이라는 점만 생각해보더라도 그러하다.59) 이러한 점을 종합하면, 위 표현의 정확한 의미를, "취

폐지하거나 대폭 수정하여야 한다고 주장한다.

58) 자연환경을 위해서는 농지를 취득하여야 할 필요성이 인정되는데, 현재로서는 국민신탁기관이 취득할 수 없다는 문제점은 시급히 보완되어야 한다. 그 외에도 조세법상의 조치도 요구되며, 제15조가 이미 조세감면에 대한 근거규정을 두고 있고, 이에 따라 조세제한특례법 제73조 제 1 항 제12호에서 특수법인에 대해 지출하는 기부금에 대한 특례를 두고 있다. 그러나 조세법적 측면에서의 검토는 별도의 연구를 필요로 한다.

59) 국민신탁활동의 주요 부분은 소유권이나 기타 권리의 확정적인 취득에 의하여 이루어진다고 하더라도, 그렇지 않은 부분도 충분히 이루어질 수 있다. 예를 들어 해양국립공원의 일부지역을 분리하여 특수법인이 관리를 담당할 수도 있을 것이다.

득하여 보전·관리하거나, 취득하지는 못하였더라도 보전·관리하는 …"이라고 넓혀 해석함이 마땅하다.

(2) 정 의

위와 같이 특수법인은 보전재산을 매입하거나 증여 또는 신탁받을 수 있는가 하면, 기부, 증여 또는 신탁재산을 활용하여 보전재산을 취득할 수도 있다. 그런데, 제 2 조 제 1 호는 '국민신탁'을 정의하면서, "… 으로부터 기부·증여를 받거나 위탁받은 재산 및 회비 등을 활용하여 보전가치가 있는 문화유산과 자연환경자산을 취득하고 …"라고 하고 있어, 엄밀히 말하자면 위와 같은 점에 부합되지 않는다. 즉, 위 표현을 그대로 해석하면 특수법인은 마치 기부, 증여 또는 위탁받은 재산 및 회비를 사용하여 비로소 보전재산을 취득하는 것처럼 되기 때문이다. 그렇다고 '및'을 중심으로 그 전후가 대등한 관계라 하기도 어렵다. 그렇게 보면 앞부분 "기부·증여를 받거나 위탁받은 재산을 … 취득하고"로 연결되어 동어반복이 되기 때문이다. 그리고 지금의 표현대로라면 모든 보전재산에 관해 '취득하고'가 되고 그 내용상 신탁을 통한 취득도 포함되게 되므로, 그 부분에서는 문제가 없으나, 그렇더라도 위 표현만으로는 재산 및 회비를 신탁받는 경우가 포함되지 않아서 문제이다. '위탁'이라는 표현에 '신탁'이 포함된다고 할 수 없다. 게다가 국민신탁활동은 반드시 소유권의 취득을 통하여서만 이루어지는 것도 아니므로, '위탁'이 들어간 취지를 배제할 수도 없다.

위에서 지적한 점을 고려하면 위 규정을 "… 으로부터 보전가치가 있는 문화유산과 자연환경자산을 기부·증여, 신탁받는 방법으로 취득하거나 기부·증여 또는 신탁받은 재산 및 회비 등을 활용하여 위와 같은 문화유산과 자연환경자산을 취득하거나 또는 기타의 방법으로 관리형 문화유산 또는 자연환경자산으로 삼아 이를 보전·관리함으로써 …"로 고치는 것이 상당하다.[60]

나. 국민신탁기관의 분류

(1) 복수의 기관

국민신탁법은 국민신탁을 문화유산국민신탁과 자연환경국민신탁으로 나

60) '관리형 문화유산 또는 자연환경자산' 개념에 관하여는 後述한다.

누어 규정하고 있다. 국민신탁법에 의한 국민신탁을 반드시 단일한 법인에 의하게 하는 것이 꼭 바람직하다고 할 수는 없다. 복수의 기관을 둠으로써 기능적으로 분담시키는 것이 더 바람직한 결과를 가져올 수도 있고, 기능면에서 중복되더라도 복수의 기관이 선의의 경쟁을 하는 것이 그와 같은 효과를 가져올 수도 있다. 이 점은 국민신탁법에 의한 국민신탁과 국민신탁법에 의하지 아니한 국민신탁과의 사이에서도 마찬가지이다. 국민신탁법에 의한 특수법인은 행정청에 의한 상당한 통제를 전제로 하는 것이므로 두 종류로 나누고 각 종류별로 1개의 특수법인만을 두게 한 것이 어느 정도는 이해되면서도, 장기적으로도 이러한 체제를 유지하여야 하는지도 검토해보아야 할 문제이다.

이 점에 관해 필자는 잠정적인 결론으로, 한국내셔널트러스트 등 순수한 국민신탁운동도 계속 유지될 것이므로 다양성은 그 점을 통하여 어느 정도 확보할 수 있고, 따라서 종류별로 1개의 특수법인만을 두었다고 하여 꼭 문제가 있다고 하기는 어렵다고 본다.

(2) 분류상의 문제점

한편 자연환경과 문화유산은 개념상으로는 충분히 구분되나, 구체적인 상황에서 그 구분이 반드시 용이할 것인지는 의문이다. 실제로는 두 가지를 겸하는 경우도 있을 수 있다. 위에서 본 대로 자연환경국민신탁이 확보한 자산 중 '전통마을'이 있는 것을 보아도 이 점을 알 수 있다. 전통마을도 보전하여야 할 자연환경이 될 수 있을 것이나, 일반적인 경우 문화유산에 더 가까울 것이다. 아울러 한 지역에 보전할 가치가 있는 자연환경과 문화유산이 존재하며 이를 나누어 보전하는 것도 가능하나, 지역이 협소하여 단일 기관이 보전주체가 되는 것이 바람직할 수도 있다.[61)]

현재의 국민신탁법은 이러한 점에 관한 대비가 되어 있지 아니하다. 따라서 현재로서는 이러한 점이 문제될 경우 두 법인이 협의하여 정하게 될 것이고 보통의 경우 큰 문제가 되지는 않을 것이다. 또한 문제가 되더라도 감독기관의 적절한 감독에 의하여 조정함도 가능할 것이다.

---

61) 이 점과 관련하여 국민신탁법 제 7 조 제 1 항 단서는, "효율적인 보전·관리를 위하여 필요하다고 인정되는 경우에는 각각의 문화유산 및 자연환경자산을 통합하여 보전·관리계획을 수립할 수 있다"라고 규정하고 있는데, 이 조문은 문화유산과 자연환경자산을 통합한다는 의미가 아니라, 복수의 문화유산끼리, 또는 복수의 자연환경자산끼리 묶어 관리할 수 있다는 취지로 해석함이 상당하다.

그러나 그렇다 하더라도 장기적인 관점에서 생각해보면 위와 같은 일이 쌓이면 제3조 제1항에서 문화유산을 위해서는 문화유산국민신탁을, 자연환경자산을 위해서는 자연환경국민신탁을 두어 나누어 활동하게 한 취지에 어긋날 수도 있느니 만큼, 위 두 기관의 활동을 조정하는 체제를 만들어 두는 것이 바람직하다.

다. 자연환경자산 개념

제2조 제3호는 자연환경자산을 각 특별법에 따른 토지·습지 또는 그 지역에 서식하는 멸종위기야생동·식물로 규정하고 있는데, 이 규정이 한정적으로 열거한 것인가, 예시적인 것인가가 문제이다. 조문의 표현만 놓고 보면 한정적으로 열거한 듯한 느낌을 주며, 환경부장관의 인가사항 등 감독규정과의 균형상 그와 같이 입법한 것이 아닌가 하는 생각이 든다. 현재의 조문과 같이 규정함으로써 충분하다고 생각하여 그와 같이 규정을 구성한 것이 아닌가 하는 짐작도 해본다.

그러나 위 조문을 한정적인 것으로 해석하는 것은 옳지 못하며, 두 가지 방면에서 확대하여 파악되어야 한다.

첫째, 조문에서 들고 있는 경우들은 환경공법에 의하여 보호대상이 되는 것들이다. 그런데 국민신탁활동으로 보전하여야 할 자연환경유산을 그러한 대상들에 한정할 이유가 없다.

둘째, 국민신탁운동의 연원이 원래 민간활동으로 대상물의 소유권을 취득하여 보전한다는 개념이었으나, 지금 단계에서는 국민신탁에 의한 보전행위가 반드시 그 대상물의 소유권을 취득하는 것에 국한될 이유도 없으므로, 그러한 점에서도 자연환경자산의 범위가 확대해석되어야 한다. 습지의 경우 국가만이 소유권을 취득할 수 있는 경우가 대부분일 것이라는 점을 생각해보더라도 그러하다.

이러한 점들과 위에서 본 국민신탁활동의 정의 내용을 함께 생각해보면, 국민신탁활동은 특수법인이 취득한 자산이 있고 이를 관리하는 경우와, 취득하지는 못하고 보전·관리하는 경우로 나누어 볼 수 있다. 제2조 제1호를 좁혀 해석하면 논리적으로는 후자의 경우에는 자연환경자산이 존재하지 않는 것이 되지만 그렇게 볼 수는 없고, 보전·관리할 수 있는 권한 자체나 또는 그러한 권한을 얻기 위하여 취득한 권리 역시 자연환경자산이 되어야 한다.[62] 이러한 점들을 종합하면, 현행 국민신탁법의 해석론으로도 자연환경자산의 범위를 넓게 해석하여야 하고, 입법론으로는 자연환경자산을 정의함에 있어 좀 더 개방적인 내용으로 수정하여야 한다고 생각된다.

이러한 점을 종합하여, 이 글에서는 편의상 자연환경자산을 아래와 같이 구분하고자 한다.

* 법에 의한 명백한 정함이 있는지 여부에 따른 분류

법정 자연환경자산 : 제 2 조 제 3 호의 자산

임의 자연환경자산 : 제 2 조 제 3 호에 해당되지 않는 자산

* 권리취득형태에 따른 분류

취득형 자연환경자산 : 신탁 등을 포함하여 국민신탁기관이 소유권을 취득하는 경우

관리형 자연환경자산 : 국민신탁기관이 소유권을 취득하지 않는 경우[63]

특정 대상을 자연환경자산으로 보느냐 보지 않느냐 하는 점은 제10조 제 2 항의 해석과 관련되어 큰 의미를 지니게 된다(後述).

라. 회 원

국민신탁법인에는 회원으로 구성되는 총회를 둔다(제17조). 한편 국민신탁법인의 정관에는 회원의 종류, 자격 및 회비에 관한 사항을 두어야 한다(제 4 조 제 1 항 제 7 호). 국민신탁법은 회원에 관하여 그 이상의 규정을 두고 있지 아니하다.

이에 따라 자연환경국민신탁 정관 제 4 조 제 1 항은 “신탁재산을 출연하

62) 그러한 권한이나 권리들도 실제로는 재산적 가치가 있는 경우가 많을 것이다. 한편 제19조의 보전협약을 통하여 취득하는 경우도 많을 것으로 예측된다.

63) 관리형 자연환경자산은 권리의 내용에 따라 물권형과 채권형으로 나눌 수 있다. 한편 국민신탁활동은 권리취득을 전제로 하지 않고 선언적 또는 프로그램적 내용의 보전협약의 체결형태로 이루어질 수도 있는데, 이때는 보존하여야 할 대상은 있으나, 보전재산으로서의 자연환경자산은 존재하지 않는 것이 된다.

는 사람·기관 또는 단체 등을 회원으로 한다"고 규정하고 있다. 정관상으로는 구체적인 가입절차나 탈퇴절차에 대해 규정하고 있지 않다. 홈페이지상으로 '회원탈퇴'하는 난이 마련되어 있는 것으로 보아, 탈퇴가 가능한 것으로 이해된다. 따라서 이론적으로는 모든 회원이 탈퇴하여 회원이 없는 경우도 가능하다.

제18조에 의하여 국민신탁법인에 관하여 국민신탁법에 규정된 사항을 제외하고는 민법 중 사단법인에 관한 규정을 준용하는데, 민법 제77조 제2항은 사단법인에 사원이 없게 되면 해산사유가 되는 것으로 규정하고 있다.

국민신탁법인은 국민신탁법에 의하여 설립되는 특수법인이므로 민법 제77조 제2항이 곧바로 적용될 것으로 생각되지는 않으나, 회원이 없는 경우에는 어떻게 하여야 하는지 의문이다. 이 점은 국민신탁법이 법인의 설립은 법정사항으로 하면서도 회원에 대해서는 특별한 규정을 두지 않은 점, 그리고 자연환경국민신탁이 회원이 없는 경우가 발생할 수 있음을 상정하지 아니하고 정관을 만들었기 때문에 발생하는 문제이다. 따라서 법정회원을 두기 어렵다면, 정관개정을 통하여 이러한 경우에 대비해두는 것이 옳을 것이다.

마. 처분 등 행위의 유·무효 문제

국민신탁재산은 재산을 신의에 따라 성실하게 보전, 운용하여야 하고, 보전재산은 매각, 교환, 양여, 담보 또는 신탁하거나 출자의 목적으로 제공하지 못하며, 위반한 행위는 무효가 된다(제10조 제1항, 제2항).[64] 이러한 내용의 해석과 관련하여 행위의 면과 대상의 면에서 검토해볼 점이 있다.[65]

---

64) 위 법조문을 분석해보면, '매각, 교환, 양여'는 '하거나 … (하지) 못하며'에 호응하고, '신탁' 역시 마찬가지이다. 신탁'과 관련하여 '신탁의 목적으로 제공하지 못하며'로 읽을 수는 없기 때문에, '목적으로 제공하지'에 연결되는 것은 '출자'만이다. 이러한 분석이 타당하다면, 현재로서는 '담보'도 '담보하거나'로 읽어야 한다. 그러나 '담보하다'라는 표현은 어색하며, '담보목적으로 제공하지'로 이어져야 자연스럽다. 따라서 현재의 표현에서 '담보'를 '담보제공'으로 고치거나, '담보'와 '신탁'의 순서를 바꾸어, '보전재산은 이를 매각, 교환, 양여, 신탁하거나 담보 또는 출자의 목적으로 제공하지 못하며'로 하는 것이 옳다.

65) 여기에서 논의한 무효법리는 국민신탁법에 의하여 명백히 규정되었기 때문에 탄생된 것이다. 따라서 국민신탁법에 의하지 아니한 국민신탁기관에 관하여는 적용될 수 없다.

(1) 행위의 면

(가) 금지되는 행위

위 규정에 해당되는 행위만 무효인가가 문제인데, 법에서 명백히 금지하고 있는 것이 아니라 하더라도 국민신탁법의 취지에 반하는 행위는 무효라 보아야 한다. 그만큼 국민신탁법이 추구하는 입법목적은 명백한 것이고, 또한 국민신탁법에 따른 특수법인과 거래하는 자는 그만큼 주의를 기울여야 한다. 국민신탁법의 내용을 몰랐다는 주장은 허용될 수 없다.

행위유형과 관련하여 국민신탁법이 규정하고 있는 '보전재산을 매각, 교환, 양여, 담보 또는 신탁하거나 출자의 목적으로 제공하는 것' 외의 행위, 예를 들어 임대, 사용대차는 허용되는 것인가가 문제인데, 이러한 경우에도 그러한 행위가 국민신탁법의 취지에 어긋나는 것이라면 무효로 보아야 한다.[66]

이 점을 정리해보면, 법이 규정하고 있는 '보전재산을 매각, 교환, 양여, 담보 또는 신탁하거나 출자의 목적으로 제공하는 것'은 무조건 무효이며(단, 신탁에 관하여는 後述), 그렇지 않은 행위는 국민신탁법의 취지에 어긋나면 무효로 보게 된다. 후자의 경우 어느 정도 법적 안정성을 해할 우려가 있으나 부득이하다. 나아가 이상의 논리로 무효가 되는 경우에는 상대방의 선의·악의를 묻지 않는다고 해석하여야 한다.

이러한 이 글의 주장에 따르면, '매각, 교환 …' 등을 금지한다고 명백히 규정하지 않아도 그러한 행위는 충분히 무효가 될 수 있으나, 위 규정에 따라 그것이 국민신탁법의 취지에 맞는 것인지를 따질 필요없이 무효가 되는 효과가 생긴다.

(나) 신 탁

위에서 금지되고 있는 내용 중 다른 것은 수긍이 가나, 신탁은 반드시 불허하여야 하는 것인지 의문이 없지 않다. 자연환경보호와 상관이 없는 수탁자에게 수탁하는 것은 금지될 필요가 있다. 그러한 금지는 위에서 설명한 대로, 국민신탁법의 취지에 비추어 무효로 볼 수 있다.

그러나 앞으로 국민신탁활동의 전개에 따라, 보전재산을 신탁재산으로 한 신탁설정이 필요한 경우도 상정해볼 수 있다. 예를 들어 국민신탁활동을

---

66) 그러나 임차계약의 만료로 반환하는 등 그 계약에 따른 처리는 무효가 되지 않는다.

전개하는 복수의 주체가 관여하는 경우, 그중 한 주체에 신탁하는 경우 등을 생각해볼 수 있다. 복수의 주체가 관여하는 경우 대개 한 주체의 보전재산으로 삼는 것으로 정리될 가능성이 높으나, 필요하다면 신탁설정의 방법으로 가능하게 하는 것도 좋을 것이다. 만일 특수법인이 신탁재산으로 취득한 재산을 신탁하는 경우라면 再信託의 문제가 된다.

(2) 대상의 면

위에서 본 바와 같이 이 글에서는 자연환경자산(보전재산)의 범위를 법률의 표면상의 의미보다 확대하여 해석하여야 한다고 주장하였다. 이 글의 주장에 따르면 그 처분 등이 무효가 되는 범위가 매우 넓어지게 된다.

이 글에서의 분류에 따르면 취득형 자연환경자산과 물권형인 관리형 자연환경자산은 통상은 등기를 전제로 하는 것이고, 이에 더하여 등록을 요하는 자산까지 포함한 대상에 관해서는 그에 관한 처분 등을 무효로 보는 데 큰 지장이 없다.

그러나 채권형인 관리형 자연환경자산의 처분 등의 행위까지 무효로 보아야 할 것인가가 문제이다. 예를 들어 자연환경국민신탁이 甲으로부터 특정 토지를 임차하여 보전대상으로 삼은 경우, 그 임차권을 처분하면 무효가 되는가가 문제이다. 이러한 경우까지 무효로 하면 거래의 안정을 지나치게 해하는 것이 아닌가 하는 우려가 있을 수 있다.

이 점을 생각해보면, 결국 이 문제는 국민신탁법의 취지와 보호법익 등을 고려하여 판단하는 수밖에 없다. 즉, 채권형인 관리형 자연환경자산이라 하더라도 예를 들어 환경공법에 의하여 엄격히 보호되어야 하는 대상(이 글이 말하는 법정 자연환경자산)에 대한 것을 처분하면 무효로 보아야 한다. 그렇다면 이러한 효과를 임의 자연환경자산에 대해서도 확대하여 적용할 것인가 그렇지 않을 것인가는 결국 거래의 안정을 우선할 것인가, 국민신탁의 취지를 더 우선할 것인가의 문제이다.

이에 대해 필자는, 위 행위의 면에 관한 검토에서 본 바와 같은 이유로, 자연환경자산으로 파악하는 모든 대상에 관해 같은 법리가 적용되어야 한다고 본다. 이러한 점에 비추어 향후 특수법인과 거래하고자 하는 자는 상당한 주의를 기울여야 한다.

바. '계리'라는 용어의 적절성

제11조 제 2 항은 지정기탁재산은 지정된 용도별로 다른 일반재산과 구분하여 계리하여야 한다고 규정하고 있는데, '계리'란 '계산하여 정리함'을 의미한다. '계리'라는 용어가 틀린 것은 아니지만, 현재는 잘 쓰이지 않는 용어이다. 지금도 보험업법 제11조 제 2 항이 "보험회사가 제 1 항의 규정에 의하여 보험업외의 업무를 영위하는 경우에는 그 업무를 대통령령이 정하는 바에 따라 보험업과 구분하여 계리하여야 한다"라고 규정하고 있고 보험계리사라는 자격도 있지만, 그 외에는 주로 1960년대 계리사법 및 그 관련법령에서 사용되다가 모두 폐지된 것들에서 사용된 용어이다.

신탁법 제30조(수탁자의 분별관리의무)와 같이, "지정기탁재산은 지정된 용도별로 다른 일반재산과 구별하여 관리하여야 한다"로 규정하는 것이 더 좋았을 것으로 생각된다.

사. 보전협약과 관련된 점

위에서 본 대로, 특수법인은 소유권 취득을 통하지 아니한 형태의 보전활동도 가능한데, 그 대표적인 것이 바로 제19조가 정하고 있는 보전협약을 통한 국민신탁활동이다. 보전협약의 내용에 관해서는 특별한 정함이 없으므로 매우 다양한 내용과 형태를 가질 수 있다. 위 조문 자체가 특수법인이 자연환경자산을 '대차'하여 하는 직접(적인) 보전활동 및 자연환경자산의 소유자·점유자 또는 대리인(이하 '관계인')을 지원할 수 있는 방식 두 가지를 규정하여, 지원에 그치는 형태도 보전협약의 내용이 될 수 있음을 보여주고 있다. 직접적인 보전활동도 특수법인이 전적으로 관리하는 경우, 일부만 관리하는 경우, 관계인과 공동으로 관리하는 경우 등 여러 가지 형태를 띨 수 있다. 그 다양성 때문에 국민신탁법에서 상세히 규정하기도 어렵다.

보전협약의 법적 성격이 문제인데, 그 내용이 다양할 수밖에 없는 것이므로, 한 가지로 규정지을 수 없다. 대부분 계약에 해당될 것으로 생각되나, 법적 효력이 발생하기 전단계의 의향서나 선언적 내용의 협약도 가능할 것이다.

이에 더하여 보전협약과 관련하여 다음과 같은 점들을 생각해볼 수 있다.

첫째, '대차'라는 표현의 문제이다. 대차라 하면, '꾸어주거나 꾸어 옴'을 의미하는데, 특수법인이 꾸어오는 경우는 충분히 상정가능하나, 특수법인이 관계인에게 꾸어주는 경우가 가능한 것인지 의문이다. 해당 자연환경자산의 보전·운용방법으로 임대해주는 경우도 가능할 것이라 생각은 되나, 보전협약은 관계인쪽에서 자연환경자산을 보유하는 경우에 대한 것이다. 따라서 보전협약과 관련하여 위 '대차'는 적절하지 아니하다. 한편 '임차'라고 하면 민법상의 임차가 되어 임료지급을 전제하게 되므로 문제이다. 이러한 점들을 종합하면, '… 을 대차하여'를 중립적으로 '… 의 관리권을 얻어'로 고치는 것이 상당하다.

둘째, 관계인을 규정함에 있어 '대리인'을 규정한 것이 어떤 의미가 있는지 의문이다. 우선 여기서 말하는 '대리인'의 의미부터가 불분명하다. 민사법적 의미의 대리인이라면 부적절하다. 대리인은 본인을 위해서 행위하는 것이므로, 위 '대리인'에 특별한 의미가 있기 전에는 불필요한 규정이다. 만일 자연환경자산의 소유자나 점유자의 대리인이 소유자나 점유자가 따로 있음을 밝히지 않고 마치 대리인 스스로가 권리자인 척하며 특수법인과 협약을 체결하였다면, 그것은 대리인이 대리인임을 현명하지 아니하고 계약을 체결한 경우의 문제가 된다.

아. 행정계획 등의 협의 관련

위에서 본 대로, 제23조는 일정한 경우 관계행정기관의 장은 자연환경국민신탁의 보전재산에 직접적인 영향을 미치는 행정계획의 수립·확정이나 개발사업과 관련하여서는 환경부장관에게 협의를 요청하여야 하나, 일정한 경우 협의를 생략할 수 있다.

이러한 규정에 관해, 개발 관련 인허가권을 쥐고 있는 행정기관의 장의 판단에 의해 자산의 훼손여부가 결정되는 점에 따라 개발이 우선될 우려가 있고, 나아가 경우에 따라서는 그러한 협의조차도 필요없도록 규정함으로써 국민신탁법이 보전재산의 매각, 교환 등을 금지하고 있는 취지를 관철시킬 수 없게 한다는 비판론이 제기되고 있다.[67]

자연환경자산을 보전한다는 면에서는 확실히 위와 같은 비판론은 타당하다. 그러나, 일정한 경우 협의를 요하고 다시 그중 특정 경우에는 협의를 요하지 아니하는 구조는, 그 당부는 별론으로 하고, 환경법리 일반에 이미 통용되

67) 한국내셔널트러스트 홈페이지 참고.

고 있는 것인데, 대상물이 자연환경자산이라는 이유만으로 곧바로 이러한 일반적 구조에서 벗어나 더 확실히 보호하여야 할 대상이 되게 하는 것은 법체계상 타당하지 못하다. 만일 그와 같이 한다면, 국민신탁법의 정함이 일반 환경법규에 우선하는 결과가 되는데, 그렇게 되려면 좀 더 명백한 입법으로 뒷받침되어야 한다. 위 비판론에 따르면 실질적으로 대상물을 국민신탁의 대상이 되게 함으로써 일반 환경법리에 의한 보호보다 더 강화한 보호를 하여야 한다는 것이 된다.

이러한 점을 고려하면, 국민신탁과 관련하여 협의에 관한 위 일반적 구조에서 무조건 이탈하게 하는 것은 무리이다. 그와 같은 입법을 하려면 그 점에 관한 고도의 입법적인 결단이 필요하며, 환경법체계 전반에 대한 조정이 필요하다. 이와 같이 이 문제는 국민신탁법 차원에서만 논의할 수 있는 문제가 아니다.

필자는, 환경법체계의 전반의 문제로, 자연환경자산 중에서 특별히 더 보호하여야 할 자산을 지정하는 방안을 제안하고자 한다. 즉, 자연환경자산 중 보호를 더 강화하여야 할 자산을 지정하여, 해당 자산은 절대적으로 보호하여야 하고, 개발 자체를 불가능하게 하여야 한다는 것이다. 위 규정에 대한 비판론이 제기하고 있는 문제점은 입법을 통하여 그와 같은 방향으로 해결함이 가장 타당하다.

Ⅴ. 신탁개념 구성에 관한 시론

1. 세 법리의 공통적 요소

이 글에서 소개한 공공신탁, 공익신탁 및 국민신탁은 신탁이라는 용어를 사용하고 있는 점과 환경보호를 위한 법리나 제도로 활용될 수 있다는 점을 공통점으로 갖고 있다. 위 법리 또는 제도들은 다른 목적으로도 활용될 수 있으나, 환경보호가 중요한 보호가치가 될 수 있다.[68]

68) 국민신탁은 환경보호뿐 아니라 문화유산도 보호대상으로 삼고 있고, 공공신탁개념도 반드시 환경보호에 국한된 것이라 할 수는 없다. 공익신탁은 환경보호 고유의 제도가 아니다. 공공신탁이나 국민신탁에 비해 공익신탁은 환경과 관련한 논의는 별로 이루어지지 않았다고 볼 수 있다.

그렇다면, 위 세 가지 개념은 과연 위와 같은 정도의 공통분모만 갖고 있는 것인가? 만일 그 이상의 공통점을 찾아볼 수 없다면, 세 가지는 실질적으로 환경보호를 위해 사용될 수 있다는 의미의 공통성만 있을 뿐, 신탁이라는 용어하에 묶어 고찰할 필요도 그리 높지 않게 된다.

그러나 위 세 가지 개념의 공통성은 위 점에 국한되지 않는다. 신탁제도로서의 공유하는 면을 찾아볼 수 있다. 물론 신탁법상의 신탁제도로서의 성격을 공유하는 것은 아니다. 신탁개념을 신탁법의 범주 내에서만 이해하여서는 여기서 지적하는 공통성으로서의 신탁개념을 논의할 수 없다.

2. '신탁' 개념의 재검토

우리나라에는 신탁법이 있으므로 실정법상의 신탁(이하 '협의의 신탁') 개념은 명료하다. 위 세 법리 중 공익신탁은 이러한 협의의 신탁에 해당되나, 공공신탁과 국민신탁은 그러하지 아니하다. 국민신탁은 그 활동의 일환으로 협의의 신탁제도를 이용할 수 있음은 물론이다. 공공신탁의 경우 신탁의 취지를 살리는 것일 뿐, 협의의 신탁 개념과 직접 관련이 있는 것은 아니다.[69]

참고로 영미권에서의 신탁 개념을 살펴보면, 신탁 개념의 신축성 등을 들어 그것을 추상적이고 적극적으로 정의하는 것은 포기하고, 그 특성만을 설명함으로써 정의에 갈음하려는 견해가 유력하다.[70] 이러한 견해에서 들고 있는 신탁의 세 가지 특징은 다음과 같다. 즉, 아래와 같은 특징을 갖고 있다면 다른 점에 약간의 차이가 있더라도 신탁으로 볼 수 있는 것이다.

69) 현 단계에서의 필자의 잠정적인 가설로, 신탁제도는 마치 자연법과 같이 인간사회에 선험적으로 존재하는 것은 아니고, 영국에서와 같이 역사적인 경험에 의하여 생성되거나, 그와 같은 경험을 갖지 않은 우리나라와 같은 경우에는 입법에 의하여 도입되어야 하는 것이라고 보고 있다. 이에 반하여 공공신탁법리는 입법을 필요로 하지 않는 것이라 보는 것이 필자의 견해이다. 이러한 이해에 따른다면 공공신탁법리는 협의의 신탁 개념을 전제로 하는 것은 아니라고 보아야 한다. 결국 공공신탁에서의 '신탁'이란 협의의 신탁에서 추구하고자 하는 법익보호의 취지를 받아들이는 것이라 할 수 있고, 이러한 점에서 협의의 신탁 개념을 넘는 넓은 의미의 신탁 개념을 구성할 수 있는 여지가 발견된다.

70) 즉, 정확한 '정의'(definition)를 내리기 곤란하므로, 정의 대신 성질을 열거(description)함으로써 신탁의 범주를 정하는 것이다{新井誠, 欧州信託法の基本原理, 有斐閣(2003), 7면 이하 참고}(아래의 특징에 대한 설명도 동일함). 영미의 신탁에 대한 설명에 이러한 방식이 많이 사용되는데, 소위 '유형론'과 궤를 같이 하는 논리라 생각된다. 그러나 이 글에서 이러한 점들을 자세히 다루기는 어렵다. 한편 '영미권' 또는 '커먼로 국가'라는 표현을 사용하더라도 그 범주가 극히 광대한 것이어서, 어느 정도의 일반경향을 이야기할 수밖에 없다는 점에 주의를 요한다.

① 수탁자는 대세적으로는 신탁재산의 소유자이며, 따라서 수탁자와 제 3 자의 관계에서는 완전한 소유자의 지위를 갖는다.
② 신탁재산은 수탁자의 개인적인 채무초과나 파산에 복종하지 않으며, 수탁자의 채권자가 신탁재산을 압류할 수 없다.
③ 수탁자는 신탁재산의 명의자가 된다.

위 세 법리 중 공익신탁이 위와 같은 특징을 갖는 것은 당연하나, 공공신탁과 국민신탁은 모두 해당되지 않는다.[71] 요컨대, 공공신탁과 국민신탁은 협의의 신탁이나 영미의 신탁법리상으로 말하는 신탁 그 자체는 아니라고 할 수밖에 없다.

3. '광의의 신탁' 개념의 구성

위 세 가지 개념에서 공통되는 것이라는 의미에서의 신탁이란, 완전한 소유권자와 달리 수탁자에게 그 소유권 기타 권리행사의 면에서 제약이 따른다는 의미에서의 신탁이다. 이러한 개념의 신탁을 '광의의 신탁'이라 할 수 있는데, 이러한 광의의 신탁 개념에는 민법학상의 신탁이나 명의신탁 등도 포함된다. 민법학상의 신탁 개념의 가장 중요한 특징은 당사자가 실현하려는 목적을 성취하는 데 필요한 정도를 넘는 법적 힘(Rechtsmacht)의 양이 권리이전에 의하여 수탁자에게 이전하는 것(권리의 과잉이전, Rechtsueberschuss)인데,[72] 공공신탁의 경우 신탁설정개념을 전제로 하지 아니하므로 권리이전이라는 요소가 반드시 필요한 것은 아니고, 따라서 공공신탁 개념까지 포괄하려면 권리이전까지는 공통요소로 볼 수 없고, 위에서 본 대로 대상물의 법적 권리자이면서도 그 권리행사에 제 3 자(수익자)를 위한 제약이 따른다는 점을 공통점으로 추출하여야 한다. 이러한 제약은 실질적으로 물권적 효력에 가까운 것일 수도 있고, 단순한 채권적인 효력에 그치는 것일 수도 있다.

여기에서 논의하는 다섯 가지 개념들은 반드시 동일한 선상에서 비교될

---

71) 국민신탁의 경우 신탁기관이 소유자가 될 필요가 없으므로 위 특징에 맞지 않는다. 공공신탁의 경우 대개는 수탁자의 지위에 있는 자가 소유권자일 것이나, 꼭 그러한 경우에만 공공신탁법리가 작용될 것으로 생각되지는 않는다.

72) 郭潤直, "名義信託에 관한 判例理論의 硏究," 法學(15卷 2號), 32號, 서울대학교(1974. 12.), 7면.

수 있는 것도 아니다. 그러나 신탁재산에 대한 소유권의 이전이라는 측면에 대입해본다면 대략 다음과 같이 정리해볼 수 있다.

[광의의 신탁 개념도]

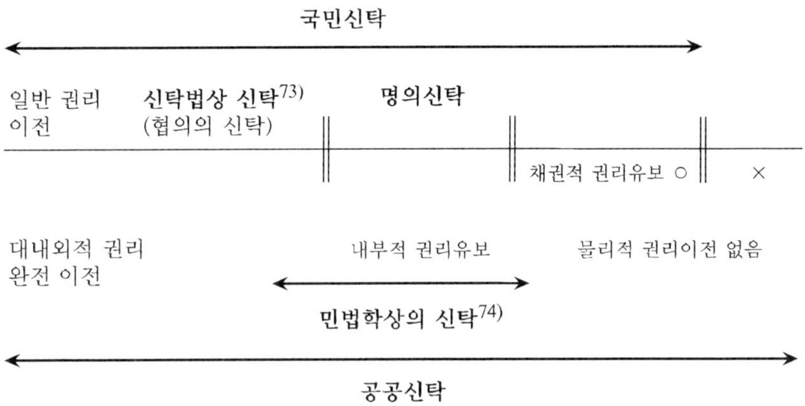

위 그림에서 나타난 바와 같이, 일부 개념은 겹치는 구간이 있을 수 있으며, 특히 공공신탁 개념은 그 성격상 매우 범위를 넓게 잡을 수 있다.

이러한 광의의 신탁 개념의 파악에 의하여 여러 가지 종류의 신탁 개념을 통일적으로 파악할 수 있게 될 뿐 아니라, 항상 변동하여 가는 법률세계에서 향후 새롭게 창출되는 관련 개념들을 위치지우는 틀로 사용될 수 있게 될 것이다.

---

73) 일본의 신신탁법과 같이 신탁선언에 의한 신탁설정이 허용되면 권리이전이 없는 신탁법상 신탁이 가능한 것처럼 보일 수 있다. 그러나 위탁자와 수탁자가 동일인이라고 하더라도, 개념상으로는 위탁자의 고유재산이었던 것이 수탁자가 관리·처분하는 신탁재산이 되는 것이므로, 그러한 의미에서는 권리이전이 일어난다고 볼 수도 있다.

74) 약한 의미의 양도담보라는 개념이 있기 때문에 민법학상의 신탁 개념의 범위가 비교적 넓어지게 된다.

Ⅵ. 마치는 말

이상 환경보호수단으로서의 신탁과 관련되는 세 가지 개념 또는 법제에 관해 살펴보았다. 이 글은 현재의 법리 및 제도의 분석에 치중한 것이라는 한계를 갖는다. 국민신탁운동에 대한 실태조사가 충분히 이루어지지 못하였으므로, 그 결과에 따른 검토를 반영하지 못하였다.

이 글을 마치면서 민사법리를 이용한 환경보호수단은 현실적으로 신탁개념이 중심을 이룰 수밖에 없다는 생각을 해보게 된다. 신탁이 민사법리를 이용하는 환경보호수단으로 가장 효율적이며, 공법상의 수단을 보완할 적절한 방법이 될 수 있을 것으로 생각되기 때문이다. 여기서 말하는 신탁은 이 글에서 주장하는 광의의 신탁을 의미한다.

환경보호와 관련한 신탁법리의 정비작업 및 광의의 신탁이라는 개념의 지속적인 검토가 앞으로의 과제로 남게 되었다.

[신탁재산목록]

□ 총 신탁재산 : 토지 30필지, 건물 3채(2009년 3월 현재)

번호	위치(지번)	지목	면적(㎡)	신탁계약일	출연자
1	제주특별자치도 서귀포시 성산읍 오조리 1380	전	1,164	2007. 3. 25.	문국현
2	전라북도 진안군 성수면 구신리 산 148	임	5,851	2007. 3. 25.	김병종
3	충청남도 연기군 전의면 양곡리 산 12-1	임	7,140	2007. 3. 25.	송정숙
4	충청남도 연기군 전의면 양곡리 산 12-3	임	793	2007. 3. 25.	
5	제주특별자치도 서귀포시 월평동 754-1	과	629	2007. 5. 18.	문국현
6	부산광역시 강서구 봉림동 763-1656	답	3,507	2007. 6. 15.	(사)100평 문화공원조성 범시민협의회
7	부산광역시 강서구 봉림동 763-1658	답	1,812		
8	부산광역시 강서구 봉림동 763-1659	답	2,020		
9	부산광역시 강서구 봉림동 763-1663	답	1,352		
10	전라북도 무주군 안성면 진도리 1456-1	답	3,309	2008. 11. 19.	허병섭
11	전라북도 무주군 안성면 진도리 1456-7	답	2,100		

12	전라북도 무주군 안성면 진도리 1455-1	전	720	2008. 11. 19.	이정진
13	전라북도 무주군 안성면 진도리 1455-4	대	582		
14	전라북도 무주군 안성면 진도리 1455-8	임	80		
15	전라북도 무주군 안성면 진도리 1455-14	임	64		
16	전라북도 무주군 안성면 진도리 1455-7	임	1,072		
17	전라북도 무주군 안성면 진도리 산174-11	임	4,474		
18	전라북도 무주군 안성면 진도리 산174-13	임	63,100		
19	전라북도 무주군 안성면 진도리 산172	임	10,909		
20	전라남도 담양군 남면 지곡리 228	대	66	2009. 3. 24.	정구선
21	전라남도 담양군 남면 지곡리 229	대	2,040		
22	전라남도 담양군 남면 지곡리 354-1	대	17		
23	전라남도 담양군 남면 지곡리 195	대	371	2009. 3. 24.	홍혜미
24	전라남도 담양군 남면 지곡리 195-2	도로	9		
25	전라남도 담양군 남면 지곡리 195-3	답	200		
26	전라남도 담양군 남면 지곡리 195-4	답	785		
27	전라남도 담양군 남면 지곡리 205	답	661		
28	전라남도 담양군 남면 지곡리 206	답	453		
29	전라남도 담양군 남면 지곡리 207	답	132		
30	전라남도 담양군 남면 지곡리 산59	임	36,000		
	계		151,412		

1	전라남도 담양군 남면 지곡리 229	건물	169.4	2009. 3. 24.	정구선
2	전라남도 담양군 남면 지곡리 195	건물	218.37	2009. 3. 24.	홍혜미
3	전라북도 무주군 안성면 진도리 1455-4	건물	76.68	2008. 11. 11.	*매입

{법조 642호}

[12] 유럽신탁법원칙에 관한 연구*

Ⅰ. 들어가는 말

우리나라에서도 이미 신탁이 상당히 활용되고 있으나, 보통은 신탁이 법률관계의 전면에 잘 드러나지 않기 때문인지 비교적 생소하게 느껴지는 편이다. 이러한 사정상 우리나라의 법률가들에게 국제신탁의 문제가 친숙한 편이라 하기는 어렵다.

그러나 우리나라 정도로 국제무역과 투자가 활발한 나라에 국제신탁의 문제가 없을 리 없다. 우리나라와 관련되는 거래관계에서도 실제는 국제신탁이라 할 만한 상황이 매우 많을 것으로 생각된다. 그러나 대부분 그 법률적인 의미에 대해 잘 인식하지 않기 때문에 그것이 문제가 되더라도 신탁문제로만 드러날 뿐, 국제신탁이라는 관점에서는 검토되지 않는 것이 아닌가 생각된다.

한편 신탁에 관한 국제적인 협약이나 법령 통일작업은 다른 분야에 비해 상대적으로 저조한 편이라 할 수 있다. 현재까지는 '신탁의 준거법과 승인에 관한 1985. 7. 1. 헤이그협약'(CONVENTION ON THE LAW APPLICABLE TO TRUSTS AND ON THEIR RECOGNITION, 이하 '위 협약')이 대표적인 것이라 할 수 있다. 이 협약은 1992. 1. 1. 영국, 호주 및 이탈리아 등지에서 발효되었고, 이후 캐나다와 네덜란드 등이 가입하였으며, 2009년 12월 초 현재 총 15개국이 비준하였다.[1] 그리고 이와 별도로 1999. 1. 15. 성립된 '유럽신탁법원

---

* 이 글은 본인이 대법원 소속 국제규범연구반원의 일원으로 대법원에 제출한 보고서를 약간 修正·加筆한 것이다.

1) http://hcch.e-vision.nl/index_en.php?act=conventions.status&cid=59에 의함. 15개국 명단은 다음과 같다. 조약가입국 13개국 : 호주, 캐나다, 중국, 키프러스, 프랑스, 이탈리아, 룩셈부르크, 몰타, 모나코, 네덜란드, 스위스, 영국, 미국. 조약미가입국 2개국 : 리히텐시타인, 산마리

칙'(Principles of European Trust Law, 이하 '위 원칙')[2]이 있나.

위 협약에 관해서는 지금까지 국내에서 약간의 검토가 있었다.[3] 그러나 아직까지 위 원칙이 국내에 제대로 소개된 바는 없다. 이 글은 이 점에 착안하여 앞으로의 국제신탁 연구를 위한 기초작업으로 위 원칙을 소개함을 목적으로 작성된 것인데,[4] 먼저 그 성립경위에 관하여 간략히 살펴보고(II), 그 내용을 소개하며(III), 위 원칙이 우리에게 주는 시사점에 관해 검토(IV)해보고자 한다.

한편, 일본에서는 위 원칙을 '유럽신탁법의 기본원리'로 번역하고 있으나, '사물의 근본이 되는 이치'라는 의미의 '원리'보다는, '어떤 행동이나 이론 따위에서 일관되게 지켜야 하는 기본적인 규칙이나 법칙'을 의미하는 '원칙'이 더 합당한 번역어라 생각되므로, 이 글에서는 '유럽신탁법원칙'이라 번역하기로 한다.[5]

Ⅱ. 위 원칙의 성립경위

1999. 1. 15.[6] 헤이그의 아카데미 빌딩에서 '유럽신탁법원칙'에 대한 국제회의가 개최되었다. 이 회의는 네덜란드 니즈메겐(Nijmegen) 대학의 기업법연구센터(the Business and Law Research Centre)와 법학교수들에 의하여 조직되었는데, 이 회의에서는 국제워킹그룹에 의하여 제안된 '유럽신탁법원칙'에 대해

노. * 이하 각종 검색결과는 2009. 12월 초 기준이다.

2) 이에 대한 기본적인 일본문헌으로, 新井誠編, 欧州信託法の基本原理, 有斐閣(2003)(이하, '新井 위 책')이 있다.

3) ① 洪裕碩, "商事信託에 관한 國內法 및 涉外私法的 考察," 商去來法의 理論과 實際 : 石影安東燮敎授華甲紀念論文集(1995. 9.), 770면 이하, ② 석광현, "국제금융에서의 신탁과 국제사법," 서울대학교 금융법센터, BFL 17호(2006. 5.), 60면 이하.

4) 국내에서는 위 원칙에 대한 자료를 구하기가 매우 어려우며, 이 점은 인터넷을 통한 검색결과로도 마찬가지이다. 이 글은 이러한 제약하에 작성된 것인 점을 이곳에 밝혀둔다. 위 원칙의 기본적인 내용을 이해함에는 新井 위 책이 큰 도움이 되었다. 위 원칙에 관한 기본적인 주석서로, D. J. Hayton, S. C. J. J. Kortmann, H. L. E. Verhagen(eds.), *Principles of European Trust Law*(Law of Business and Finance Volume 1), Kluwer Law International. W. E. J. Tjeenk Willink, 1999가 있다.

5) 'The Principles of European Contract Law 1998'을 일본에서 '유럽계약법원칙'으로 번역하고 있는 점도 참고가 된다.

6) 新井 위 책 1면 이하에서는, 위 회의일을 1999. 1. 13.이라고 하고 있다.

토의하였다.

위 원칙의 제정목적은, 모든 종류의 가치있는 목적을 위한 채권을 위한 집단적인 담보신탁과 미성년자와 기타 행위무능력자들의 이익을 위한 재산의 관리, 변호사나 각종 사유에 의하여 고객의 재원을 관리하는 자들에 의하여 관리되는 고객계좌를 보호하고, 점점 확대되어 가는 유럽연합 내에서의 더 큰 조화 등을 꾀하기 위하여, 대부분의 나라에 이미 어느 정도는 존재하고 있는, 신탁 및 그와 유사한 재산 개념의 발전을 도모하기 위한 것이며, 이 원칙의 성립으로, 동 원칙이 위 협약의 적용과 더불어 적용됨으로써, 유연성의 확대를 통하여 유럽대륙법계에서 부의 보존과 창출을 위한 기회를 극대화하는 것으로 연결되는 것이 기대되어지게 되었다.[7)]

이 원칙은, 위 협약의 준비를 위하여 1980년부터 1984년까지의 기간 동안 개최된 헤이그회의에서 논의된 바에 기초하였으며, 헤이그에서의 협상에 참여하였거나 나중에 헤이그회의에 관여한 전문가들이 참여하였는데, 이들 중에는 신탁에 관련된 회의에의 보고자였던 A. E. von Overbeck, and Professors Kötz, Waters, Anderson, Hayton,[8)] Borrás 및 González Beilfuss가 포함된다.[9)]

위 회의는 '유럽신탁법원칙'(Principles of European Trust Law)이라는 책자를

---

7) Hayton, D.J., *The Law of Trusts,* 4th ed., LONDON SWEET & MAXWELL(2003), 15면.

8) 1944년 출생, 현재 트리니다드 토바고 소재 The Caribbean Court of Justice 판사로 재직중. 유럽신탁법원칙의 성립에 주도적인 역할을 하였을 뿐 아니라 영국의 저명한 신탁법학자이기도 하다. Hayton, D.J., *The Law of Trusts,* 4th ed., LONDON SWEET & MAXWELL(2003) 등 신탁에 관련된 동인의 저서가 다수있다.

9) 한편, 新井 위 책 1면 이하에서는, '위 원칙은 런던 대학의 데이비드 헤이튼(David J. Hayton) 교수가 1996년 조직한 국제팀에 의하여 작성되었다'라고 설명하면서, 그 팀 구성원의 명단을 아래와 같이 열거하고 있다.

P. B. H. Birks 교수(All Souls College, 옥스퍼드대학, 영국)
A Borrás 교수(바르셀로나대학, 스페인)
R. K. Feldthusen 연구원(코펜하겐대학, 덴마크)
C. González Beilfuss 교수(바르셀로나대학, 스페인)
D. J. Hayton(King's College, 런던대학, 영국)
S. C. J. J. Kortmann 교수(니즈메겐대학, 네덜란드)
H. Kötz 교수(막스플랑크 연구소, 독일)
M. Lupoi 교수(제노아대학, 이탈리아)
A. E. von Overbeck 교수(프리버그대학, 스위스)
K. G. C. Reid 교수(에딘버러대학, 스코틀랜드)
Ph. Remy 교수(프와티에대학, 프랑스)
H. L. E. Verhagen 교수(니즈메겐대학, 네덜란드)
D. W. M. Waters 교수(빅토리아대학, 캐나다)

출간함으로써 동 원칙을 정식으로 성립시키는 회의였다. 이 책자에는 원칙 외에 각국의 보고서가 첨부되어 있다.[10]

위 원칙은 그 자체가 국제조약이라 할 수는 없고 강제력을 가진 것도 아니지만, 그 중요성은 결코 과소평가될 수 없다. 세계적인 법통일 운동에서 EU가 차지하는 위치와 위 원칙의 성립과정을 고려하면, 그 중요성이 실감된다. 결국 위 원칙은 EU지역에서 실질적으로 통용되는 법리가 될 것이며, 향후 EU 이외의 지역으로도 그 영향력을 넓혀갈 것임은 명약관화하기 때문이다. 이 점은 위 원칙이 EU의 다른 원칙, 예를 들어 유럽계약법원칙(Principles of European Cotract Law, PECL)이나 유럽국제상사계약원칙(Unidroit Principles of International Commercial Contracts, UP)과 같은 차원의 프로젝트로 성립된 것이라는 점[11]만 보아도 명백하다.

위 협약은 국제신탁의 문제에서 준거법을 정하는 것, 즉 섭외사법적인 문제의 해결을 위한 것임에 반하여, 위 원칙은 준거법을 정하는 것과는 관련이 없고, 신탁 자체의 내용을 정하는 실체법적인 내용인 점에서 큰 차이가 있다. 그러나, 결국 신탁을 공통요소를 하는 것이므로 서로 무관한 것이라 하기는 어렵다. 섭외사법적 문제를 논의하기 위해서는 그 전제가 되는 규율대상을 확정하여야 하며, 따라서 위 협약 제 2 조에서 신탁을 정의내리고 있다. 위 원칙에서 위 협약과의 관계에 대해 명언하고 있지는 아니하나, 성립경위와 내용을 보면 위 원칙은 사실상 위 협약 제 2 조를 더 풀어서 설명한 것이라 할 만하다.

위 협약의 성립과정에 미국이 참가하지 아니한 점이 눈에 띄기는 하나, 유럽의 주요국 상당수가 참가하였고, 특히 대륙법계 국가들이 대거 참가한 것이 두드러진다. 제반 사정을 검토해볼 때, 위 원칙은 실질적으로 대륙법계 국가들과 커먼로계 국가들이 신탁의 기본원칙에 대해 합의한 것이나 다름이 없다. 따라서 앞으로 신탁법에 관한 국제적인 움직임에서는 빼놓을 수 없는 고

10) 新井 위 책 1면에서는, 당시 회의에 전 세계에서 약 200명의 신탁법연구자 및 실무가들이 모였다고 설명하고 있다. 이상의 성립경위는 http://www.hcch.net/index_en.php?act=events.details&year=1999&varevent=74&zoek=trust에 의함.

11) Jan M. Smits, "The Principles of European Contract Law and the Harmonisation of Private Law in Europe," Antoni Vacquer (ed.), *La Tercera Parte de Los Principios de Derecho Contractual Europeo*, Valencia 2005 [Tirant], 567면.

려요소가 될 것이며, 우리 입장에서도 이에 대한 기본적인 검토를 해둘 필요가 매우 크다.

Ⅲ. 원칙의 내용

* Principles of European Trust Law[12)]

Article I — MAIN CHARACTERISTICS OF THE TRUST

1. In a trust, a person called the "trustee" owns assets segregated from his private patrimony and must deal with those assets (the "trust fund"[13)]) for the benefit of another person called the "beneficiary" or for the furtherance of a purpose.
2. There can be more than one trustee and more than one beneficiary; a trustee may himself be one of the beneficiaries.
3. The separate existence of the trust fund entails its immunity from claims by the trustee's spouse, heirs and personal creditors.
4. In respect of the separate trust fund a beneficiary has personal rights and may also have proprietary rights against the trustee and against third parties to whom any part of the fund has been wrongfully transferred.

제 1 조 신탁의 주요 특징

(1) 신탁에서는, 수탁자로 불리우는 자가 자신의 고유재산(private patrimony)과 별개의 자산(신탁자산)을 소유하고, 수익자로 불리우는 자의 이익 또는 어떤 목적의 추진을 위하여 관리할 의무를 진다.

(2) 수탁자 및 수익자는 2인 이상일 수 있다. 수탁자는, 복수의 수익자 중 1인을 겸할 수 있다(may).

(3) 별개 독립의 존재인 신탁재산은 수탁자의 배우자, 상속인 및 채권자

12) 이 원문은, http://www.civillaw.com.cn/english/article.asp?id=125에서 구할 수 있다.
13) 신탁에 관한 영미 문헌에서는 보통 'trust property'라는 용어를 많이 사용한다.

의 청구권에 대해 책임지지 않는다.

(4) 분별된 신탁재산에 대하여, 수익자는 인적 청구권(personal rights)을 갖는다. 또한, 수익자는 수탁자 및 신탁재산을 부당하게 취득한 제 3 자에 대한 물적 청구권(proprietary rights)을 가질 수 있다(may[14]).

위 원칙의 핵심내용인 제 1 조는 신탁의 기본개념을 설명하고 있다. 제 1 조에서 제시하고 있는 신탁개념은 우리나라의 그것과 크게 다르지 않다. 원래 영미에서 말하는 신탁은 신탁재산에 관한 커먼로상의 권원(legal title)은 수탁자에게, 형평법상의 권원(equitable title)은 수익자에게 귀속되는 것이 원칙이지만, 이러한 구조를 취하지 않더라도 신탁이 됨에는 지장이 없다.

위 협약은 신탁에 관하여, 제 2 조에서 다음과 같이 규정하고 있다.

Article 2

For the purposes of this Convention, the term "trust" refers to the legal relationships created - inter vivos or on death - by a person, the settlor, when assets have been placed under the control of a trustee for the benefit of a beneficiary or for a specified purpose.

A trust has the following characteristics -

a) the assets constitute a separate fund and are not a part of the trustee's own estate;

b) title to the trust assets stands in the name of the trustee or in the name of another person on behalf of the trustee;

c) the trustee has the power and the duty, in respect of which he is accountable, to manage, employ or dispose of the assets in accordance with the terms of the trust and the special duties imposed upon him by law.

The reservation by the settlor of certain rights and powers, and the fact that

---

14) 이 원칙에서의 'may'는 나라에 따라 다른 취급을 할 수 있음을 의미한다. 新井 위 책 27면, 同旨. 이하, 그런데, 우리나라말로 번역을 하는 경우 'may'라는 단어의 존재여부가 명백하지 않는 경우가 생긴다. 따라서 이 글에서는 위 원칙의 원문에 나오는 'may'는 번역문에도 모두 표시하여 두었다.

the trustee may himself have rights as a beneficiary, are not necessarily inconsistent with the existence of a trust.

제 2 조

이 협약의 목적과 관련하여, '신탁'이란, 위탁자가 생존중의 행위로 또는 사망을 원인으로 설정하는 법률관계로서, 수익자를 위하여 또는 특정의 목적을 위해 자산을 수탁자의 관리하에 두는 것을 말한다.

신탁은 다음과 같은 특징을 갖는다.

a. 자산(assets)은 독립된 재산(fund)을 구성하며, 수탁자의 고유재산에 속하지 아니한다.

b. 신탁자산에 대한 권원은, 수탁자 명의 또는 수탁자를 위한 제 3 자 명의로 한다.

c. 수탁자는 신탁조항 또는 법률로써 부과되는 특별의무에 따라 자산을 관리, 사용 또는 처분하는 권한과 의무 및 이에 대한 책임을 부담한다.

위탁자에 의한 일정한 권리 및 의무의 유보와 수탁자 스스로도 수익자가 되어 수익권을 갖는 사실은, 신탁관계의 존재와 반드시 부합하지 않는 것은 아니다.

이상과 같이 위 협약에서 말하는 신탁개념과 위 원칙에서 말하는 신탁개념은 설명된 표현과 내용상의 차이는 있지만, 서로 부합하는 개념이다.[15] 위 협약과 위 원칙은 완전히 별개의 것이 아니고, 위 협약 성립의 성과를 이어받

15) 참고로 영미권에서의 신탁개념을 살펴보면, 신탁개념의 신축성 등을 들어 그것을 추상적이고 적극적으로 정의하는 것은 포기하고, 그 특성만을 설명함으로써 정의에 갈음하려는 견해가 유력하다. 즉, 정확한 '정의'(definition)를 내리기 곤란하므로, 정의 대신 성질을 열거(description)함으로써 신탁의 범주를 정하는 것이다. 이러한 견해에서 들고 있는 신탁의 세 가지 특징은 다음과 같다. 즉, 아래와 같은 특징을 갖고 있다면 다른 점에 약간의 차이가 있더라도 신탁으로 볼 수 있는 것이다. 新井 위 책 7면.

① 수탁자는 대세적으로는 신탁재산의 소유자이며, 따라서 수탁자와 제 3 자의 관계에서는 완전한 소유자의 지위를 갖는다.

② 신탁재산은 수탁자의 개인적인 채무초과나 파산에 복종하지 않으며, 수탁자의 채권자가 신탁재산을 압류할 수 없다.

③ 수탁자는 신탁재산의 명의자가 된다.

아 위 원칙이 성립된 것이므로 이러한 점은 당연한 것이다. 즉, 위탁자-수탁자-수익자 3자를 상정하는 기본적인 법률관계와 신탁재산의 명의자는 수탁자가 되지만, 수탁자의 고유재산과는 분별되어야 한다는 점, 수탁자가 복수 수익자의 1인을 겸할 수 있다는 점 등이 공통된다. 이 점은 위 협약과 원칙의 공통점에 지나지 않는 것이 아니라, 널리 통용되는 신탁개념의 공통분모라 할 수 있다. 결국 이러한 점은 앞으로 신탁에 관한 국제적 논의는 위 협약 및 위 원칙에서 들고 있는 신탁개념을 기본으로 하게 될 것임을 보여준다.

신탁개념의 핵심은 수탁자가 수익자나 다른 신탁목적을 위하여 신탁재산을 분별하여 소유·관리하는 것이다. 이를 위해서는 위탁자나 수익자와 구별되는 수탁자가 필요하며, 신탁재산이 위탁자로부터 수탁자로 이전되는 요소가 필요하다. 물론 이에 대한 예외는 있다. 즉, 위탁자가 수탁자를 겸할 수도 있고, 수익자가 복수인 경우 수탁자가 수익자의 1인이 될 수도 있다. 그러나 그렇다 하더라도 기본적으로는 다른 존재와 독립된 수탁자가 필요하다.[16] 제 4 항에서 수익자의 권리를 규정하고 있는데, 수탁자가 분별하여 관리하고 있는 '인적 청구권'(personal rights)[17]을 갖고 있다는 규정은, 신탁법률관계하에서

16) 따라서 예를 들어 일반적인 신탁에서 말하는 수탁자의 존재를 필요로 하지 않으며, 수탁자에게로의 신탁재산 이전도 필요로 하지 않는 '공공신탁'(public trust)은 위 원칙에서 말하는 신탁이라 할 수 없다. 공공신탁에 대한 검토로, 임채웅, "환경보호수단으로서의 신탁에 관한 연구 — 공공신탁, 공익신탁 및 국민신탁을 중심으로 —"{法曹 게재확정 논문(2010. 2월 초 현재 未公刊)} 참고.

17) 위 항에서의 '인적 청구권'과 '물적 청구권'(propretary rights)의 의미를 명확하게 구분하는 것은 이 글에서 제대로 다루기 어려운 문제이다. 이 점은 영미법과 대륙법을 같은 차원에서 비교하기 어려운 점이 있어 더욱 그러하다. 우리나라에서의 강학상의 용어로 표현하자면, 영미법(의 주류)에서는 신탁을 일반적으로 계약관계가 아니라 물권적 관계로 파악한다. 이러한 영미법의 영향으로, 우리나라에서도 수익자가 갖는 권리를 물권에 해당되는 것으로 보려는 인식도 없지 않다. 필자는 이러한 견해에는 따르지 않는다.

그리고 필자의 연구에 따른 잠정적인 결론으로는, 영미법에서는 신탁의 발생근거를 「계약」(유언 등을 포함한다)에서보다는 「관계」에서 찾는다. 따라서 명확한 계약이 존재하지 않는 경우에 대해서도, 대륙법계에 비하여 영미법계에서 신탁관계 인정이 훨씬 더 자유스러운 듯하다. 신탁과 관련하여 「계약」개념을 가급적 피하려는 입장은 위 원칙의 제정과정에서도 작용하였다. 즉, 신탁을 「계약」으로 파악함으로써 위탁자의 권한이 계속되는 경우 등을 피하고자 하였다는 것이다. Hayton, D.J., *The Law of Trusts,* 4th ed., LONDON SWEET & MAXWELL(2003), 16면.

그러나, 위 문헌에서 들고 있는 점들은 우리의 관점에서 보더라도 신탁이 항상 「계약」에 의하여 설정되는 것으로 보는 것도 아니고, 또한 「계약」에 의한 신탁에서도 위 문헌의 저자가 염려하는 바를 모두 피할 수 있으므로, 위와 같은 염려는 지나친 것이었다고 생각된다. 여하간에, 이러한 인식의 차이가 있다고 하여 영미법상의 신탁과 영미법을 취하지 않고 있는 법역에서의 신탁이 다른 것이라 할 수는 없다. 현 단계에서는, 우리나라의 강학상의 용어로는, 위

는 당연한 규정이라 할 수 있다. 그러나 수익자가 수탁자나 수탁자로부터 신탁재산을 양수한 제 3 자에 대해 어떠한 권리를 갖는가는 단순히 신탁법리만으로 따질 문제가 아니다. 각국의 법제에 따른 차이가 반영되지 않을 수 없기 때문이다. 그리하여 위 원칙에서도 수탁자나 제 3 자에 대한 '물적 청구권'에 대해서는 각국의 결정에 맡기기로 하였다(may).

Article Ⅱ — CREATION OF THE TRUST

The general rule is that in order to create a trust a person called the "settlor" in his lifetime or on death must, with the intention of creating a segregated trust fund, transfer assets to the trustee. However, it may also be possible for a settlor to create a trust by making it clear that he is to be trustee of particular assets of his.

제 2 조 신탁의 설정

신탁을 설정하려면, 위탁자로 불리우는 자가 생전 또는 사망시에 독립된 신탁재산을 창설할 의도를 갖고, 자산을 수탁자에게 이전하여야 함이 원칙이다. 다만, 위탁자는 자기 소유의 특정 자산에 대하여 스스로 수탁자가 되는 취지를 명백히 함으로써 신탁을 설정할 수 있다(may).

제 2 조는 신탁설정방법에 대해 규정하고 있다. 설정방법의 기본적인 방식을 규정하고 있을 뿐이며, 구체적인 방식까지 지정하고 있지는 아니하다. 따라서 유형별로 또는 신탁재산의 종류에 따른 구체적인 방식, 즉 문서에 의할 것인가 등에 관해서는 각국의 정함에 따른다.

신탁설정의 기본적인 방식은 생전의 것과 사망을 원인으로 한 것으로 나뉘는데, 생전의 것은 역시 계약이 기본적인 방식이 될 것이고, 사망을 원인으로 하는 것은 유언에 의한 것이 된다.

우리 입장에서 볼 때, 제 2 조에서 두드러지는 내용은, 위탁자가 자기 소유의 특정 자산에 대하여 스스로 수탁자가 되는 취지를 명백히 하는 방식을

원칙상의 '인적 청구권'이란 '채권적 청구권', '물적 청구권'이란 '물권적 청구권'으로 이해하는 것이 가장 타당할 듯하다.

규정한 점이다. 이는 신탁선언(declaration of trust)에 의한 신탁설정을 인정하는 것인데, 당연히 인정하는 것은 아니고, 각국의 정함에 맡겨져 있다(may). 신탁선언방식은 영미법계에서는 일반적으로 인정되고 있는 방식이며, 대륙법계 국가에서도 채택하는 쪽이 대세이다. 일본도 신탁법 개정으로 이를 채택하였고, 우리나라의 개정논의에서도 이를 채택하려는 것이 대세이다.[18)]

Article Ⅲ — TRUST FUND

1. The trust fund consists not only of the original assets and those subsequently added, but also those assets from time to time representing the original or added assets.
2. The trust fund is not available to satisfy claims made against the trustee in his personal capacity. Except to the extent that the settlor's creation of the trust contravenes laws protecting his creditors, spouse or heirs, the trust fund is available only for claims made by creditors dealing with the trustee in his capacity as such and, subject thereto, for claims of the beneficiaries or the enforcer, who is an office holder entitled to enforce a trust for purposes.
3. A trustee of several trusts must keep each trust fund not only segregated from his private patrimony but also from each of the other trust funds, except to the extent that the terms of the trusts otherwise permit.

제 3 조 신탁재산

(1) 신탁재산에는 신탁설정시 및 그 후 추가된 자산뿐만 아니라, 때때로 그와 같은 자산을 대신하는 자산도 포함된다.
(2) 신탁재산을 수탁자 개인 자격에서 비롯된 채무의 변제에 사용할 수 없다. 신탁재산의 충당은, 신탁의 설정이 위탁자의 채권자, 배우자 또는 상속인을 보호하는 법률에 반하는 경우를 제외하고, 수탁자 지위에서 거래를 하는 수탁자와 거래를 한 채권자, 그리고(subject thereto)

18) 신탁선언에 관한 기본적인 검토로, 임채웅, "신탁선언의 연구," 서울대학교 법과대학 금융법센터, BFL 39호(2010년 1월호) 참고.

수익자 또는 목적신탁의 실시를 강제할 수 있는 권한이 있는 감독자(enforcer)의 청구에 따른 채권의 변제에 관해서만 인정된다.

(3) 신탁조항이 특히 인정한 경우를 제외하고, 복수의 신탁을 인수한 수탁자는, 각각의 신탁재산을 고유재산만이 아니라 다른 신탁재산으로부터도 분별하여 관리하여야 한다.

제 3 조는 신탁재산(trust fund)에 대해 규정하고 있다. 제 1 항은 신탁재산의 범위에 대해 규정하고 있는데, 신탁설정 후에 편입된 재산도 신탁재산이 되고, 그 신탁재산에 갈음하는 자산(those asstets … representing the original assets)도 포함됨을 밝히고 있다. 여기서 '갈음한다'(representing)라는 용어의 의미는 다양한 것을 포함할 수 있다. 구체적인 내용은 각국의 법제에 따를 것이지만, 우리나라 법의 개념으로 말하자면 물상대위를 의미하는 것으로 이해될 수 있다. 그런데, 반드시 법에서 인정하는 대위의 경우에만 한정할 것인지, 그보다는 넓게 인정할 수 있을 것인지는 법제에 따라 어느 정도 편차가 있을 수 있다.

제 2 항은 신탁재산의 독립성을 규정한 것으로 신탁제도의 본질적인 특성이 잘 드러나는 내용이며, 신탁이라는 제도를 인정하는 이상 필수적인 내용이기도 하다. 제 3 항은 수탁자가 한 시점에 복수의 신탁을 인수한 경우를 예정하고, 신탁재산의 독립성은 수탁자의 고유재산에 대한 관계에 대해서만이 아니라, 각 신탁재산 상호 간에도 엄수되어야 함을 규정한 것으로, 당연한 내용이기도 하다.

제 3 조에 관하여 한 가지 더 검토되어야 할 점은, 제 2 항 제 2 문 끝부분에서 '목적신탁'(a trust for purposes)에 관하여 규정하고 있는 점이다. 공익신탁이 아닌 목적신탁을 인정할 것인지 여부는 각국에 따라 입장이 다를 수 있으며, 따라서 이 점에 관해서는 'may'라는 단어를 사용하여, 반드시 필수적으로 인정되는 것은 아니라는 점을 이 조항 또는 다른 조항에서 표시하였어야 하지 않은가 하는 생각을 해보게 된다. 위 원칙이 공익신탁과 사익신탁을 구분하여 규정하고 있지 아니한 점에 비추어 더욱 그러하다.

그리고 목적신탁을 인정한다고 하더라도, 다른 신탁과 구분하여 별도의 요건이나 제약을 부여할 수 있음은 당연하다. 목적신탁을 인정할 경우 '감독자'(enforcer)를 둘 것인지 여부도 마찬가지이다.

Article IV — TRUSTS FOR BENEFICIARIES OR FOR ENFORCEABLE PURPOSES

1. Upon creating a trust, the settlor must designate ascertained or ascertainable persons as beneficiaries to whom the trustee's obligations in respect of the trust fund are owed or will be owed, or must designate purposes in respect of which there is an enforcer.
2. To the extent that the settlor fails to create rights affecting the whole of the trust fund the trustee will own the assets for the benefit of the settlor or his successors.
3. Any beneficiary, or any enforcer of a trust for purposes, has a right to information needed to protect his interest and to ensure that the trustee accounts to him.
4. Subject to the terms of the trust, a beneficiary can make a disposition of his rights.
5. Any beneficiary, or any enforcer of a trust for purposes, has the right to seek judicial merit of the terms of the trust.

제4조 수익자 또는 강제가능한 목적을 위한 신탁

(1) 신탁을 설정함에 있어, 위탁자는 특정인 또는 특정할 수 있는 자를, 수탁자가 현재 또는 장래, 신탁재산과 관련하여 의무를 지는 수익자로 지정하거나, 감독자가 감독하여야 할 목적을 지정하여야 한다.

(2) 위탁자가 신탁재산 전체에 효력이 있는 권리를 설정하지 않은 때에는, 수탁자는 그 자산을 위탁자 또는 그 승계인(successors)을 위하여 보유한다.

(3) 수익자 또는 목적신탁의 감독자는 그 이익을 보호하고 수탁자가 그에게 보고하는 것을 보장받기 위하여 필요한 정보에 대한 권리를 갖는다.

(4) 신탁조항에 의거하여, 수익자는 그의 권리(수익권)를 처분할 수 있다.

(5) 수익자 또는 목적신탁의 감독자는 신탁조항에 관하여 사법절차를 취할 권리를 갖는다.

제 4 조는 수익자에 관한 규정이며, 소위 목적신탁에 관해서도 언급하고 있다.

신탁은 위탁자-수탁자-수익자라는 3당사자 구조를 취하고 있는데,[19] 위탁자는 신탁의 설정과 신탁재산의 이전으로 그 법률관계에서 이탈하는 것이 원칙적인 모습이고, 따라서 설정 이후에는 수탁자와 수익자 사이가 신탁의 본질적인 모습이 된다. 그러므로 신탁에는 필연적으로 수익자에게 책임을 지는 수탁자가 있어야 한다.[20]

위 원칙은 수익자 또는 그에 갈음하는 신탁목적이 있어야 함을 정한 데에 그치고, 어떤 사람을 수익자로 지정할 수 있으며, 수익자를 특정하지 아니하고 특정하는 방식만을 두는 경우 어떤 식으로 지시할 수 있는지, 그리고 목적신탁의 경우 어떤 범위까지 설정할 수 있는지는 각국이 따로 정해야 한다. 영미법계에서는 일반적으로 영구권금지원칙이 인정되므로, 수익자지정에 있어서도 그에 따른 제약이 존재하는데, 영미법을 취하지 않고 있는 나라에서는 어떠한가도 문제이다. 수익자 지정을 시간적으로 보아 무한정 인정할 수는 없고, 어느 정도의 제약은 필요할 것이다.

제 2 항은 특정 권리 전부가 아니라 그중 일부만에 대하여 신탁이 설정된 경우에 관한 것인데, 그러함에도 외견상 또는 실질적으로 수탁자가 해당 신탁재산을 전부를 보유하거나 점유하는 경우에 대한 내용이다. 이러한 점은 특히 특정 권리를 생애권과 잔여권으로 나누는 것에 익숙한 영미법계에서 문제될 수 있고, 대륙법계에서는 문제될 여지가 적은 내용으로 판단된다. 게다가 영미법계 국가에서는 대륙법계 국가 정도의 등기제도가 완비되어 있지 아니한 경우가 많으므로 이러한 점이 더욱 문제가 될 수 있다. 이 조항은 특정 권리의 질적 또는 양적 일부가 신탁재산이 아닌 경우에 문제될 수 있다. 이 경우, 수탁자는 신탁재산이 되지 않은 부분에 대해서도 위탁자나 그 승계인을 위하

---

19) 신탁설정이 위 3인 사이의 계약이나 여타의 법률행위라는 의미는 아님에 주의를 요한다.

20) Armitage v. Nurse(1997), 2 All ER 707 at 713 사건에서, 밀렛트 판사는, "수익자에 대하여 수탁자가 책임을 지고, 수익자는 이를 강제할 수 있는 중핵적인 의무가 신탁개념의 기본이다. 수익자에게 수탁자에게 강제할 수 있는 권리가 없다면, 신탁도 존재하지 않는다"고 하였다. 新井 위 책 35면, 각주 31)에서 인용함. 그런데 이 문헌에서는 위 판결명을, 'Armitage …'가 아니라 'Amitage …'로 표기하고 있으나, 誤記인 것으로 판단된다. Burrows, Andrew, *English Private Law*(2nd ed.), Oxford University Press, 42면(http://fds.oup.com/www.oup.co.uk/pdf/0-19-922794-2.pdf) 참고.

여 보유하는 것으로 간주된다. 해당 부분에 대해 복귀신탁 등이 성립할 것인가도 각국이 정하여야 한다.[21)]

제 3 항은 수익자 또는 목적신탁의 감독자에게 수탁자의 설명의무에 상응한 권리가 있음을 규정하고 있고, 제 4 항은 수익권은 원칙적으로 처분될 수 있음을 규정하고 있다. 수익자에 의한 수익권의 처분도 제한될 수 있는데, 대표적인 것이 낭비자신탁이다.

Article V — TRUSTEES' DUTIES AND POWERS

1. The trustee must exercise his rights as owner in accordance with the law and the terms of the trust.
2. The fundamental duty of a trustee is to adhere to the terms of the trust, to take reasonable care of the trust assets and to act in the best interests of the beneficiaries or, in the case of a trust for purposes, the furtherance of those purposes.
3. A trustee must keep separate and protect the trust assets, must maintain accurate accounts and must provide the beneficiaries and the enforcer with information requested to protect their interests.
4. Expect to the extent otherwise permitted by the terms of the trust or by law, a trustee must personally perform his functions. He must act honestly and must avoid all conflicts of interest unless otherwise authorized.
5. A trustee is accountable for the trust fund, must personally make good any loss occasioned to the trust fund by his breach of trust and must personally augment such fund by the amount of any profits made by him in breach of his duty.

21) 특정 부동산의 생애권만이 신탁재산이 되는 경우, 수탁자는 잔여권을 위탁자 또는 그 승계인을 위하여 보유하는 것이 된다. 영미법계에서는 그 부분에 대해 위탁자나 그 승계인을 수익자로 하는 복귀신탁이 성립되는 것으로 보는 경우가 많다. 대륙법계 국가에서도 일본의 신신탁법과 같이 담보권의 설정을 통하여 신탁이 설정되는 것도 인정하는 것이 대체적인 경향인 듯 보이나, 일본이나 우리나라에서는 신탁재산이 된 나머지 부분을 수탁자가 보유하는 것이 아니므로, 위 경우 위 제 2 항이 문제될 여지가 없다. 즉, 위 제 2 항은 현 시점을 기준으로 하면, 다분히 영미법계의 상황을 전제로 하는 내용이라는 느낌을 준다.

제 5 조 수탁자의 의무 및 권한

(1) 수탁자는 법률과 신탁조항에 따라 소유자로서의 그의 권리를 행사하여야 한다.
(2) 수탁자의 기본적인 의무는, 신탁조항을 준수하며, 신탁재산을 합리적으로 관리하며, 오직 수익자의 이익 또는 목적신탁의 경우에는 신탁목적의 추진을 위하여 행동하는 것이다.
(3) 수익자는 신탁재산을 분별하여 관리하고 보호하며, 정확한 기록을 유지하고, 수익자 및 감독자에게 그들의 권리를 보호하기 위하여 필요한 정보를 제공하여야 한다.
(4) 신탁조항 또는 법률에 의하여 허용된 경우를 제외하고, 수탁자는 그의 기능을 직접 수행하여야 한다. 수탁자는 정직하게 행동하여야 하고, 예외적으로 허용되지 않는 한, 모든 이익상반을 피하여야 한다.
(5) 수탁자는 신탁재산에 관하여 보고하고, 그의 신탁위반에 의하여 신탁재산에 손실이 생긴 때는 그 손실을 보전하고, 의무에 위반하여 얻은 이익이 있을 때에는 그 금액을 신탁재산에 추가하여야 한다.

제 5 조는 수탁자에 관한 규정이다. 제 1 항은 수탁자의 권한은 법과 신탁조항에 따라 행사되어야 한다는 점 및 수탁자는 '소유자'(owner)로서 권리를 행사하여야 함을 규정하고 있다. '소유자로서'라는 표현의 의미는 법제에 따라 달라질 여지가 있기는 하나, 수탁자는 대세적으로 소유자의 지위에 있음을 보여주는 조문이기도 하다. 따라서 수탁자의 신탁재산 처분은 소유권자의 처분으로서 유효하게 된다. 해당 법제가 인정하는 추급권에 의한 제약만이 따를 뿐이다.

제 2 항 내지 제 5 항은 수탁자의 의무에 대해 비교적 상세히 규정하고 있다. 신탁제도에서 수탁자가 차지하는 위치를 보여주는 조문이다. 신탁법률관계의 핵심은 결국 수익자의 권리이자 수탁자의 의무인데, 법률관계에 대한 규정은 필연적으로 의무에 대한 규정이 좀 더 자세할 수밖에 없다.

제 2 항은 수탁자의 의무에 대한 일반적인 내용을 규정하고, 제 3 항 이하에서는 좀 더 구체적인 내용에 관해 규정하고 있다. 제 4 항은 수탁자가 타인에게 임무를 맡겨서는 아니 되고 스스로 하여야 함과 이익상반을 피하여야

할 의무를 규정하고 있다. 신탁재산의 관리에 관한 행위를 수탁자가 직접 하여야 함은 신탁법제의 대체적인 의무로 인정되고는 있으나, 관련되는 모든 행위를 수탁자가 직접 하여야 한다는 것은 현대의 고도화된 사회에는 부합하지 않는 면이 있다. 수탁자가 일부 업무를 타인에게 맡기는 것은 신탁조항에 의하여 허용되어야 하며, 합리성만 결여하지 않는다면, 가급적 넓게 인정함이 타당하다.

제 5 항은 수탁자의 손실보전 및 이익반환의무를 규정하고 있다. 이익반환의무는 수익자에게 손해가 없는 경우에도 인정되는 것이라는 점에 의미가 있다. 제 5 항에서는 'may'라는 단어가 사용되지 않고, 오히려 'must'라는 단어가 사용되고는 있으나, 그렇다고 하여 위 규정에 변경을 가할 수 없다는 취지로 해석되지는 않는다. 손실보전의 의미를 갖는 대체적인 원칙이 적용되고 있다면, 세부적인 내용에 상당한 차이가 있다 하더라도, 위 원칙에 부합하는 것으로 볼 수 있다.

Article VI — REMEDIES AGAINST TRUSTEES FOR BREACH OF TRUST

Remedies that the court can provide against a trustee for breach of trust include an order restraining particular conduct or removing the trustee from his office and replacing him or decreeing payment of compensation for losses or restitution of profits. The court may also have power to declare that particular assets of the trustee have always been part of the trust and never became part of his private patrimony or are to be regarded as security for satisfying his liability.

제 6 조 수탁자의 신탁위반에 대한 구제

수탁자의 신탁위반에 대하여 법원이 취할 수 있는 구제조치에는, 특정한 행위의 금지, 수탁자 해임, 경질, 손실의 보상 또는 이익의 반환을 명하는 것이 포함된다. 또한 법원은, 수탁자의 특정 자산이 계속하여 신탁의 일부였고 수탁자의 고유재산이었던 적이 없었다는 점 또는 수탁자의 채무변제를 위한 담보로 취급되지 않는다는 점을 선언할 수 있다(may).

제 6 조는 수탁자의 신탁위반에 관한 구제방법을 규정하고 있다. 이러한 구제방법을 제 6 조와 같은 간략한 조문으로 모두 처리할 수 없음은 당연하다. 각국의 계약법, 부당이득법, 불법행위법 등 제반 법제가 모두 관련되는 내용이다. 그런데 수탁자의 신탁위반으로 인한 손실보전이나 이익반환에 관해서는 아무래도 영미법계에 상대적으로 더 정치한 규정이나 판례 등의 법리가 발달되어 있다. 다만 이러한 법리들을 도입함에는 도입국가의 법제에서 허용될 것인지 여부를 비롯하여 정확한 검토가 먼저 이루어져야 한다. 또한 현대 신탁실무에서는 신탁조항(신탁계약)에 어느 정도의 면책조항을 두어 수탁자의 이익을 보호하는 경향이 있는데,[22] 이러한 조항의 허용여부 및 그 허용한계도 별도로 검토되어야 한다.

제 6 조 제 2 문은, 법원이 특정 자산이 신탁재산의 일부이며 수탁자의 고유재산이 아니라는 점을 선언할 수 있음(may)을 규정하고 있는데, 우리나라의 경우, 이 점은 확인의 소에 관한 내용이 되고 따라서 확인의 이익이 있는 한 별도의 입법조치없이도 인정될 수 있는 내용이다. 따라서 제 2 문이 우리나라에서 의미를 가지려면, 일반 확인의 소에서 요구되는 정도의 확인의 이익을 요하지 않는 등, 신탁 특유의 제도를 두어야 할 것이다.[23]

Article VII – LIABILITIES OF THE THIRD PARTIES

Where a trustee wrongfully transfers part of the trust fund to a transferee who is not protected as a purchaser in good faith or otherwise, the transferee must make good the loss to the trust fund or may be ordered to hold the assets so transferred (or assets representing them) as part of the trust fund separate from his private patrimony or as security for satisfying his liability. This liability may extend to any subsequent transferee who is not protected as a purchaser in good faith or otherwise.

---

22) 대개는 수탁자인 신탁회사들이 큰 회사이고, 또한 신탁회사들은 상대적으로 그들의 이익을 지키기 위한 조직화가 쉬운 반면, 위탁자나 수익자쪽은 다수의 개인이기 쉽고, 따라서 수탁자들보다 약한 위치에 서는 것이 일반적이다. 이러한 경우에는 약관규제에 관한 법리가 적용될 여지도 있다.

23) 필자의 잠정적인 검토결과로는, 이러한 점도 주로 영미법계의 'standing' 개념의 인정여부와 관련이 있는 것이 아닌가 하는 생각을 해본다.

제 7 조 제 3 자의 책임

수탁자가, 선의유상취득 등의 이유로 보호되지 않는 제 3 자에게 신탁재산을 부당하게 양도한 경우, 양수인은 신탁재산에 생긴 손실을 보상하여야만 하고(must), 그렇지 않으면 양수인에게, 고유재산과 분리된 신탁재산의 일부로 또는 위와 같은 그의 채무변제를 위한 담보로, 위와 같이 양도된 자산(또는 그 대체물)을 보유하도록 하는 명령이 내려질 수 있다(may). 이와 같은 양수인의 채무는, 선의유상취득 등의 이유로 보호되지 않는 후속 양수인에게도 확대될 수 있다(may).

제 7 조는 수탁자가 신탁재산을 부당하게 처분한 경우, 수익자가 이에 추급(tracing)할 수 있다는 내용을 규정하고 있다. 수탁자가 수익자에게 책임을 지는 것은 당연한 것이고, 수탁자의 재력이 충분하면 수탁자에게 책임을 묻는 것만으로 대개는 수익자의 보호에 부족함이 없을 것이나, 수탁자가 파산한 경우가 있을 수 있고, 특정 신탁재산에 특별한 의미가 있는 경우 수익자는 가치보전 이상으로 해당 재산의 반환을 원하는 경우가 있을 수 있다.

선의이며 유상으로 취득한 제 3 자에 대한 추급을 인정하지 않는 것은 영미법의 내용을 담은 것이지만, 이러한 내용은 현재로서는 우리나라에 그대로 적용하는 데에는 무리가 있다. 예를 들어 우리나라에서는 선의취득자를 유상취득자에 한정하지 않고 있으므로, 위 법리를 그대로 도입하기는 어렵다.

우리나라의 현행 신탁법을 기준으로 한다면, 제52조에 의한 수익자의 취소권[24)]이 이에 해당된다. 그런데 위 제52조와 같은 규정을 둔 것을 보면, 제52조에 해당되지 않는 경우에는 수익자가 제 3 자인 양수인에게 추급할 수 없다고 보아야 한다. 결국 우리나라의 현행 신탁법은 위 원칙 제 7 조에서 정하고 있는 추급권보다 내용상 훨씬 더 축소된 내용의 추급권만을 인정하고 있는데, 그렇다고 하여 위 원칙에 말하는 신탁에 부합하지 않는다고 하여야 할 것인지 의문이다.[25)]

---

24) 이에 대한 간략한 검토로, 林采雄, "詐害信託의 硏究," 법조협회, 法曹 55권 9호(2006. 9.), 46면 이하 참고.

25) 더 나아가 제한된 내용으로나마의 추급권제도를 두고 있지 않다면, 위 원칙에서 말하는 신탁이 되지 못하는 것인가 하는 의문도 제기될 수 있다. 우리나라 정도로 제한된 추급권만 인정되는 경우에도, 현재를 기준으로 할 때 국제신탁문제에서 말하는 신탁에 해당되지 않는다고

위 원칙 제1조 제4항에서는, 신탁재산을 부당하게 취득한 제3자에 대한 수익자의 물적 청구권을 인정할 것인지를 각국의 정함에 맡겨두고 있는데, 제7조에서 말하는 추급할 수 있는 권리가 반드시 물적 청구권에 기한 것에 한정되는 것은 아니다.[26]

Article VIII－TERMINATION OF A TRUST

1. Notwithstanding the terms of the trust, where all the beneficiaries are in existence, have been ascertained, and are of full capacity, then, if all such beneficiaries are in agreement, they can require the trustee to terminate that trust and distribute the trust fund between themselves and their nominees as they direct. However, if some material purpose of the settlor remains to be served, then the beneficiaries may not be permitted to terminate the trust.
2. A trust terminates (a) by virtue of all the trust fund having been distributed to beneficiaries or having been used for trust purposes or (b) by virtue of there being no beneficiaries and no person, whether or not then in existence, who can become a beneficiary in accordance with the terms of the trust, or (c) by virtue of a person exercising a power of termination.
3. At the close of the permitted period for the duration of the trust (subject to the trustee retaining sufficient assets to make reasonable provision for possible liabilities) the trust fund shall be distributed by the trustee as soon as reasonably practicable in accordance with any terms of the trust setting out how the trust fund should then be distributed. However, if

---

하기는 어렵다. 만일 위 원칙에 엄격하게 부합하여야만 신탁에 해당된다고 하면, 현재로서는 많은 나라의 신탁제도가 이에 해당되지 않게 될 것이다. 이러한 점에서 위 원칙은 현재의 상황을 정리한 것만이 아니라, 앞으로의 입법지침을 정한 성격도 갖고 있는 것이 아닌가 생각된다. 이러한 점들에 대한 더 상세한 검토는 추후의 연구과제로 미룬다.

26) 직접적인 계약관계에 있지 않은 수익자와 제3자 사이에 채권적 청구권을 인정하는 것은 쉽지 않다. 이러한 점에서 신탁법 제52조를, 수익자가 신탁재산에 대해 물권적인 권리를 갖는 것으로 파악하는 견해도 이론적으로는 가능할 것이나, 필자가 보기에는 그와 같은 취소권(추급권)과 관련하여 물권성을 반드시 인정해야 할 필연성은 없다고 본다. 즉, 채권적인 내용의 추급청구권도 불가능하지 않다고 보는 것이다.

there arc no such terms then the trust fund shall be owned by the trustee for the benefit of the settlor or his successors.

4. In the case of a trust for purposes, where such purposes have been fulfilled so far as possible or cannot now be carried out, then the trust fund shall be owned by the trustee for the benefit of the settlor or his successors, unless the terms of the trust are varied or extended.

제8조 신탁의 종료

(1) 신탁조항에도 불구하고, 모든 수익자가 존재하고 특정되었으며 완전한 행위능력을 갖춘 경우, 그러한 수익자 전원이 동의하면, 수익자들은 수탁자에게 그 신탁을 종료하고, 그들의 지시에 따라 신탁재산을 그들과 그들이 지명한 자들에게 분배할 것을 요구할 수 있다(can). 그러나, 위탁자가 정한 중요한 목적이 달성되지 아니한 경우, 수익자들에게 신탁을 종료시킬 권한이 허용되지 아니할 수도 있다(may).

(2) 신탁은, (a) 신탁재산 전부가 수익자에게 분배되거나 신탁목적에 사용된 때, (b) 수익자가 존재하지 않거나 현존여부와 상관없이 신탁조항에 의하여 수익자가 될 자가 없게 된 때, 또는 (c) 종료권자가 그 권한을 행사한 때 종료한다.

(3) 신탁존속과 관련하여 허용된 기간의 종료시(있을 수 있는 채무변제를 위한 합리적인 유보를 위한 충분한 자산을 수탁자가 유보하고), 신탁재산이 어떻게 분배되어야 하는가를 규정한 신탁조항에 따라, 수탁자는 합리적인 조치가 가능한 한 신속하게 신탁재산을 분배하여야 한다. 그러나, 그러한 신탁조항이 없는 경우, 수탁자는 위탁자 또는 그 승계인을 위하여 신탁재산을 소유한다.

(4) 목적신탁과 관련하여서는, 그 목적이 달성가능한 경우라면 달성된 경우 또는 달성이 불가능한 경우, 신탁조항이 변경 또는 연장된 경우를 제외하고, 수탁자는 위탁자 또는 그 승계인을 위하여 신탁재산을 보유한다.

제8조는 신탁의 종료에 관하여 규정하고 있다. 신탁으로 인한 권리자는

수익자이므로 원칙적으로 수익자의 의사에 의한 종료가 인정된다. 낭비자신탁과 같이 신탁조항에 의한 제약을 둘 수 있다.

신탁관계인의 의사가 아닌, 법에 따른 종료나 기타 신탁 자체나 그 목적의 실현이 절대적으로 불가능하게 됨에 따른 종료도 가능하다. 수익자가 존재하지 않고 장래에도 존재할 가능성이 없게 되면 통상 신탁이 종료된다. 그러나 원칙적으로 신탁은 수탁자가 존재하지 않는다는 이유로 종료되지는 않는다(A trust will not fail for lack of a trustee). 이것은 영미법상 널리 인정되고 있는 원칙이다.

신탁이 종료되면 청산을 필요로 하게 되는데, 일반적으로는 그 청산도 수탁자의 의무가 된다. 귀속권리자에 대한 관계에서 법정신탁(또는 그 유형으로서 복귀신탁)의 성립이 인정될 수도 있다. 공익신탁에 관해서는 '시프레원칙'(Cy-près doctrine)이 인정될 수도 있다.

Ⅳ. 우리나라에 대한 시사점[27)]

1. 입법방향

우리나라에서도 현재 신탁법 개정작업이 한참 진행되고 있다.[28)] 그런데 그 개정방향을 설정함에 있어서도 결국 국제적인 흐름에 따르는 것이 타당하고, 그렇다면 가급적 위 원칙에 부합하는 내용으로 개정됨이 타당하다.[29)]

대표적인 것으로, 위 원칙 제 2 조에서 규정하고 있는 신탁선언을 들 수 있다. 현재의 우리나라에서 개정논의에서도 신탁선언의 도입을 예정하고 있는데, 위 원칙을 고려하면 도입 자체를 매우 긍정적으로 평가할 수 있다. 그 외에도 수탁자의 의무와 수익자의 권리, 특히 수익자의 추급권으로 인정될 수

27) 이 글은 위 원칙의 소개를 주목적으로 한 것이라는 한계가 있어, 위 검토결과를 바탕으로 위 원칙이 우리의 신탁법제 또는 신탁법리에 주는 시사점을 자세하게 검토함에는 한계가 있다. 따라서 여기에서는 대강의 방향을 지적해두는 데 그치고, 그 이상의 작업은 앞으로의 연구과제로 미루고자 한다.

28) 법무부에서 개정안을 마련하여 2009. 9. 25. 신탁법 개정을 위한 공청회가 개최된 바 있다.

29) 위에서 본 바대로, 위 원칙의 내용은 우리나라의 현행 신탁법의 법리와 크게 모순되지는 않는다. 그러나 우리나라의 현행 신탁법에는 불비한 점이 많고 그래서 지금 개정이 논의되고 있는 것이다. 이번 개정을 통하여 그러한 불비점을 보완함에 있어 위 원칙이 많이 참고될 수 있고, 또 그렇게 되어야 한다.

있는 내용 등에 관해 위 원칙과의 부합여부를 검토할 필요가 있다.

2. 외국 법리에 대한 검토

가. 영미법계의 법리

위 원칙을 전반적으로 검토해보면, 대륙법계에서 신탁제도를 도입할 경우 생길 수 있는 장애를 많이 고려한 듯도 보이나, 기본적으로 영미법적 개념이 많이 지배하고 있음을 알 수 있다. 신탁제도 자체가 원래 영국을 발상지로 하고 있다는 점을 고려하면 이러한 점은 어느 정도 당연한 것이기도 하다. 영미법상의 신탁제도를 기본으로 하여 각국의 사정에 따라 수정을 가하는 것이 기본적인 틀이 될 수밖에 없기 때문이다. 위 원칙은 불과 8개 조문에 불과하여 신탁에 관한 제반사정을 빠짐없이 규정하기 어려운데, 구체적인 해석론을 펼침에 있어서도 영미법상의 법리를 기본적으로 검토하여 참고하지 않을 수 없다.

아울러 앞서 적은 대로, 위 원칙은 국제적인 신탁개념의 기본이 될 것으로 예측되는데, 그에 그치는 것이 아니라 국내신탁법의 해석론에도 영향을 주지 않을 수 없다. 결국 위 원칙은 영미법계의 법리가 우리나라 국내에 도입되는 과정에서도 하나의 통로가 될 수도 있다.[30]

나. 유럽 대륙법계 국가의 법리

우리나라에서 그간 이루어진 신탁제도의 연구는 전반적으로 충분하지 못한 것이었다. 외국법제의 경우 주로 미국, 영국 및 일본의 사정에 대한 검토에 국한되어 왔다. 이러한 사정은 그간 열악한 연구사정상 부득이한 점이 있었다.

필자는, 신탁제도가 우리의 제도가 된 지 오래되었지만, 아직도 신탁제도가 우리나라의 법제에 완전히 녹아든 상태에 이르지 못하였다고 본다. 주로

30) 위 원칙은 유럽의 주요 대륙법계 국가들도 다수 참가한 것이어서, 영미법계에 대한 거부감을 상당히 낮춰줄 수 있는 상황이다. 결국 유럽에서 일반적으로 취해지는 법리나 판례 등이 우리에게도 표준으로 받아들여질 수 있다. 필자는 현 단계에서, 우리나라 신탁법리상 명백하지 않은 것으로 도입의 검토가 시급한 영미법계 법리의 예로 '영구권금지의 원칙'을 들고 있는데, 이 원칙이 유럽의 대륙법계 국가에서 어떻게 작용하고 있는가 하는 점 등은 우리에게도 큰 참고가 될 수 있다.

영미법과 대륙법의 차이에서 비롯된 점들인데, 그간 이러한 점들에 대한 얼마간의 문제의식이 있기는 하였으나, 이러한 쟁점들에 대한 완전한 해명없이 신탁실무가 이루어져 온 점을 부인하기 어렵다.

요컨대 우리나라 신탁법학의 매우 중요한 임무가 신탁법리를 완전한 우리나라의 것으로 수용되도록 정비하는 것이라 하겠는데, 이러한 작업을 위해서 유럽의 대륙법계 국가의 사정에 대한 검토가 매우 필요하다고 본다.

3. 위 협약에 대한 가입여부

위 원칙에 대한 검토해보면 국제신탁 문제에 대한 본격적인 검토가 필요함을 인식하게 된다. 상술한 대로, 위 원칙은 실질적으로 위 협약의 뒤를 이어 성립된 것이다. 따라서 위 원칙에 대한 검토는 위 협약에 대한 검토와 함께 이루어져야 한다.

현 단계에서는 위 협약 및 위 원칙의 내용 검토와 함께, 우리나라가 위 협약에 가입하여야 할 것인가 여부에 대한 검토가 필요하다. 이러한 제반 사정의 검토는 서로 긴밀한 관련을 갖는 검토형식으로 이루어져야 한다.

위 협약에 가입한 나라의 數가 그리 많지 않은 것에 비해, 세계적으로도 비중이 큰 나라가 다수 포함되어 있는 점이 주목된다. 바로 그러한 점만을 이유로 하여 우리나라가 위 협약에 가입하여야 한다고 말할 수는 없을 것이나, 위와 같은 점이 가입 필요성을 긍정적으로 판단하게 하는 데 영향을 줄 수밖에 없다. 위 협약에의 가입 필요성에 대한 검토는 이 글의 범위를 벗어나는 것이며, 그 당부에 대한 정확한 판단을 위해서라도 위에서 본 외국법리의 검토가 더욱 절실하게 요구된다.

V. 맺는 말

이상 유럽신탁법원칙의 성립과정과 내용 및 위 원칙이 우리에게 시사하는 점들에 대해 간략히 살펴보았다. 현대에도 상대적으로 대륙법계 국가에서보다는 영미법계 국가에서 신탁이 더 활발하게 이용되고 있고, 국제금융 등에 대해서도 영미법계 국가들이 상대적으로 더 우월한 지위를 차지하고 있다는 점 등을 고려하면, 위 원칙뿐 아니라 장래에도 영미법계의 법리들이 계속하여 우월한 지위를 차지할 것으로 예상할 수 있다. 이러한 점에서 영미법계의 법리들에 대한 꾸준한 연구가 더 필요하며, 아울러 유럽의 주요 대륙법계 국가의 법리들에 대한 검토 필요성도 크다. 이러한 점에서 앞으로의 과제가 매우 크다고 할 수 있다.

{홍익법학 11권 1호}

참고문헌

(社)한국내셔널트러스트, 公共遺産信託 활성화 법제정비방안 연구 보고서, 환경부(2004. 2.).

김형진 역, Jefferey M. Gaba 저, 미국환경법, 형설출판사(2005).

金泓均, 環境法 - 問題·事例 -, 弘文社(2007).

명순구·오영걸 역, 大塚正民·樋口範雄 편저, 현대미국신탁법, 세창출판사(2005).

법무부, 신탁법 개정 특별분과위원회 회의록 I, II(2010. 3.).

법무부, 신탁법 개정안 해설(2010. 2.).

법무부, 신탁법 개정안(2010. 2.)

법원행정처(대법원 신탁제도연구반), 신탁법 개정을 위한 입법자료(2009. 9.).

법원행정처, 법원실무제요 민사집행[I] - 집행총론 - (2003).

법원행정처, 법원실무제요 민사집행[III] - 동산·채권 등의 집행 - (2003).

법원행정처, 법원실무제요 민사집행[IV] - 보전처분 - (2003).

법원행정처, 부동산등기실무[I].

법원행정처, 부동산등기실무[III].

梁彰洙 譯, 독일민법전, 博英社(1999).

劉載寬, 信託法實務 - 理論·登記·强制執行·非訟節次 -, 법률출판사(2008).

윤경, 민사집행(부동산경매)의 실무, 육법사(2008).

李庚熙, 遺留分制度, 三知院(1995).

李重基, 신탁법, 三宇社(2007).

鄭燦亨, 商法講義要論(第 7 版), 博英社(2008).

池元林, 民法講義(第 6 版), 弘文社(2008).

崔東軾, 信託法, 法文社(2006).

최수정, 일본신신탁법, 진원사(2007).

洪裕碩, 信託法(全訂版), 法文社(1999).

郭潤直, “名義信託에 관한 判例理論의 硏究,” 法學(15卷 2號) 32號, 서울대학교(1974. 12.).

金南勳, “환경보호를 위한 토지이용규제법 및 토지공개념의 개안에 대한 고찰 : 공공신탁이론과 국민신탁(National trust),” 석사학위논문, 서울大學校(2005).

김기영, “영국에서의 유언제도와 신탁제도의 관련성에 관한 소고,” 사법의 제문제(경허 김홍규 박사 회갑기념 논문집)(1992), 432면 이하.

김기영, “영국의 유언상속제도에 관한 소고,” 연세법학연구(고 이정한박사 추모논문집) 2집, 연세대학교 법과대학 법률문제연구소, 372면 이하.

김용상, “수탁자가 신탁계약에 근거한 신탁재산의 처분권을 행사하기 위하여 신탁재산을 점유하고 있는 수익자에 대하여 그 인도를 구할 수 있는지 여부,” 대법원판례해설, 2005년 상반기(통권 55호), 법원도서관, 11면 이하.

남영찬, “근저당권의 피담보채권과 부종성,” 민사재판의 제문제(변재승 선생 권광중 선생 화갑기념) 11권, 민사실무연구회, 153면 이하.

서봉석, “독일의 담보용 토지채무권(Sicherungsgrundschuld)과 우리나라 저당권 관련 자산의 유동화에 관한 법리적 고찰,” 경영법률 18집 1호, 한국경영법률학회(2007), 229면 이하.

석광현, “국제금융에서의 신탁과 국제사법,” BFL 제17호, 서울대학교 금융법센터(2006. 5.), 60면 이하.

손진홍, “추심명령에 관한 제 문제,” 재판실무연구(2) 민사집행소송, 한국사법행정학회, 505면 이하.

辛鍾信, “信託受益權의 强制執行方法,” 調査月報 420, 韓國産業銀行(1990. 11.), 31면 이하.

안성포, “신탁법의 개정방향－법무부 2009년 신탁법 전면개정안을 중심으로－,” 법학연구 제51권 제 1 호(통권 63호), 부산대학교 법학연구소(2010. 2.), 193면 이하.

이동희, “국민신탁의 활성화를 위한 법제정비 : 문화유산과 자연환경자산에 관한 국민신탁법안을 중심으로,” 법제개선연구(9집), 법제처(2005. 12.).

李相敦, “내셔널 트러스트 운동과 관련법제에 관한 연구,” 중앙법학(제11집 제 1 호), (2009. 4.).

이상돈, “환경보호법리로서의 공공신탁이론과 해안 및 강안지역의 환경법적 문제에 관한 소고1, 2,” 법조(제32권 9호) 10호(1983. 9. 10.).

李濬成, “公益信託에 관한 硏究,” 博士學位論文, 東國大學校大學院(1991).

이준우, “국공유지 신탁법제 개선방안 연구,” 한국법제연구원(2006).

임채웅, “信託財産에 대한 民事執行의 硏究,” 法曹 통권 635호, 법조협회(2009. 8.), 105면 이하.

임채웅, “환경보호수단으로서의 신탁에 관한 연구 – 공공신탁, 공익신탁 및 국민신탁을 중심으로 –,” 法曹 게재확정 논문(2010. 2월초 현재 未公刊), 법조협회.

임채웅, “金錢信託의 硏究 – 특정금전신탁과 불특정금전신탁을 중심으로 – (대상판결 : 대법원 2007. 11. 29. 선고 2005다64552 판결),” 신탁법연구, 博英社(2009), 235면 이하.

임채웅, “擔保信託의 硏究,” 신탁법연구, 博英社(2009), 106면 이하.

임채웅, “詐害信託의 硏究,” 法曹 55권 9호(통권 600호), 법조협회(2006. 9.), 11면 이하.

임채웅, “受託者 地位의 承繼 및 分讓代行權의 性格에 관한 硏究[대상판결 : 대법원 2006. 3. 9. 선고 2004다57694 판결]),” 신탁법연구, 博英社(2009), 168면 이하.

임채웅, “受託者가 破産한 경우의 信託法律關係 硏究,” 신탁법연구, 博英社(2009), 320면 이하.

임채웅, “신탁과 등기의 연구”(2009. 4월초 현재 미공간).

임채웅, “신탁법상 비용상환청구권, 자조매각권 및 도산법상 부인권의 성격,” 상사판례연구 VII권, 박영사(2007. 5.), 512면 이하.

임채웅, “신탁선언의 연구,” BFL 39호, 서울대학교 금융법센터(2010. 1.).

임채웅, “信託行爲의 硏究,” 저스티스, 99號, 한국법학원(2007. 8.), 92면 이하.

임채웅, “제한을 붙여 이행을 명하는 판결주문에 관한 연구”(2010. 6월초 현재 미공간).

임채웅, “회생절차상 리스료채권의 지위에 관한 연구,” 인권과 정의(제356호), 대한변호사협회(2006. 4).

조홍식, “公共信託理論과 地球共有地에서의 適用可能性,” 서울국제법연구(제 6 권 2호, 통권11호)(송현 백충현 교수 화갑기념호), 서울국제법연구원, 323면 이하.

趙弘植, “公共信託理論과 한국에서의 適用可能性,” 法曹(제45권 제 5 호, 통권 488호), 법조협회.

최수정, “상속수단으로서의 신탁,” 한국사법행정학회, 민사법학 34호(2006. 12.), 565면 이하.

한강현, “위탁자가 상속받은 재산을 신탁한 경우, 그 재산상속에 따라 위탁자에게 부과된 상속세 채권이 신탁법 제21조 제 1 항 소정의 ‘신탁전의 원인으로 발생한 권리’에 해당하는지 여부,” 대법원판례해설(제27호), 법원도서관.

洪裕碩, “商事信託에 관한 國內法 및 涉外私法的 考察,” 商去來法의 理論과 實際 : 石影安東燮敎授華甲紀念論文集(1995. 9.), 770면 이하.

道垣内弘人, 信託法入門, 日本経済新聞出版社, 日経文庫1117(2007).

鈴木正具, 大串淳子, コンメンタール信託法, ぎょうせい(2008).

別冊NBL編輯部編, 信託法改正要綱試案と解説, 株式会社商事法務(2005).

福田政之 外, 新信託法, 清文社(2007).

四宮和夫, 信託法(新版), 有斐閣(1989).

寺本昌広, 逐解説新しい信託法, 商事法務(2007).

新井誠, 信託法(第 2 版), 有斐閣(2005).

新井誠, 信託法(第 3 版), 有斐閣(2008).

新井誠 編, 欧州信託法の基本原理, 有斐閣(2003).

安田信託銀行遺言信託研究会編著, 阿部隆彦監修, わかりやすい遺言·相続ーいわゆる「遺言信託」を中心として, 税務経理協会(2001).

田中實 外, 改訂信託法, 學陽書店(1998).

井上聡 外, 新しい信託30講, 弘文堂(2007).

中野正俊, 信託法判例研究(新訂版), 酒井書店(2005).

天野佳洋 外, 一問一答改正信託法の実務, 経済法令研究会(2007).

現代信託法研究会著, 海原文雄·砂田卓士編, 英米信託法辞典, 社団法人金融財政事情研究会(1996).

Burrows, Andrew, English Private Law(2nd ed.), Oxford University Press, 42면 (http://fds.oup.com/www.oup.co.uk/pdf/0-19-922794-2.pdf에서 인용).

Findley W. Roger · Farber, Daniel A., Environmental Law, 7th Ed., Thomson West(2008).

Gordon Mead Bennett, HOW TO AVOID PROBATE BY CREATING A LIVING TRUST(Revised Edition), STERLING(2007).

Hayton, D.J., The Law of Trusts, 4th ed., LONDON SWEET & MAXWELL(2003).

Joseph L. Sax, The Public Trust Doctrine In Natural Resource Law. Effective Judicial Intervention, 68 MICH. L. REV. 471(1970).

Mennell, L. Robert/Burr, Sherril L., Wills and Trusts, 3rd ed., THOMSON WEST(2007).

雨宮孝子, "環境問題と信託," ジュリスト(No. 1164)(1999. 10. 1.).

田中亘, "後継ぎ遺贈ーその有効性と信託による代替性についてー," 米倉明編著, 信託法の新展開, 商事法務(2008), 211면 이하.

井上重幸·来栖良樹, "環境保全設備信託," 手形研究(제17권 제17호, 제205호), 経済法令研究会(1973. 10.), 64면 이하.

中央信託銀行信託研究会, "信託受益権と強制執行(上)," 金融法務事情 No. 1256(1990. 6. 15.), 6면 이하.

中央信託銀行信託研究会, "信託受益権と強制執行(下)," 金融法務事情 No. 1257(1990. 6. 25.), 23면 이하.

天野佳洋, "遺言信託," ジュリスト, No. 1164, 93면 이하.

秋山朋治, "信託受益権に対する担保権の設定－不動産流動化信託を中心として－," 信託法学会, 信託法研究 27号(2007. 12.), 5면 이하.

託法の新展開, 商事法務(2008), 211면 이하.

Jan M. Smits, "The Principles of European Contract Law and the Harmonisation of Private Law in Europe," Antoni Vacquer (ed.), La Tercera Parte de Los Principios de Derecho Contractual Europeo, Valencia 2005 [Tirant], 567면 이하.

판례색인

사항색인

저자약력

서울대학교 법과대학 졸업
일본국 히토쯔바시대학 수학
서울대학교 대학원 법학과 석사, 박사과정 졸업
고려대학교 법무대학원 조세법학과 연구과정 수료
사법연수원 수료(제17기)
육군법무관
1991년 판사임관
대법원 재판연구관, 사법연수원 교수, 서울중앙지방법원 부장판사 역임
대법원 법원행정처 국제규범연구반(국제소송반) 및 신탁제도연구반 각 반장 역임
현재 법무법인(유)태평양 변호사
한국민사소송법학회 및 도산법학회 각 이사

저 서

신탁법연구(2009, 박영사)
미국신탁법(2011, 박영사)

주요논문

소비자파산의 연구(1997, 서울대학교 법학석사 학위논문)
도산법상 부인권의 행사대상에 관한 연구(2007, 서울대학교 법학박사 학위논문)
환경보호수단으로서의 신탁에 관한 연구: 공공신탁, 공익신탁 및 국민신탁을 중심으로 (2010, 법조 통권 642호)
A Study on the Target of Avoidance in Korean Bankruptcy Law: When There is No Debtor's Action(2008, Journal of Korean Law) 등 다수

신탁법연구2

2011년 9월 20일 초판인쇄
2011년 9월 30일 초판발행

저 자 임 채 웅
발행인 안 종 만
발행처 (주)박영사
서울 특별시 종로구 평동 13-31번지
전화 (733)6771 FAX (736)4818
등록 1959. 3. 11. 제300-1959-1호(倫)

저자와 협의하여 인지첩부를 생략합니다

www.pakyoungsa.co.kr e-mail: pys@pakyoungsa.co.kr

정 가 29,000원 ISBN 978-89-6454-712-0
978-89-6454-711-3(세트)